凤凰城址

位于曲阜市吴村镇王林村北与宁阳县交界处的凤凰山上。城址有石砌围寨，称吴王城，始建具体年代不详，据清乾隆版《曲阜县志》记载："吴王城在九山之巅，或云吴起所筑也。"《史记》卷六十五载："吴起者，卫人也。好用兵。尝学于曾子，事鲁君。齐人攻鲁，鲁欲将吴起，吴起娶齐女为妻，而鲁疑之。吴起于是欲就名，遂杀其妻，以明不与齐也。鲁卒以为将。将而攻齐，大破之。"相传吴起曾在此打仗。1970年在此挖出青铜质箭头及人骨无数，有的骨头上还带有箭头、匕首等。据此可推测战国时曾在此发生过战争。至宋时相传为名将呼延庆屯兵的山寨，山上有跑马岭、饮马泉、练兵场、拴马桩等古迹，现遗迹尚存。据孔繁银著《曲阜的历史名人与文物》载：在20世纪五六十年代城墙有宋、明、清时期灰青砖砌垒。现城址残存石质寨墙，已不连贯，高约1米，宽约0.5米，依山势而筑，整体呈不规则圆形。第三次全国文物普查时对该遗址进行了复查认定，城址面积47000余平方米，残存城垣959米。此遗址的留存为研究本地区的政治、军事等历史提供了丰富的实物资料。1986年被公布为曲阜市文物保护单位。

古遗址

地道遗址

　　位于曲阜市吴村镇前寨村内。地道有多个进口和出口，因年代久远，洞口大都已被掩埋，现仅存两个洞口，其一是位于菜市场旁边的一口古井内，其二位于当地村民的家中。洞口宽0.85米，高0.95米。洞内最高处约1米，宽0.82米，进去约6米发现有向右的拐弯，再进入4米处有坍塌，道口已被淤泥堵死。洞内无任何遗物。

　　关于地道的成因，据当地老百姓讲：清末民初，当地有一伙名为"红枪会"的土匪，经常到村内强取豪夺，为了抵抗土匪，保护个人财产及安全，村民采取在家中开挖地道的方式和土匪周旋，地道弯曲绵延，达半个村庄。地下皆有出口，有的洞口在水井半腰、屋内、厕所边、假锅灶底、地瓜窖下等。据传抗日战争期间，村民曾藏于地道内。前寨地道遗址体现了村民的聪明才智及创造精神，与家喻户晓的冉庄地道战遗址如出一辙，具有一定的历史参考价值。1986年被公布为曲阜市文物保护单位。

西孔村遗址

　　位于曲阜市姚村镇东南100米，为平原遗址。1981年第二次全国文物普查时发现，面积约100000平方米，文化堆积约1.5米，采集标本以陶器为主，有春秋晚期豆、盆、缸等，另有大量的红烧土暴露。2008年第三次全国文物普查对该遗址进行复查，采集标本有盆口沿、罐口沿、板瓦残片、筒瓦残片等。此遗址对研究东周时期的文化特征提供了重要资料。1986年被公布为曲阜市文物保护单位。

夫子洞遗址

位于曲阜市南辛镇夫子洞村西南。面积约100000平方米，文化层堆积厚约1.2米，陶器以泥质灰陶和夹砂褐陶为主，少量黑灰陶，纹饰以绳纹为主，标本有商代鬲、缸、盆及周代的缸、豆、盆等陶片。2008年曲阜市第三次全国文物普查时采集到的标本主要以绳纹筒瓦为主。1986年被公布为曲阜市文物保护单位。

尼山水库遗址

位于曲阜市南辛镇黄土村西南，遗址东西长约250米，南北宽约150米，面积约40000平方米，文化堆积不详。1958年山东省博物馆曾对遗址进行考古调查，采集标本石器有斧、铲、凿、锛、研磨器、锤、纺轮等，陶器以红陶为主，器型有缸、壶、杯、豆等，手制，纹饰为弦纹、横条纹，同时出土大量装饰品有石环、石壁、陶猪等，现遗址为水库区。依据采集到的标本特征分析该遗址属于大汶口文化遗存。2008年第三次全国文物普查时未采集到任何标本。1986年被公布为曲阜市文物保护单位。

古遗址

北雪遗址

　　位于曲阜市小雪镇北雪村东北，为平原遗址，西部略为隆起。南北长170米，东西宽85米，面积约为14000平方米，基本呈长方形，文化层堆积厚度约1米。地表采集标本有汉代板瓦残片、罐口沿、罐底及大量宋代建筑构件，依据采集到的标本特征分析，该遗址为一处汉、宋时期文化遗存。该遗址的发现，为研究曲阜地区汉、宋时期文化聚落分布、区域类型、文化谱系等提供了新的资料。2010年被公布为曲阜市文物保护单位。

尚家庄遗址

　　位于曲阜市防山乡尚家庄村南300米。2008年第三次全国文物普查时发现，为平原遗址，地面散落较多陶器残片。南北长150米，东西宽130米，面积约为19000平方米。文化层堆积厚约1米，采集到的标本有筒瓦、板瓦、器物口沿等陶器残片，依据采集标本的特征推断，此遗址为周、汉时期文化遗存，它的发现为研究本地区周、汉时期文化聚落分布、区域类型提供了新的资料。2010年被公布为曲阜市文物保护单位。

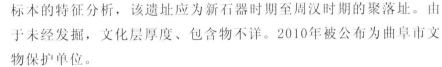

大王庄遗址

位于曲阜市南辛镇大王庄村东，平原遗址，东西长120米，南北宽100米，基本呈长方形，面积约12000平方米，第三次全国文物普查首次发现，采集标本有：新石器时代的夹砂红陶鬲足，周代绳纹板瓦残片、盆口沿残片，汉代盆口沿残片，从采集标本的特征分析，该遗址应为新石器时期至周汉时期的聚落址。由于未经发掘，文化层厚度、包含物不详。2010年被公布为曲阜市文物保护单位。

春亭遗址

位于曲阜市姚村镇春亭村西北2公里，遗址地势略高，俗称"高岗子"，基本呈长方形，面积29300平方米，文化层堆积厚约1米左右，地表暴露的遗物较为丰富，采集到的标本有陶质罐口沿、盆底残片；瓷质碗底、青釉罐口沿、酱釉开口杯等器物残片，根据采集标本推断该遗址应为唐、宋时期遗址。该遗址的发现为研究本地区唐、宋文化面貌及当时人们的生产生活状况提供了新的实物资料，填补了曲阜考古史上唐、宋遗址的空白。2010年被公布为曲阜市文物保护单位。

纪家庄遗址

位于曲阜市姚村镇纪家村西北，于2008年曲阜市第三次全国文物普查时发现，遗址地势较高，基本呈正方形，面积48700平方米，文化层堆积厚约1米，地面采集标本有陶质豆盘、板瓦、陶罐、陶鬲等器物残片，根据地面采集标本推断，该遗址应为周代遗址。2010年被公布为曲阜市文物保护单位。

前黄堂遗址

位于曲阜市吴村镇前黄堂村北100米，于2008年曲阜市第三次全国文物普查中首次发现，为一平原遗址。遗址基本呈长方形，面积约为36000平方米。从地面采集的标本以灰陶残片为主，文化层堆积厚约1米左右，从采集的标本分析该遗址为周、汉时期遗址。2010年被公布为曲阜市文物保护单位。

河夹店城址

　　位于曲阜市董庄乡河夹店村南约200米处，在第三次全国文物普查时发现，此城址所处地势较高，城址分布面积约为28000平方米。地表散落有较多陶器残片，在城址四周断崖1至2米处也有大量陶器残片，地层有扰乱现象，此次采集标本有盆缸口沿、板瓦、筒瓦、灰陶足残片等，文化层厚约2至4米。根据以上现象初步判断，此城址为汉代的一处城寨遗址。该城址的发现为了解汉代本地域城寨遗址分布状况及城寨内结构布局提供了实物资料。2010年被公布为曲阜市文物保护单位。

宫家村遗址

　　位于曲阜市书院街道宫家村西北，平原遗址，面积约38000平方米。遗址地表采集到大量标本，以泥质陶为主，夹砂陶次之；陶色以灰陶为主，兼有少量褐陶；纹饰有戳点纹、附加堆纹、模印纹、素面及绳纹等；采集标本有陶鬲足、鬲口沿、豆盘、豆柄、盘口沿、板瓦、筒瓦、纺轮等，尤为难得的是从遗址上采集到一灰陶盘口沿残片，浅刻"王尚口"字样，字体为隶书，这是在鲁国故城外首次发现汉代陶文，推断应为制陶工匠的题记。从采集到的标本特征分析该遗址年代为商、周，并延续到汉代。该遗址保存较为完好，它的发现对了解本地区商、周、汉时期文化聚落分布、区域类型、文化谱系等提供了新的资料。2010年被公布为曲阜市文物保护单位。

南刘家村遗址

　　位于曲阜市陵城镇南刘家村北，为一平原遗址，面积约25000平方米。因未经勘探，该遗址文化堆积厚度不详。遗址地表遗留物较多，采集到大量标本，有鬲足、箅子、筒瓦、纺轮等，陶质有泥质和夹砂两种，陶色以灰陶为主，另外还采集到了红烧土块。从采集到的标本特征分析，该遗址为新石器、周代的聚落址。该遗址保存较为完好，文化内涵丰富，它的发现为了解本地域新石器时期及周代的遗址分布状况、区域类型及研究当时人们的生产生活状况提供了重要的实物资料。2010年被公布为曲阜市文物保护单位。

管勾山采石场遗址

　　位于曲阜市息陬乡西夏侯村西管勾山上，孔庙、孔府、孔林等滚龙柱、石碑等大石料多出于此山，从明代始开采。据《曲阜地名志》载，明朝皇帝亲封此山为"管勾山"。由于常年开采，形成了东西长120米，南北宽70米，深20米的凹地，于2001年停止开采。该山所出石料，石大、料厚、质优，为"三孔"建筑提供了大型石雕、碑刻石料。该采石场遗址见证了曲阜"三孔"的建造历史，具有一定的历史纪念意义。2010年被公布为曲阜市文物保护单位。

褚魏村遗址

位于曲阜市王庄乡褚魏村北100米处，2008年第三次全国文物普查首次发现，遗址为平原遗址，基本呈长方形，东西长500米，南北宽180米，面积约75000平方米，文化层堆积距耕土层约1米。文化层堆积厚约1.5米。从地表采集的标本有灰陶板筒瓦残片等，根据标本特征推断该遗址为周、汉时期的聚落址。该遗址的发现为研究泗河北岸早期人类活动遗迹及文化面貌提供了重要资料。2010年被公布为曲阜市文物保护单位。

周家村遗址

位于曲阜市姚村镇周家村北200米处，为一平原遗址，遗址基本呈长方形，东西长140米，南北宽130米，面积约16000平方米。竹子园河从遗址东北穿过，河东岸地表有少量陶片，西岸地表散落大量陶片，河西岸采集标本有鬲口沿、罐口沿、盆口沿、井圈、板瓦残片、筒瓦残片等，文化层堆积厚约1.5米，从采集的标本判断遗址为周代聚落址。2010年被公布为曲阜市文物保护单位。

于家村遗址

位于曲阜市姚村镇于家村西300米，为一平原遗址，南北长270米，东西宽150米，面积约40000平方米，遗址中间原有一人工沟渠，现已被填平。从地表采集到的标本有绳纹板瓦残片、盆口沿残片，据标本特征判断为一汉代聚落址。2010年被公布为曲阜市文物保护单位。

大庙窑址

位于曲阜市董庄乡大庙村东南紧靠京沪高铁的一块高地上，窑址呈长方形，南北长100米，东西宽约60米，面积约6000平方米。采集到的标本有半釉陶片、支钉等，村民曾捡到过不少支钉；经考证为隋唐时期窑址。2010年被公布为曲阜市文物保护单位。

西泗滨遗址

位于曲阜市书院街道西泗滨村西，为平原遗址。遗址大致呈长方形，南北长240米，东西宽180米，面积约43200平方米。地表遗存物较丰富，采集到的标本有盆口沿、盆底、瓮口沿、豆柄、板瓦残片、筒瓦残片等。根据采集标本的陶质、陶色推断，该遗址为周至汉时期的聚落址。该遗址的发现为研究泗河南岸的文化聚落分布、区域类型及文化谱系提供了重要的参考资料。2010年被公布为曲阜市文物保护单位。

马庄窑址

位于曲阜市防山乡马庄村东、大庙村南300米处，整个遗址地势平坦，大致呈长方形，南北长约100米，东西宽约60米，面积约为6000平方米，地表遗留物丰富，地表以下0.2米为文化层，文化层厚度约1米，地表采集到的标本有：罐、盆、壶等器物残片，据村民介绍此处原为一窑址，曾出土过支钉，根据标本形制特点推断，该遗址为一宋代瓷窑址。2010年被公布为曲阜市文物保护单位。

小孔家村遗址

位于曲阜市时庄镇小孔家村村东，为一平原遗址，大致呈长方形，南北长约270米，东西宽约110米，面积约为30000平方米。地表遗留物丰富，可辨器形有瓶、盆、缸、豆及板瓦等。根据采集陶片的陶质、陶色及器形推断，该遗址为汉代的聚落址，对研究本地区汉代文化提供了新的实物资料。2010年被公布为曲阜市文物保护单位。

东野村遗址

位于曲阜市书院街道东野村北，平原遗址，南北长145米，东西宽80米，面积约11600平方米，基本呈长方形。采集标本有板瓦、筒瓦残片、豆盘残片、盆口沿、碾器等。从地表采集到的标本推断为汉、宋时期遗址。2010年公布为曲阜市文物保护单位。

后孔遗址

位于曲阜市时庄镇后孔村西南，为一平原遗址，大致呈长方形，南北长140米，东西宽120米，面积约16000平方米。采集到的标本有盆、罐、板瓦等残片，根据标本特征推断，该遗址为一周汉时期聚落址。2010年被公布为曲阜市文物保护单位。

无粮庄遗址

位于曲阜市防山乡无粮庄村东300米，平原遗址。东西长320米，南北宽280米，面积约90000平方米。地表散落大量陶片，采集标本有红陶板瓦残片，灰陶罐口沿、盆口沿、盆底、陶井圈等。据采集标本特征推断，为一处周代文化遗存。2010年被公布为曲阜市文物保护单位。

郑家庄遗址

位于曲阜市姚村镇郑家庄村北，平原遗址。南北长220米，东西宽160米，面积约30000多平方米。采集标本有缸、罐、盆器物口沿及板瓦、器物底等残片，依据采集标本特征推断，该遗址为一处周代遗址。2010年被公布为曲阜市文物保护单位。

前西庄遗址

位于曲阜市小雪镇前西庄北，平原遗址，东西长100米，南北宽100米，面积约10000平方米。地表采集到的标本有鬲足、口沿残片等，依据采集到的标本特征推断，该遗址为一处新石器时期文化遗存。2010年被公布为曲阜市文物保护单位。

中元疃遗址

位于曲阜市息陬乡中元疃西南部，为一处平原遗址。南北长约100米，东西宽约150米，面积约15000平方米。地表遗留物较为丰富，采集标本有罐、盆等器物口沿以及甑底、罐底、板瓦、筒瓦残片等。文化层堆积厚度不祥。据采集标本推断，该遗址为周、汉时期文化遗存。2010年被公布为曲阜市文物保护单位。

东终吉南遗址

　　位于曲阜市息陬乡东终吉村东南约500米，平原遗址，基本呈长方形，东西长约300米，南北宽约100米，面积约30000平方米。地表暴露的遗留物较为丰富，采集到的标本有筒瓦、板瓦、器物口沿等陶器残片，依据标本特征推断，该遗址为一处汉代文化遗存，2010年被公布为曲阜市文物保护单位。

岗子遗址

　　位于曲阜市姚村镇岗子村南，平原遗址，东西长210米，南北宽145米，面积约30000平方米。20世纪60年代村民开挖河道，出土大量陶片。2008年第三次全国文物普查时从地表采集标本有泥质灰陶板瓦、筒瓦残片及罐、盆等器物口沿，纹饰以绳纹和素面为主，文化堆积不详。从采集标本推断此遗址为周至汉时期文化遗存，2010年被公布为曲阜市文物保护单位。

兴隆桥遗址

　　位于曲阜市姚村镇兴隆桥村西南50米，平原遗址，南北长110米，东西宽100米，面积约11000平方米。经了解，20世纪50年代疏浚小泥河时在距地表1.5米处发现大量瓦片、陶罐等，村民在挖壕时也出土了大量的陶豆。第三次全国文物普查采集标本有瓦、罐等陶质残片，据采集标本推断此处应为周代聚落遗址。2010年被公布为曲阜市文物保护单位。

张家村遗址

　　位于曲阜市姚村镇张家村村东，平原遗址。面积约30000平方米。采集标本有尊、罐、盆等器物口沿及豆盘、板瓦等残片，文化堆积不祥。据采集标本推断该遗址为一处周代文化遗存。2010年被公布为曲阜市文物保护单位。

古遗

尚家园窑址

　　位于曲阜市防山乡尚家园村东南。基本呈正方形，东西长200米，南北宽200米，面积约40000平方米。地面采集到的遗物有支钉、窑具、瓷碗底等。依据采集到的标本特征推断此遗存应为隋唐至宋时期的窑址。2010年被公布为曲阜市文物保护单位。

张家村遗址

　　位于曲阜市书院街道张家村村西50米，为一处平原遗址，1987年考古调查，面积约60000平方米，文化层堆积厚度约2米，下层以红陶为主间有黑陶，属大汶口文化，器物有：鼎、鬲、杯等。上层以灰陶为主，器物有：豆、罐、盆及汉代板瓦等，保存较好。2008年第三次全国文物普查采集标本有夹砂褐陶鬲足，泥质灰陶盆、罐口沿等。此遗址的发现为研究曲阜地区商周文化遗存提供了实物资料。2010年被公布为曲阜市文物保护单位。

方家村遗址

位于曲阜市书院街道方家村东南。平原遗址，东西长183米，南北宽105米，面积约19000平方米。1988年文物调查时发现，文化层堆积厚度约1.3米，采集标本以陶器为主，器形有：鬲、豆、缸、盆，另有瓦当、滴水等，同时采集到战国时期印纹陶缸。2008年第三次全国文物普查时，采集到的标本有器物口沿、板瓦、筒瓦等残片。为春秋、战国时期的一处重要遗址。2010年被公布为曲阜市文物保护单位。

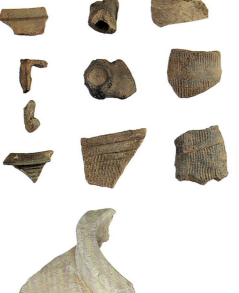

徐家村遗址

位于曲阜市书院街道徐家村村北，遗址东西长约115米，南北宽约74米，基本呈长方形。第三次全国文物普查采集的标本有筒瓦、板瓦残片及缸、盆、罐口沿等。据采集的标本推断该遗址为一春秋战国时期的遗址。2010年被公布为曲阜市文物保护单位。

第二次全国文物普查发现未定级文物点

郭家堂遗址

　　位于曲阜市王庄乡郭家堂村东500米，为一平原遗址，基本呈长方形，面积约25000平方米，该遗址文化层堆积厚度约1.2米。1988年文物普查时发现。地表采集的标本以陶器为主，灰陶纹饰多绳纹。从采集到的标本特征推断为周代文化遗存。

席厂遗址

　　位于曲阜市姚村镇席厂村东南200米，羊厂村西北70米处，为一平原遗址，面积32000平方米。1988年考古调查时发现，文化层堆积厚度约0.5—1.0米，采集标本有缸、豆、盆、瓮等器物残片及板瓦、筒瓦等。2008年6月第三次全国文物普查对该遗址进行复查，采集到的标本有盆口沿、瓮口沿、板瓦残片等，此遗址对研究周代文化特征提供了重要资料。

戴庄遗址

　　位于曲阜市时庄镇戴庄村东南200米处，为平原遗址。第二次全国文物普查时发现，面积约30000平方米，文化层堆积厚度约1.5—2.5米，分上、下两层。上层为宋代墓葬区，下层分为东、西两区，东区多灰坑、烧土，西区为墓葬区，采集标本有周代缸、豆、鬲及宋代青釉碗、瓷壶等。第三次全国文物普查采集标本有：盆口沿、缸口沿、红陶瓶口沿、豆柄、板瓦等残片。此遗址的留存为研究曲阜地区东周文化分布、区域类型、文化谱系等提供了实物资料。

西辛庄遗址

位于曲阜市姚村镇西辛庄村西北50米。平原遗址，面积20000平方米，1988年考古调查时发现，文化层堆积厚约0.5—1米，采集标本有板瓦、筒瓦、豆、罐等，经考证为一处东周时代的文化遗址。

宋家洼窑址

位于曲阜市董庄乡宋家洼东北1公里处。1987年文物普查时发现，为一处窑址，面积约40000平方米，文化层堆积厚度约2.0米，采集标本有碗、缸、壶等残片，底为圈足实心，采集到支钉、支具等窑具，保存较好。2008年第三次全国文物普查对其进行复查，采集到的标本有圈足实心碗底残片和支钉等。此窑址的发现对研究隋唐窑厂分布提供了实物资料。

刘家庄遗址

位于曲阜市息陬乡刘家庄村西南100米，西临蓼河，平原遗址，面积约30000平方米；1962年中科院考古所山东队曾进行考古调查，文化层堆积距地表约0.4米，厚约0.6米，暴露遗物以陶器为主，采集陶片以夹砂、泥质红陶为多，黑灰陶次之，标本有圆锥形鼎足，敛口钵，直口无颈缸，黑陶杯等，为大汶口文化时代的遗存。保存完好

第三次全国文物普查新发现文物点

蒋家夏侯遗址

位于曲阜市息陬乡蒋家夏侯村东，平原遗址，面积约为4000平方米，文化层堆积厚约为1.0米。地表采集到的标本有泥质灰陶缸系残片、盆口沿、绳纹板瓦残片、圈足实心碗底等。从地表采集到的标本推断为汉、唐时期遗址。

东陬遗址

位于曲阜市息陬乡东陬村西、小郭庄东。京沪高速铁路施工时被发现，由济宁市文物考古研究室对其进行部分钻探发掘，发现有商代、东周遗物及东周地层；汉墓出土有画像石、铜铺首衔环、玉璧、五铢钱、铜带勾等；宋墓出土有宋钱、瓷盘、瓷碗、瓷瓶等，该遗址延续时代较长，保存基本完整，为研究本地区人类社会发展脉络提供了可靠的实物资料。

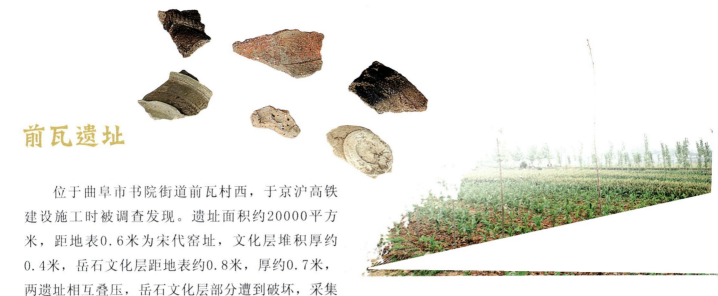

前瓦遗址

　　位于曲阜市书院街道前瓦村西，于京沪高铁建设施工时被调查发现。遗址面积约20000平方米，距地表0.6米为宋代窑址，文化层堆积厚约0.4米，岳石文化层距地表约0.8米，厚约0.7米，两遗址相互叠压，岳石文化层部分遭到破坏，采集的标本有鬲口沿残片、陶罐残片、盆、杯残片等；由于村民农业生产活动，宋代窑址破坏严重，采集标本有宋代窑具、支钉及碗底。此遗址具有典型岳石文化特点，其发现为本地区新石器文化聚落分布、区域类型、文化谱系等研究提供了珍贵的资料。

西陈家村三官庙遗址

　　位于曲阜市小雪镇西陈家村内。据村民介绍，此地原建有三官庙，始建年代和建筑形制均不详，近年来由于无人管理使用而自然坍塌，现仅存基址及建筑构件，建筑基址东西长11米，南北宽6.5米。由于该庙位于村中心，村民仍视其为神庙，每逢节日在此焚香祈祷，保留着较为原始的生活气息，为研究了解当地民众宗教信仰习俗提供了一定的参考资料。

前吕家村遗址

　　位于曲阜市时庄镇前吕村北，平原遗址。遗址基本呈长方形，面积约为10000平方米。地面采集的标本有灰陶鬲裆、灰陶壶口沿及彩绘壶盖残片等，文化层堆积厚度约1米，从采集的标本分析该遗址为周、汉时期遗址。

郑家村遗址

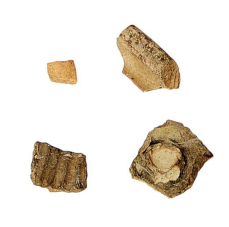

　　位于曲阜市时庄镇郑家村北，平原遗址，基本呈长方形，面积约为15000平方米。从地面采集的标本有豆盘残片、缸口沿、板瓦残片等，文化层堆积厚度约为1米，从采集的标本分析该遗址为周、汉时期遗址。此遗址的发现为研究曲阜古代文化遗存的分布状况及当时人们生活的地域状况提供了实物资料。

西幔山山神庙遗址

　　位于曲阜市南辛镇西幔山半山腰，始建年代不详，原为石质模型庙宇1座，高约2米，东西长1.6米，南北宽1.5米，内原有石刻持剑山神像1尊，2005年石像被盗，该庙倒塌。现仅存石质庙屋顶，长1.6米，宽1.3米，脊高0.4米，庙顶石刻有灰瓦筒瓦覆顶纹饰，瓦垄雕刻精美，两山刻有特殊符号，似纸鸢图案，前有香炉及祭台旧址，祭台东西长3米，南北宽3米。该山神庙遗址的留存为了解本地域的民间信仰及对自然物种的崇拜提供了实物资料。

杨家洼遗址

　　位于曲阜市董庄乡杨家洼村东南约1公里处，在第三次全国文物普查时发现，为一丘陵遗址，地势东高西低，遗址分布面积约为100000平方米。地表散落有较多陶、瓷器残片，采集标本有豆柄、陶器耳、盆底、缸壁、板瓦残片等，文化层厚约1.5米，依据标本特征推断此处遗址应为汉、宋时期聚落遗址。

西关孔府花园遗址

　　位于曲阜市西关大街利涉桥以西10米，始建于明嘉靖年间，后即废，清末七十六代衍圣公孔令贻重加修葺。西关花园亦称孔府别墅，曲阜旧时私人花园不少，而称别墅者仅此一处。原面积二十余亩，花园中原有水池，水池中有小山1座，周围石砌边沿，山顶有草亭1座，池北有亭屋水榭等，池内边沿有曲桥、花船、花亭等。"文革"期间，树木亭宇全部毁灭，至今仅剩花亭遗迹及废池。此花园旧址的留存为研究明、清时期私家花园的建筑风格、建筑特色等提供了比较直观的实物资料。

林家洼遗址

　　位于曲阜市董庄乡林家洼村西约1里处，呈不规则梯形，遗址现为葡萄园及耕地，南北最长约250米，东西最宽160米，面积约40000平方米，文化层堆积厚约1.5米，村民挖葡萄园壕沟时挖出大量陶器残片，第三次全国文物普查在地表采集的标本有筒瓦板瓦残片、罐壁、缸壁等，依据标本特征推断该遗址为周、汉时期遗址。

东辛庄遗址

    位于曲阜市时庄镇东辛庄东北100米处，为一平原遗址，基本呈长方形，面积约9000平方米，地表采集的标本基本为夹砂灰陶，有鬲口沿、盆口沿、壶口沿等。从采集到的标本特征分析，该遗址年代为周代。

西终吉遗址

    位于曲阜市息陬乡西终吉村南，平原遗址。遗址大约呈长方形，面积约为37000平方米。从地表采集到的标本有罐残片、瓮、板瓦、筒瓦等残片，从采集的标本分析为一处周汉时期的聚落遗址。

夏宋南村遗址

位于曲阜市息陬乡南夏宋村西 200 米处，平原遗址，大体呈长方形，东西长 105 米，南北宽 95 米，面积约为 10000 平方米。采集标本有缸、盆、板瓦残片，从采集的标本特征推断该遗址为汉、唐时期的聚落址。

栗园遗址

位于曲阜市息陬乡西终吉村南，平原遗址，面积约 10000 平方米。地表采集标本有陶缸口沿、板瓦残片，从采集的标本分析为一处汉代的聚落遗址。

朱家庄遗址

位于曲阜市董庄乡朱家庄村南 1 公里处，2007 年京沪高铁建设前经考古探查发现，2008 年 5 月经山东省考古所发掘，该处为一宋代居住遗址。该遗址整体布局完整，保存较好，它的发现为研究本地区的文化谱系及聚落分布提供了实物资料。

宋村遗址

　　位于曲阜市姚村镇宋村东，为平原遗址。遗址呈长方形，南北长160米，东西宽60米，面积约10000平方米，文化层堆积厚度约1.5米。从地表采集的标本有盆底、盆口沿、缸底、瓷瓶口沿、板瓦残片等。根据标本特征推断，该遗址为汉、唐时期的聚落址。

毕家村遗址

　　位于曲阜市姚村镇毕家村西北2.5公里处，遗址面积约50000平方米，为平原遗址。经钻探对文化层分析如下：地面以下60厘米处探出草木灰，地面以下60—160厘米处皆含草木灰。采集标本有尊口沿、盆口沿、筒瓦、板瓦、豆柄等器物残片，从采集标本断定为周代的一聚落址。

刘家庄遗址

　　位于曲阜市防山乡刘家庄村西200米，遗址东西长140米，南北宽130米，面积约16000平方米。文化层堆积厚度约1米，采集到的标本有罐口沿、盆口沿、瓦等残片，从采集标本判断该遗址为周代聚落址。

宫家楼遗址

　　位于曲阜市南辛镇宫家楼村东，遗址基本呈长方形，东西长250米，南北宽200米，面积约50000平方米。采集标本有鬲、盆、罐、板瓦、筒瓦等器物残片，从采集标本的特征分析，该遗址为一处周代的聚落址。

前坊岭遗址

　　位于曲阜市时庄镇前坊岭村南150米处，东西长250米，南北宽250米，面积约60000平方米。现场采集标本有罐口沿、盆口沿、算子、绳纹筒瓦等残片，经考证为周、汉时期聚落遗址。

前寨遗址

　　位于曲阜市吴村镇峪东村东北100米处一高地上，遗址南北长约80米，东西宽约60米，面积约为5000平方米，基本呈长方形。该遗址文化层厚度约0.7米，采集到的标本有筒瓦、板瓦、瓦当、盆口沿等残片，由采集到的标本特征分析，该遗址为一处周、汉时期的聚落址。

东终吉孔氏家庙遗址

位于曲阜市息陬乡东终吉村内，原为清代所建的孔氏六十户之终吉户祠堂，原有二进院落，大门前有神道，大殿3间，前出厦，两边是配房，现只剩下祠堂建筑的基址。其中大殿基址长12.5米，宽7.5米。遗址南50米处有残碑1通，高1.50米，宽0.96米，厚0.25米，为清理终吉户孔氏五门家祠祭田碑，立于中华民国十四年三月十四日，碑已残，碑阴字迹模糊不清。该遗址为研究当地清代的民间信仰提供了参考资料。

柜橱山寨旧址

位于曲阜市南辛镇四峪山上，此山寨不见任何文献记载，推测建于明、清之际。寨墙依山势而建，面积约295000平方米，周长约1900米，现保存有高低不等的围墙及东门、西门、北门基址，残存寨墙最高处约1.70米，西墙最厚约0.70米，南墙最厚约0.80米。寨墙保存基本完整，东、西寨门尚存，北寨门基础尚在。推测此山寨应为强人占山为王之据点，具有一定的历史价值。

北元疃老奶奶庙遗址

　　位于曲阜市息陬乡北元疃村北，原建筑始建于清代。东西长6.4米，宽4.2米，高约3.0米，面积约为26.88平方米。土坯墙，砖木结构，现屋顶已坍塌，仅存四壁和梁架。该庙遗址的留存为研究当地清代的民间信仰及社会面貌提供了参考资料。

甘辛庄遗址

　　位于曲阜市南辛镇甘辛庄村南，遗址呈长方形，东西长约230米，南北宽约150米，面积约35000平方米，北部略高，现为村民耕地，在断层处发现大量陶片堆积，采集标本有筒瓦、板瓦及少量器物残片。据采集到的标本特征分析，该遗址为汉代聚落遗址。

郑家庄南遗址

位于曲阜市姚村镇郑家庄村东南，平原遗址，面积约40000平方米。文化堆积不详，地表暴露遗物较多，采集到的标本有：簋、罐、鼎、鬲等器物口沿，以及鬲裆、筒瓦、豆盘等器物残片。据采集到的标本特征推断该遗址为一处周代文化遗存。

北兴埠遗址

位于曲阜市小雪镇北兴埠村迎宾大道南，遗址呈长方形，南北长约200米，东西宽约160米，东北部略高，在东北部断层处发现陶片堆积，采集标本有灰陶盂、罐口沿、瓷碗底等。依据采集到的标本特征分析，该遗址为一处战国、秦汉、隋唐时期的遗址。

宣村遗址

位于曲阜市小雪镇前宣西村西1公里，地势稍高，略呈正方形，面积约50000平方米。地表断层中暴露出大量的陶片，采集到的标本有鬲、罐、盆等器物口沿以及豆柄、筒瓦残片。依据采集到的标本特征分析，该遗址属于新石器至商周时期的文化遗存，并且在遗址中部发现有汉代墓葬。

九龙山遗址

　　位于曲阜市小雪镇南雪村东，九龙山西侧山前平原上。遗址东西长250米，南北宽150米，分布面积约30000平方米。文化层堆积厚约1.0—1.5米，文化面貌以大汶口文化为主。地面采集陶片陶色以灰陶为主，土层中包含较多的烧土粒，但草木灰较少。遗迹可见灰坑、墓葬等，断层上暴露大量陶片和红烧土。此遗址的发现，为研究本地区新石器时期文化聚落分布、区域类型、文化谱系等提供了新的资料。

陵南遗址

　　位于曲阜市陵城镇陵南村南200米，平原遗址，南北长185米，东西宽160米，面积约30000平方米。地表暴露遗物较多，采集到的标本有豆柄，板瓦残片，盆、鬲、罐等器物口沿及红烧土块。根据采集到的标本特征推断为一处比较典型的周代遗址。遗址现为村民耕地，日东高速从遗址南部穿过。此遗址的发现为研究曲阜地区周代文化遗存面貌提供了重要的实物资料。

杨辛庄遗址

位于曲阜市息陬乡杨辛庄南，平原遗址。基本呈长方形，面积约有200000平方米，地表暴露遗物较为丰富，采集到的标本多为泥质灰陶，还有罐、盆等口沿以及板瓦、筒瓦残片、豆柄等，依据采集到的标本分析，该遗址为一处典型的周、汉时期遗址。

颜家庙老奶奶庙遗址

位于曲阜市姚村镇颜家庙村西。始建年代不详，据传原为三进院落，有前殿、正殿、后殿，后殿卷棚内立有碑刻3通。该建筑群现已毁，庙址上仅存碑刻1通，碑高2.17米，宽0.75米，厚0.15米，立于清乾隆元年（1736年），碑额浅刻"二龙戏珠"图案，行书"大清"，碑身边缘浅刻云纹，碑题"重修庙功全完碑志"，碑文简洁，部分文字模糊不清。庙址及碑刻的留存为研究清代当地的民俗信仰提供了参考资料。

佃户屯张氏家祠遗址

位于曲阜市姚村镇佃户屯村内，始建于清，地上建筑已毁，尚存建筑基址、碑刻1通、石刻1块。建筑基址南北长17.5米，东西宽16.4米。尚存碑刻高1.9米，宽0.6米，碑题"重修庙碑记"，立于清雍正元年（1723年）。石刻浅刻张氏先祖画像，雕刻简洁、线条流畅，当为清代早期作品。现家祠只剩一堆废墟，庙碑和石刻被移至村东建桥。

前夏庄遗址

位于曲阜市董庄乡前夏庄西，平原遗址，面积约10000平方米，文化层堆积厚约0.5米，地表散落大量瓷片、陶片，采集到的标本有瓷碗底、陶罐底、口沿等器物残片，依据采集到的标本特征，推断该遗址为一处唐宋时期文化遗存。

店子观音堂遗址

位于曲阜市息陬乡店子村村内，遗址东西长42.6米，南北宽6米，面积约255.6平方米。观音堂始建于清代，20世纪五六十年代改建为小学，原有建筑3座，分别是北大殿、东大殿、观音庙，现建筑均已不存。庙内有石碑3通，分别是"观音堂建醮题名碑"，碑长2米，宽0.8米，厚0.25米，碑额为龙头，"重修元君行宫记事碑"以及"重修醮圆□碑记"。原有建筑已不在，仅存基址和石碑。

东终吉东遗址

位于曲阜市息陬乡东终吉村东南，平原遗址，面积约20000平方米。采集到的标本有板瓦及器物残片。依据采集到的标本特征推断，该遗址为一处周代文化遗存。

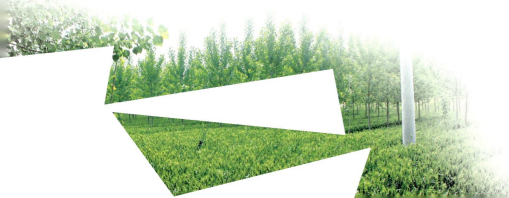

马家村遗址

位于曲阜市时庄镇马家村南，平原遗址。面积约50000平方米。采集到的标本有盆、罐、鬲口沿，豆盘、绳纹板瓦残片等。从采集到的标本特征推断该遗址为一处商、周时期文化遗址。

尚家园遗址

位于曲阜市防山乡尚家园村东南，平原遗址。东西200米，南北200米，面积约40000平方米。地表采集标本有灰陶陶范、罐、盆口沿等。依据采集到的标本特征判定为一处周代的聚落址。

前西庄西遗址

位于曲阜市小雪镇前西庄西200米，地势略高。遗址南北长300米，东西宽100米，面积约30000平方米。地表采集到的标本主要为泥质板瓦、豆等，纹饰以绳纹和素面为主，依据采集到的标本特征分析，该遗址为一处周、汉时期的文化遗存。

古遗址

石窟寺及石刻

如果问世上哪个地方的石头承载了最多的文化重量，答案无疑是中国。中国有着繁荣的石刻文化，优美遒劲的汉字镌刻在一块块光滑平整的石头上，也时刻彰显着中国文化独特的魅力。而石刻，也因此带上了重要的文化价值。

回顾石刻的历史，从帝王将相的刻碑记功，到名门望族的庙碑家训；从文人骚客的石刻翰墨，再到市井草民的贞节牌坊，中国人对石刻文化几千年来都有着浓厚的热情。中国石刻文化的繁荣恰恰表现出这个民族对自身发展中一系列人文主题的强烈眷恋。当这种眷恋心态需要具体的文化符号来作为载体时，便催生了一种独特的文化形式——石刻。

中國有著繁榮的雕刻文化，優美挺勁的體宛鑄就杜一塊塊巻禮乎整的石頭上，更時刻彰顯著中國文化深背的歷历。而雕刻，也因此帶上了靈界的文化價值。

中國有著繁榮的雕刻文化，優美挺勁的體宛鑄就杜一塊塊巻禮乎整的石頭上，更時刻彰顯著中國文化深背的歷历。而雕刻，也因此帶上了靈界的文化價值。

山东省文物保护单位

九龙山摩崖造像石刻

　　九龙山摩崖造像石刻位于曲阜市小雪镇武家村东约百米处，九龙山中部山体的西南山坡上，此处三面环山，为一清静优美的小盆地。石刻刻于盛唐，造像共有大小石佛洞龛6处。自南往北，第一龛西向，为卢舍那佛像，跌坐于须弥座上，两旁为阿难、迦叶菩萨，皆立于莲台之上，此像有题记，刻于唐天宝十五年（756年），第二龛雕菩萨立像1尊，袒胸露腹，立于仰莲石上，龛左题记已不可辨，其下有宋代游人的题记一则。第三龛雕菩萨一尊，跌坐于莲台之上，菩萨腰中部两侧分刻二力士，龛左题记亦模糊不清。第四龛在第三龛下，内刻文殊菩萨乘坐在狮子之上。第五龛位于第二龛右侧，内刻普贤菩萨乘坐于白象之上，象踏莲花，象前后各有一力士，其下并列3小龛，分别刻有一坐佛、二立菩萨。第六龛西向，内刻立佛1尊，龛右侧有题记。九龙山摩崖造像石刻，造像形象逼真，丰腴舒展，人物形体轻柔多姿，保存基本完好，其佛龛造像的雕凿方式，如佛坛后凿背屏和顶光，龛前接建地上木构建筑等反映了中原北方地区佛教造像窟龛的发展演变过程，是研究当地风俗民情和石刻艺术的珍贵实物资料，具有极高的研究价值。九龙山摩崖造像石刻1985年被公布为济宁市文物保护单位，2006年被公布为山东省文物保护单位。

石窟寺及石刻

215 ▶

曲阜市文物保护单位

修治洙河碑及泉池

　　位于曲阜市鲁城街道五泉庄北，"浚修洙河"碑始立于明嘉靖五年（1526年），记载了总理河道都御史章拯修治洙河，清乾隆二年（1737年）孔继汾、孔继涑对洙河再修及丁宝桢对洙河第三次浚修，清光绪二年（1876年）陈锦刻立。泉池呈八边菱形，现存为1928年上海中国济生会修复此泉池之形状，并在泉池出水口上方嵌有"洙泗五泉"碑，以示纪念。该地点为洙水河的发源地，浚修洙河碑详细记载了洙河修治情况，为了解洙河修治情况提供了详尽的资料，具有较高的历史文化价值。1986年被公布为曲阜市文物保护单位。

西庄石佛像

　　位于曲阜市董庄乡大西庄西南石佛山上，始建于宋代。现存石佛楼和魁星楼各1座，庙侧有乾隆年间残碑1通，另有光绪年间"重修石佛碑记"1通，石佛楼为砖石结构，仅1间，2层，阁楼已拆，内壁刻有民国年间题记和壁画，庙内置石佛像1尊，佛像高2.6米，胸围2.2米，立于石砌神台之上，浅刻嘴、眼，凸雕鼻子，胸前双手捧珠，整体雕刻粗糙，但头部较细。它的发现为研究当地居民的佛教信仰提供了实物资料。1986年被公布为曲阜市文物保护单位。

石窟寺及石刻

"万人愁"碑

　　位于曲阜市书院街道旧县二街村东,原有碑刻4通,现仅存2通。据《曲阜县志》记载:宋大中祥符五年(1012年)冬10月,宋真宗因黄帝生于曲阜寿丘,故在曲阜为黄帝兴建景灵宫、太极殿。景灵宫规模宏大,总1320楹,北宋末年毁于战火,现遗址仍存地下。原址仅残存巨碑2通,因碑高大笨重,难以移动,当地人称之为"万人愁"碑。大碑立于北宋宣和年间,是宋徽宗为颂扬轩辕黄帝的功绩而建造的。后遭遇金兵南侵,大碑始终未能镌文树立。乾隆十三年(1748年),圣驾东巡,山东大吏因碑无字,恐触圣怒,遂击碎大碑并埋于土中。现存2通巨碑,东碑俗称"万人愁"碑,通高16.95米,宽3.75米,厚1.14米,总重388吨,于1991年复立;西碑俗称"庆寿"碑,碑身高7.15米,宽3.65米,于1992年复立,当时由于西碑赑屃座未能找到,维修时按东碑仿做。2009年6月在"庆寿"碑西发掘出土了西碑赑屃座。两碑刻通高皆在16米以上,重达388吨,为中国独立石碑之最,详细反映了当时政治形势及时事变迁,具有极高的历史、艺术、科学价值。1986年被公布为曲阜市文物保护单位。

河口古桥碑刻

　　位于曲阜市姚村镇河口村内，原立于古龙湾桥旁，现位于泗河北岸200米处。古桥历经数次修建，立碑数块，现仅残存清康熙三十五年（1696年）所立"龙湾板桥记"碑、清咸丰六年（1856年）所立"广济桥碑"、清光绪年间所立碑刻1通、民国二十六年（1937年）所立"重修龙湾广济桥碑序"碑，碑刻均记述了四里乡邻捐钱捐物普度众生之义举，并立碑纪念以示后人。此组碑刻的发现为研究该地区的河流变迁、交通状况及历史人文面貌等提供了丰富的实物资料。2010年被公布为曲阜市文物保护单位。

品重乡邦碑

　　位于曲阜市陵城镇陵北村老粮所大门一侧，立于民国三十一年（1942年），袁炳和撰文。碑通高2.16米，宽0.84米，厚0.29米。碑中央刻有楷书"品重乡邦"四个大字，旁有碑文大意为：刘培松字寿卿，村中旺族，少年聪慧，知书达理，入仕未果，后改业从医，医术高明，为人敦厚，乐善好施，深受乡邻敬仰。"文革"时期被推倒遗弃，其后人于20世纪80年代重新扶立。此碑反映出当时人们崇善乐道的人文精神。2010年被公布为曲阜市文物保护单位。

凤阳慈母碑

位于曲阜市董庄乡丁家庄村民丁彦学院落前，该碑立于中华民国二十九年(1940年)，高2.30米，宽0.85米，厚0.28米。碑阳阴刻"凤阳慈母"四个大字，碑阴记载了丁存宝之妻生平，赞颂其惜苦怜贫，乐善好施的感人品德，两边刻有"德行留美名颂声不绝众人口；仁术遗芳泽感戴莫忘数村心"对联1幅。该碑在"文革"时期被推倒，由族人掩埋保护，后于1999年由族人重新树立，并建有四角攒顶碑亭1座，亭前石狮1对。该碑的发现及留存反映了中华民族知恩报德的传统美德及当时社会大众的价值取向。2010年被公布为曲阜市文物保护单位。

汉下重修颜氏家祠谱序碑

位于曲阜市书院街道汉下村小学院南，立于民国十四年（1925年），碑额高0.65米，宽0.87米，厚0.26米，上刻有二龙戏珠深浮雕图案，正中阴文撰刻"宗派"二字。碑身高2米，宽0.85米，厚0.25米，碑题为"重修颜氏家祠谱序"，碑文为楷书，详细记述了颜氏家谱创修的原因及历次重修颜氏家祠的时间及过程，碑阴刻有颜氏族谱。此碑由奉祀官颜子七十七代孙颜士铺鉴定，儒学庠生陈□生撰文。2010年被公布为曲阜市文物保护单位。

中元疃赵氏支派碑

位于曲阜市息陬乡中元疃村西。碑高2.2米，宽0.85米，厚0.3米。碑额楷书"赵氏支派碑"，碑文记述了赵氏来历，以及迁至该村赵氏支派之谱系，由赵秉和作序，执事官孔凡桢书，立于民国二十五年（1936年）。该碑为研究赵姓沿革和迁徙历史提供了参考资料。2010年被公布为曲阜市文物保护单位。

毕家村告示碑

位于曲阜市书院街道毕家村东北，立于清光绪二十六年（1900年），碑高1.75米，宽0.7米，厚0.23米，碑文为楷书，碑阳详细介绍了光绪年间孔庙洒扫户缴纳丁银的情况，碑阴介绍了洒扫户摊丁入亩的情况。此碑的发现为研究清代孔府税收制度及当时经济状态提供了较为珍贵的原始资料。2010年被公布为曲阜市文物保护单位。

急公好义碑

位于曲阜市吴村镇蒋家寨村委西，立于宣统三年（1911年）。此碑高2.5米，宽0.88米，厚0.3米，碑额刻有二龙戏珠图案，中间刻有"皇清"二字，碑阳刻有楷体"急公好义"四字，其右侧刻有"四氏学庠生姻愚弟孔庆吉顿首拜题"，碑阴详细介绍了碑主蒋云祥生平简介及村民因其治蝗有功遂立此碑以兹纪念之事。此碑的发现为研究当地的民俗民情具有很高的文物价值。2010年被公布为曲阜市文物保护单位。

第二次全国文物普查发现未定级文物点

古昌平乡碑

位于曲阜市南辛镇鲁源西村西北曲尼公路北侧，为一复制碑，原碑刻现保存于尼山孔庙院内。碑高1.7米，宽0.7米，厚0.16米，圆顶，碑文为楷书，上刻有康有为书"孔子生二千四百七十五年　古昌平乡"，保存完好。

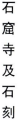

石窟寺及石刻

第三次全国文物普查新发现文物点

土门关帝庙碑

　　位于曲阜市防山乡土门村内一吕姓民居前，刻立于明天启甲子年（1624年），原立于该村关帝庙内，碑额刻有"皇明"二字，浅刻有云龙纹饰，碑身四边刻有祥云纹饰，通高1.4米，宽0.75米，厚0.18米，碑文记载了对关圣帝忠肝义胆的崇敬之情及由于原建关帝庙年久圮坏，故在本乡卜取吉地重建关圣庙并以茄山右土地神祠以配享的经过。

杜家村创修影壁碑

　　位于曲阜市息陬乡杜家村东一居民家中，碑刻原址不详，刻于民国十四年十月（1925年）。该碑高0.58米，宽0.75米，厚0.15米，碑文内容为杜氏户族创修杜氏祠堂影壁记事，记述了集资公修影壁，并说明了影壁的重要性。

西息陬玉洁冰清碑

　　位于曲阜市息陬乡西息陬村委南、曲尼公路北侧，原址不详，2004年被村民王强立于此地。该碑刻立于清光绪二十六年（1900年），碑高2.15米，宽0.86米，厚0.27米，碑额浮雕为二龙戏珠，中刻"圣旨"二字，碑阳刻"玉洁冰清"四个大字，是为表彰乡民孔广松之妻李氏节孝两全之美德而立。此碑反映了封建社会的伦理道德观，为了解封建社会对妇女的节孝要求提供了一定的实物资料。

东泗滨尹家林碑刻

位于曲阜市书院街道东泗滨村东，原为尹氏家族墓地，现仅存碑刻5通，其中墓碑3通（2残）、记事碑1通（残），族谱碑1通，均立于明景泰年间。记事碑记述了族人尹土原的生平，族谱碑为尹氏家族谱系图。

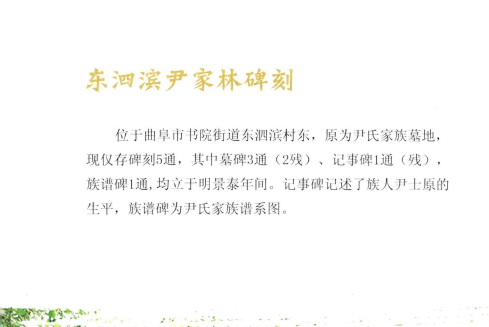

前瓦重修五圣堂碑

位于曲阜市书院街道前瓦村西南角一桥面上，立于清康熙十三年（1674年），高1.75米，宽0.60米，厚0.2米，碑额浅雕云龙纹饰，有篆书"大清"二字。碑文记载了当时人们对五圣的敬仰和五圣堂创建、损坏、修建的过程。该碑原立于五圣堂内，"文革"期间五圣堂毁坏，该碑被村民用来建桥，其发现为研究当时人们的民间信仰及民风民俗提供了一定的史料。

席氏祠堂碑记

位于曲阜市防山乡席家村内，原立于席氏祠堂内，于清光绪十三年（1887年）由席氏族人席峡峰所立，为石雕影壁式碑刻，通碑分为底座（2层）、碑身、碑帽三部分。碑身两侧有石柱夹护，碑帽雕有灰瓦筒瓦式屋檐，瓦当上雕刻有卐字形、四瓣花及葡萄叶形图案，石雕碑刻通高2.25米，宽2.8米。碑身高1.1米，宽1.6米，厚0.27米。在"文革"时期该石雕碑刻被推倒分解，碑身被埋藏于地下，碑帽、底座、护碑石柱被弃于路旁。该碑记述了席氏祠堂的修建经过及祭祀礼仪规范，碑阴为席氏族谱。该碑刻石雕端庄大气，做工精美，它的留存对丰富我们对碑刻形制的认知及对席氏家族在本地区的分布具有特别重要的文物价值。

南陶洛东村创修通泗桥碑记

位于曲阜市防山乡南陶洛东村泗河南岸，立于清道光十年（1830年），为重修泗河上的通泗桥所立。原立于通泗桥边，因桥于1968年被毁，该碑弃于南岸沉入水中，现平放在南陶洛东村泗河南岸耕地内，整体保存完整，部分字迹被人为凿损。该碑高2.5米，宽0.85米，厚0.30米，记载了通泗桥创建于清嘉庆年间，由于年久失修、洪水泛滥，影响两岸人们的通行，故商贾、民众齐力集资重修的过程。

张羊官桥碑

位于曲阜市书院街道南张阳村东，紧邻104国道。该碑立于清康熙年间，高约1.2米，宽0.63米，厚0.20米。原立于孔林东北角的卧虎桥前，此桥在20世纪70年代被毁，碑刻被村民移至于此。该碑碑阳记载了当时人们捐资修桥，为村民提供交通便利的善举。碑阴为施财题名。反映了当时人们积德行善的传统思想，为研究当时人们的生产生活状态提供了一定的史料。

后西庄重修玄帝庙碑

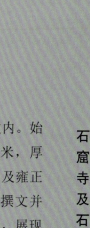

位于曲阜市小雪镇后西庄村南，立于明万历年间。碑刻原立于玄帝庙内，现被村民废弃在村南水沟旁，已残为3段，部分字迹已残缺，碑文内容大致可读。碑文记载了玄帝庙始建于明正德二年（1507年），为该村村民曹安所建，经后人扩建改建逐成规模。玄帝庙原有古树四株，高大茂密，数里可望，村民虔诚信奉。该碑为亚圣59代孙翰林院世袭五经博士孟彦璞所立。

大王庄三圣堂碑

位于曲阜市南辛镇大王庄村委院内，原立于三圣堂内。始建年代不详，于1958年被毁。此碑高1.3米，宽0.64米，厚0.64米，碑文记载了三圣堂于康熙二十五年（1686年）及雍正年间当地村民两次捐资重修之事，四氏学生员孔昭翰撰文并书。此碑刻的发现反映出当时人们对忠、信、礼的推崇，展现了一种社会意识形态风貌，具有一定的历史文化价值。

石窟寺及石刻

纪家村石碾具

位于曲阜市时庄镇纪家村内，原为生产生活碾具，整体高2.5米，最宽处0.6米，呈月牙形，中有碾槽。从石质及造型判断应为明末清初器物，废弃后被人们立于村内大路旁，在其背面刻有"泰山石敢当"，现字迹已风化脱落。此器物被人们俗称"祈福石"，赋予了多种寓意，每年年关村民都对其顶礼膜拜，呵护有加。

刘家村创修刘氏家祠碑

位于曲阜市姚村镇刘家村内，立于清光绪三十年（1904年），碑高2.1米，宽0.8米，厚0.25米，原立在刘氏家祠内。家祠被毁后，碑刻被弃于此地，碑阳刻有刘氏家族追祖溯源、建祠祭祖之过程。碑阴刻有刘氏家族族谱及辈分排序。

西王家村修补桥旁堤堰碑

位于曲阜市姚村镇西王家村北，东西向生产路小桥之上。立于清嘉庆十四年（1825年），碑高1.9米，宽0.65米，厚0.2米，其碑文大意为桥旁堤堰工成后，村民相约盟誓不得对堤堰进行人为破坏，此外还刻有捐钱人及工匠姓名。桥旁堤堰具体位置现已不详。

颜家村泗河桥碑刻

位于曲阜市姚村镇颜家村泗河大坝内侧，碑刻2通。原立位置不详，其一为清嘉庆三年（1798年）"施财题名"碑，高1.85米，宽0.75米，厚0.25米，该碑表层有脱落现象，部分字迹模糊，记述了清嘉庆二年（1797年）三月洪水暴发，桥梁被毁，四里乡邻募捐资修桥的经过，该碑反映了当时社会朴素的民本思想。另一通碑刻为清乾隆四十年（1775年）"创建桥社地碑记"，高1.80米，宽0.70米，厚0.25米，该碑字迹清晰，保存较好，记述了为修建渡桥而征置地产作为经费的经过及约定。该组碑刻的发现印证了当地民众社团致力于社会公益事业的自觉行为，具有一定的历史文化价值。

保安关帝庙碑刻

位于曲阜市姚村镇保安村内，有碑刻2通，原立于保安村东关帝庙内，庙宇始建年代不详。1976年新修村内道路时，碑刻被移至村内古河道的西壁之上。第一通碑刻为清康熙九年（1670年）所立，高0.77米，宽0.55米，记述了关圣庙的重修经过；第二通碑刻为清康熙三十一年（1692年）七月所立，高0.76米，宽0.43米，记述了荀氏捐资重修钟楼善举的始末。

彭庄石刻

位于曲阜市南辛镇彭庄村东一乡村小路边，具体雕刻年代及原立位置不详，俗称"石婆婆"，当地村民对其非常崇拜，让娇儿认"石婆婆"为干娘，每年除夕、正月十五前来祭拜，祈求"石婆婆"消灾、去病，并为村民带来平安、幸福、吉祥。该石刻部分埋入地下，暴露地面部分高0.9米，宽0.7米，厚0.2米。根据对石刻画像风格造型分析，该石刻画像应为明代石刻画像。此石刻画像在本地属首次发现，具有较高的历史文化、绘画艺术价值。

彭庄重修大王庙碑

位于曲阜市南辛镇彭庄村北一南北向的桥面上，碑阳朝下，原立于村内大王庙内，大王庙始建年代不详。碑刻立于清同治十一年（1872年），高2.1米，宽0.75米，厚0.3米，碑文记载了村中原有大王庙，后兵燹不断。咸丰十一年（1861年）捻军北来，后又有土匪作乱，大王庙年久失修，同治三年（1864年）由于兵燹之后无力对大王庙修缮，直至同治十一年（1872年）村民集资共襄盛事，对大王庙进行重修。碑刻部分字迹被遮挡已不可见，个别字迹脱落。该碑刻中关于捻军、匪军的记载史料翔实、记载精确，具有一定的史料价值。

贾家庙创立学堂重修庙宇碑记

位于曲阜市吴村镇贾家庙村内，原为贾家小庙内的碑刻。贾家小庙始建于元代，现已拆除。碑刻始立于清宣统三年（1911年），高2.15米，宽0.77米，厚0.24米，碑文记载了贾家庙村原有关帝庙1座，草屋学堂3间，后坍塌，由乡绅积蓄数年，重建学堂及庙宇大殿等事宜。

西山子修汪洋桥塑神像碑

位于曲阜市吴村镇西山子村内，碑刻立于清乾隆十四年（1749年），原立于村内汪洋桥旁，现横卧于村内山子河旁，高1.64米，宽0.86米，厚0.22米，碑首浅刻二龙戏珠纹饰，碑身右侧残缺，部分字体已模糊。碑文记述了修建汪洋桥的原因及经过。

张庄碑刻

位于曲阜市吴村镇张庄村村西石桥上。其北侧为"土地祠制缮地碑记"碑，立于乾隆三十三年（1768年），高2米，宽0.73米，厚0.2米，记载了土地祠由来已久，约社积财制缮地以供香火事宜；其南侧为"重修山门群墙碑记"碑，立于同治十三年（1874年），长2.2米，宽0.8米，厚0.25米，记载了关帝庙山墙坍塌并约社积财重修事宜；另一通碑刻位于此桥南500米处，现作为桥板铺设，为"重修关帝庙碑"，立于清代，长2米，宽0.75米，厚0.25米，记载了重修关帝庙事宜。此3通碑刻的留存反映了当地民众的宗教信仰、生存状态，为研究当时社会的意识形态提供了实物资料，具有一定的历史文化价值。

吴村石刻

位于曲阜市吴村镇吴村村委院内，有石狮门枕石二，原在林前村内，具体位置不详，通高1米，底座长1米，宽0.4米，石狮高0.66米，长0.5米，石狮造型夸张，线条流畅，从雕刻技法及风格分析应为清中晚期雕刻。此雕刻的发现为研究清代石雕及民居民俗状况提供了一定的实物资料。

丁家庄丁氏阖族碑文序碑

位于曲阜市董庄乡丁家庄东北丁家林内，立于清光绪十二年（1886年），高2米，宽0.85米，厚0.25米，碑阳两边浅刻回形纹，碑首刻有"支派碑记"四字，碑文记述了丁氏家族本支的由来，并为本家族的繁衍制定族谱，排定辈分。

中村创建济远桥碑记

位于曲阜市董庄乡董庄中村村内，立于清道光十一年（1831年），原址不详，高2.1米，宽0.7米，厚0.17米。碑首篆书"皇清"二字，碑文记述了为方便故里乡民，创建济远桥的善举。该碑在20世纪"文革"时期被推倒，遗弃于此。

游家林石羊

位于曲阜市南辛镇彭庄村东玄帝山东南，此地旧有游家林墓地，相传其祖先于明初曾官至兵部尚书，林内原有石坊、石人、石兽等，墓地在"文革"时期被平，现为果园，此石羊原为游家林内石仪。石羊现仅头部暴露于地面上，其余部分被埋于地下，整体大小已不可知，暴露地面高约0.3米，头部南北0.4米，东西0.3米，根据史料记载及石羊雕刻风格分析该石羊应为明代遗物。

重修西门西关石路并二层归德桥、三层利涉桥碑记

位于曲阜市鲁城街道西关民族居委会院内，始刻于清咸丰八年（1858年），原立于西关街归德桥旁，2003年移至西关民族居委会院内保存。此碑高2米，宽0.72米，厚0.20米，碑体及碑文完整无损，只有个别字迹剥落不太清晰。碑文通篇记录了清乾隆、嘉庆、咸丰年间，几经重修西关大街之经过，为了解历史上西关大街的几次变迁整修和研究曲阜城市变迁史提供了翔实的史料。

北店关帝庙地界碑

位于曲阜市陵城镇北店村西，遗落在乡村公路一侧。碑高1.4米，宽0.66米，厚0.15米，立于民国十年（1921年）岁次六月上浣，由当地秀才刘玉峰手书，碑文记载了该村关帝庙始建与修建状况不详，因个别村民侵占关帝庙地基，为了维护神明的威严，明确了庙宇保护范围的历史史实。

北公东村重修关圣庙碑

位于曲阜市陵城镇北公东村内，碑高1.6米，宽0.65米，厚0.2米，民国四年（1915年）岁次己卯中伏上瀚榖旦立，乡绅陈文光撰并书，碑文记载了关圣庙宇始建于明代，后经数次重修，光绪年间倾塌，村民合力捐资重修之事。

何家村孔庆良教政碑

位于曲阜市陵城镇何家村东南，该碑立于民国十五年（1926年），陈咸悦撰，郭之廉书，高2米，宽0.9米，厚0.3米。碑文大体内容为：孔庆良字右韩，曾在曲阜城内四氏学堂学习，后从事教育长达20余载，因人施教，严从师道，深受学生和乡邻崇敬，故而学生捐资立碑纪念。"文革"时此碑被推倒后，其后人对其精心呵护，现埋于村东南路旁。此碑深刻反映出当地村民重教崇儒的传统思想。

石窟寺及石刻

233

章枣玉帝庙建醮诵经碑记

位于曲阜市陵城镇章枣村东，原立于章枣村玉帝庙内，"文革"时期该庙被毁，此碑被移至村东一桥面之上。该碑立于清乾隆五年（1740年），王懋埸书丹，碑高1.7米，宽0.75米，厚0.26米。碑文大意记述了信奉神道、焚香诵经为人生之大事，神灵保佑可去病消灾，愿神灵保佑子子孙孙等。碑底部略残，周边为线刻盘龙纹。

前果庄辅国将军李楷墓志铭

位于曲阜市陵城镇前果庄村内，系明朝辅国将军李楷的墓志铭碑。此碑铭刻于明嘉靖五年（1526年）正月，铭文记述了墓主李楷的生平及其以慈爱之心抚育子女的有关事迹，碑阳四周刻有云龙纹，碑阴刻有二龙盘旋，造型细腻。碑长0.7米，宽0.7米，厚0.1米。此墓志铭在"文革"期间平坟时从墓中挖出，现移至前果庄村委北50米。

前果庄乾隆五年重修关帝庙碑

位于曲阜市陵城镇前果庄村内，碑文记载了此处关帝庙兴建与重修的历史：始建于清康熙元年（1662年），由于年久失修，清乾隆五年（1740年），由信士俞祖龄等领众人募化，重塑金身，开光建醮，对该庙宇进行了重新修复。该碑高0.94米，宽0.5米，厚0.15米，原立于关帝庙前，"文革"期间被移至村内一民房前。

鲍家庄创建钟楼二门碑记

位于曲阜市陵城镇鲍家庄内，于乾隆戊未年仲春立，碑高1.9米，宽0.7米，厚0.2米。此碑原立于五圣堂钟楼前，碑文记述了创建（五圣堂）钟楼及二门的原因及经过，于20世纪50年代初庙宇被拆时遗弃。碑文由至圣六十五代孙孔衍政撰文，儒学庠生李相敬书。此碑反映出当时人们精神信仰之虔诚，为研究当时社会民风民俗及生活状态提供了一定的史料。

前果庄乾隆二十六年重修关帝庙碑

位于曲阜市陵城镇前果庄村南1公里处，立于清乾隆二十六年（1761年），碑高1.9米，宽0.7米，厚0.2米，碑文由当时信士俞祖寿书。据碑文记载，该庙宇乾隆五年（1740年）修复后，乾隆二十六年（1761年）又对其进行了重新修葺。此碑原立于关帝庙前，"文革"期间被移至村南一桥面上。此碑的发现为研究当地民众的宗教信仰提供了实物资料，具有一定的文物价值。

辛庄关帝庙碑刻

位于曲阜市陵城镇辛庄村内。碑刻有2通，创建碑立于清乾隆年间，高1.35米，宽0.58米，厚0.2米，由庠生毛珣撰文，田永锡书丹，碑文详尽记载了关帝庙修建的原因及过程。重建碑立于民国年间，高0.56米，宽0.56米，厚0.13米，详尽记载了关帝庙重建的原因及过程。两碑刻原立于关帝庙内，该庙于20世纪60年代被毁，碑刻被遗弃。

泉头碑刻

位于曲阜市吴村镇泉头村委院内西墙上，原立于新安泉旁，1999年移于此地。中间一块碑刻高1.1米，宽0.6米，厚约0.15米，上方刻有楷书"新安泉"3字，中间刻有"□□泉源□照例问发充军军人犯者调边卫□□□□"其余字迹已模糊不清。该碑左右两边各有一块小碑，高0.45米，宽0.45米，厚0.10米，其中一块碑刻记载了村民孔兴釉、陈继舜约社捐钱建旗幡之事。另一块碑刻立于清乾隆三十八年（1773年），上刻有社内众多姓氏人等，应为施财题名。该组碑刻的发现为研究本地区民间结社及社会生活组织状况提供了实物资料。

河夹店重修五圣堂碑刻

位于曲阜市董庄乡河夹店村内，两通碑刻皆为重修五圣堂碑记，其一立于清咸丰五年（1855年），碑通高1.70米，宽0.73米，厚0.27米，碑首中间浅刻"皇清"二字，两边为花瓶图案，碑身四周浅刻祥云纹饰，碑文记述了该村南旧有五圣堂，明隆庆元年（1567年）曾重修，迄今（咸丰）已二百余年，即将坍塌，为承前启后，按户分派集资重修大殿；其二立于清光绪十二年（1886年），碑高1.70米，宽0.7米，厚0.19米，碑首浮雕二龙戏珠，碑身四周为回形纹饰，碑文亦是记述了集资重修五圣堂的过程。

胜利门匾额

位于曲阜市鲁城街道西关民族居委沙庆义民居东墙外，原为曲阜城西门上的匾额，20世纪70年代末拆除西门及城墙时，匾额被村民丢弃于此。匾额石质，长1.77米，宽0.68米，厚0.17米，上用楷书刻有"胜利门"三个大字，落款已被凿掉，刻立年代不详。该匾额的发现为了解曲阜城的历史沿革及发展脉络提供了实物资料。

西息陬重修五佛堂碑记

位于曲阜市息陬乡西息陬村委南、曲尼公路旁，刻立于清代，碑宽0.8米，高2.15米，厚0.2米。碑文记载了西息陬村五佛堂的重修过程，碑阴有重修五佛堂碑记及募捐人员姓名。此碑的发现为研究当地的佛教信仰提供了历史资料。

西息陬税务告示碑

位于曲阜市息陬乡西息陬村委南、曲尼公路旁，民国十五年（1926年）立于村内集市区，后被村民移到此处。碑高1.91米，宽0.95米，厚0.25米，碑文记述了修葺春秋书院及整顿市税以保祀典的有关规定。该碑的发现为了解当地集市贸易管理及保持春秋书院的祭祀传统提供了实物资料，具有一定的历史文化价值。

西息陬观音堂碑刻

位于曲阜市息陬乡西息陬村委南、曲尼公路旁，碑刻共有4通，分别为顺治十四年（1657年）八月"创建观音堂始终记"碑，碑高1.67米，宽0.64米，厚0.22米；康熙四十七年（1708年）三月"重修观音堂拜殿"碑，碑高1.6米，宽0.8米，厚0.18米；乾隆十九年（1754年）二月"重修观音祠记"碑，碑高1.02米，宽0.7米，厚0.22米；光绪十七年（1891年）"重修观音堂碑记"，碑高1.8米，宽0.69米，厚0.18米。此组碑刻原立于息陬观音堂内，20世纪60年代庙宇被毁，碑刻佚失，后被村民王强收立于此地。这4通碑刻较为完整，内容统一，时代连续，具有较高的历史文化价值。

西息陬孔氏家庙碑刻

位于曲阜市息陬乡西息陬村委南、曲尼公路旁。碑刻共有2通，一为"历代家庙之碑"，立于明正德年间，碑高1.04米，宽0.8米，厚0.26米，碑文53个字，记述了孔子五十三世孙孔泾元时在南京拜见高皇帝、御赐藤拐，以表彰其主领家务有功之事；一为"重修家庙碑记"，立于光绪十九年（1893年），碑高1.09米，宽0.7米，厚0.22米，该碑刻原立于息陬村孔氏家庙内。20世纪60年代家庙被毁，碑刻佚失，后被村民收集于此地。两碑刻佐证了此家庙的时代延续性，为研究孔氏家族的历史提供了较为珍贵的史料。

四张曲汉墓石雕

位于曲阜市息陬乡四张曲村西，沂河南岸20米处。据崇祯版《曲阜县志》载："汉鲁诸王墓在县东七里许，大冢二十余。汉鲁恭王葬处。"此地原是汉鲁王墓群，至20世纪"文革"前仍有十余墓冢，后被四周村民夷为平地，仅存姜村古墓1座。此石雕位于整个墓群的西北部，上部暴露地表，下部被深埋地下，其形状不详。据村民讲"文革"时期红卫兵组织曾挖掘，但因下部太大难以掘开无果。现存于汉魏碑刻陈列馆的汉石人像亦出自于此墓地附近。此石雕印证并丰富了本地区的史料。

南夏宋刘氏祠堂碑

位于曲阜市息陬乡南夏宋村内，立于清同治七年（1868年）岁次戊辰十月，此碑高1.4米，宽0.75米，厚0.22米。碑文记述了刘氏家族将刘家林中所卖柏树的钱款购买土地，以供家族祭祀之用，恐其后代子孙不能遵守此规定，故立此碑让后代子孙以志之，碑阴刻有刘氏宗派图。

南夏宋汉画像石

位于曲阜市息陬乡南夏宋东南寥河拦河坝上，长1.25米，高0.39米，厚0.3米，浅浮雕，4个穿璧纹，为墓楣石，出土地点不详。

北陶洛东村醮社碑记

位于曲阜市王庄乡北陶洛东村村内，刻于清乾隆三十六年（1771年），原立于观音堂庙内，该碑高2.04米，厚0.21米，宽0.75米，碑首楷书"大清"二字，两侧浅刻二龙戏珠，碑身四周浅刻回形纹饰。碑文记载了观音堂旧时济善众生的功德及前人创建重修庙宇的辉煌，今有善民女会组织修缮山门、墙垣，组建醮社之功德事宜。

石头河石刻

位于曲阜市董庄乡石头河村东二牛山与三牛山之间沟壑岩石上，刻于清乾隆五十七年（1792年），5行共25个字，每个字约0.15×0.15米，阴刻隶书："乾隆壬子中秋，秀水吴履，邑人颜崇规、孔兴（荫）、赵琮、孔毓升题名"。字迹苍劲有力、俊秀飘逸，隶韵饱满，结构严谨，布局疏密有致，随意有意之间透漏出书法功底，此石刻的发现为了解汉隶在民间的继承与发展提供了一定的实物资料，具有一定的历史文化及书法艺术价值。

西焦创修钟楼记

位于曲阜市王庄乡西焦村东古桥东头，碑刻立于清嘉庆九年（1804年），原立于玄帝庙内，1954年"破四旧立四新"时被推倒，1975年镶嵌于路旁作为排水沟使用。碑高2.0米，宽0.78米，厚0.23米，碑首浅刻有二龙戏珠纹饰，碑身四边饰有回形纹，碑文部分字迹被掩埋，已不可辨，大意为：清嘉庆甲子年间，故里在校师生数人课余看见一金面童子对其说：我乃郭泗河西大钟化身，随后论其知觉之道。众人感悟颇深，对此大钟充满了崇拜、迷信之情感，故而为其创修钟楼，碑文词语隐晦含蓄，充满了浓厚的谶纬色彩。

张氏祠堂碑刻

位于曲阜市息陬乡二张曲村内东西大街北侧，原立于张氏祠堂院内，2001年因村内规划，祠堂被毁，碑刻被前移10余米。碑刻有3通：一通为清道光十二年（1832年）"创建祠堂序"碑，高1.8米，宽0.7米，厚0.25米，记述了张氏家族忠厚传家、耕读继世的优秀传统，并制定了庙中条规；一通为道光十二年（1832年）"创建祠堂记"碑，高1.8米，宽0.7米，厚0.28米，记述了建立祠堂的必要性和创建过程；一为民国二十七年（1938年）"创建两庑碑记"碑，高1.8米，宽0.71米，厚0.23米，追忆了张氏祖先的美德，并为后世子孙辈分排序。该组碑刻的发现为研究本地区张氏家族的繁衍脉络提供了珍贵的实物资料。

石窟寺及石刻

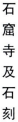

郭家堂玄帝庙碑刻

　　位于曲阜市王庄乡郭家堂村，4通碑刻原立于玄帝庙内，玄帝庙建于明万历年间。其中2通碑刻被弃于玄帝庙旧址内，1通已残，仅存下半部，字迹模糊，基本无法辨认；另1通碑刻立于清道光十九年（1839年），碑文对玄帝进行了介绍、郭家堂玄帝庙始建年代及由于年久失修四方善士募金对其进行重修的经过；"重修玄帝后寝庙记"碑现被垒砌于村书记王涛门前，碑立于清康熙五十二年（1713年），碑文介绍了玄帝庙的始建年代及此次村民捐资对玄帝庙后寝庙重修的经过；"□妆修玄天行宫诸圣像并阖庙殿宇记"碑现被遗弃于村东500米处一井沿上，碑立于清光绪十二年（1886年），碑文部分字迹模糊不清，碑文介绍了玄帝庙诸圣像及阖庙殿宇进行彩画粧修的经过。

高家店旗杆石

　　位于曲阜市王庄乡高家店村民孔宪群大门两侧，原有4块旗杆石，现仅存2块。旗杆石高1.5米，宽0.42米，直径0.3米，素面，下部有铁箍槽，其中一侧旗杆石中间有断痕。该旗杆石是因孔宪群祖上孔传允、孔继燧清末相继中举而立。它们的发现反映出在中国封建社会中人们"尊孔推儒、学而优则仕"的传统思想。

河口村节厉松筠碑

　　位于曲阜市姚村镇河口村南泗河北岸内侧，立于中华民国二十年（1931年），碑长2.2米，宽0.8米，厚0.26米，中间刻有"节厉松筠"四个大字。旁有碑文，大意记述了颜振乾之妻十八岁守寡，坚守冰洁，孝养翁姑，人言无间，经颜振澎、颜振沉向内务部保举呈请，徐大总统对其进行褒扬，特立此碑对其进行表彰宣扬之事。

前黄堂重塑神像继造门窗并建垣墙序碑

位于曲阜市吴村镇前黄堂村西北，清乾隆五十七年（1792年）立于前黄堂村三圣堂庙内，20世纪"文革"时期三圣堂被毁，碑刻作为氨水池建材砌于此地。该碑残高2.1米，宽0.70米，厚0.2米，碑额浅阴刻双龙戏珠，中刻有篆书"皇清"。该碑记载了三圣堂在此村由来已久，乾隆五十三年（1788年）秋由于张姓村民病发将堂内神像毁坏殆尽，村民出于对神像的敬仰，自发捐款组织修缮的过程。

黄家村创建黄氏家祠碑记

位于曲阜市时庄镇黄家村一村民屋后，立于清嘉庆十七年（1812年）岁次壬申仲冬。碑文为楷体，碑高1.18米，宽0.58米。碑题为"创建黄氏家祠碑记"，碑额刻有"皇清"二字，周围浅浮雕二龙戏珠图案。碑文详细记述了黄氏家族为祭祀祖先捐资创建家祠的经过及捐资人的姓名。

丛庄重修关帝庙序碑

位于曲阜市吴村镇丛庄东北一石桥下。此碑原立于该村关帝庙内，关帝庙始建年代不详，20世纪50年代被移于此地。碑高1.85米，宽0.75米，厚0.2米，清道光二十一年（1841年）刻立，碑阳所刻文字大意为村民合力捐资重修关帝庙之事，碑阴刻有"施财题名"四字及捐资人名。

石窟寺及石刻

241

姓氏源流序碑

　　位于曲阜市书院街道旧县二街村西，碑高3.4米，宽1.18米，厚0.39米，碑座高0.97米，横长1.53米，宽0.97米，碑额为圆顶，平面浅雕云纹凤凰，中间刻"大明"二字，碑题为"姓氏源流序"，碑身四周满雕流云花纹，该碑系孔子六十二代孙孔闻炳于明嘉靖二十一年（1542年）所立，碑文记述了仙源户孔氏家族从黄帝至孔子再到六十二代孙孔闻炳的发展历程。此碑为研究孔氏家族姓氏发展脉络提供了重要资料。

附：姓氏源流序碑全文

　　古者，天子建德因生以赐姓，胙之出，而命之氏。姓者，祖考之所，自出百世而不迁者也，氏者，子孙之所自分数也，世而一变者也。诸侯以字为谥，因以为族，官有世功则有官，族故得姓，虽一而为氏，则有不同。我阙里之有孔氏，其来远矣。粤自黄帝生少昊金天氏，名玄嚣，都曲阜，葬云阳山，今曲阜之少昊是也。玄嚣生蟜极，蟜极生帝喾，帝喾生契，为司徒而氏，□□□于商始赐姓。子契生昭明，昭明生相土，相土生昌若，昌若生曹圉，曹圉生冥，冥生振，振生微，微生报丁，报丁生报乙，报乙生报丙，报丙生主壬，主壬生主癸，主癸生天乙，是为成汤。汤而下十六世至帝乙，周成王以帝乙长子微子启国于宋，是为宋人，传弟微仲衍，衍生宋公稽，稽生丁公申，申生湣公共，共生弗父何，以有宋而授历公，历公者何弟也，何生宋父周，周生世子胜，胜生正考父，考父生孔父嘉。孔父者，其字也，遇宋华督之难，其子木金父奔鲁为大夫，是为鲁人，而生祈父。五世亲尽，别为公族，因以王父字为氏，至是始为孔氏矣。祈父生防叔，防叔生伯夏，伯夏生陬大夫叔梁纥，纥生孟皮及我正祖焉。圣祖生鲤，字伯鱼，鲤生伋，字子思，代有封爵，通祀天下。伋生白，字子上，博通群书，齐威王以为相。白生求，字子家，习儒道者，高尚之志。求生箕，字子京，为魏相。箕生穿，字子高，有王佐之才，遁世不仕。穿生谦，字子顺，魏安厘王以孔氏后封鲁国文信君。谦生鲋及弟腾，鲋字子鱼，秦议焚书，与弟藏《论语》、《尚书》、《孝经》于主堂旧壁中，自隐于嵩山，其子吉，字元路，承启后为宋公。腾字子襄，通经博学，汉高帝过鲁，封奉祀君，后为惠帝博士，迁长沙太守。腾生忠，字子贞，为博士，封宝成侯。忠生武，字子威，为文帝博士，至临淮太守。武生延年，武帝时为博士转少傅，迁大将军。延年生霸，字次孺，昭帝时为博士，宣帝时以太中大夫，授皇太子经还启事，元帝拜太师，赐爵关内侯。霸生福，福生房，俱袭关内侯。房生均，字长平，拜尚书郎，平帝元始元年，改封褒成侯。均生志，光武拜大司马，袭封褒成侯。志生损，字君益，和帝永元四年，改封褒亭侯。损生曜，曜生完，俱袭封褒亭侯。完无子，以弟　之子羡继嗣，羡字子余，魏文帝黄初元年，拜议郎，改封宗圣侯。羡生震，字伯起，晋武帝泰始三年，改封奉圣亭侯，拜太常卿黄门侍郎。震生嶷，字功成，功成生抚，举孝廉，为豫章太守，俱袭封奉圣亭侯。抚生懿□□，袭封奉圣亭侯兼从事中郎。懿生鲜，字鲜之，宋文帝元嘉十九年，改封崇圣侯。鲜生乘，字敬山，后魏举孝廉，文帝延兴三年，封崇圣侯大夫。乘生灵珍，授秘书郎，孝文帝太和十九年，仍封崇圣侯。灵珍生文泰，袭封崇圣侯。文泰生渠，北齐文宣帝天保元年，改封恭圣侯，周静帝大象三年，诏封邹国公。渠生长孙，袭封邹国公。长孙生嗣哲，隋文帝时应制登科，炀帝大业四年，改封绍圣侯。嗣哲生德伦，唐高祖武德九年，改封褒圣侯，太宗贞观十一年诏朝会，位同三品。德伦生崇基，中宗嗣圣十二年，袭封褒圣侯，神龙元年，制授朝散大夫，陪祭朝会。崇基生璲之，字藏辉，玄宗开元二十七年，改封文宣公兼兖州长史。璲之生萱，兖州泗水令。萱生齐卿，齐卿生惟　，□□□曹恭军俱袭封文宣公。惟　生策，明经及第，国子监丞，袭文宣公，迁国子尚书博士。策生振，字国文，懿宗咸通四年状元及第，除秘书省校书历，监察御史左补阙，迁水部员外郎，袭封文宣公。振生昭俭，授广文馆博士，兖州司马，除秘书郎，袭封文宣公，宰曲阜。昭俭生光嗣，哀帝天佑二年，授泗水令，陵庙主，为洒扫户孔末所害。光嗣生仁玉，字温如，生九月，遇家难，张氏抱养于外家，既长，鲁人诉于官事，闻于朝，授曲阜主簿，陛县令，袭封文宣公，后周太祖广顺二年，谒庙林石封口，授曲阜令兼监察御史，宋赠兵部尚书，号中兴祖，今曲阜与衢族皆其后也。仁玉生宜，字不疑，宋太祖乾德四年，拜章阙下，授曲阜主簿，太宗太平兴国三年，迁太子右赞善大夫，袭封文宣公。宜生延世，字茂先，雍然中授曲阜主簿，真宗即位召赴阙下，授曲阜令，袭封文宣公。延世生圣祐，真宗景德四年，授同学究出身。大中祥符元年，东封诏赐衣禄次□官，陪位驾幸儒庙，授太常寺奉礼郎，四年为大理评事。天禧五年，以光禄丞袭封文宣公，知仙源县事，迁赞善大夫，终无子，以叔父延泽子宗愿承袭。宗愿字子庄，仁宗宝元二年，袭封文宣公，知仙源县事，至和二年，以祖先无择之言，祖谥不可加后人，改封衍圣公，累迁尚书，比部员外郎，生四子若蒙、若虚、若愚、若拙，若蒙字公明，生端友，字子文，俱袭公爵□□矣，四年与最公四世孙传□泽，南渡□至衢，无子，以端操子玠承袭，又三世，至洙绝，今在衢者，传之后也。端操，若虚子，金权袭封于鲁，历璠、捵至元措，章宗承安二年，敕袭封衍圣公兼世袭曲阜令，贞祐二年，从宣宗迁汴，□兄元用摄祀事，元用若愚四世孙元孝之弟，是为吾门始祖。若愚字公直，生端立，端立生琥，琥生拂是，为元用之父，自是为而下子孙□衍别为宗□，以载于碑阴。呜呼，莫为于前，虽盛弗传，莫继于后，虽美弗彰。我小宗闻炳，弘栋其叔父也，可谓善继而知所重矣，为本源之不明，无以别支派，辨真伪也，乃揖诸族姓，而告之曰：方令谓孔姓者编天下□父昆弟，其知应乎。金曰，然我之怀矣，还与取诸家乘所载序之贞珉，树之宗枋碑，为子孙者明焉之，下而一览焉，□有以知源流之所自立　　时

嘉靖二十一年岁次壬寅仲冬壬子月初十日丙辰　　六十二代孙闻炳，同叔弘栋、堂叔弘峻、堂叔祖承瑀、堂曾叔祖彦县立　　婿邑庠生孙东岱书

重修曲阜县廨记碑

位于曲阜市书院街道旧县二街居民孔令奇院内，立于元至顺改元冬（1330年）。碑高2.2米，宽0.8米，厚0.15米，碑额篆刻"重修曲阜公廨之记"，碑题为"重修曲阜县廨记"，碑文为楷体，碑身四周刻有缠枝花纹。碑文详细记述了曲阜仙源县衙重修的原因及过程。此碑对研究曲阜仙源旧城的发展历史提供了重要依据，填补了曲阜地方史研究的历史空白，是考证曲阜仙源旧城的历史发展脉络不可多得的第一手资料，具有重大价值。

附：重修曲阜县廨记碑全文

德州郑质撰　　卫辉路汲县儒学谕李奇书丹并撰额

泰定丁卯春　曲阜县尹孔公怀道增修邑廨暨创鼓角楼等宇落成日之日

致礼祝予为记　予三让不获命　乃撼其实而纪之曰　曲阜

宣圣林庙所居　自昔为名邑　所以为名者　莫不择其人

皇朝世敕孔氏子孙□之而不厕以他姓

恩至渥议甚得也　然共廨毁于金乱　治无完所　中统三年主五十三代孙袭封衍圣公□□□□于兹创厅所　以聚民吏　至元二十二年　今湖南道肃政□访金事思诚　袭父职忧前制而憎□之　后创仪门　厨□□数室　至皇庆元年年前袭封北济尹是邑　厥后思凯袭父职莅政　历岁绵以已皆新之　正厅后又贸地斥垣创厅三楹　为退息谋议之所　东建莲慕□□□□其巷□□幽邃前虽通□□□□

崇出入之限　禁鼓虽设　负击无所　鼓角楼所以建也　夫是楼之建□费出于官吏之从其林取于不在役者　则偿其直其制则不華不陋　复宇相瞰　跨官衢而容车□□以出　□□

王命　送迎宾客　宣布政教　驰走吏民　使人巍然有所瞻仰　甚为名邑之称□楼鼓角于其上　以鸣□□声设有时巡□

有郎　遰迹观听　民知戒惧　故于趣事赴功丞戎而速　仅逾曰　而成于事一县□宇始备焉　夫不復不害民事　举于众心　心攸悦功　裨

于前修之未及　惟知道者能之　孔君其有焉　然孔君性温雅清□　卞通学赡　自上庠为众所推　故举袭父识来尹乡邑　所以济□利

物报□□□□

国奉相致忠典孝其学皆见于所施兹役抑文其余事也　大抵纪能録美　以励风教　于是乎书

　　　　　　　　　　　典史张　　冲

□□仕郎济宁路曲阜县主簿王文中

济宁路曲阜县达鲁花赤兼管本县诸军奥鲁劝农事道僧

至顺改元科孟上旬有□日前尉吏王居敬朱公政李伯直立

汉下村汉画像石

　　位于曲阜市书院街道汉下村村委院内，该汉画像石高0.82米，宽2.85米，厚0.22米，上浅阴刻一只添翼白虎，此虎目视前方，似作腾飞之状，线条流畅，栩栩如生。

毕家村创建景阳桥记碑

　　位于曲阜市书院街道毕家村内，立于清咸丰年间，碑高1.8米，宽0.78米，厚0.19米，无碑额，碑文楷书。碑题为"创建景阳桥记"，碑文记述了毕家村当地村民集资创建景阳桥的详细过程。

孔家洼关圣庙碑

　　位于曲阜市董庄乡孔家洼村内，立于清光绪二十六年（1900年），碑高2.15米，宽0.8米，厚0.26米。碑阳详细记述了清顺治四年（1647年）至光绪二十六年（1900年）孔家洼村创建及维修关圣庙的过程，除部分字迹已模糊无法辨认外，其他字迹保存较好，碑阴刻有"施财题名"四个字以及施财名录，字迹清晰。

单家村重修关帝庙碑

　　位于曲阜市时庄镇单家村内，立于清乾隆三十五年（1770年）四月，碑高1.2米，宽0.37米，厚0.12米，碑文为楷书，碑题为"重修关帝庙碑"，碑文记述了单家村村民重修关帝庙及修复神像和穿廊的始末。

坊西泰山香社碑

　　位于曲阜市时庄镇坊西村西北，立于民国二十九年（1940年），碑高2.42米，宽0.85米，厚0.30米，碑额深雕二龙戏珠，中刻"泰山社"三字，碑身四周浅雕花纹。碑题为"泰山香社碑记"，碑文是泰山社祭祀泰山圣母碧霞元君的祭文。碑文为楷书，雕工细腻，整碑保存完好，有较高的艺术价值，为研究当时的社会民俗及民间信仰提供了珍贵资料。

河头村后土碑

位于曲阜市时庄镇河头村村东，高1.3米，宽0.74米，厚0.17米，立于1933年，上刻"后土之神位"五字及卦象位置。"后土"，俗称"后土娘娘"。与主持天界的玉皇大帝相配台，为主宰大地山川的女性神。唐宋以来，古人常在建墓、上坟或举行丧礼时祭祀后土神，后相沿成俗，此类碑刻常立于墓地后。

前孔移创土地祠碑记

位于曲阜市时庄镇前孔村东南，立于清乾隆年间，碑高2米，宽0.6米，厚0.22米，碑身四周浅阴刻有云龙纹，碑题为"移创土地祠碑记"，碑文为楷书，记述了前孔村移建土地祠的始末及村民捐资修庙的情况。

鹿家村鹿氏始祖墓碑

位于曲阜市时庄镇鹿家村东200米处，立于乾隆丁卯年（1747年），碑高2.28米，宽0.8米，厚0.2米，碑身四周刻有卷云纹饰，碑阳刻有"鹿氏始祖墓"，碑阴刻有鹿氏家族来源及曲阜、宁阳、滕县鹿家村的由来及鹿氏宗派族谱图。

宋家林宋氏祠堂碑刻

位于曲阜市姚村镇宋家林村村民院内，共有碑刻2通。一通为"宋氏重修祠堂置买林地碑记"，清嘉庆八年（1803年）立，碑高1.07米，宽0.54米，厚0.15米，碑文记述了重修宋氏祠堂并置买土地的详细情况；另一通为"改修九享堂并续治地基碑记"，清道光十一年（1831年）立，高0.97米，宽0.65米，厚0.15米，碑文记述了改修九享堂并续治地基的经过。

羊厂七圣堂挂钟碑记

位于曲阜市姚村镇羊厂村一民居内，立于乾隆三十八年（1773年），高1.02米，宽0.42米，厚0.1米，碑题为"七圣堂挂钟碑记"，碑文为楷书，记述了该村七圣堂重挂大钟的经过。

黄家庄曹氏世系碑记

位于曲阜市董庄乡黄家庄村北。立于民国十二年（1923年），高2.35米，宽0.87米，厚0.28米，碑额刻有楷体"祖德宗功"四个大字。碑阳为碑文，记述了曹氏族谱的由来及续修的过程，碑阴为曹氏宗族家谱。1992年10月曹氏九代孙重修。

黄家庄重修北拯玄帝碑记

　　位于曲阜市董庄乡黄家庄东南1公里处,由于碑砌于坝下,年代不详。碑高1.6米,宽0.6米,碑文为楷体,四周刻有水仙花纹饰,碑题为"重修北拯玄帝碑记",碑文记述了重塑玄帝神像的经过。

朱家庄石刻

　　位于曲阜市董庄乡朱家庄朱兴彬家内,通高22厘米,底座6厘米见方,石狮高16厘米,宽5厘米见方,石狮造型生动、独特,线条流畅,雕刻造型为狮子踩绣球,狮背及左前爪各雕一幼狮,由雕刻技法及造型上看,该石狮应为清代石雕。该石狮的发现为研究清代石雕艺术提供了实物资料。

舜裔孙氏宗派碑志

　　位于曲阜市姚村镇孙家村村民孙传富院内,碑高1.73米,宽0.86米,厚0.2米,碑题为"舜裔孙氏宗派碑志",立于"天运中元甲子(1924年)辛巳桂月上吉",碑阳记述了孙氏宗派碑树立的原因及过程,碑阴为孙氏家谱。该碑"天运中元甲子"的纪年方式,系首次发现,是一份重要的文献资料,该碑的发现为研究孙氏家族的发展脉络和当时的风土人情提供了珍贵的史料。

吴村孔家祠堂碑刻

　　位于曲阜市吴村镇吴村村内,共有碑刻4通。孔子像碑和重修吴孙户至圣影堂碑位于村委东一村民院内,孔子像碑立于康熙十七年(1678年),碑高1.64米,宽0.65米,厚0.22米,碑额楷书刻有"大清"二字和二龙戏珠图案,碑题为"至圣□孔子像记",正中浅阴刻孔子像,下面刻四配像,图像周围阴刻莲花童子纹饰,碑文简略记述了孔子生平及其主要事迹,碑阴刻有吴孙户孔氏族谱。此碑刻的发现为研究吴孙户孔氏家族的祭祀风俗和清初绘画雕刻风格提供了重要的实物资料。重修吴孙户至圣影堂碑立于嘉庆丁未年(1847年),碑高1.9米,碑宽0.75米,厚0.22米,碑文记述了吴孙户孔氏家族募资修建至圣影堂的过程,管理户事七十代孙广辰敬志,儒学廪生员董树烈沐手敬书。承先启后碑和户社存迹碑位于村民陈英家,立于乾隆三十四年(1769年)十一月,碑文记述了吴孙户孔氏家族的延续过程。这四通碑刻的发现为研究吴孙户孔氏家族的发展脉络提供了重要资料。

屈家村幼仲公孔之墓碑

位于曲阜市董庄乡屈家村南一桥下，始立于民国二十一年（1932年），碑高2米，宽0.75米，厚0.26米，碑文为楷书，碑额上刻有"幼仲公孔之墓"，碑文记述了"孔昭杰字幼仲，七岁入塾，十一岁语出惊人，十七岁以疾卒"的生平及其母为其立碑的过程。碑文充分体现了人类母爱的共性，表达了母子情深及丧子之痛的悲惨之情，此碑的留存丰富了墓碑的文化类别、内涵，为了解研究当地社会的民生、民俗、民情提供了一定的实物资料，具有一定的历史文化价值。

屯里碑刻

位于曲阜市南辛镇屯里村西500米处，一通立于清道光十五年（1835年），碑高2米，宽0.7米，厚0.2米，碑额浅刻卷云纹，中刻有"皇清"二字，碑身四周为山水纹饰，碑题为"重修玉帝祠碑"，碑文为楷书，记述了重修玉帝祠的经过；另一通碑高2米，宽0.75米，厚0.25米，碑额中刻"修醮题名"，碑文为捐资修醮的善人姓名。由于受风雨侵蚀，碑文部分字迹脱落，现位于一座桥上作为桥栏使用。

龙虎重建普照禅寺碑

位于曲阜市龙虎居委一张姓居民家中，因早年被当作房基使用，该碑被截为数块，现仅存2块。残碑均长1米，宽0.43米，厚0.13米，碑文为楷书，碑题、落款均无。碑文记述了该寺为东晋元帝建寺，至唐孝明皇帝改称"天宁万寿禅寺"，后至金皇统四年（1144年）重建普照禅寺的过程。该碑现卧于一居民院内，碑身已断为两截，碑文字迹较为清晰，部分字迹有风化脱落现象。因本地不见普照禅寺的记载，推测此碑应为外地传入的一块碑板，为拓制拓片所用。但该碑仍能够为研究金代的宗教信仰提供参考。

成化戊子科乡贡进士孔彦禄第
清癸丑十月乙酉立

苗孔石坊额

位于曲阜市鲁城街道苗孔居委一民居门旁，为明成化进士、裕州知州、孔子第五十九代孙孔彦禄故居前所建石坊上的匾额。石坊额长2.37米，宽0.6米，厚0.17米，正、反两面分别用篆书和楷书刻以"成化戊子科乡贡进士孔彦禄第"字样，落款为"嘉靖癸丑十月乙酉立"。石坊额整体保存较好，现立于居民孔繁润家门旁。由于受风雨侵蚀，表面稍有破损，四周雕刻纹饰已模糊不清。该石坊额形制较为典型，是教育、激励后人奋发向上的珍贵实物资料，具有较高的历史、文化价值。

清授文林郎刘武臣墓碑

位于曲阜市鲁城街道葛家庄村东200米处，碑高2.15米，宽0.77米，厚0.26米，碑阳刻"皇清敕授文林郎武臣刘公之墓"，清光绪七年（1881年）立，碑阴为楷书，记述了至圣庙典乐官刘君武臣，讳秉烈，乐善好施，人格高尚，捐其一半田产修缮昌平书院等善举受乡民称颂，故立碑褒其善行。

重修关帝庙两座碑记

位于曲阜市鲁城街道小北关居委延恩东路东首，碑高1.8米，宽0.7米，厚0.16米，始立于清同治七年（1868年），碑额楷书刻"皇清"二字，碑文四周刻有回形纹，碑文记述了小北关有两座关帝庙，由于风雨摧剥，庙宇坍塌，神像俱毁，本村善男信女遂集资修建两座关帝庙的相关事宜。四氏学生员颜士仲撰文，邹□学生□路□□书丹，同治七年（1868年）岁次戊辰仲冬立。

两观下泉碑刻

位于曲阜市鲁城街道南泉居委北孔德立饭店内，共有碑刻2通。一通为告示碑，碑高1.05米，宽0.58米，厚0.12米，碑额楷书刻有"两观下泉"，碑身四周刻有缠枝花纹，碑文记述了两观下泉的源头、流向和阻绝泉源者的处罚告示，工部督水清吏司主事尹京立于明正德十年（1515年）；另一通碑刻，立于明弘治十四年（1501年），碑高0.8米，宽0.53米，厚0.18米，碑正中楷书刻有"两观下泉"四字。该组碑刻的发现为研究曲阜古泉水资源的分布状况提供了重要的参考资料。

红星重修关帝庙碑刻

位于曲阜市啤酒厂西100米红星新村内，共有碑刻2通。一通立于清道光三年（1823年）岁次，碑高2.07米，宽0.84米，厚0.27米，碑文字迹模糊，碑文大意可辨；另一通立于民国九年（1920年），碑高1.8米，宽0.68米，厚0.25米，碑题为"重修关帝庙改建关岳二圣庙碑记"，碑文大意为，西门里以北有关帝庙1座，不知创建于何时，岁久失修，殿宇墙垣坍塌殆尽，神像俱毁，令人触目心伤，当地乡绅集资兴工数旬，对该庙宇进行重修，并新增岳武穆塑像一尊的过程。该组碑刻的发现为研究曲阜城内的民风民俗及宗教信仰提供了实物资料。

北马村重修三圣堂土地祠碑刻

位于曲阜市王庄乡北马村南一小桥上，共有碑刻2通。一通为残碑，立于清咸丰八年（1858年），碑高0.95米，宽0.8米，厚0.25米，碑额刻有"皇清"二字，碑题为"重修三圣堂土□□□"，碑文为楷书，由于碑残碑文内容辨识不全。另一通碑断为两截，立于清光绪十九年（1893年），碑高1.9米，宽0.76米，厚0.2米，碑额刻有"皇清"二字，碑题为"重修三圣堂土地祠碑记"，碑文为楷书，详细记述了三圣堂土地祠历经风雨摧残，神像皆以剥落墙垣钟楼大门亦尽倾塌，乡人遂募集资金对其修葺一新的过程。

石刻

中王庄碑刻

位于曲阜市王庄乡中王庄村西，现砌于崄河大坝水闸之上，碑身由于被用作闸槽而受到破坏。共有碑刻2通。一通立于清嘉庆年间，碑高2米，宽0.7米，碑额浅雕二龙戏珠图案，中刻"皇清"二字，碑身四周浅雕回形纹饰，碑题为"□□六圣堂记"，碑文为行书，记述了六圣堂的历史渊源及重修六圣堂的过程；另一通立于清道光二年（1822年），碑高2米，宽0.7米，碑额刻有"皇清"二字，碑身底部刻有波浪纹饰，三面浅雕荷花纹饰，碑题为"建修关帝殿记"，碑文为行书，记述了修建关帝殿以供奉关帝神像的始末，元圣裔周广惠撰文，碑文字体工整，笔画圆润，有较高的书法艺术价值。

前王庄石碾

位于曲阜市王庄乡前王庄村内，为村民春米所使用的生活用具。该碾具下半部分埋于地下，露出地面部分高1.2米，宽0.5米，厚0.85米；中间刻有沟槽，槽宽0.23米。根据石质特征判断为清代用具。此碾具被当地村民奉若神灵，每年春节都有村民在此焚香祷告进行供奉，以祈求家人平安。该碾具的发现为了解当地村民生活习俗及民间信仰提供了重要的实物资料。

刘庄刘家林碑刻

位于曲阜市王庄乡刘庄村西一生产路旁的3座小桥上，共有碑刻11通，其中墓碑9通，家谱碑1通，其他1通，由北向南依次为："大清封林碑记"，碑高1.4米，碑宽0.6米，碑高0.2米，立于乾隆三十四年（1769年），碑文详细记述了刘氏家族为保护林中树木以免被子孙擅行伐木而立此碑用以警戒的内容；"皇清处士养性刘公"墓碑，立于康熙五十五年（1716年）；"皇清处士启后马公"墓碑，立于嘉庆年间；"大清故待赠东崮刘公室人张氏二位之墓"碑，碑高2.25米，碑宽0.8米，碑厚0.2米，立于清顺治九年（1652年），此碑碑文体例较为少见；"宋氏刘公墓"（残），由于仅存下半部，所立年代不详；"皇清处士泽远刘公墓"碑，碑高2.05米，碑宽0.72米，碑厚0.2米，立于乾隆四十八年（1783年），另有碑刻5通，其一为刘氏家族图谱碑，其他4通位于桥上，碑文向下，具体内容不详。该碑群的发现为研究刘氏家族谱系及当地的丧葬习俗提供了非常重要的实物参考资料。

岳家村孔氏宗派图碑

位于曲阜市王庄乡岳家村村民岳都友院内，始立于康熙三十八年（1699年），碑刻高2.2米，宽0.6米，厚0.18米。碑额刻有"二龙戏珠"纹饰，中间刻有"宗派之图"，碑刻两边浅阴刻缠枝花纹饰；碑文阴刻正楷孔氏宗派家谱，为孔氏六十户之泗北户的族谱碑。泗北户户头孔衍绅督立此碑刻，洪学洪书，原立于村北，后移于村内。

岳家村碑刻

位于曲阜市王庄乡岳家村村民岳都运院内。"重铸钟并新建钟楼记"碑立于清嘉庆年间，碑高2.05米，宽0.75米，厚0.2米；"重修三圣堂碑记"碑（残）立于清光绪二十四年（1898年），碑高2.1米，宽0.75米，厚0.13米；两碑碑文分别记述了新建钟楼和重修三圣堂的经过。

刘庄重修小石桥碑记

位于曲阜市王庄乡刘庄村西一条生产路旁，原立于村东一小石桥旁，后移至此地。碑高1.9米，宽0.75米，厚0.25米，碑额楷书"万古流芳"四字，碑题为"重修小石桥碑记"，立于民国三十年（1941年）岁次辛巳清和月上浣，儒学宣读生刘书章撰文，儒学生刘宪本沐手书丹，碑文为楷体，详细记述了刘庄村东小石桥为曲吴往来之要道，由于年久失修小桥面临坍塌，该村里人共同集资重修小石桥的原因及过程。

胡二窑北村新建三圣庙记碑

　　位于曲阜市防山乡胡二窑北村内，始建于清乾隆二年（1737年）。碑高1.85米，宽0.6米，厚0.15米，碑额刻有"大清"二字，碑题为"新建三圣庙记"，碑文两侧浅阴刻卷云纹，底部阴刻波浪纹，碑文记述了三圣庙在李家村倾塌后，村民集资将三圣庙移建饲鹤村重修殿宇、神像的经过。该碑的发现为研究曲阜村庄变迁史及当地民俗风情提供了实物资料。

皇甫孔氏墓碑

　　位于曲阜市防山乡钱家村西北400米。碑高2.1米，宽0.7米，厚0.27米，碑文行书，记述了孔氏之子为纪念其母孝贤之生平，而立碑以志之事。

创修板桥记碑

　　位于曲阜市防山乡西河套村委院内，立于明隆庆五年（1571年）。碑高1.15米，宽0.6米，厚0.17米，碑底面刻有山水纹，两侧刻有荷花纹饰，碑文为楷书，碑题为"创修板桥记"，记述了河套村修建板桥的缘由及捐资修桥的人名。

苏家村崮山创修玉皇庙戏楼碑记

　　位于曲阜市南辛镇苏家村关帝庙后，始立于清乾隆九年（1744年）。碑高1.28米，宽0.77米，厚0.19米，碑文四周刻有摇钱树菊花纹饰，碑文记述了善人苏其祥举资修建玉皇庙前戏楼的原因及经过。

毕家村汉画像石

　　位于曲阜市书院街道毕家村村委院东。高0.73米，宽0.7米，厚0.33米，画像石画面分为两部分，下半部分刻三人拜见图，上半部分刻有几何图案。此石刻原立于村中二郎庙内，高2米，1958年拆庙时被砸断。根据图中人物服饰判断此画像石是一块典型的西汉时期画像石。

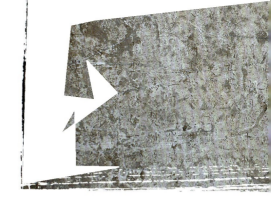

徐家村重修三圣庙记碑

位于曲阜市书院街道徐家村村委南50米，始立于明崇祯七年（1634年），碑身高2米，宽0.59米，厚0.22米，碑额正中刻有"大明"二字，上浅阴刻二龙戏珠图案，碑身两边浅阴刻菊花纹饰，碑题为"重修三圣庙记"，碑文为楷书，记述了该村有三圣庙1座，因年久失修，乡人共同捐资重修三圣庙相关事宜，反映了当时人们对三圣庙的崇敬之心。

桂氏世授百户尼山庄田感恩碑

位于曲阜市时庄镇李家店村民桂成方院内，始立于清康熙三十二年（1693年），碑高1.66米，宽0.6米，碑身四周刻有牡丹花纹饰，碑题为"桂氏世授百户尼山庄田感恩碑"，碑文为楷书，记述了桂氏家族从明至清被朝廷授予百户尼山庄田的详细情况以及桂氏家族的发展历史，桂氏家族为感谢朝廷的恩典特立此碑纪念等情况。此碑的发现为研究桂氏家族的历史兴衰和当时的社会经济状况提供了珍贵的参考资料。

李家店汉画像石

位于曲阜市时庄镇李家店一村民院内。长0.95米，宽0.85米，厚0.15米，中心刻三条鱼形图案，刻工精细，图案栩栩如生，右侧和下侧为三楞边框，框内刻有规则的几何图形。

石窟寺及石刻

255

郭家庄创建堤碑记

位于曲阜市时庄镇郭家庄东北沂河大堤上，立于清乾隆年间。此碑大部分被埋于地下，露出地面部分高0.4米，宽0.6米，厚0.24米。碑题为"创建堤碑记"，碑额刻有"大清"二字，碑文记述了郭家庄村民修建沂河堤坝的详细过程。该碑为研究沂河堤坝修建史提供了重要资料。

安吉庄石刻

位于曲阜市时庄镇安吉庄村民刘兴成院外。为元宝形的四棱台，顶面、底面均为长方形，底面长0.52米，宽0.42米，顶面长0.74米，宽0.42米。正面为梯形，中刻"圣旨"二字，周围为深浮雕二龙戏珠图案，根据龙首、龙身、龙尾等形态特征判断为明代石刻。此石刻较为罕见，价值较为珍贵。

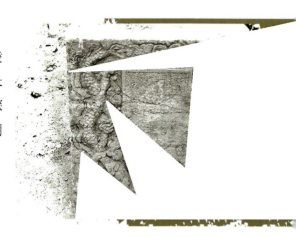

红楼明故棠邑县主墓志铭

位于曲阜市时庄镇红楼村内，长0.6米，宽0.65米，厚0.11米，中部篆刻"明故棠邑县主墓志铭"，四周浅阴刻缠枝花卉，为明代墓志铭盖石。此墓志石刻的发现为研究明代墓志铭石刻的形制及丧葬习俗提供了实物资料。

黄家村重修关帝庙拜殿碑记

位于曲阜市时庄镇黄家村内。高2.2米，宽0.85米，碑额浮雕刻有二龙戏珠图案，中刻"皇清"二字，碑文为楷书，四周刻有花纹，碑题为"重修关帝庙拜殿碑记"。该碑记述了重修关帝庙拜殿的过程及村民捐资修建的情况。

北元疃重修关圣庙碑

位于曲阜市息陬乡北元疃村东北约3里处。碑残高0.58米，宽0.60米，厚0.16米，立于清乾隆二十五年（1760年）。碑现仅存半块，碑文记载了此村重修关圣庙并塑神像的缘由，碑文流畅，书法纯熟，仍具有一定的保护价值。

孟东秀兴义学碑

位于曲阜市息陬乡西夏宋村西北崇德山上，碑高1.88米，宽0.65米，厚0.2米。碑立于清光绪三十四年（1908年），碑文记载了夏侯社先贤颛孙氏设教的地点，清代初期，村民孟东秀先生又修墓坛，立义学，并介绍了所办义学的兴衰过程。由甘肃候补县丞冷树坛撰书。碑刻整体保存较好，碑文清晰。

孔庙奎文阁典籍官李克明墓碑

位于曲阜市息陬乡南夏宋村南蓼河拦水坝上，立于民国二十三年（1934年）。碑阳正文"□□文林郎至圣庙奎文阁典籍克明李公德配孔孺□□□"，碑阴记述了李克明及其夫人孔氏的生平事迹，由其内侄至圣庙三品首领官孔庭族长孔广霨撰文，颜振鸿书丹。碑刻原址应在附近的李家林内，现砌于夏宋南村蓼河拦水坝上，部分碑文已被破坏。该碑刻的发现为研究当地的民风民俗及衍圣公府属官的情况提供了参考资料。

北元疃□施官树碑

位于曲阜市息陬乡北元疃东北一机井屋内，碑圆首，高0.76米，宽0.48米，厚0.15米。碑文行书"□施官树"四字。村民在沂河挖沙时发现此碑，因河水冲刷碑文第一字已不可辨。碑阳右下侧隐约可见浅刻花纹，雕刻技法简洁。根据碑文和石碑的形制推测此碑应是一块地界碑。

先远世系宗亲刘氏公祭之所碑

位于曲阜市息陬乡南夏宋村东南1000米，蓼河拦河坝上。碑高2.2米，宽0.83米，立于光绪二十三年（1897年）。碑额篆书"奠奉"，碑文篆书"先远世系宗亲刘氏公祭之所"。该碑原址不详，似为附近村内刘氏祠堂所立祭祀神位碑，村民为修拦河坝移至蓼河拦河坝上，碑文基本清晰。

韩家铺石人

位于曲阜市书院街道韩家铺村委院内，原置于墓前，后移至关公庙前水坑旁边，做镇水之宝。通高0.75米，通宽0.43米，头部宽0.32米，厚0.21米，高0.43米。武将半身像，双手握剑，头戴盔，平面浅雕眼、鼻、嘴，面部轮廓清晰，双目圆睁，虬髯，刻划细致，右耳完整，左耳风化严重。根据其外形特征及雕刻手法推断应为元代石人。石雕保存较为完整，风化严重，部分石块脱落。该石人为研究元代石刻提供了重要的实物资料。

张家村重修三圣堂碑

位于曲阜市书院街道张家村内，立于康熙十五年（1766年）。碑高1.32米，宽0.84米，厚0.15米。碑为长方形，碑身边缘浅刻云纹、龙纹，碑文记载了关于重修三圣堂的缘由和捐资人的姓名。碑原址不详，现弃于村内，碑身纹饰较为清晰，碑文模糊不清。

张家村汉画像石

位于曲阜市书院街道张家村内。画像石长0.72米，宽0.60米，厚0.20米，画像石正面浅浮雕玉璧穿金带纹饰，原出土位置不详，从其雕刻技法以及纹饰上断定为汉代典型的画像石刻。

油坊石刻

位于曲阜市书院街道油坊村北。原为东野林、宋家林内石刻，四清时移至此处用于修砌水渠。石刻共有5块，大小不等，最大的长2.4米，宽0.84米，厚0.24米。雕刻技法有浮雕、浅浮雕、线刻等；图案有双龙、花卉、如意云头等。雕工精致，图案精美，为不可多得的明清时期石刻精品，有较高的艺术价值。石刻现砌于水渠之上，部分被水泥覆盖，3块完整，2块已残。

北元疃创修三圣堂卷棚碑记

位于曲阜市息陬乡北元疃村东，立于光绪二十八年（1902年）。碑高2米，宽0.8米，厚0.25米。碑文记载了创修三圣堂卷棚的缘由、意义及捐资者的姓名，由王子馨撰文，孔凡慧书。碑体完整，碑文有些模糊，现横卧村内东西路路边。

张王村牛角河口碑刻

位于曲阜市书院街道张王村北50米，共有8通碑刻，均被用以砌筑牛角河口堤口，碑刻多相互覆盖，其中4通已残，4通较为完整，时代均为清代。仅1通碑刻可见清晰碑文，记载了重修牛角河口桥的缘由以及捐资人姓名，题和款均被人为凿去。该组碑刻的发现为研究曲阜当地的民风民俗、宗教信仰等提供了参考资料。

罗汉村画像石

位于曲阜市时庄镇罗汉村内。略呈梯形，上宽0.79米，下宽0.73米，长1.03米，厚0.38米。浅刻铺首衔环图案，四周有矩形边框，内饰连续的半圆形图案。从其纹饰图案风格推断为汉代遗物。

后时庄石狮子

位于曲阜市时庄镇后时村小学内。石狮子高0.52米，门枕石座长0.90米，宽0.37米，高0.28米。雄狮口衔绶带，左前脚踩绣球，右后腿部分残，用水泥修复，雌狮怀中抱小狮，脖子均系铃铛，门枕石浅雕云纹。原位于颜（严）家楼门前，颜（严）家楼是明代宰相严嵩为其孙女所建。该建筑现已不存，仅剩石狮子1对。石狮雕工精细，具有典型的明代风格。为研究明代石刻雕刻艺术提供了重要的实物资料。

薛家村修南大沟碑

位于曲阜市时庄镇薛家村内，立于道光二年（1822年）二月。碑高1.2米，宽0.6米，厚0.2米。碑文记载了该村集街坊之众修建南大沟之事宜以及捐资人姓名等，立于村内南大沟旁，该碑风化较为严重，原断为3块，现已修复完整，碑文较清晰。

纸坊碑刻

位于曲阜市王庄乡纸坊村内，共2通。原在该村三官庙内，现弃于村内七孔桥南侧，碑身保存基本完整，部分碑文模糊不清。其一为"创砌松月堂记"，高1.1米，宽0.59米，厚0.2米，碑文记述了在纸坊村三元行宫前建松月堂的缘由及捐资人姓名，立于"康熙五十四年岁在乙未仲春中浣"。其二高1.3米，宽0.56米，厚0.15米，碑文损毁较多，仅部分文字可识别，内容不详。

薛家村关圣庙讽经立碑记

位于曲阜市时庄镇薛家村西。该碑立于清康熙六年（1667年），残高1.20米，宽0.60米，厚0.17米，碑身边缘浅刻云龙纹，碑题为"关圣庙讽经立碑记"。碑文记载了为纪念关圣庙而举行的讽经活动及参与结社和捐资修庙人等姓名。

朱兴墓碑

位于曲阜市王庄乡大朱家村北。共有2块，其一为"故祖考孝睦处士之墓"，碑高1.52米，宽0.81米，厚0.25米，碑文楷书，"颖州学正里人孙晟廷辉述并书"，立于明成化十一年（1475年）；其二为"大明故淳朴处士朱公墓碣铭"，碑高1.57米，宽0.81米，厚0.29米，碑文楷书，主要记述墓主人朱兴的生平事迹，"湖广等处承宣布政使玉田刘子钟书丹"，与前碑同年所立，现均被砌于一溢洪道口。碑刻边缘为缠枝花卉图案。该碑为明代碑刻，在当地实属少见。为研究明代当地墓主人的生平提供了重要的资料。

后孟庄重修关帝庙碑

位于曲阜市王庄乡后孟家庄村内。碑刻高0.97米，宽0.54米，厚0.16米，碑额"皇清"，碑题"重修关帝庙碑"，碑款"光绪拾捌年岁次壬辰七月吉日"，"四氏学廪膳生员孔昭□撰文，里人张绪仁书丹"，碑文记述了重修关帝庙的缘由及捐资人的姓名。

尧乔沟重修三圣堂碑记

位于曲阜市防山乡尧乔沟村内，碑刻高1.62米，宽0.70米，厚0.23米。碑题："重修三圣堂碑记"，碑额刻有"皇清"二字以及二龙戏珠图案，两边缘浅刻有八仙人物图案，碑款："嘉庆五年岁次庚申二月下浣吉日立"，碑文记载了重修三圣堂的缘由及捐资人的姓名，由四氏学廪生孔广溪撰文并书。

张马村重修三圣堂碑记

位于曲阜市南辛镇张马村东。原立于村内土地庙中，现土地庙已毁，碑刻仍立于原地，碑身下部稍残。碑高2.1米，宽0.87米，厚0.25米，碑额浅刻二龙戏珠图案，行书"大清"二字。碑题"重修三圣堂碑记"，款为"乾隆四十四年岁次己亥仲春榖旦立"，碑文为重修三圣堂的缘由及捐资人的姓名，由儒学廪生郭人杰撰文，王维池书丹，碑身边缘浅刻花卉图案。

西白村石刻

位于曲阜市南辛镇西白村东南300米处。村民称之为白骨塔，石刻为不规则圆柱体，上小下大，最上部直径为50厘米，由于大部分埋于地下，石刻高度和年代不详。疑为石质僧侣墓塔刹，此石刻似为塔上构建物。该石刻形体较大，造型独特，较为罕见。石刻仅顶部暴露于地表，其余均埋于地下。

九圣堂妆塑碑记

位于曲阜市息陬乡南元疃村南，碑高1.65米，宽0.70米，厚0.27米，碑额"皇清"，题："九圣堂妆塑碑记"，款："嘉庆十二年岁次丁卯十月二十日立"，该碑记载九圣堂创自口口元年，至乾隆年间，多次维修，又"历经数十年，神像俱残，我与四方结社将神像一新，亦继前人之续云儿"。此碑的发现为研究当地人们的宗教信仰提供了一定的参考资料。现弃于村南生产道路旁，碑文向上，文字较清晰，保存完整。

重建关圣帝庙□殿影壁碑记

位于曲阜市南辛镇东余村内，碑立于清道光二十一年（1841年），碑高2.2米，宽0.87米，厚0.22米，碑额深浮雕"二龙戏珠"，碑题为"重建关圣帝庙□殿影壁碑记"，碑文记载"我余村旧有关圣帝庙一座，考之碑文，系移建于康熙年间，重修于乾隆年间，多历年，梁木坏，像亦萎，撤去旧址，建影壁，塑金身，四面群墙，焕然聿新，因工程浩大，独力难成……"，并于道光年间募善款，建影壁，重修庙宇的详细过程。现横卧于村内一小桥旁边，保存较为完整。

尼山西至碑

位于曲阜市南辛镇东余村东北卜头山上，碑高1.2米，宽0.6米，厚0.12米。碑文行书"尼山西至"四个大字，碑题"遵奉　巡抚部院崔布政使司梁　按察使司富　兖州府知府觉罗普"，款"大清乾隆三十年十一月穀旦"。此碑是清代尼山权属区域西侧的界址碑，是当时重视尼山（孔子诞生地）保护的重要标志。此碑刻的发现为研究尼山的地界权属划分和当时的政治经济状况提供了实物资料。

刘家村刘氏宗派碑

位于曲阜市时庄镇刘家村老村委院内，立于民国二十五年（1936年），保存较好。碑高1.85米，宽0.83米，厚0.25米。碑阳为行书，碑题："宗派碑记"，碑文记载了刘氏后代为修本族族谱，特请人为此作序事，附贡生夏范村撰文，清文生刘永华书丹，碑阴记载了刘姓辈字和谱系。

刘家村关帝庙重修山门记

位于曲阜市时庄镇刘家村内，立于清乾隆八年（1743年）。碑高1.68米，宽0.66米，碑额阴刻"皇清"二字，碑身边缘浅刻云纹。碑文记载了重修关帝庙山门的原因和经过（文：庙两门小且敝矣，乡众公义修之……）。部分碑文已模糊不清，现作为村内水坑的拦坝石。

古柳村重建关圣大帝庙记碑

    位于曲阜市时庄镇古柳村村民孟宪功院内，立于康熙二十年（1681年），碑高0.77米，宽0.45米，厚0.12米。碑文记载了重建该村关圣大帝庙的缘由及捐资人姓名，款"皇清康熙二十年岁次辛酉仲春吉旦立石"、"住持尼僧集清"。碑身边缘浅刻缠枝花卉和云龙纹等，正面微残，部分碑文已模糊不清。

马家村吴润藻懿行碑

    位于曲阜市时庄镇马家村南，立于民国三十二年（1943年），碑高2.10米，宽0.77米，厚0.22米。碑文记述了马家村吴润藻"秉性仁慈"、"慷慨好施"，"捐地二亩入庙作香火永远之资"，后又捐资修桥造舟等，"清邑增生眷侍生姚乐亭沐手撰文并书"。碑刻现弃于路边，原址不详，部分文字被人为破坏。

罗汉村重修关圣帝君殿创建佛堂碑记

    位于曲阜市时庄镇罗汉村内，立于清康熙十三年（1674年）。碑高1.80米，宽0.60米，厚0.18米。碑文记载了重修关圣帝君殿、创建佛堂之事宜及捐资人姓名，碑题"重修关圣帝君殿创建佛堂碑记"，碑款"康熙十三年岁次甲寅菊月穀旦立石"，孙之兰撰文。碑身下部已残，边缘浅刻云龙纹。

小安村尹家林碑刻

位于曲阜市时庄镇小安村尹家林内，共3通。"大明曲阜县太守瑚琏尹公之墓"碑立于中华民国二十四年（1935年），碑高1.77米，宽0.70米，厚0.16米。该碑序文记载了小安村尹姓始祖尹公瑚琏的生平及落户曲阜小安村后子孙繁衍情况，另两通或立或卧于林内。这组碑刻的发现为研究尹姓家族的繁衍传承提供了参考资料。

小安村建立祠堂碑记

位于曲阜市时庄镇小安村内，立于清嘉庆五年（1800年），碑高1.83米，宽0.70米。碑题"建立祠堂碑记"，碑文记载了尹氏后人迁入此村并在此地建立祠堂等相关事宜。现埋于村委后院内，碑身边缘微残，整体保存完整，部分碑文已模糊不清。

颜家庙颜氏双娥墓碑

位于曲阜市姚村镇马厂村西，碑高2.10米，宽0.70米，厚0.26米，立于乾隆三十四年（1769年）。碑阳行楷"颜氏双娥墓"。该碑为四氏学生员颜崇裕因怀念"次女凤哥、三女英哥"因病早亡，而为二女所立墓碑，其记叙风格在曲阜尚属首次发现。碑上部残损，碑文不全，个别文字已模糊不清，现铺做桥面石。

佃户屯关帝庙碑刻

位于曲阜市姚村镇佃户屯村东一小桥上，碑刻2通。其一为立于清道光四年(1824年)的"重修佃户屯东关帝庙碑"，高2.1米，宽0.75米，厚0.25米；其二为"佃户屯迤东住持孔兴璘虔募重修"碑，高2.08米，宽0.72米，厚0.30米，立于乾隆八年（1743年）五月。两碑均记载了重修关帝庙之事宜，背面刻"施财题名"，整体保存完整。该小桥上另砌有关帝庙内的石供案2块，石构件2块，石香炉1尊。该组庙内碑刻石刻的留存为研究当地的民间宗教信仰和社会风尚等提供了参考资料。

佃户屯观音堂碑记

位于曲阜市姚村镇佃户屯村东一小桥上，立于清代康熙五十一年（1712年）。碑高2.08米，宽0.58米，厚0.18米。碑额行书"皇清"，饰二龙戏珠图案，碑身边缘浅刻云龙纹，碑题"重修观音堂碑记"，碑文记述了重修佃户屯观音堂的缘由和经过，并附捐资修建的善男信女姓名。该碑整体保存完整，常年的风雨侵蚀，使部分碑文已模糊不清。

夫子洞村重修关圣帝君庙记

位于曲阜市南辛镇夫子洞村东南，立于清咸丰元年（1851年），碑高1.62米，宽0.65米，厚0.18米。碑刻上方行书"万古流芳"四个大字，碑文记载了重修关圣帝君庙相关事宜，碑身边缘微残，整体保存完整，碑文字迹清晰。现碑刻被砌于一座水井台上，其旁另有一碑碑文朝下，具体内容不清。

张家村张氏祠堂宗派碑

位于曲阜市姚村镇张家村东，立于民国三十一年（1942年），碑高1.6米，宽0.8米，厚0.2米。碑文记述了张家村张氏支派的谱系和行辈的辈字。此碑原立于张氏家祠内，现被张氏族人移至村东，碑身上部断裂，经修复完整，碑文行书，字迹基本清晰。

孔家村孔氏祠堂碑刻

位于曲阜市姚村镇孔家村孔令宝院内及门前树林中，碑刻共有2通。"创建祠堂碑记"，立于清嘉庆二十五年（1820年），碑高0.68米，宽0.62米，厚0.15米，记述了创建孔氏祠堂之始末。另一通碑立于清同治三年（1864年），碑高1.24米，宽0.62米，厚0.11米，记述了重修孔氏祠堂之经过，碑文有"咸丰十年，南寇骤至，神主被焚，其嗣孙昭启公率诸侄而重修之……"等内容。两碑保存较好，碑文字迹清晰。

陈家寨重修陈氏族谱碑记

位于曲阜市姚村镇陈家寨村委院内，立于民国十八年（1929年），碑高2.1米，宽0.75米，厚0.20米，碑阳为隶书，记述了树立陈氏宗派碑的缘由及经过，碑阴内容为陈氏宗派的谱系和行辈。此碑原立于陈家寨陈氏祠堂内，后迁移至此，碑身上部有数条断痕，经修复完整，碑文字迹清晰。

高楼村关帝庙华陀殿碑刻

位于曲阜市吴村镇高楼村内，共3通碑刻。分别记录了该村关帝庙华陀殿的创建及重修事宜。"创建华陀殿并山门序碑"，高2.1米，宽0.75米，厚0.22米，立于清乾隆五十九年（1794年），碑额"皇清"，记述了创建华陀殿山门的事由，孔传龄撰文，孔传检书丹。"重修关帝庙华陀殿碑记"，高1.94米，宽0.80米，厚0.24米，立于清光绪十年（1884年），碑额"皇清"，记述了重修关帝庙华陀殿的事由。另一通为"施财题名"碑。3通碑刻现散落于高楼村内，整体保存完整。

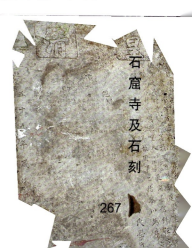

石窟寺及石刻

王允淮墓碑

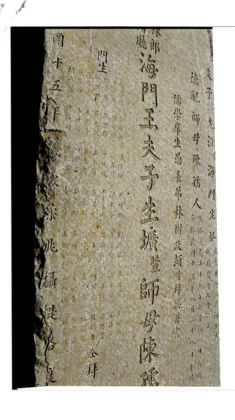

位于曲阜市小雪镇北兴小区内，是清授典籍厅文林郎王允淮及其夫人的墓碑。碑圆首，高2.87米，宽0.93米，厚0.3米。由墓主人的弟子们于民国十五年（1926年）立，碑文由林树政撰并书。王允淮，字海门，系清授典籍厅文林郎。该碑原在小雪镇林家村王家林，后被王氏后人移入北兴小区内。此碑为研究当地近代历史人物提供了参考资料，具有一定的历史价值。

沂南保障碑

位于曲阜市小雪镇阮家村南600米一处废弃的石桥之上。始立于民国二十九年（1940年），原址不详。碑高2.2米，宽0.88米，厚0.3米，圆首。碑阳内容为"纪念 沂南保障"，碑上款"乡长孔先生仲威　德政，清岁贡生眷侍生林树政拜撰"。碑下款"曲阜泗水两县第一区区长愚族宪淞拜书。中华民国二十九年岁次庚辰桃月上浣　　穀旦"。碑阴镌刻对仲威先生的褒扬之辞。石碑现放置在废弃的桥面上，保存完整，碑文清晰可辨。

五经博士孟宪泗墓碑

位于曲阜市小雪镇凫村南6公里处，为奉旨大夫世袭翰林院五经博士孟法鲁及夫人鲁氏合葬墓碑，孟宪泗，字法鲁。碑立于民国二十年（1931年），原立于孟母林内，高2.06米，宽0.8米，厚0.32米，碑文记载了亚圣嫡孙孟宪泗及其夫人鲁氏的生平事迹，碑整体保存完整，字迹清晰。此碑是明清时期亚圣嫡孙墓碑的首次发现，为研究亚圣孟氏家族的发展脉络提供了重要资料。

前苗营重修二圣祠碑

位于曲阜市小雪镇前苗营村中心街中部，碑高2.2米，宽0.8米，厚0.2米。碑额浮雕二龙戏珠图案，碑文主要记载村民重修牛王、土地二圣祠之事，由孔振远撰文并书丹，碑款："龙飞同治八年岁次己巳孟秋之月"。碑整体保存完整，碑阳朝上，部分文字已损毁。

德教共仰碑

位于曲阜市陵城镇东家村东，立于民国二十年（1931年）。碑高2.25米，宽0.85米，厚0.30米，碑额浅浮雕二龙戏珠图案，碑阳刻楷体"德教共仰"四个大字，碑阴为褒扬颜锡钊先生"奉母读书，安贫乐道。饱览群书，养亲教子，得失不计。恂恂彬彬，虽妇人孺子莫不听其劝戒焉"等德行之文。反映了当时社会民众的道德观及价值取向。张海瀛撰文，许奉谦书。该碑刻的发现为研究当地的社会风尚和生活状态提供了珍贵的实物参考资料。

好恶同民碑

位于曲阜市陵城镇官寨村东南，立于民国八年（1919年）。碑高2.1米，宽0.80米，厚0.30米，碑阳现埋于地下。据村民介绍碑阳刻"好恶同民"四个大字，碑文为曲阜县知事关于禁止在麦田放牧啃青的告示。该碑原立于西忠社北约杨家渡口，后被村民移至此处，保存较好。

官寨邻里共仰碑

　　位于曲阜市陵城镇官寨村东南100米，碑高2.4米，宽0.9米，厚0.2米。据村民介绍碑身正面刻"邻里共仰"四个大字，碑阴刻褒扬碑主人的德行之文，由朱士鐀撰文并书。现被村民用于铺路，碑正面埋于地下，碑阴朝上，部分碑文已损毁。

杨辛庄杨家林碑刻

　　位于曲阜市小雪镇姜家村西北约500米处，共有碑刻5通，石香炉1个。杨蔚堂墓碑高2米，宽0.75米，厚0.30米，碑额饰二龙戏珠图案，其余4通均为圆头碑，为清到民国年间杨氏族人墓碑，现仍有杨氏家族后人在此埋葬立碑。其中1通碑刻残损，其余4通保存完整，分别立于墓冢前。

店子齐家林碑刻

位于曲阜市息陬乡店子村北50米，为清至民国年间所立。其中1通碑刻高2.2米，宽0.80米，厚0.30米，碑阳雕刻"德寿海山"4个大字，内容为赞扬齐干宇先生德行事迹，立于光绪年间，其余为墓碑，部分碑刻碑额雕刻有二龙戏珠，现仍有齐氏后人在此埋葬立碑。

店子汉画像石

位于曲阜市息陬乡店子村内，画像石长2.2米，宽0.45米，厚0.30米，画像石两端浅浮雕铺首衔环，中间为夔龙云纹，为汉代典型画像石作品，原出土位置不详，现作为观音堂建筑基址构件，保存状况一般。

东终吉石经幢

位于曲阜市息陬乡东终吉村内，刻于金代。原立于观音庙内，经幢前置一香炉，经幢通高1米，通宽0.6米，四面分别浅刻普贤菩萨、文殊菩萨、地藏菩萨、观音菩萨画像。刻工精细，人物栩栩如生。正面碑题"时康熙三年二月十一日重修"，款"时承安二年旬九月宣圣四十八代孔鋆立石"。是宋金石经幢巅峰时期的典型作品，目前山东地区发现的四棱经幢比较少，四棱经幢上刻佛像的更少，附金代确切纪年题记的石刻更是少之又少，这件石经幢的留存为研究金代的佛教历史提供了重要的参考资料。

刘佩锴先生懿行碑

位于曲阜市时庄镇前杨村村口，碑高2.25米，宽0.90米，厚0.30米。碑题"刘佩锴先生懿行碑记"，记载刘佩锴生平事迹，颂扬其德行。张嗣堪譔文，颜振鸿书丹。碑左款"中华民国三十一年岁在壬午小阳月上瀚穀旦"。碑阴刻"滕县济宁宁阳曲阜滋阳邹县泗水官绅商学……公立"。该碑的发现对于研究当地的社会民生状况和地方史具有重要的文物参考价值。

重修三官庙碑记

位于曲阜市吴村镇三官庙村北。碑高2.35米，宽0.73米，厚0.27米。碑文记述了重修三官庙的缘由及捐资人的姓名。碑额及碑身两边浅刻云龙图案，碑额刻"皇清"二字，碑题"重修三官庙碑记"，碑款为"乾隆四年岁在己未浦月既望。圣裔孔毓衍撰书。住持道人张元成徒弟孙妙文同立"。

韦文轩墓碑

位于曲阜市董庄乡韦家庄村西，原址不详。碑高1.73米，宽0.65米，厚0.20米。立于中华民国二十三年（1934年）。碑文介绍墓主人韦植彬（字文轩）虽"去世已久，生卒年月行为均无可考"，然"近支族众恐世远年湮、支序紊乱"，遂由族众"议决醵金立石以志之"。此种由合族为其远祖立碑的形式在曲阜地区较为少见，为研究韦氏谱系及当地民俗提供了重要的参考资料。

前夏庄关圣庙碑刻

位于曲阜市董庄乡前夏庄村内，共2通。其一高2.15米、宽0.75米、厚0.2米。为"创建关圣庙鼓楼碑记"，立于清康熙五十八年（1719年）；其二为"重修伏魔大帝大殿碑记"，立于清康熙三十六年（1697年）。碑文记述了当时创建关圣庙鼓楼和重修伏魔大帝大殿的情况。

林程店石碾

位于曲阜市董庄乡林程店村内。圆形青石碾盘，直径1.8米，通高0.61米，碾盘一侧题有"光绪三十四年立"。石碾规、矩原为木制，20世纪70年代改为铁质。石碾是过去常见的生产生活工具，至今仍有使用。该碾刻有年款，较为少见。为研究当地民俗及生产生活状态提供了实物资料。

林程店关帝庙碑刻

位于曲阜市董庄乡林程店村内，碑刻2通，立于村内一变压器旁。分别记载创建及重修关圣帝庙之事宜。"创建关圣帝庙碑记"，高1.84米，宽0.75米，厚0.22米，碑额正面行书"皇清"，背面书"万善同归"。立于清乾隆二十五年（1760年）；"重修关圣帝庙碑记"，高1.54米、宽0.65米、厚0.18米，碑额行书"皇清"，饰二龙戏珠图案，碑身边缘浅刻缠枝花卉，款"嘉庆二十二年岁次丁丑十二月"，由曲阜县学廪生张永奠撰文并书。该组碑刻保存状况良好，为研究当地的民风民俗和民间宗教信仰提供了重要的实物资料。

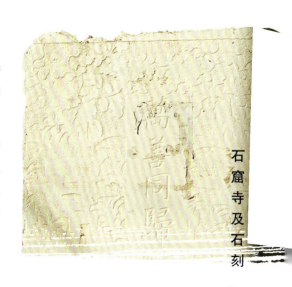

林程店张氏贤孝牌坊石刻

位于曲阜市董庄乡林程店村内，原牌坊是为孔氏后裔孔传阖的妻子张氏所立，始建于道光二十三年（1843年）。现仅剩建筑基址和部分建筑构件，基址长约7.5米，宽5米。牌坊石构件共发现2件，均长1.5米，宽0.46米、厚0.15米。其中一块正面中间浅刻"寿"字，两边为缠枝花卉，背面刻深浮雕正楷"道光二十三年岁次癸卯四月中浣榖旦"。另一块正面刻深浮雕正楷"男继珩孙广棕奉部文监造"，背面无字。该牌坊建筑构件雕制精美，做工优良，为研究清代的社会民俗和石刻艺术提供了珍贵的实物资料。

林程店重修土地祠碑记

位于曲阜市董庄乡林程店村内。碑刻高1.3米，宽0.56米，厚0.10米，碑题"重修土地祠碑记"，款"道光三年岁次癸未花月榖旦"，碑额横书"皇清"，碑身边缘浅刻云纹，儒学生员屈文蛟撰文，宋廷春书。碑文行书，记述了该村重修土地祠的缘由以及捐资人的姓名。碑身部分残，碑文字迹多数已模糊不清，但保存还基本完好。

东白石桥碑刻

位于曲阜市王庄乡东白石桥村内。碑刻共有2块。其一高1.9米，宽0.60米，厚0.16米，碑阳碑额"皇清"，款"道光十年岁在上章摄提嘉平月榖旦立"，不见碑题，碑文记述了修建该村三圣堂的缘由以及经过，由四氏学生员孔毓香撰书，碑阴刻"施财题名"。另一通碑刻高1.5米、宽0.63米、厚0.20米，碑额"女会题名"，碑文刻信女姓氏名字。

东白石桥画像石

位于曲阜市王庄乡东白石桥村南侧，两通石刻均高2.27米，宽0.75米，厚0.22米。两块画像石均一侧由外向内浅刻菱形几何纹饰、鱼形纹饰各一列。该组石刻刻工较精细，图案栩栩如生，为汉代画像石研究提供了实物资料。

蔡庄孔氏家祠碑刻

位于曲阜市王庄乡蔡庄村内。原立于蔡庄祖庙东□四支祠堂内，现祠堂已毁，碑刻散落各处。其一为"重修蔡庄祖庙东□四支祠堂记"，碑刻高0.65米，宽0.55米，厚0.15米，边浅刻几何纹饰，款"嘉庆四年岁在己未仲春穀旦立"，碑文记述了重修蔡庄祖庙东□四支祠堂的缘由，至圣孙传铭题。另一通碑刻高1.6米，宽0.75米，厚0.2米，碑款"乾隆二十五年四月拾五日立"，碑文刻孔氏蔡庄户家族谱系。另有几通碑刻埋于其旁。此组碑刻的发现为研究该村孔氏家族的谱系分布及民生状态提供了珍贵的参考资料。

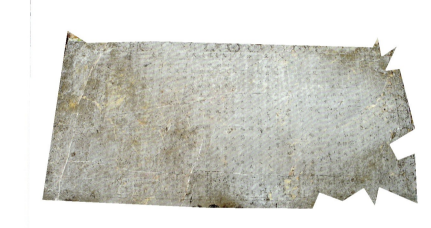

石窟寺及石刻

近现代重要史迹及代表性建筑

近现代重要史迹及代表性建筑是指与历史进程、重要历史事件、历史人物有关的史迹与代表性建筑的本体尚存或有遗迹存在的建筑或遗迹；它是具有近现代鲜明的时代特征，并在一定区域范围具有典型性、在社会各领域中具有代表性、形式风格特殊且结构和形制基本完整的建筑。

山东省文物保护单位

朱总司令召开军事会议会址

朱总司令召开军事会议会址位于孔林的享殿内，享殿在孔子墓园前，九檩歇山黄瓦顶，面阔5间，进深3间，始建于明弘治七年（1494年），现存建筑保存基本完好，是旧时祭祀孔子墓的主要场所。1950年10月，朱德总司令曾在这儿召开过中国人民解放军9兵团团以上干部会议。会议由兵团司令员兼政委宋时轮主持，朱总司令作了抗美援朝动员报告。朱总司令召开军事会议会址1977年被公布为山东省文物保护单位。

胜天渠一级提水站

　　位于曲阜市防山乡南陶洛东村东北部泗河南岸，1968年8月建成。南北长8米，东西宽4米，高5米，提水站南面顶部垒砌有券门形石雕，券门上部阳刻五角星，中部原刻有毛泽东像，两旁刻有隶书"大海航行靠舵手，干革命靠毛泽东思想"，底部刻有"毛主席说：人民，只有人民，才是创造历史的动力。水利是发展农业的命脉。"及"陶洛胜天渠"五个大字并落款"陶洛东、西大队革命委员会，一九六八年建"。券门两旁还刻有"为有牺牲多壮志，敢叫日月换新天"对联一副。该提水站下接地下水渠140米，达二级提水站，经穿山渠灌溉村南山坡土地，为当时的农业生产发挥了较大的作用。它造型独特，结构紧凑，极具时代特色，充分展示了当时人们的精神状态和生活理念，它的留存为了解当时社会结构状况和农田基本建设提供了直观的实物资料。2010年被公布为曲阜市文物保护单位。

近现代重要史迹及代表性建筑

孔道第一学校旧址

位于曲阜市时庄镇大柳村内，该校始建于民国二十六年（1937年），为国民党陆军中将、国民革命军第二十师师长孙桐萱所建。孙桐萱字荫亭，在本地驻军期间，扩建兖州至曲阜大道，命名为"孔道"。因孙注重教育事业，故而创建了孔道第一学校，刻立"孔道第一学校"石匾门额，并立碑纪念，现大门匾额遗失，仅存建校纪念碑一通。学校旧址上现建有大柳村小学，于1992年立碑纪念。该旧址的保存具有一定的历史文化价值，为研究曲阜教育发展史增添了珍贵的实物资料。2010年被公布为曲阜市文物保护单位。

丁家庄革命委员会旧址

位于曲阜市董庄乡丁家庄村内，始建于1974年。该建筑为上下两层结构。第一层通体为石质结构，长9.8米，宽8.2米，高3.1米，东西面阔2间，进深2间，中间有门，向里有通往第二层的石台阶，门上檐刻有"艰苦奋斗"字样及和平鸽、五角星、红旗、花篮图案；屋顶为平顶，四周建有砖质围栏；第二层为砖体结构瓦房，面阔2间，长9.8米，宽4.4米，高4.3米。该建筑"文革"期间作为当村的村委会办公场所，现已弃用。该建筑整体风貌的保存，反映了当时农村政治生活面貌及当地独有的建筑风格，具有一定的文物价值。2010年被公布为曲阜市文物保护单位。

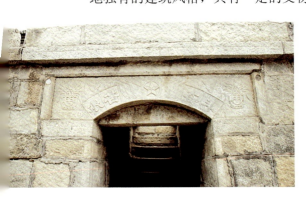

中村东风三级提水站

　　位于曲阜市董庄乡董庄中村村东1000米处，始建于1968年"文革"时期，为发展农业生产、灌溉农田而建，工期一年，落成后为三级提水。一级提水站现仅存提水井一口，深11米，直径10米，全为石头垒砌；二级提水站长10米，宽6米，高6米，井口直径6米，三级提水站水渠南端到北端长216米宽0.5米，均结构稳定，保存较好。一级提水到三级提水的落差为38米，使用一年后由于成本过高而废弃不用，保存至今。该提水站的留存反映了当时农业生产水利状况以及人们战天斗地克服困难的时代精神风貌。2010年被公布为曲阜市文物保护单位。

镇静楼

　　位于曲阜市息陬乡南夏宋村村委东，系南夏宋村民李泰珍于民国二十二年(1933年)始建。原为3层，在抗日战争期间被日军焚烧，只剩一层，民国三十一年（1942年）李泰珍又对此楼进行了重修。现楼为二层，全部用石块建成，屋内有木质楼梯，灰瓦筒瓦覆顶，该楼东西长7.5米，南北宽5米，正中墙面嵌有石质匾额一块，上刻有"镇静楼"三字，并记录了重修镇静楼的详细经过。此楼的留存对研究了解民国年间当地的建筑形制特点及风土人情，具有比较重要的文物参考价值。2010年被公布为曲阜市文物保护单位。

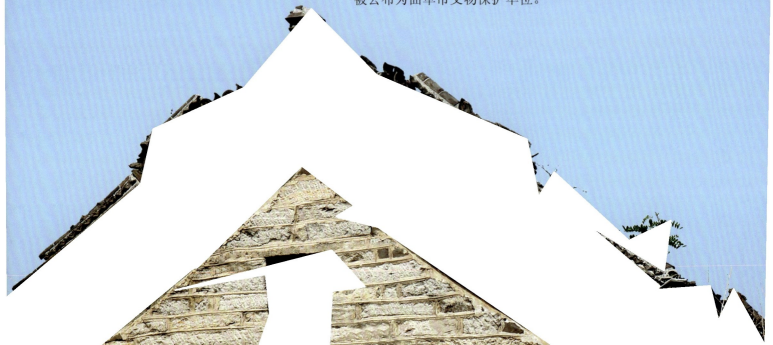

后夏庄娃娃庙

位于曲阜市董庄乡后夏庄三牛山西侧山腰部，始建于民国三十年（1941年），为象征性模型建筑。通体为石质结构，通高1.9米，面阔1.3米，进深1.2米，两块石条雕琢成屋顶形，斜坡，三面石板相扣。庙东墙上刻有："民国三十年辛卯孟冬后夏庄孔庆海立"。庙西自然石祖高3米，周长4.4米。从该庙的建筑布局构成反映出远古生殖崇拜的遗风，作为一种文化现象所表现出直白、坦荡、率真的民风，对研究了解本地区社会民俗、民生及社会生态环境提供了实物资料，有着一定的文化价值和较为重要的保存延续传承价值。2010年被公布为曲阜市文物保护单位。

夏家村友谊楼

位于曲阜市书院街道夏家村村委院内，砖石结构，分为上、下两层，东西长20.5米，南北宽10米，共有房屋12间，楼南部有楼梯，具有"文革"时期的典型建筑风格。此楼是夏家村与小雪镇互帮互助友好的象征，曾用于接待外国使团，整体保存完好，现为村委会办公场所。2010年被公布为曲阜市文物保护单位。

近现代重要史迹代表

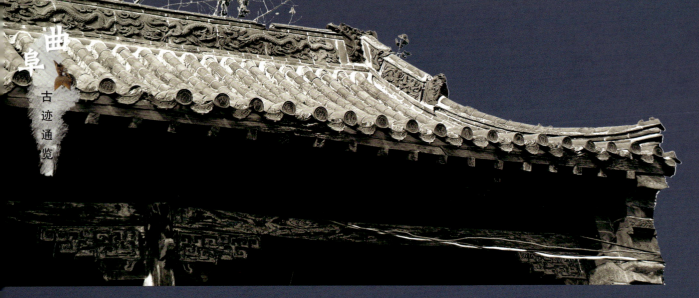

车站圣帝殿

位于曲阜市吴村镇车站村东北，始建于民国时期，为当时车站附近的商号集资兴建财神庙之主体建筑。财神庙原有布局已不存在，只留下这座圣帝殿，大殿面阔3间，进深3间，东西长10.8米，南北宽5.96米，硬山，灰瓦筒瓦覆顶，正脊为雕花云龙图案，前有廊，板门，木棂窗，门上方正中刻有"圣帝殿"三字。殿内供奉关圣帝君神像。该建筑的发现为研究当地风俗民情和民间信仰提供了实物依据，具有较高的文物价值。2010年被公布为曲阜市文物保护单位。

中国共产党曲阜市农村
第一个支部诞生地旧址

位于曲阜市董庄乡黄沟村大牛山山脚下，1938年6月在中共曲泗工委的领导下，在董家庄建立了曲阜农村第一个党支部，苏鹏任书记，马斌任组织委员，孔繁生任宣传委员。支部的建立犹如一团抗日的烽火迅速燃遍了曲阜广大农村，为民族解放事业做出了不可磨灭的贡献，为铭记历史、缅怀英烈、继承传统、启迪后代，2008年7月1日中共曲阜市委特在此地建亭立碑，纪念这一重大历史事件。纪念亭为六柱六角亭，正中立有纪念碑一块，上书"中国共产党曲阜市农村第一个支部诞生地"字样。该旧址的建立为铭记那一段革命历史提供了一块珍贵的纪念地。2010年被公布为曲阜市文物保护单位。

四清池

位于曲阜市防山乡双山口村内，建于1964年，是叶选宁（叶剑英次子）在此带领四清工作队为了解决村民的吃水问题所建。蓄水池为全石质结构，东西长45米，南北宽35米，深5.4米，池东北、西南各设一过滤池，池东北角有一

通往池底的石阶，池东有建池纪念碑1通，碑刻上方正中有颗红色五角星，碑上书"四清池"三字，碑文为行书，并有题诗一首，相传为叶选宁所题，"世代双山缺水乡，年年为水断愁肠，四清激励愚公志，辟石开山建大塘，人怀壮志山川秀，社会主义盼康庄，共产党恩深似海，毛主席万寿无疆"。该池的建立解决了长年以来双山口村民吃水难的问题，为当地人们的生产生活活动发挥了重要作用，水池至今保存完好，成为一个时代的历史见证，具有较高的文物价值。2010年被公布为曲阜市文物保护单位。

彭家村陈氏故宅

位于曲阜市小雪镇彭家村小学内，原有东西厢房、大门、配房、影壁等。现仅存正房6间。砖木结构，上下2层，均面阔3间，砖券门窗，硬山，灰瓦覆顶，楼内木质隔板和楼梯。相传为清晚期翰林、内阁学士兼礼部侍郎陈秉和后人居所。该建筑的留存为研究当地民间建筑风格和传统民居的建筑艺术提供了珍贵的实物资料。2010年被公布为曲阜市文物保护单位。

近现代重要史迹

北雪主席台

位于曲阜市小雪镇北雪村内，建于20世纪60年代，东西长4米，南北宽0.7米，高6米，整座建筑青石垒砌，建筑正上方刻五角星、麦穗，两边各有三面红旗。东侧上方刻"抓革命，团结紧张"，西侧上方刻"促生产，严肃活泼"，每块青石上雕刻有不同图案的纹饰。该建筑是"文革"时期个人崇拜的一种特殊表现形式，由于存世越来越少，逐步显现出这类建筑的较高文物价值。为研究文化大革命这一特殊历史时期人们的政治生活及精神信仰提供了实物资料。2010年被公布为曲阜市文物保护单位。

陈家寨拦河坝

位于曲阜市姚村镇陈家寨村东，建于20世纪70年代。拦河坝呈南北走向，长约240多米。中间设有多处泄洪口，汛期时提起闸门用来防洪，平时用来蓄水并给向阳河提供水源，现周围几个村庄仍利用此水源灌溉农田。该拦河坝整体保存较为完好，自建造以来，发挥了很好的水利灌溉作用。它的保存对于研究当地的水利设施和当时的农业生产建设水平，具有较高的文物参考价值。2010年被公布为曲阜市文物保护单位。

吴村火车站

　　位于曲阜市吴村镇车站村南，始建于清光绪三十四年（1908年），民国元年（1912年）竣工。由英德银团建造，为一整体院落，具有典型的欧式建筑特征。抗日战争时期，整体建筑部分被毁，后经多次重修。现存建筑主体保持了原有建筑风格，门、窗均为拱券形，房顶多次修复，为红瓦覆顶，现存建筑东西长19.7米，南北宽9.3米，占地面积183.21平方米。2010年被公布为曲阜市文物保护单位。

陈庄供销社

　　位于曲阜市王庄乡陈庄村内，始建于20世纪60年代。1952年陈以梅任陈庄村支部书记时带领村民建立了全县第一个初级农业生产合作社。依靠集体力量，整平土地、改造沙滩为良田，粮食连年增产。1955年12月，毛主席在《中国社会主义高潮》一书中，为这一个在三年内增产百分之六十七的农业生产合作社作出批示："这是一个办得很好的合作社，可以从这里吸取更好的经验，有兴趣去看孔庙孔林的人们，不妨顺道去看看陈庄供销社……"。该建筑共有14间，砖砌墙体，东西长44.8米，南北宽7.45米，占地面积为333.8平方米。建筑西山墙建主席台，主席台中央为毛主席画像，两侧刻有"伟大的中国共产党万岁，伟大的领袖毛主席万岁"。现存建筑主体保持了原有的建筑风格，经过多次维修。现作为村民小卖部。该合作社是当时国家为开展城乡物资交流，努力支持工农业的发展，在经济建设中，充分发挥了联结工业与农业、城市与农村、生产与消费的桥梁和纽带作用，具有典型的时代特色。2010年被公布为曲阜市文物保护单位。

近现代重要史迹及代表性建筑

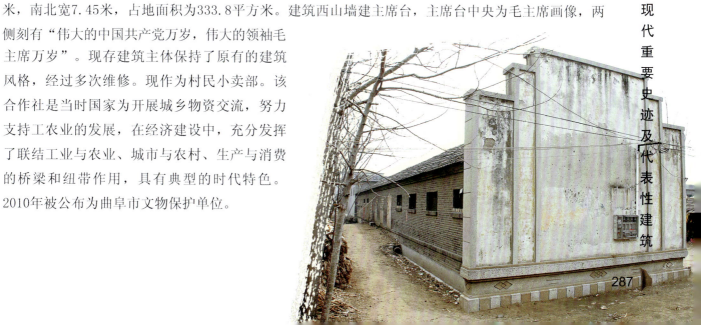

陈翠云烈士墓

位于曲阜市防山乡大官庄村北，烈士陈翠云于1948年淮海战役行军途中由于天降大雨道路泥泞，不慎掉入河中，意外牺牲。墓碑于1971年由大官庄小学为进行爱国主义教育而立，高1.15米，宽0.42米，墓封土高约1.5米，占地面积约25平方米，墓周围栽有四棵柏树。附近中小学生每逢清明节均前来扫墓，进行爱国主义教育。

马德生烈士墓

位于曲阜市时庄镇坊岭东村东树林内，1945年第一次解放兖州战役时，解放军某部连长马德生在战斗中牺牲，后被村民埋葬在此地。原有木质牌位，现牌位已无，墓冢呈圆锥形，高1.5米，占地20平方米。坊岭小学每年清明都组织学生去扫墓，缅怀先烈，对青少年进行传统爱国主义教育。

田家村防洪涵洞

位于曲阜市时庄镇田家村西，泗河东大堤中。1957年洪水泛滥村庄被淹，为防范水患，1958年由政府组织修建该涵洞，用于排水护村，使用至今。该涵洞高1.8米，宽7.7米，进深13米，顶部呈拱形，整体为青石垒砌。闸门局部石头有松动脱落现象，该涵洞保存基本较好，整体结构较为稳定。此涵洞的留存体现了当时人们与自然灾害做抗争的时代精神及风貌。

戴庄烈士墓

位于曲阜市时庄镇戴庄村北、泗河南岸。烈士籍贯、年龄、姓名不详，1946年第一次解放兖州战役进行中，此战士身负重伤，在路边被后方支援运输群众发现，送到驻扎在戴庄的鲁中南医院救治无效壮烈牺牲，葬于此地。此后每年当地群众和学生在清明时节自发进行扫墓活动缅怀先烈，进行传统的爱国主义教育。

坊岭东村烈士林

位于曲阜市时庄镇坊岭东村，有墓塚连绵3座，南北长19米，东西宽7米。1948年第二次解放兖州战役时，牺牲的数名解放军战士埋在此处，为无名烈士墓地。据当地村民介绍每座墓里当时埋葬了多位革命战士。由于近年来无人管理，墓塚有水土流失现象，杂草丛生。早年清明，有当地学生来扫墓，缅怀先烈，对学生进行传统爱国主义教育。

侵华日军弹药库

位于曲阜市防山乡大官庄村北八宝山山顶。1939年侵华日军所建，用于放置开采煤矿所需炸药、雷管等物资。该炸药库为南北向，整体隐蔽在地下，北端为出口，门通高2米，通道长15.6米，宽0.95米，原有三道铁门，炸药库内长15.1米，宽5米，面积75平方米。库顶为拱形顶，顶部两侧有多处通风口，南端有砖砌主通风口。其南50米处另有炸药库一座，建筑形制与其相同，因村民开采矸子土矿被破坏，现仅残存一半建筑。该建筑设施的发现对研究抗战时期侵华日军在此地的侵略活动提供了实证，同时也为进行爱国主义教育提供了良好素材。

小雪影剧院

位于曲阜市小雪镇镇政府院内，始建于20世纪70年代，原为曲阜市小雪人民公社礼堂，至20世纪90年代初改为小雪影剧院。南北11间，后台2间，跨度为钢架梁起脊，全石质双层结构，内有舞台，可容纳数百人。南北部有如意台阶，前门额浮雕有红色五角星，具有20世纪70年代建筑典型风格，在当时是小雪地区人民群众的政治文化活动中心。

大官庄主席台

位于曲阜市防山乡大官庄村内，建于1968年，主席台厚0.8米，宽3.1米，原高4米，现存3.5米，底座为石质垒砌成"工"字形，上部为混砖结构，原中间为主席像，两边有对联，现已模糊不清。由于村民的生产生活活动，地面上抬升近1米，底部部分被埋入地下，其余保存较好，结构稳定。该主席台用于当时群众政治生活活动，具有典型的"文革"特色，属"文革"时期的特殊产物。

尼山水库大坝

　　位于曲阜市南辛镇刘家楼村东，1958年秋开始兴建，1960年完工。建成大坝长1805米，主河槽段长400米，为宽黏土心墙沙壳坝，其余段为均质土坝，最大坝高22.2米，坝底宽130米，坝顶高程130.52米，顶宽10米。坝顶上有一道高1米，宽0.5米的水泥浆砌块石防浪墙。1966年为提高水库调洪能力，建直升式溢洪闸4孔。该坝至1990年历经多次续建、加固达57次，现已建成全石质护坡。此坝的建立对本地区工农业生产、防洪灌溉、改善自然环境等均发挥了巨大的作用，也是当时倡导大干快上、战天斗地精神的历史产物，具有较高的历史、文物和社会价值。

大王庄水电站

位于曲阜市南辛镇大王庄南300米，始建于1973年，1975年落成并发电，由济宁市小农业水电站出资兴建，此电站建设是当时为贯彻党中央发展农村小水电所建。该机房宽5间，进深1间，通高3层，装机容量42千瓦，12千瓦两机组，从尼山水库引水发电，后因无水被停，共运行一年。该机房现已废弃不用，现仅保留一套抽水机组。

田家村杨氏民居

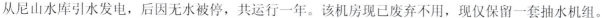

位于曲阜市时庄镇田家村内，建筑为东西2座，始建于民国年间。东西建筑各为面阔3间，进深1间，砖土结构，仰瓦板瓦覆顶，板门，木棂窗，有神龛。东为杨传雨民居，后部屋檐部分坍塌，无人居住；西为杨传坤居住，结构稳定，保存较好。该建筑具有典型的民国建筑风格，为了解本地区民国时期民居建筑形制及沿革提供了实物资料。

姚村火车站

位于曲阜市姚村镇姚村东，始建于清光绪三十四年（1908年），民国元年（1912年）竣工。由英德银团建造，原车站建筑是二层楼体、后有平房，为一整体院落。抗日战争时期，由于战争原因上层被毁，后改建为一层，保持了原有建筑风格。门、窗为拱券形，房顶多次修复为红瓦覆顶，具有哥特式建筑遗风，院落面积为441平方米。

贾运田烈士墓

位于曲阜市姚村镇王家村北，占地98.4平方米。烈士贾运田，原籍曲阜市姚村镇王家村，为中国人民解放军6063部队62分队班长，于1969年11月在河南省滑县执行任务中光荣牺牲，被中国人民解放军总政治部授为烈士，葬于此地。

春亭主席台

位于曲阜市姚村镇春亭村村委院内，建于20世纪60年代末期。整个建筑宽5.35米，高4.5米，厚0.5米，为青砖垒砌，呈屏风样式，中间彩绘毛泽东画像，两侧有两副对联，内侧书有："他为人民谋幸福，他是人民大救星"，外侧为毛体，书有："四海翻腾云水怒，五洲震荡风雷激"，该建筑具有典型的"文革"特色，属"文革"时期的产物，主席台结构较为完整，保存较好。彩绘毛泽东像色彩暗淡，两副对联字迹有自然腐蚀现象。

丁家庄三神庙

位于曲阜市董庄乡丁家庄村西桃花山山阳。该庙原建于明末清初，丁氏祖先为祈福后辈在村西南建三神庙1座，供奉山神、牛王神、土地神。20世纪中叶，因历史原因，岁月久远，风雨剥蚀该庙破陋不堪而拆除。2007年10月村民筹资在丁家庄村西桃花山下依据原貌重建庙宇再塑神像，该庙为灰瓦筒瓦覆顶，东西长4.3米，南北宽3.7米，高4.3米，面阔1间，进深1间，庙内供奉山神、牛王神、土地神石雕塑像。庙前有碑刻1通，立于2008年，碑高2.2米，宽0.7米，厚0.25米，记载了三神庙的由来及重建经过。

幔山战役旧址

位于曲阜市南辛镇幔山西村幔山山头，始成于 1943 年，为土匪巩振环部2000余人盘踞在曼山、桑庄、烟庄一带的指挥部，南北长210米，东西宽208米，周长650米，面积30728平方米，呈不规则圆形。原筑有3米多高的石墙，在墙内及附近村内共建大小炮楼25座。我方尼山地委独立营营长黄作军同志，于1943年12月率部在此地对土匪巩振环部展开歼灭战。战斗进行得非常激烈、残酷，历时一昼夜，攻克了土匪指挥部，共消灭匪兵200多人，俘虏300多人，取得了这一时期的重大胜利，影响颇大。此战役旧址的留存为了解曲阜近代史及革命战争史提供了珍贵的实物资料。

歇马亭烈士墓

位于曲阜市董庄乡歇马亭村东约1.5公里处。烈士宋明常生于1925年，1941年参加了八路军，在1943年参加泗水柘沟黄土崖战役时牺牲，年仅18岁，新中国成立后被追认为革命烈士。20世纪80年代前，每逢清明节，附近学生就组织起来为其扫墓，缅怀革命先烈。

曲阜市革命烈士陵园

　　位于曲阜市吴村镇九仙山山阳，原位于曲阜城南新区、陵园街北侧，于1970年为纪念曲阜籍在革命战争时期牺牲的革命烈士而兴建。现陵园建于2005年2月，2006年7月竣工。陵园依山而建，前部建有石质牌坊1座，面阔3间，长18.1米、宽1.5米，上书有毛体"革命烈士陵园"字样。中部沿638级踏步拾阶而上，即是陵园的主体建筑，海拔高度为286米，立有革命烈士纪念碑1座，碑通高33米，碑底座东西16.18米，南北11.1米，上书有毛体"革命烈士永垂不朽"几个大字，字下方浮雕有梅花、松树、山峦、长城、祥云、和平鸽等图案，顶部浮雕有五角星、松柏及鲜花图案，整体建筑庄严肃穆。陵园东部是24座烈士墓冢及烈士英名录碑，烈士英名录记录了从第二次国内战争到建国前的559位烈士英名，该陵园为缅怀革命先烈、进行爱国主义教育提供了一个很好的教育场所。

丁家庄丁氏民居

　　位于曲阜市董庄乡丁家庄村内，始建于民国。原为一四合院，现存有正房、西配房、南屋3座建筑，为村民丁庆芳民居。东配房于90年代拆除，其中正房面阔3间，砖坯结构，东西长10.3米，南北宽4.5米，高3米，灰瓦板瓦覆顶，板门，直棂窗；西配房已部分改建；南屋为上下2层，均为砖坯结构，下层面阔2间，东西长8.1米，南北宽4.4米，高3.3米；上层面阔1间，进深1间，西面为阳台。整体建筑结构合理、颇为壮观，砖雕精美多样。此民居的留存，保留了原生态民生状况，为了解和研究当时社会民生状态、生活信息提供了直观的实物资料。

近现代重要史迹及代表性建筑

前王庄烈士林

位于曲阜市王庄乡前王庄村东南300米处。墓冢直径为1.5米，封土高0.5米。烈士墓原位于村西南，1976年、1977年间因平整土地将墓冢迁至此处。墓内共有七位烈士，于1948年济南战役时负伤，因救治无效牺牲被埋于此地，烈士姓名、籍贯均不详。

陈冠昌烈士墓

位于曲阜市王庄乡孟李村东北。据其子陈登法介绍，陈冠昌是当时共产党领导下的区工队的侦察员，1944年在去兖州侦察回来的途中牺牲，原墓冢在陈家林内，后迁入孟李村百姓林内，烈士墓冢直径2.5米，封土高1.5米，现每年其后人及附近学校对其进行祭扫，缅怀革命先烈。

程庄供销合作社

位于曲阜市防山乡程庄村内，始建于20世纪50年代。房屋6间，东西长20.8米，南北宽6.25米，前檐为典型的苏式建筑风格，有后门，东西两侧有券门。合作社的建立是国家为开展城乡物资交流，努力支持工农业的发展，在经济建设中，充分发挥了联结工业与农业、城市与农村、生产与消费的桥梁和纽带作用，具有典型的时代特色。

薛李氏墓

位于曲阜市防山乡钱家村南。墓冢直径5米，封土高约1.5米，墓主人薛李氏（1906-1947），1946年初钱家村成立民间抗日组织时，薛李氏被选为妇救会长，其丈夫薛允明被选为农救会长。在党的领导下，她积极组织群众加入农会，动员青年参军参战。她亲自带领妇女搞支前运动，多次完成党交给她的探听敌情任务。1947年国民党重点进攻山东，薛李氏被还乡团小队长史玉山抓住，受尽严刑拷打后被枪杀。英勇事迹感人至深，令人缅怀。

梁公林提水站

位于曲阜市防山乡梁公林村东。该提水站以红旗闸水库为水源，1975年3月动工，历时两年完工，一级站渡槽500米，净跨10米的双曲拱渡槽45孔，净跨5米的砌石渡槽5孔，总扬程25米；二级站渡槽3000米，净跨10米的双曲拱渡槽16孔，砌石干渠2100米，总扬程20米。该项水利工程在当时农田水利建设中发挥了重要作用，现仍保存完好，其留存具有一定的文物价值。

"五四"青年洞

位于曲阜市南辛镇黄土村胡家山上。全石质结构，洞全长253米，有南、北两个洞口，南洞口为全石券顶结构，宽1.2米，高1.8米，洞口上方有"☰☆☰"图案及"农业学大寨"字样，两边书"为有牺牲多壮志，敢叫日月换新天"对联一幅。北洞口为全石质结构，上刻"愚公移山改造中国"的毛主席语录。该洞为原尼山公社为了解决山北的农田水利灌溉，组织当地民兵连于1972年修建，当时由于资金问题未能修建提水站，所以建成后一直没能使用。这样一座大型水利工程的留存，成为体现当时人们愚公移山改造中国冲天斗志的实物见证。

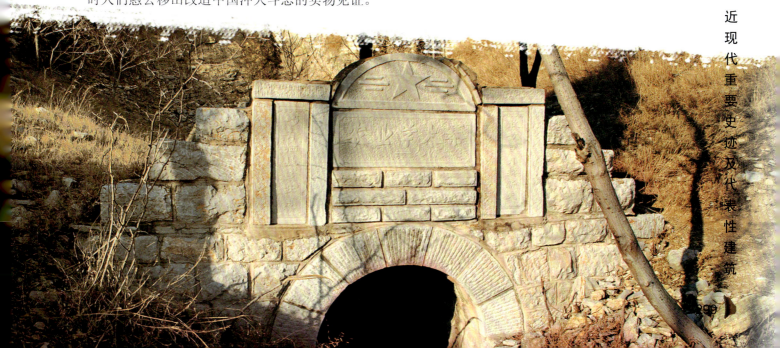

东关渡槽

　　位于曲阜市曲阜城区东2公里处，建于1976年。南北长420米，宽约1米，高3.1米，均用明故城的城墙砖垒砌。结构基本完好，部分拆除，2005年废弃不用。该渡槽现保存基本完好，气势依然，是当时城区东部较为重要的水利设施，为当时的农业发展作出了一定的贡献。

明德中学旧址

　　位于曲阜市孔庙观德门以西，明万历四十二年（1614年），孔子63代孙孔贞丛迁"四氏学"于曲阜观德门外，民国十四年（1925年），衍圣公府将"四氏学"改为"阙里孔氏私立明德中学"，孔子第七十七代孙末代衍圣公孔德成先生担任名誉校长，1958年又改名为"曲阜第一中学"。原有明伦堂5间，东西厢房各5间，明伦堂后是尊经阁，阁后为公子学舍，前有重门，门外有泮池，池上有桥，桥前有状元坊。现仅存东西厢房各5间，进深2间，南北长16.8米，东西宽8.8米，前有廊。东西厢房之间有一棵400余年的古槐，苍劲挺拔，见证着历史的沉浮，时代的变迁。

曲阜影剧院

　　位于曲阜市通相圃街东首南侧，于1958年12月建成，名大众影院。建筑面积8446平方米，内设坐椅1134个。1960年-1974年，曾作为剧场使用，1974年底改为曲阜县电影院，现名曲阜影院。1992年维修改造成豪华的现代电影院。该影院跨度为钢架梁起脊，砖石结构，内有舞台。前厅出口有如意台阶，曾是全市人民群众的政治文化活动中心。

近现代重要史迹及代表性建筑

清真寺

　　位于曲阜市鲁城街道西关民族居委北300米处，始建于明末清初，原址在西城门东侧，雍正年间迁至护城河西岸，占地2亩，建有大殿及配房20余间，为中式普通瓦房。大殿坐西向东，殿门上方悬挂有雍正帝为安抚穆斯林所颁圣旨全文匾额。20世纪中后期由于历史原因寺院仅存西大殿，给宗教活动带来不便，2001年春，在曲阜市委、市政府的关心支持下，从原址西扩重建清真寺。新寺院主体建筑西大殿为两层阿拉伯式建筑，钢筋混凝土框架结构，穹隆罩顶，东南隅建宣礼尖塔。院内现有碑刻4通，记载历次维修寺院的经过。目前清真寺已成为曲阜市伊斯兰教教民活动的主要场所，它的重建体现了党和政府对少数民族的关怀。

曲阜师范学院旧址

　　位于曲阜师范大学院内， 1955年创建于济南，始称山东师范专科学校。1956年5月，经教育部批准，更名为曲阜师范学院，同年9月迁址曲阜，使其成为我国第一所县级城市的高等院校。1970年9月至1974年4月，与山东大学文科合并成为新的山东大学。1974年4月恢复曲阜师范学院建制。1985年11月，学校更名为曲阜师范大学。现保存20世纪五六十年代的建筑有：小礼堂(1957年)、图书馆(1957年)、文史楼(1956年)、

西联教室(1956年)、学生1、2号食堂(1957年)、生物楼(1957年)等。这些建筑见证了半个多世纪以来，几代曲阜师大人的励精图治，艰苦创业。

泉头向阳水库大桥

位于曲阜市吴村镇泉头村，建于1972年5月1日。大桥共有2座，向阳水库建成蓄水后，为解决当地交通问题，又兴建了这两座大桥。其中一座名为向阳桥，位于村东南向阳水库的南端，为8孔桥，整体为石质，全长18米，宽5米，高2.8米，桥两边有石质栏杆，桥头两端栏杆上正面分别刻有"奋发图强"、"自力更生"、"鼓足干劲"、"力争上游"字迹，中段桥栏杆雕刻有向日葵、鸽子、五角星等图案。另一座位于村北，名为胜利桥，为7孔桥，整体为石质，全长16米，宽5.3米，桥两边雕刻有石质栏杆。二桥均建于"文革"期间"农业学大寨"的高峰时期，具有鲜明的时代特征，为了解当时的社会环境、政治生活状况提供了实物资料。

中国共产党董家庄支部旧址

位于曲阜市董庄乡董庄中村内。1938年6月中国共产党党员张旭、苏鹏在董家庄一带发展党员，并建立了曲阜县农村第一个中共支部——董家庄支部，苏鹏任书记，马斌任组织委员，孔繁生任宣传委员。支部建立后，积极开展工作，先后发展了孔祥德、孔祥刚、杜牧、袁景刚、孔繁芝、聂桂田入党。支部原有两间小瓦屋，2002年村民孔祥海在此拆除重建为民宅。该旧址的发现为研究中共曲阜发展史提供了可靠的资料。

东焦沟烈士林

位于曲阜市董庄乡东焦沟村东北，始成于1947年。当时该村是中国人民解放军后方医院转运站，兖州战役中受伤的伤员因医治无效牺牲，集中安葬在东焦沟村北。原安葬有23位烈士，后有几位烈士被迁回原籍安葬，现存无名烈士墓18座。2006年4月5日，由曲阜市民政局出资1万元立革命烈士纪念碑，纪念为中华民族解放事业牺牲的无名烈士。

西关利涉桥

位于曲阜市西关大街中段，始建年代不详。据"重修西门西关石路并二层归德桥三层利涉桥碑记"记载，曾于清乾隆甲戌年重修，1940年被洪水冲毁，1942年又由当地绅商筹款出资重修。1998年将桥建成如今式样。桥宽15.9米，长11米，桥北有长14.5米的半圆形石栏与桥相连，该石栏原为归德桥上的构件，桥身北侧涵洞口上部镶嵌1942年王鸿绪先生题"利涉桥"三个字。

西关基督教堂前客厅

　　位于曲阜市西关大街中段，由美国牧师创建于1919年，原建筑布局分为东、西两部分，西半部有大门、客厅、礼拜厅等主体建筑，东半部为教堂牧师及管理人员之住宿院落。现仅存客厅，东、西长10.6米，南北宽7.5米，为木质框架结构，面阔3间，进深3间，灰瓦筒瓦覆顶，正脊两端有吻兽，木质方格窗，东西山墙上部各嵌有两方"寿"字砖雕，前后出厦，中间为过道。

曲阜电影院

位于曲阜市纸坊街路北，始建于1956年，当时名为纸坊街礼堂，作为曲阜县党校使用。1974年，该礼堂作为剧场使用。20世纪90年代，原纸坊街礼堂改为五马祠街电影院。现存建筑为钢架砖混结构，用焦炭和沙混合打造地基，礼堂前门额有一颗红色五角星浮雕，下方原有浮雕"大礼堂"三字，整体建筑南北长33.6米，东西宽17米，现作为仓库使用。该影院时代特征鲜明，它的留存为研究当时人们的政治文化生活及社会环境风貌提供了一定的实物资料。

东息陬烈士林

位于曲阜市息陬乡东息陬村东北1公里处。此村原为鲁南野战医院驻地，1946年第一次解放兖州时，伤病员在此处医治，一些医治无效牺牲的烈士就埋葬于此。原有墓冢30余座，墓前原有用木板书写的烈士姓名及简历，经过岁月的侵蚀，木牌早已腐烂。墓冢现仅存15座，保存基本完好，东西长26米，南北宽10米，面积约260平方米，四周为村民耕地，林内有村民种植的20余株杨树。现为附近中小学生进行爱国主义教育的场所。

南夏宋拦河坝

位于曲阜市息陬乡南夏宋村东南约1公里的寥河之上。1958年修建，用于防洪灌溉，现仍在发挥作用。拦河坝为直线梯形，石质结构，坝长47米，宽3.2米，斜高2.3，两端有泻水口，各长3.2米，宽3米。该坝为石质结构（约有20余块碑刻砌在坝上），保存比较完整，结构稳定且保持原有状态。

后王庄陈氏民居

　　位于曲阜市王庄乡后王庄村内，从民居的建筑风格及建筑构件上判断该民居应为民国时期的传统民居。面阔4间，东西长14米，南北宽4.4米，直棂窗、板门，板瓦覆顶，筒瓦扣花屋脊，铜镜纹饰山花，砖砌墙角，墙体为土坯。

息陬乡迎宾门

　　位于曲阜市四张曲村北，是早年进入息陬地界的重要道路标志。该门为砖泥结构，建于20世纪70年代初，保存至今。门柱两侧八字墙左右各塑有三面红旗图案，上有毛体"备战备荒为人民""团结起来争取更大的胜利"等标语。该建筑保存完整，结构较为稳定，带有鲜明的时代特色，且同类建筑几乎绝迹，它的发现为追忆了解"文革"时期特殊的历史年代的社会状况和建筑特色提供了不可多得的实物资料。

南元疃王氏民居

位于曲阜市息陬乡南元疃村小学东侧，始建于民国。该民居是一座外砖内坯砖土结构的二层小楼，面阔3间，进深1间，长7.0米，宽4.4米，高6.9米，砖砌平顶，楼顶外沿有雕花纹饰，一楼窗为方形，二楼窗为拱形，板门。原为王氏族人居住，现已无人使用。该民居一楼窗户已破坏，只剩框架，现已被砖块填充，整体结构基本完好，结构稳定。此楼保留着原始状态，散发着浓郁的历史气息，具有较高的文物价值。

老寨顶侵华日军工事遗址

位于曲阜市董庄乡丁家庄西北云山上，村民俗称"老寨顶"。1944年侵华日军在该山上修建军事工事，与驻扎在颜家岭杨山上的共产党抗日部队形成对垒，并发生多次激战。现日军工事留存山洞3处，营房遗址1处。1号山洞为自然山洞，位于老寨顶寨门西北角，洞口朝西北方向；2号山洞位于老寨顶南部，洞口朝东南方向，洞深6.5米，洞内向南拐弯2米，拐弯处最宽2.1米，洞高1.6米；3号山洞位于老寨顶最高处，洞口朝南，洞深6.4米并向东拐弯2.6米，洞高1.8米，洞宽1.5米，洞口外有一棵榆树作掩护；营房遗址位于3号洞前西侧，围墙残高0.9米，面积约70平方米。该军事设施为研究当地抗战时期的历史及侵华日军在此地的活动提供了实证，同时也为进行爱国主义教育提供了良好素材。

近现代重要史迹及代表性建筑

孔庆忠烈士墓

位于曲阜市董庄乡杜家村西南。1947年曲阜第一次解放，为发展壮大中共曲阜党组织，孔庆忠被培养任命为杜家村村长。1947年国民党旧势力重新占领曲阜时，孔庆忠被国民党杀害，牺牲时36岁。新中国成立后，被人民政府追认为革命烈士。现墓地长6米，宽6米，封土高约0.5米，近年其后人在墓地周围种植柏树4棵。

石头河中原大战曲阜战役遗址

位于曲阜市董庄乡石头河村北部两山之间。为东西向战壕掩体，原全长434.4米，高约1.5米，依据地势挖掘而成。1930年4月，冯玉祥、阎锡山联合国民党内其他地方军阀同蒋介石集团进行中原大战，7月1日阎军一部将蒋军围困在曲阜城内，9日城内蒋军即将弹尽粮绝之时，蒋军陈诚部抵曲驰援，在内外夹击之下，阎军于10日拂晓退往峪口、吴村、歇马亭、尧山口一线，与蒋军对峙10余日后再向泰安方向溃退，此战壕掩体遗址即为当时两军在此对垒时所挖掘。在20世纪农业学大寨时，战壕部分填埋，平整为土地，2004年修建环山公路时，战壕遗址遭到一定破坏，现仅能看出大致轮廓，据村民回忆，在平整土地时，时常捡到弹头。此遗址为这次战争在曲阜境内仅存的一部分。

红旗闸

位于曲阜市王庄乡北陶洛村东泗河干流上，是曲阜境内"文革"时期最大的拦河引水灌溉枢纽工程。1970年春动工兴建，1972年夏竣工。该闸长320米，净跨253米，65孔。其中58孔为水力自动翻板闸门，堰型为驼峰曲线式，堰顶高程74米，门高2.7米，净跨4米；7孔提升式冲沙闸，闸底高程73.0米，闸门高3.7米，闸面宽3米，闸上交通桥宽5米；冲沙闸下游设两道消力坝。此闸由曲阜市水利局负责勘测设计，闸上壅水面积1.6平方公里，最大蓄水量208万立方米，设计灌溉面积7.2万亩，设计防洪标准为20年一遇。红旗闸配套工程有南干渠、北干渠。至今红旗闸为泗河上游调节泄洪，下游防洪、蓄水灌溉仍然发挥着重要作用。它充分体现了当时人们利用自然、改造自然、艰苦奋斗的革命精神及战天斗地、敢叫日月换新天的浪漫主义情怀，具有非常鲜明的时代特色。

近现代重要史迹及代表性建筑

西焦烈士墓

　　位于曲阜市王庄乡西焦村北500米处，始成于1948年，该烈士在淮海战役行军至西焦村西大岭时，由于雨天道路泥泞，汽车滑坡，为保护军队财产，拿工具垫堵车轮时不慎被车碾压，壮烈牺牲。埋葬于此并竖立木质墓碑，后被追认为革命烈士。现烈士姓名、籍贯佚失。墓冢封土高约2米，占地25平方米。附近村民及乡村学校的师生每年清明节都来祭扫，进行传统的爱国主义教育。

高佑文烈士墓

　　位于曲阜市王庄乡裴家村北500米原高家林内。烈士高佑文，高家店人，曾参加了共产党领导的地方武装县大队，1947年国民党反攻倒算时，县大队与还乡团进行交战，高佑文牺牲在村南战场上。新中国成立后，被追认为革命烈士。1997年高佑文其他几个兄弟为其立碑砌券，现墓封土高1.1米，直径3.6米，碑高1米，水泥砌墓券。

孔昭贞烈士墓

　　位于曲阜市南辛镇大烟庄村北，封土直径3米，高1米。1947年，华野某部战士孔昭贞在北撤时，遭遇北上的国民党部队与其发生激战，孔昭贞在余村村内牺牲，后葬于大烟庄。墓冢整体保存基本完整，由于受风雨侵蚀，封土逐年减少。现为当地小学进行爱国主义教育的场所。

夏家村烈士墓

　　位于曲阜市书院街道夏家村北1公里处，1948年解放曲阜时牺牲的四位烈士被埋葬于此。共有墓冢2座，每座墓埋有两位烈士，被埋烈士姓名不详。墓冢直径约3米，封土高1.5米。

管村主席台

　　位于曲阜市董庄乡管村村委北，始建于1964年。砖砌而成，南北长3.55米，东西宽0.46米，中间刻有五角星，下刻有"斗私、批修"，四字中间还嵌有一个"忠"。整体保存较好，中间原有主席像现已不存，两侧对联已被涂抹掉。

八一礼堂

　　位于曲阜市龙虎街东首，建于20世纪60年代初，是部队军工自行建设的大型建筑。礼堂南北长50米，东西宽26米，高12米，占地面积约1300余平方米，为钢架砖混结构。可同时容纳1500余人。礼堂具有鲜明的时代特征，是目前城内此时期仅存的大型建筑，具有特殊的文化内涵和纪念意义。建筑布局完整，结构稳定，门窗稍有损坏，现作为仓库使用。

近现代重要史迹及代表性建筑

单家村烈士墓

位于曲阜市时庄镇单家村西北，共有墓冢3座，占地面积约80平方米。埋葬了抗美援朝战争时期的3位烈士，烈士籍贯、年龄、姓名不详，在抗美援朝战争中负伤，被送至此地医治，经救治无效牺牲，葬于此地。墓群整体保存较为完整。

孔村桥

位于曲阜市时庄镇前孔村南，始建于20世纪60年代初，系当时的社教工作队修建。桥南北长24米，东西宽4.4米，高2.2米，为2孔桥，石砌桥墩，桥面用钢筋混凝土浇铸而成，桥体保存比较完整，结构稳定，桥栏杆损毁较为严重。此桥为前孔村至坊岭的交通要道。

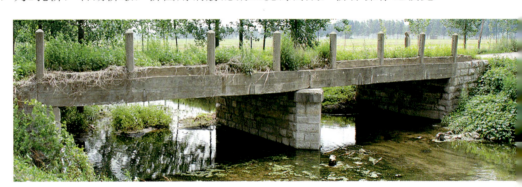

席厂烈士墓

位于曲阜市姚村镇席厂村西南。墓冢共有4座，东西长17.4米，南北宽8.5米，高1.5米，1946年第一次兖州战役时牺牲的烈士被埋葬于此，烈士姓名、籍贯不详，墓冢保存状况一般。

夏家村村史楼

位于曲阜市书院街道夏家村村委西，始建于20世纪60年代。坐东朝西，上下2层，面阔4间，南北长16.5米，东西宽4.8米，南侧屋山上镶有一颗红五角星。上层原用于展出夏家村的发展历史和夏家村村民在旧社会受地主压迫的血泪史，下层用于展出解放后夏家村村容村貌发生的巨大变化及村民的幸福生活。该楼布局完整，保存较好，上层现已废弃不用，下层现为图书室。此楼是在"文革"期间农业学大寨建设社会主义新农村的背景下建立的，为研究"文革"时期的建筑风格提供了实物资料。

夏家村排楼

位于曲阜市书院街道夏家村村委南，始建于20世纪70年代初，是当年为响应"建设社会主义新农村排楼化"而建，作为村民集体化居住地使用。该建筑共有2排，每排上下2层，东西长53米，南北宽7.5米，外有楼梯，是"文革"期间的特定产物，具有鲜明的时代特色，也是那个时期建筑艺术的最真实体现。

峪西渡槽

位于曲阜市吴村镇峪口西村西北300米，建于20世纪六七十年代，渠最高处10米，东西长约485米，南北宽约1.2米，跨宽6米，石砌券顶。东侧有提水站1座，全石结构，东西长7米，南北宽4米。该渡槽结构稳定，保存完整，现已废弃不用。该渡槽是当时较为重要的水利设施，为农业生产的发展发挥了重要作用。

东夏侯渡槽

位于曲阜市息陬乡东夏侯村南。渡槽为石砌，水泥券拱，最高处10米，东西长100米，宽1.2米，共有9孔。1974年5月1日建成，又叫新愚公提水站。渡槽西端为提水井，井深约16米，东西长8米，南北宽3米，现已干涸。渡槽结构保存基本完好，是当时较为重要的水利设施，为当地农业生产的发展作出了一定的贡献。

蒋家夏侯氨水池

位于曲阜市息陬乡蒋家夏侯村东。建于20世纪六七十年代，长7.8米，宽4米，高1.5米，占地31.2平方米。四周均用青条石垒砌，拱形水泥顶。村民用来存放氨水，为当时村民种地施肥提供了方便。该氨水池结构完整，保存较好，虽已废弃不用，仍能成为当时农业生产状况的最直观的实物见证。

南陶洛西村渡槽

　　位于曲阜市防山乡南陶洛村内。始建于1975年，渡槽呈南北走向，长约600米，宽1.55米，高9.4米，槽深0.70米，全部用石头砌成，拱形券顶。该渡槽引自泗河水，是当时较为重要的水利设施。渡槽结构保存基本完好，现已废弃不用。

南陶洛西村主席台

　　位于曲阜市防山乡南陶洛村北，现存3座，北面1座，南面2座。原建于南陶洛村内，后因村庄整体搬迁，村址变成耕地，现废弃于耕地中。北面一座形体较大，保存最好，通高约4.8米，宽4米，厚1米，砖砌台面，石砌台基。中间为毛泽东主席巨幅画像，两侧有对联。其余两座结构形制基本相似。整体保存较为完整，但绘画均已模糊不清。主席台作为"文革"时期个人崇拜的特殊产物曾在各村街普遍存在，现因各种原因已不多见。

大湖纪念碑

　　位于曲阜市南辛镇大湖村内及东北，共有2块。其中一块碑刻正中楷书"处士宜菴贾公墓"，其旁有"公讳润萱字宜菴锡瑞公之子也为善念民与锡文叔全时被害于民国三十二年以誌之"，立于"中华民国三十五年岁次丙戌清和月下浣"等碑文。另一通为贾锡文墓碑，两碑形制相同。据村民介绍，贾润萱和其叔锡文与当时村保长不和，保长勾结汉奸巩振寰将其叔侄二人活埋杀害。后来或因该保长良心发现，又为二人立碑纪念。贾锡文墓碑立于村内，贾润萱墓碑立于村东耕地中，保存较好。两块纪念碑记载了一段尘封的历史，留给后人无尽的遐思。

东终吉氨水池

　　位于曲阜市息陬乡东终吉村东南，建于20世纪70年代初。长13米，宽4.5米，高3米，四周均用青石垒砌，拱形水泥顶。当年村民用来存放氨水，以方便耕地施肥。至今结构稳定，保存较好，但随着农业科技的发展，现已废弃不用。

小峪渡槽

　　位于曲阜市息陬乡小峪村北，始建于20世纪六七十年代，渡槽南北长587.11米，东西宽1.2米，高10米，石砌券拱，跨径7米。是当时较为重要的水利设施，为农业生产的发展作出了一定的贡献。

马家村防洪堤

位于曲阜市时庄镇马家村周围，建于20世纪50年代。据村民介绍，1957年连降暴雨，此村平地积水1米多深，为防止洪水对村庄造成破坏，1958年建此防洪堤保护村庄。同时在防洪堤上建涵洞1座，使村内积水及时得到排泄。该防洪堤全部用泥土筑成，现部分已被平整为耕地。此防洪堤是当年广大劳动人民抗灾自救英雄气概的实物见证。

大峪北渡槽

位于曲阜市息陬乡大峪村北。建于20世纪六七十年代，渡槽呈T形走向，向北延伸200米，向东延伸500米，向南延伸部分断裂，渡槽高5米，宽1.2米，石砌券拱。做为当时一处重要的水利设施，为当地的农业生产发挥了很大的作用。

陈家寨提水站

位于曲阜市姚村镇陈家寨村东，始建于1968年，保存至今。东西长12.4米，南北宽7.6米，为3间起脊平房，砖石结构，山间开门，坐落于泗河岸北侧。门框上横书正楷"祝毛主席万寿无疆"。两边为毛主席语录及对联，字迹已模糊不清，建筑形式极具时代特征。

林家村林氏民居

　　位于曲阜市小雪镇林家村中心街路南。始建于20世纪60年代，面阔3间，进深1间，东西长8.5米，南北宽4.4米。土坯墙，硬山，砖砌墙垛，木质板门，直棂窗，砖券门窗上檐。门框两侧镶门神庙，门前东侧置香台。原为草苫覆顶，后改用水泥瓦覆顶。整体保存较好。建筑旁有石牛槽1件，石磨2件。是当地比较常见且典型的传统民居，带有鲜明的时代特征。

前宣东村烈士林

　　位于曲阜市小雪镇前宣东村南500米。东西长14米，南北宽10米。20世纪50年代此村设康复医院，收治抗美援朝战争中受伤的战士，伤员病故后葬于此处。原有烈士墓十多座，后来大部分被陆续迁走。现存墓冢4座，碑3通，保存较好，周边均为耕地。该烈士林为当地中小学生缅怀先烈、进行传统爱国主义教育提供了场所。

胡允尧烈士墓

　　位于曲阜市陵城镇东郭村东南100米。墓冢高约1.5米，周长17.3米。墓碑高0.8米，宽0.40米。碑文"教导连少尉付连长胡允尧烈士之墓，中国人民解放军0812部队，1963年立"。

步家村姚氏民居

位于曲阜市息陬乡步家村内，始建于民国年间，坐北朝南，现存建筑共3间，长11米，宽5米，高5.5米，面积55平方米。砖木结构，砖券拱形门窗上檐，雕花木棂窗，硬山，灰瓦覆顶，保存较好，至今仍有人居住。

大峪西渡槽

位于曲阜市息陬乡大峪村西，建于20世纪六七十年代，渡槽高5米，南北长800米，东西宽1.2米，垮宽6米，石砌券顶，是当时较为重要的水利设施，为农业生产的发展作出了一定的贡献。这座气势磅礴的水利工程的背后蕴藏着广大劳动人民战天斗地、人定胜天的英雄气概，也是那个特殊时代的历史见证。

大河涯四清幸福桥

位于曲阜市吴村镇龙尾庄大河涯村内，建于1965年。恰逢全国开展"四清"运动，故称"四清幸福桥"。桥东西长26.9米，南北宽6米。桥为三孔，石砌券拱，原为石砌桥面，后改为水泥路面。桥东侧立有一通"四清幸福桥"石碑。该桥作为特殊历史时期的历史见证，为研究曲阜现代史提供了重要的参考资料。

大河涯九大桥

位于曲阜市吴村镇大河涯村内吴村河上。桥为石砌单孔桥，石券半圆形桥孔。东西长49米，宽5.85米。桥面上有高架渠1座，长87米，宽0.9米。石砌桥墩，水泥预制横梁，砖砌水渠。桥面用于人畜车辆的通行，桥上水渠用于输水灌溉。该桥建成于1969年，适逢中共九大召开，因此命名九大桥，以纪念这一重大历史事件。其留存成为一个时代的历史印记。

董庄北村城南门大井

位于曲阜市董庄乡董庄北村西北约500米，始建于1978年。井口直径8米，深13米。碎石垒砌井壁，条石砌井圈，所蓄井水用于灌溉。该村地处丘陵，水资源较为匮乏，此井为村民的农业生产提供了方便。该大井保存较好，现仍被村民使用。

大西庄渡槽

位于曲阜市董庄乡大西庄村北。始建于20世纪70年代。该渡槽石砌桥墩，最高处约6米。水槽为水泥预制，宽0.35米，深0.32米，总长约300米。为一处较为典型的"文革"时期的水利设施，曾为当地农田灌溉做出了较大贡献。

梨园水库

位于曲阜市董庄乡魏家岭村南，建于1967年6月。水库大坝长720米，高12米，底宽100米，顶宽5米，库容315万立方米。直至现在，周围几个村庄仍用此水库所蓄水源灌溉农田，为"文革"期间建成的规模较大的水利设施。该水库的留存成为当地民众自力更生、兴修水利的最直观的历史见证。

近现代重要史迹及代表性建筑

林程店寨墙遗址

　　位于曲阜市董庄乡林程店村内，始建于民国年间。寨墙夯土筑成，高约8米，墙基由青石条铺成，外有壕沟；现寨墙墙基仅存约50米，西南角和西北角墙基较清晰；寨门原有六座，南、东、北各有一门，西有三门。现仅存西南门址。该寨墙遗址的发现为研究当地社会民生状态和组织结构形态提供了珍贵的实物资料。

辛家庄烈士林

　　位于曲阜市王庄乡辛家庄村东北，两座墓冢始成于1949年，分别埋葬革命烈士胡润玖、胡秉来，墓冢占地东西长4米，宽3.2米，面积约13平方米。烈士胡润玖曾任吴村检查站站长，1949年被特务杀害；胡秉来于1948年被捕，死于狱中。胡润玖墓碑由其后代立于1992年。该烈士林成为当地民众缅怀先烈、进行爱国主义教育的重要场所。

东白石桥提水站

位于曲阜市王庄乡东白石桥村东，泗河北岸。1967年始建，1969年建成。提水站长8米，宽6米，深约12米；水渠宽1.1米，高0.7米，总长约1000米。此提水站建成后，引泗河水灌溉农田，为当地的农田灌溉做出了重大贡献。

孔家村泗河桥

位于曲阜市姚村镇孔家村村东，始建于民国十三年（1924年）。是曲阜至宁阳必经之路，东西走向，为18孔石板桥，长91米，宽4米，高1.97米。1938年为阻止日军进攻将桥炸毁两孔，1940年修复，建国后多次维修。1964年，利用桥墩建闸，蓄水灌溉。现存18孔，两桥孔之间长度为5.1米，东西端有引桥（没有桥洞），东段引桥桥面两石板之间用浇铁汁的石孔做连接。该桥部分残毁，现已废弃不用。

其他

　　不可移动文物中，无法归入古遗址、古墓葬、古建筑、古碑刻
石刻、近现代重要史迹及代表性建筑类别的，我们称其为其他类。
如古树，它不仅具有很高的观赏价值，古树年轮里，包含着历史时
期的气候、水文、生态、环境等变化信息，且具有极高的经济、历史、
科学、文化、旅游、生态等价值。它记载着一个地域的自然、历史
和文化，还能揭示人类的活动痕迹，是我们探索大自然奥妙的一个
依据。古树是祖先留给我们的珍贵绿色遗产。

不可移動文物中，凡屬歸入古遺址、古墓葬、古建築、古窟寺和石刻、近現代重要史跡及代表性建築類型的，我們稱其歸其他類。

不可移動文物中，凡屬歸入古遺址、古墓葬、古建築、古窟寺和石刻、近現代重要史跡及代表性建築類型的，我們稱其歸其他類。

曲阜市文物保护单位

屈家林桧树

　　位于曲阜市董庄乡屈家村东南屈家林内，原在屈家林内，现林已平，仅剩此树，桧树周长4.2米，树冠直径约10米，枝繁叶茂，长势良好。1986年被公布为曲阜市文物保护单位。

第三次全国文物普查新发现文物点

坊岭西村古槐树

位于曲阜市时庄镇坊岭西村内，居民孔凡池家中，树围3.40米，树冠高5米，据村民介绍，该树大约在清代种植，早期根深叶茂，有淡淡清香，因时代久远，树木老化，往东斜靠在墙头之上，枯枝纵横交错，树根部分有枯洞，显示着此树的苍老。此树在村民心中奉为神灵，以往人们常常烧香祭拜，祈求平安、吉祥，村民对该树呵护有加，以致保存至今。

前吕家村古槐树

位于曲阜市时庄镇前吕村前吕大街中心处，始栽于清代末年，现存槐树树围1.8米，造型独特。放眼望去，只见两棵椿树中间夹抱着一棵古槐，俗称"两椿抱槐"，两棵椿树是同根，有雌雄之分。当地村民对此树无比崇敬，赋予了许多富有浪漫主义情怀的传说。此树的留存为研究当地民风民俗及民众的原始信仰提供了参考资料。

寻家村古槐树

位于曲阜市书院街道寻家村内，传说栽植时间与建村同时，树围2.3米，高约20米，枯枝纵横交错，新枝分布其中，显示着此树的苍老及与历史同行的岁月。此树被村民在心目中奉为神灵，根深叶茂成长至今。

高家店毛泽东画像

　　位于曲阜市王庄乡高家店村委内，画像由袁家村村民袁金昭绘制于"文革"时期。整体用木框镶嵌，呈插屏式样，下部有简易木制雕花，中间油绘毛泽东画像，通高2.3米，宽1.05米，画像高1.9米。该画像用于当时群众的政治生活活动，具有典型的"文革"时代特色，属文革时期的特殊产物。

大烟庄古杨树

　　位于曲阜市南辛镇大烟庄村内原老奶奶庙内，现庙已不存，但树犹存，1998年山东省考古所测定距今已有490年历史，此树被当地村民奉若神灵，树周长4米，高约15米。树中空隙处可容人，气势尤劲，蔚为壮观。此树长势良好，有一树枝断裂，老枝多已枯干，新枝仍茁壮生长。

宋家村古树

　　位于曲阜市防山乡宋家村内，共有两棵，一棵为槐树，树干直径0.7米，树冠直径约4米，高约20米，枯枝纵横交错，新枝分布其中。此树被当地村民始终奉为神灵，精心保护至今。一棵为柿树，位于该村供销社院内，树干周长2米，树冠直径约4米，树形优美，长势良好。两棵古树的留存，见证着历史的沧桑。

夏家村古槐树

　　位于曲阜市书院街道夏家村村民夏继宏院内，据村民介绍为一明代古槐树，根深叶茂，此树周长2.72米，树高7米，树冠约10米，树主干有空洞。此树被当地村民奉若神明，不敢对其冒犯，每年过节都在树下焚香烧纸，祈祷此树茂盛。

旧县四街古槐树

　　位于曲阜市书院街道旧县二街村内，树冠周长约15米，树身周长2.7米，树高约12米，此树根深叶茂，长势良好，距今约有三四百年历史。

南陶洛西村古槐树

　　位于曲阜市防山乡南陶洛西村北，据传树龄已有四五百年。树围3.2米，高约20米，树冠直径约14米，树枝纵横交错，彰显着古树的苍老及所历岁月的久远。此树一度被村民视若神灵，生存至今，仍具旺盛的生命力。

其他

南息陬古槐树

　　位于曲阜市息陬乡南息陬村内。其中一棵位于原三官庙前，树径约3.3米，树冠直径约5米，树高约3.5米，树干大部分枯死，新生枝干长势较好；另一棵古槐树位于该村村委西约200米处，树径2米，树冠直径约6米，树高4米，树干中心枯朽，长势较好。两棵古树是该村悠久历史的最好见证，成为研究当地古朴民风的活化石。

东终吉古槐树

　　位于曲阜市息陬乡东终吉村内，植于孔氏终吉户家祠南，传为明代种植的老槐树。树干周长2.3米，高约5米，树冠直径约8米。古槐树树干大多枯朽，长势一般。现有村民修建的石围栏保护。

后记

为迎接全国第五个"文化遗产日",营造全社会保护文物、爱护文化遗产的浓厚氛围,综合体现曲阜丰富珍贵的文化遗产资源,扩大曲阜文化遗产在全国的影响,普及人们文化遗产内涵和文物保护意识的增强,推动爱国主义教育活动,我局创意出版了此本《曲阜古迹通览》画册。

出版工作得到了曲阜市委、市政府领导的高度重视、关怀和支持。我局倾注全力编写、设计了本画册。文物出版社、深圳华新彩印制版有限公司对本书的出版给予了大力的支持和帮助。在此一并致以诚挚的谢意。

希望籍此画册的出版,进一步提升曲阜文化遗产的社会影响力,进一步加强曲阜文物旅游事业的对外宣传力度,逐步提高全民的文物保护意识。也借此机会增强广大文物旅游系统全体干部职工的自豪感,调动其工作积极性,为更好地保护、传承前人留存下来的珍贵历史文化遗产作出自己应有的贡献。

曲阜市文物旅游局党组书记、局长:孔德平

縠飛瓽䉃

白濱

西夏瓷器

杭天 著

文物出版社

北京 · 2010

责任编辑　楼宇栋　谷艳雪
封面设计　周小玮
版式设计　周小玮
责任印制　张道奇

图书在版编目（CIP）数据

　西夏瓷器／ 杭天著.—北京：文物出版社，
2010.7
　　ISBN 978-7-5010-2977-8

　Ⅰ．①西… Ⅱ．①杭… Ⅲ．①瓷器（考古）—研究—中
国—西夏（1038～1227）　Ⅳ．①K876.34

中国版本图书馆CIP数据核字（2010）第097758号

西 夏 瓷 器

杭天 著

*

文物出版社出版发行

北京市东直门内北小街 2 号楼

邮政编码：100007

http：//www.wenwu.com

E-mail：web@wenwu.com

北京文博利奥印刷有限公司制版

文物出版社印刷厂印刷

新华书店经销

889×1194毫米　　1/16　　印张：24

2010年7月第1版　2010年7月第1次印刷

ISBN 978-7-5010-2977-8　定价：360.00元

XIXIA CERAMICS

Hang Tian

Cultural Relics Press

Beijing · 2010

提要与说明

在中国社会科学院考古研究所对宁夏灵武磁窑堡窑的发掘、资料整理、成果公布出版之后，以武威为代表，西北地区相继发现了其他西夏瓷窑和瓷器遗存，而民间更是出现了一些工艺精美的、完整的西夏瓷器代表作品。考古发掘品和其他越来越多的西夏陶瓷制品的发现，证明西夏瓷器无论产量、质量和工艺风格，都可自成体系并在中华民族的陶瓷大家庭中占有重要的地位。然而相较于其他窑口，当下学界和文玩界对于西夏瓷器的了解仍极为有限，关于西夏瓷器的著作也极为匮乏，这与西夏瓷器本身的重要性极不相称，显然，需要一本内容全面、图片丰富、论述翔实准确，并具普及性的著作来系统、深入地阐述西夏瓷器，本书即以此为追求。

本书先简要介绍了西夏国的主体民族党项族的源流，以及西夏国的建立、发展、灭亡的历史。

书中，作者参考国内外古陶瓷研究界对宋、金时期中国北方陶瓷，尤其是磁州窑类型陶瓷的研究成果，通过对各种器物的造型、纹饰等工艺风格细致的类比和缜密分析，并结合当时各国的政经发展和相互关系情况，得出结论，认为"西夏瓷器受晚唐、五代以来，尤其是北宋前期磁州窑系、定窑系陶瓷和辽国陶瓷工艺的影响，约在西夏建国后的西夏前期，形成了自己的装饰手法、风格和器物种类等整套体系，并在相对封闭的环境下成熟和稳定，伴随着金代西北地区耀州、浑源等地瓷窑的给养，到西夏中期其中心窑场——灵武窑的烧造逐渐兴盛，西夏中晚期其产品质量、装饰工艺和产量达到最高。带有某些西夏特征的瓷器在原西夏窑口一直延烧至元前期。"这一推论是在1986年考古发掘成果基础上的拓展，力图进一步从时间上廓清西夏瓷器烧造的全貌。

书中详细介绍了西夏古遗址、窖藏、墓葬出土西夏瓷器的情况；对西夏瓷窑遗址中的磁窑堡窑、回民巷窑、武威塔儿湾窑作了重点介绍，并对内蒙古伊克昭盟地区可能存在西夏窑口做出推断分析。

本书对西夏瓷器的分期、烧造工艺、器物种类、装饰手法等的论述条理清晰，周详缜密。同时，通过对大量特征明显、采集地点明确的西夏陶瓷标本的研究，作者发现了西夏瓷烧造的新工艺，比如"瓷钩粘烧法"、"支钉垫烧法"等装烧方法，"青釉绘褐彩"、"青釉镶嵌"、"透雕加层"等装饰手法，及瓷塑韦驮天、采用镶嵌手法的扁壶、采用梅花点装饰的梅瓶等以前从未发现的品种；也第一次借助丰富的标本，全方位揭示了回民巷窑仿耀州窑模印花制品的风貌。根据西夏瓷标本，作者第一次比较全面深入地论述了西夏"贡瓷"方面的情况，并创造性地利用灵武窑出土的瓷塑人像，绘制、还原了多种西夏髡发样式。而书中对带有"炭窑峰赵家沉泥砚瓦记"戳记的陶砚的考述，则是对西夏瓷窑的地位和西夏史地的研究做出了新的而有意义的探索。

西夏瓷器的概念提出较晚，曾长期缺失于中国的工艺美术史中，因而了解者甚少，加上学界，尤其是文玩界不健康的风气，多不求甚解，人云亦云，形成了对西夏瓷器较深的误解，认为其粗鄙不堪，不登大雅。而甘、宁、青、蒙当地学者又因为对内地、中原地区古代民窑瓷器的不了解而认同了这种片面的认识。作者根据收集的各种古陶瓷资料，选取与西夏瓷器有可比性的宋、金时期北方民窑产品的标本，经过细致对比分析，证明西夏瓷器的质量，尤其在胎、釉方面，是仅次于定窑、耀州窑，而高于大量磁州窑类型产品的；在工艺的丰富性上虽略逊于磁州窑类型，但某种具体工艺比如剔划花工艺的艺术性却不在磁州窑类型之下。

大量非西夏瓷器的鱼目混珠，也加深了人们对西夏瓷器的偏见。本书以存世的西北窑口纪年器及其他标准器为依据，对一些博物馆和收藏家手中的某些"西夏瓷"藏品进行了尽可能详细的考证，将名不符实的各种金、元、明、清瓷器产品剔除出去，明晰了西夏瓷器的概念。

图版部分，本书尽可能全面地收集国内外已知的西夏瓷器，尤其是剔划花瓷这一西夏最具代表性的产品。书中所收录西夏瓷产品由四部分组成：第一部分为国内各博物馆及文管部门的藏品，包括经正式考古发掘的出土品、国家权威刊物发表过的各地文管部门的征集品，及西夏特征明显、公认为西夏瓷的传世品；第二部分是民间藏品中的完整器、可复原残器。而以供养人为主的各类人物雕塑的残件，虽然多不可复原，但因较重要并可独立欣赏，亦列入；第三部分是海外藏品，主要是在20世纪上半叶散落于世界各地博物馆、私人收藏家手中的藏品；第四部分为大量珍稀瓷片标本、窑具、模具等。几乎所有民间藏品、近半数国内馆藏品和全部瓷片标本、窑具、模具的照片，都是作者亲力亲为，赴各地拍摄而得，很多器物照片，包括一些西夏遗址面貌照片，都是第一次公开发表，有较高的文献价值。博物馆藏品中的少量器物，民间藏品、海外藏品中的大部分器物，未在文中述及，在图版中以大图列出，是为了帮助读者更深入、更全面地了解和欣赏西夏瓷器。

在本书体例方面需要说明的是：

一、正文中所列图片，皆以"T"加数字的形式编号，凡器物名称后未标明年代者，均为西夏；图版部分所列图片，皆以"TB"加数字编号的形式标注。"T"编号的图片，凡加双线框者，均表示图中器物为其他朝代瓷器与西夏瓷被混淆的实例（包括被误为其他朝代瓷器的西夏瓷）。

二、某些引用图片的原描述文字有误者，本书予以重新订正；关于器物描述，凡未列出尺寸、出土地、征集地、收藏地者，均为不详；对同一器物或工艺手法的称呼，各种资料多有不同，本书采取统一标准，例如"剔花"、"剔刻花"、"刻划花"等称呼一律改为"剔划花"。

三、西夏瓷窑产品中的一些可供参考的陶制品和类陶制品，也有所收录。

四、西夏窑口有多处，目前情况已比较明晰的主要有灵武磁窑堡窑、灵武回民巷窑、武威塔儿湾窑、贺兰山插旗沟窑。本书在标注器物时，凡来源清晰，或根据其工艺特征能判断出为上述窑口所产者，皆注明，无法分辨窑口的，皆不标注具体窑口。磁窑堡窑与回民巷窑均在灵武市，两窑距离近，产品类似，本书中收录的有些产品无法分辨是其中的哪一个窑口所产时，就写为"灵武窑"；有些器物与上述窑口产品有差异，而又因此类西夏瓷多发现于内蒙古伊克昭盟，故暂写为"推测为伊克昭盟窑产品"。

Forward

After the Institute of Archaeology of the Chinese Academy of Social Sciences published a report on their groundbreaking excavation of the Ningxia Lingwu Ciyaopu kiln site some other Xixia kiln sites were discovered in the Northwest, primarily around Wuwei, and people living in the region were found to have some carefully crafted, undamaged pieces of Xixia ceramics in their possession. The appearance of ceramics from the excavation and also items in private collections proved that regardless of quantity, quality, or artistic style, Xixia ceramics forms its own system, taking an important position among the many schools of Chinese ceramics. Despite this evidence of excellence, in relation to other kilns the understanding of Xixia ware in both academic and collectors' circles remains extremely shallow, with very few published books on the subject. This situation is out of balance with the importance of Xixia ceramics. There is clearly a need for a study that systematically develops a new understanding of Xixia ceramics by presenting readers with a comprehensive history, ample illustrations, and detailed argument; this book is an effort to fill the gap.

The author begins his study by explaining the origins of the Tangut, Xixia's main nationality, and goes on to discuss the history of the kingdom's founding, development, and disappearance.

Chapter two argues that early Xixia ceramics was influenced by Northern kilns such as Cizhou, Ding, and Liao kilns, since the late Tang and Five Dynasties period and especially during the early Northern Song Dynasty, but about half a century after the founding of the Xixia Kingdom Xixia people began to systematically develop their own tradition of decoration, style, and form. Moreover, in the relatively closed society their own ceramic arts developed quickly and steadily, so that in the middle period of the Xixia dynasty, especially with influence of Yaozhou and Hunyuan kilns from the Northwest during the Jin Dynasty, the central kiln site — Lingwu Kiln — took on its own form, and following this, the craft and style of firing reached its peak. Ceramics with characteristics of the Xixia style continued to be produced at the same kiln sites up until the early Yuan Dynasty. This conclusion is an extension of the results of the 1986 excavation of the Lingwu Ciyaopu kiln site, and an attempt to give a comprehensive periodization of Xixia ceramics.

In chapter three the primary kiln sites of the Xixia are introduced. First the author presents the situation in the Xixia ruins, old storage sites, and graves. Next he explains the different kiln sites at Ciyaopu, Huiminxiang, and Taerwan in Wuwei, as well as entering into a discussion of a possible undiscovered kiln site in Ikh Juu League in Inner Mongolia.

Following the presentation of the history of Xixia ceramics production the author comprehensively analyzes the periodization, firing methods, types, and decoration of Xixia ceramics. By studying numerous different examples of Xixia ceramics, which display the unique qualities of Xixia style, reveal the sites in which they were collected, and contain many different types, the author discovered new techniques the Xixia used in firing, such as the method of firing the ceramic hooks by mounting them on other pieces and the use of multiple point balances in the firing process; in methods of decoration such as brown brushwork on a light green background and incisions under light green glaze, and the "cut and double layered" method; and examples of previously unknown forms of Xixia ceramics such as statues of Veda, compressed circular canteens with incised designs, and meipings with brown blossom designs against a light background. It is also the first time a large number of samples have been used to definitively show the Huiminxiang kiln produced pieces imitating the famous incised thread on green-yellow glaze design style of the Yaozhou kiln. For the first time in such a comprehensive manner the author further discusses the use of Xixia ceramics as tribute. By studying some ceramic figures that were found in the Lingwu kiln site, the author was also able to creatively reveal many different hairstyles of the Tangut people. Through research into carvings on an inkstone the author has discovered that Xixia people also produced high quality inkstones in a place called Tanyaofeng (today it is known as Ciyaopu), as their neighbors in Song China did.

Since the concept of Xixia ceramics was put forward only recently, left out of Chinese art history, few people truly understand it. Additionally, Xixia ceramics has been misrepresented in the unhealthy environment of the collecting world, where items often

要点と説明

　　中国社会科学院考古所が寧夏霊武磁窯堡窯に対し発掘、資料整理、研究成果を発表した後、武威を初めとした西北地域では西夏磁窯とその他の残された磁器が新たに発見されました。民間でも巧みに製作された完全な西夏磁器の代表的な作品が現れました。考古発掘の品とその後にますます多く現れた西夏陶磁器の製品は、数量、品質、製作技術などにおいて、その独自の風格を呈し、中国陶磁器の歴史で重要な地位を示しています。その他の磁器窯と比較すれば、今現在、学術界と収蔵界で西夏磁器に対する理解は非常に不十分で、西夏磁器についての著作も極めて少ないです。西夏磁器そのものの重要性につり合っていません。そこで、西夏磁器を系統的、全面的に論述し、全体的な内容、豊かな図版、詳細な論述を持つ普及的な著作が必要となります。そのような著作を目指して本書を書きました。

　　本書は先ず西夏王国の主要民族である党項族の由来、西夏王国の建国、発展、滅亡の歴史について簡単に紹介します。

　　本書の第二章では、作者は国内と外国の宋、金時代の中国北方磁器、特に磁州窯の磁器に対する研究界の研究成果を参照し、各種の器物の型、模様などを細かく比較、厳密に分析し、さらに当時の各国の政治経済の発展と互いの関係を考えて、次のような結論をまとめました。つまり、西夏磁器は唐時代晩期、五代から特に北宋前期の磁州窯系、定窯系の陶磁器と遼国の陶磁器の焼成技術から影響を受けました。西夏国建国以降の西夏前期に、独自の装飾方法、風格、器物の種類などを創作し、比較的閉鎖していた状況で成長し、安定するようになりました。金時代の西北地区の耀州、渾源などの磁器窯の影響を受けながら、西夏中期になって、その中心窯である霊武窯の焼成は繁盛期に入りました。西夏中晩期の製品は品質であれ装飾技術であれ生産数であれ最高レベルとなりました。西夏特徴のある磁器は従来の西夏磁器窯で元時代初期まで焼かれ続けていました。この推論は1986年の考古発掘の成果に基づいて展開して得られたもので、時間的に西夏磁器の焼成事情を明らかにするのがその目的です。

　本書は古い西夏の遺跡、窯、出土した西夏磁器について詳しく紹介し、西夏の磁器窯遺跡の磁窯堡窯、回民巷窯、武威塔児湾窯を重点的に紹介し、内モンゴル伊克昭盟地区に西夏磁器窯がある可能性について推測、分析しました。本書では西夏磁器の時期分け、焼成技術、種類、装飾技法などについての論述は、主に『寧夏霊武窯発掘報告』の研究成果を参照しています。また、本書では民間から求め集めた各種の西夏陶磁器の標本を収録しています。それらの標本は西夏磁器の特徴が著しく、発見場所が明確で、種類も豊富で、極めて高い研究価値があります。それらの標本についての研究を通じて、作者は西夏磁器の新しい焼成技術を発見しました。たとえば、「磁勾粘焼法、支釘墊焼法」などの焼成方法、「青釉絵褐彩、青釉象嵌」などの装飾方法、磁塑韋駄天、象嵌法採用のひら壷、梅点付け法採用の梅瓶など、今まで発見されたことのない品種を発見しました。初めて豊かな標本を通じて回民巷窯の耀州窯模印花模倣製品の様子を示しました。西夏磁器の破片によって、作者は初めて西夏貢ぎ物としての磁器について詳しく論述し、また、霊武窯から出土した磁俑を利用して西夏国の数種類の髪型を描き出し、その原状に復旧させました。本書での「炭窯峰趙家羅土泥硯瓦記」という印の付いた陶硯についての論述は、西夏磁器窯の地位及び西夏の歴史地理の研究に対し、新しく有意義な探索となります。

　西夏磁器の概念が比較的遅く現れたことから、長期的に中国の工芸美術歴史の中から姿を消していました。そのため、それを理解する人は少ないです。また、学術界、特に骨董界では不健康な気風でほとんどの人は理解しようとはしなく、他人の言葉ばかり聞くので、西夏磁器に対する誤解は日増しに深く、西夏磁器が粗末で優雅な製品ではないと考えられていました。逆に甘粛、寧夏、青海、内モンゴルなど地元の学者と愛好家は、内陸地、中原地区の古代民窯磁器をも理解しないため、西夏磁器に対するそういう差別的見方を受け入れています。作者は求め集めた各種の古代磁器の資料によって、西夏磁器と比べられる宋、金の時代の北方地域の民窯磁器製品の標本を選び出し、細かく比較分析した結果、西夏磁器は品質、特に素地と釉薬において、ただ定窯、耀州窯よりやや劣り、多量の磁州窯の製品より品質が高いということが分かりました。工芸の種類では磁州窯に及びませんが、具体的な工芸、たとえば掻き落としの芸術性は少しも磁州窯には劣りません。

西夏磁器ではない磁器が多量に混同しているため、西夏磁器に対する偏見も深くなっています。本書では古代から伝わってきた西北窯の年号付きの磁器とほかの標準となる磁器に基づき、博物館と収蔵者に収蔵されるいわゆる「西夏磁器」に対して詳しく考証し、元、明、清時代の各種の濃い釉薬磁器を取り除き、西夏磁器の概念を明確にしました。

本書の図版部分では、今まで国内及び海外に収蔵されている西夏磁器、特に掻き落としという西夏の最も代表的な装飾を採用している西夏磁器をほとんど収録しています。本書に収録されている西夏磁器は4部分に分かれます。その一部は国内の各博物館の収蔵品で、正式な考古発掘によって出土したものや、国家級の刊行物に掲載された各地の文物管理機構の募集品や、西夏磁器の特徴の見やすく、古くから伝わってきた西夏磁器などを含んでいます。第二の部分は民間の収蔵品で、完全な磁器と原状の回復できる壊れた磁器があります。人物彫塑の磁器（供養人）は、ほとんど壊れて回復できないものですが、それが重要かつ別々に鑑賞もできるため、収録されています。第三の部分は海外の収蔵品で、主に20世紀上半期に世界各地の博物館と収蔵家に所蔵されている収蔵品です。第四の部分は数多くの珍しい磁器破片、窯道具、製作道具などです。全ての民間収蔵品とほとんどの国内博物館の収蔵品は、作者が自ら各地へ赴いてその場で撮影したものです。たくさんの器物の写真と西夏遺跡の写真は、初めて発表されたもので、ある程度の文献的な価値を持っています。

本書の形式について

1．本文に掲載する図版は、「T」プラス数字という形で記し、図版部分に掲載する図版は、「TB」プラス数字という形で記します。

2．説明文章が間違ったことのある参照図版について、本書では新たに訂正しています。本書では器物を説明する際に、サイズや収蔵者などを表示していない場合、全てが判明していないものです。同一の器物または工芸技術などの言い方について、各種の資料で異なる言い方が表現されるため、本書ではその言い方を統一しています。

3．西夏磁器製品の中で参照可能の陶器製品と類陶器製品も収録しています。

4．西夏窯の場所が数多くあります。今まで明確にしたのは主に霊武磁窯堡窯、霊武回民巷窯、武威塔児湾窯、賀蘭山挿旗溝窯などです。本書では器物を説明する際に、出所が明確、または工芸技術によって上記の窯から産出することを判断できるものは全て明確に記しています。窯を判明できない場合、具体的な窯を記していません。磁窯堡窯と回民巷窯は霊武市に位置し、近くにあるため、製品は似ています。本書に収録されるある製品の窯がどの窯に属するか判断できない場合、全て「霊武窯」と記します。ある器物は上記の窯の製品と違いますが、そういう西夏磁器が内モンゴル伊克昭盟で発見したケースが多いため、とりあえず「伊克昭盟窯の製品だと推測されます」と記します。

序 言

马 文 宽

　　20世纪80年代，中国社会科学院考古研究所对宁夏回族自治区灵武县磁窑堡窑址的发掘使鲜为人知的西夏瓷得以揭示，是中国瓷窑考古的重要成果之一。这不仅填补了中国陶瓷史的空白，也为西夏王国（1038～1227年）和党项民族的历史研究提供了丰富的实物资料。发掘后被评定为自治区和全国重点文物保护单位，故被人们誉为"塞上名窑"。

　　西夏瓷展示出的光辉异彩为生活在西北大地上的纯朴人们提供了精神食粮，也吸引了广大陶瓷爱好者的关注，甚或迷恋。民间青年陶瓷学者杭天是其中之一，其所著《西夏瓷器》一书总结了近二十年来西夏瓷研究的新成果，并有所创获，可以说做了一件极为有意义的工作。读此书后，可使人们对西夏瓷的内涵及其对西北文化史和中国陶瓷史的贡献有新的认识，对党项民族所创造的物质文明（或称文化）有更深刻的了解。

　　资料的收集是一切研究工作的基础，关系着研究质量的高低，甚或决定着成功与否。杭天是一位民间艺术家，经济并不宽裕，但他凭着对西夏瓷的酷爱，数次自费从北京到宁夏、甘肃两省区调查了磁窑堡、回民巷、插旗沟、武威塔儿湾等地窑址，采集了大量第一手资料，并在窑址附近征集到很多当地居民收藏的重要标本。他也前往西夏瓷出土较多的地方，如鄂尔多斯、青海海东等地进行调查研究。同时他还到西北各省区博物馆参观、研究各馆藏西夏瓷。本书中的许多重要资料就是通过作者亲身实践而获得的，显得尤为珍贵。他还通过外语文献广泛收集了国外各大博物馆收藏的西夏瓷，使人们了解了西夏瓷的深远影响。作者通过这些活动不仅增进了对西夏瓷的认识与理解，且深深地烙印在脑海中，进而更增加了对西夏瓷的挚爱之情。人们不论从事任何一项科研活动，只有为之献身，进而才能闪烁出绚丽的火花，最终产生出丰硕的成果。

　　瓷窑考古与研究离不开文献资料的收集，继而还需对一些史实进行论述或对某些问题进行考证。作者在这方面下了许多功夫，成为本书的另一亮点。近几十年来西夏王国与党项族历史的研究已成显学,有大量著作问世,作者从其中梳理、提炼出西夏王国的简要史实,使读者明了西夏瓷生产的历史背景,继而深刻地认识到,西夏瓷是在西夏王国的丰富历史与高度发达的文化熏陶、培育下而出现的,如是可使人们对西夏瓷有更深刻的认识。

学术研究永无止境,其目的在于不断探索与创新。这一点在本书中亦有所体现。如作者把磁窑堡窑址出土的"……赵家罗"澄泥砚残片与传世品"炭窑峰赵家沉泥砚瓦记"澄泥砚进行了仔细对比研究,考证出磁窑堡窑亦生产澄泥砚,并认为"炭窑峰"即为今磁窑堡一带西夏时的旧称。笔者二十年前在磁窑堡发掘时,每看到出土大量瓷砚滴和砚台时,深感西夏王国有着高度发达的文化。宋代澄泥砚与端、歙、洮砚齐名,被称为"四大名砚",在山西、山东和河南等地均有生产,现证实在宁夏亦有生产。这不仅说明宋代澄泥砚生产已扩大到西北边陲之西夏王国,也反映了灵武窑陶瓷生产确系与中原文化息息相关。再如作者对近年来各种出版物中的一些所谓"西夏瓷器"提出质疑,并通过细致的分析将这些非西夏瓷梳理出去,这无疑对今后西夏瓷的界定产生重要影响。

在磁窑堡发掘后,在陶瓷学者特别是在广大西北地区众多的陶瓷爱好者中产生了强烈的反响,众多学术成果见于报刊、杂志和互联网。《西夏瓷器》一书具有较高的科学性,且文字流畅又具有广泛的可读性,可称是西夏瓷研究的一部力作。

* * *

为了广大读者更多的了解磁窑堡瓷窑址的重要性,现将1987年马文宽先生发表在《中国古陶瓷研究》创刊号上的《宁夏灵武磁窑堡瓷窑址调查发掘漫记》一文(已经作者修订)附在下面,以资参考。

附:宁夏灵武磁窑堡瓷窑址调查发掘漫记

一

有人曾好奇不解地问我,你为什么选择处于沙漠地区的磁窑堡瓷窑址作为探求西夏瓷的起点,而又真有所获呢?这还得从我参加额济纳旗的调查工作说起。

1983年我有幸参加中国社会科学院考古研究所内蒙古额济纳旗汉代烽燧遗址的调查工作。这次调查备有汽车和通讯设备,还购买了二十余头骆驼,用以驮运行李、蒙古包、工具等，并在汽车不能通行的沙漠作为代步工具。汽车疾驶在一望无际、平坦的戈壁滩上，到处都是宽阔、通行无阻的"快行道"；驼队长行在浩瀚的沙漠中，驼铃叮当，别有一番情趣。在每天的行程中，有时能遇到一两个蒙古包，蒙族兄弟对我们这些"不速之客"盛情款待，很快沏好奶茶、端来马奶子、奶饼等食物，就餐前每人还要痛饮三杯酒……此时此刻，旅途的疲劳顿消。蒙族人民的淳朴、好客给我们留下了深刻的印象。在短暂的人生征途中，这次调查生活使我难以忘怀。

在调查汉代烽燧时，曾偶遇到一些西夏至元代的遗址，如著名的黑城。黑城亦称黑水城，是西夏至元代的城址，意大利旅行家马可·波罗曾到过此城。行程中常常采集到许多瓷片，往往在废墟中还采集到能复原的较完整的瓷器。每天回到宿营地后，工作之余翻出这些瓷片拼合不已，成为遣解寂寥、爱不释手的"宝物"。蒙古包内烛光虽然暗淡，但这些瓷片却熠熠发光。瓷片中有著名的浙江龙泉窑青瓷、珍贵的景德镇元代青花、北方诸窑所产的钧瓷、磁州窑瓷等。但一些与前述中原、南方诸窑的产品有别，如多数胎较粗呈浅黄色，碗、盘"挖足过肩"（即圈足内侧高于外侧）的制品引起我的注意。尤其是采集到一件茶叶末釉剔刻花大瓮（高约50、腹径近40厘米），颇像河北、山西之磁州窑系产品，使我联想翩翩，萌发了探索的兴趣。河北、山西距额济纳旗近三千里，在交通不便的古代，较小的器皿可互相叠摞或大小相套作多件运输。这么大的器物，一个骆驼只能驮两件，能作遥远的长途运输吗？于是我猜想，在额济纳旗附近或不太遥远的地方可能有窑址存在。那么，这窑址应在什么地方呢？

宁夏银川平原素有"塞上江南"之称，君不闻"黄河百害，唯富宁夏"吗！宁夏曾是西夏王国统治的中心地区，银川是其都城。另明代嘉靖《宁夏新志》上曾记载："磁窑山，（灵）州东北六十里，为陶冶之所。""磁窑山"、"陶冶之所"的含义不就是生产瓷器的地方吗？但是否此地在西夏、元代时也生产瓷器呢？一连串的问号激起了我去宁夏调查瓷窑址的欲望。于是，在调查汉代烽燧遗址结束的时候，我得到队长刘观民同志的支持，在从酒泉回北京的途中，告别了队友从兰州换乘了去宁夏的列车。

二

在宁夏回族自治区博物馆，我得到了热情好客的庞三宝、钟侃馆长的多方帮助。他们先后派韩秀依、孟嗣徽、张建国三同志与我一起驱车前往距银川南五十余公里的灵武县磁窑堡乡。十一月初的"塞上江南"已有寒意，然丰收后的欢乐景象到处洋溢。辽阔、平坦的田野，纵横交错的沟渠，笔直的田畦尽收眼底，令人心旷神怡。司机王振海是一位健谈的老同志，他说，宁夏大米全国有名，远销到北京、香港等地。这里引黄河水灌溉，每年都能得到丰收。当汽车驶过黄河大桥时，我又一次目睹了黄河的雄姿。在灵武县城稍事停留，再往东行则是完全不同的景观了。出城不远映入眼帘的却是一片半沙漠和沙漠区的不毛之地。王振海同志说，再有三十多公里就到窑址了，附近还有个煤矿，煤质燃点很低，有时用一根火柴就可把煤块点燃。人们都知道煤是烧制瓷器的一种主要燃料，至迟在宋代北方诸窑都用煤来烧制瓷器了。因而，我国北方诸窑址均位在煤矿区附近，可以说这是一个普遍的规律。所以如此，还因为在煤矿露头或夹层中共生有"高岭石质泥岩"和"高岭石泥岩砩矸"——优质的制瓷原料（这与南方的高岭土有别）。因此，有煤矿存在的地方，往往也有制瓷的原料。这也为以后调查时所证实。在磁窑堡烧制瓷器的三个主要条件，原料、燃料已具备，仅差水源了。我刚想至此，汽车驶过一条小河，陪同调查的县干部说，小河名大河子沟河，是从窑址旁边流过来的，它使我豁然明瞭了。这就是说，此地的自然环境已赋予了原料、燃料和水源诸条件，如再加上人的创造活动，瓷器就能应运而生了。

磁窑堡窑址南北长约540米、东西宽450米。它东隔一条干沟与一座明代城址（旧磁窑堡城）相望。干沟的西断面可看到瓷片堆积，厚达四米左右，上部有数座残破窑炉遗迹，大河子沟河自南而北从窑址西侧蜿蜒流过。窑址上的最高点是河东岸的明代烽火台。从烽火台到干沟之间，瓷片、窑具俯拾皆是。两天紧张的调查工作采集了大量的瓷片、窑具，草绘了遗址地形和个别遗迹图。在瓷片中有些属于明清时期，有些与额济纳旗见到的相似，而有些瓷片还具有宋代风格。例如白釉撇沿曲腹碗，青釉、褐釉的斜壁碗，黑、褐、白釉的各种剔刻花瓷片，以及其他窑址所不见的褐釉瓦件等。我们到了面积如此之大，内涵如此丰富的瓷窑址，使同行的人都感到由衷的喜悦，窑址的这些具有宋代风格的瓷器不时地吸引着我。他给我提供了思考的线索：具有宋代风格的瓷器，出自与宋代同时并存的西夏王国统治中心地区的窑址内，那么，它就应该是西夏王国的瓷器了。诚如此，中国陶瓷史中长期空白的西夏瓷问题将会得到解决。当然，这种判断还需要通过大规模的考古发掘来证实。

磁窑堡窑址建在沙漠之中，这就提出一个尚待解决的问题，那就是为什么窑址选择在这一地区呢？这除了前述具备的建窑必要条件以外，还需要从它周围的地理环境和灵武的历史沿革作一番考察。磁窑堡窑址虽处在沙漠之中，但它面向的是富饶的银川平原和广大的西北地区，因而它的产品有着广阔的市场。该瓷窑产品一方面可以满足西夏统治者的需要，另一方面也可满足社会上的需求。窑址虽处在沙漠之中，但它距唐、宋、西夏、元代的灵州古城（在今灵武县西南）仅三十余公里。古灵州城在历史上是颇为著名的，公元755年爆发了"安史之乱"，老而昏聩的唐玄宗携其爱妃杨玉环逃往四川，其子李亨（唐肃宗）于756年即在此称帝，以后遂有唐代中兴。公元1002年西夏主李继迁攻占灵州，1003年改称西平府，并把都城从夏州迁此。到1020年继迁子李德明才把都城由此迁往兴州（今银川市）。但以后兴、灵二州为西夏王国的东西两京，从而说明灵州地区是西夏王国统治的中心区域。灵州自唐、宋以来还是西北地区的交通中心和枢纽，它往东南有两驿道通长安，往西越沙碛（腾格里沙漠）至凉州（武威），经甘州（张掖）、肃州（酒泉）达西域，此路自唐中叶以后，由于秦（天水）、兰（兰州）、原（固原）、会（靖远县）四州为吐蕃所踞，更形重要。往北达西受降城，出高阙至回纥，是通塞北的孔道。往西北越贺兰山隘道至居延海地区，经马鬃山可达高昌。灵州在政治上、交通上的重要地位为此窑生产瓷器的外运创造了有利的条件，此窑址虽处在沙漠之中，但是，它的存在绝非偶然。

三

在回北京的途中，我陷入了沉思，磁窑堡窑址是一个非常重要的瓷窑，通过发掘无疑可以解决重要的学术课题。当时自己对上述调查的结论也不能说是有十分的把握，这是因为在我国西北广大地区（指西安以西）尚未有瓷窑址进行发掘，没有可资对比的材料。而且西夏瓷的面貌又鲜为人知，虽偶有发现，又多来自非发掘品，可靠程度又在模棱两可之间。但经长时间的深思，我对调查的结论——在西夏王国统治中心区域的窑址中发现具有宋代风格的瓷器应是西夏瓷——充满了自信。于是我怀着探索与追求的勇气和信心，回到研究所后向领导汇报并说明发掘此窑的价值及其在学术上的意义。经各级领导批准，及有关同志大力协助下，翌年开始了正式发掘。

发掘是在1984～1986年间进行的。由于窑址四周均为荒漠，附近没有村舍，便决定住在距窑址4公里多的磁窑堡镇煤矿招待所。每日骑自行车上下工，而且还要走1公里左右的沙漠丘陵地段。一天往返四趟需两小时。三年来的发掘均是在七、八、九三个月内进行。其时正值盛夏，炎热干燥异常，中午时分，阳光把脚面烤得很疼。此地地势高，风沙大，每遇二、三级风则沙土漫卷，这对处于小沙丘上发掘的我们来说，真是叫苦不迭。若是遇到大风来临，有时尚未等收拾完工具，有时至多行到半途中已是天昏地暗，待我们仓皇回到招待所，人人都已是"面貌皆非"。这里还需说明一下，此窑址的地层均由沙土组成，即使有的探方深达6米，亦为沙土。不过其中夹有瓷片、窑具、炭渣等物且经过压实，探方四壁能够立住，这才使发掘得以进行，并能获得清楚的地层堆积关系图。总之，我们在发掘期间，天天都与沙土打交道，别有一番乐趣。

工作条件的艰苦，发掘收获所给予的欢乐，只有身临其境的人们才解其中滋味，苦与甘自有其深刻的内在联系。

三年的发掘工作可以说是达到了预定的学术目的，不仅发掘到西夏地层，出土了大量的器物，使我们对西夏瓷有了较详细的了解，而且还找到叠压在西夏层上的西夏至元代地层，从而也了解了此窑在这一时期的生产情况，并为此窑的分期断代提供了依据。三年来还发掘了四座窑炉和九处作坊遗迹，使我们了解到西北地区制瓷业的某些工艺特点。从西夏层出土的颇为精美的剔刻花扁壶、经瓶、白釉经瓶、瓷雕塑品、牛头埙、瓷钩、白釉瓦、瓦件等都颇具民族特色，体现了西夏王国党项族的某些文化特点。从产品和工艺上看，此窑受到磁州窑和定窑两窑系的强烈影响，从中可以看出西夏王国与中原地区的文化联系。

三年来的发掘取得了很大的收获，但它是经过许多同志的辛勤劳动而获得的。参加田野工作的先后有叶小燕、张连喜、薛玉尧、杨国忠、陈刚、郭义孚等同志。其中年近花甲的郭义孚先生还不辞辛苦地为之测量了地形图并为田野工作提出许多宝贵意见。同时在三年的发掘中得到了宁夏回族自治区文化厅文物处马明信和雷润泽二处长、宁夏文管会的李志清同志、宁夏文物考古研究所钟侃所长、宁夏博物馆吴烽云副馆长以及其他同志的大力支持与帮助。在我追忆那段辛苦与欢乐交织的日子的时候，心中油然产生对他们的感谢与想念。

Preface

Ma Wenkuan

In the 1980s the Institute of Archaeology of the Chinese Academy of Social Sciences excavated the Ciyaopu kiln site in Lingwu city of the Ningxia Muslim Autonomous Region, uncovering Xixia ceramics, a previously almost unheard of field of study - an important achievement in the archaeological study of Chinese kilns. It not only filled in a gap in the history of Chinese ceramics but also provided rich material for enhancing understanding of the Xixia Kingdom (1038~1227) and the Tangut people. After its excavation it was turned into a cultural site worthy of preservation both in the autonomous region and nationally, and came to be seen as the most illustrious kiln of the border regions.

The beauty and originality displayed by Xixia ceramics gave people living in the great Northwest spiritual nourishment, attracting the attention and even affection of many people interested in ceramics. Hang Tian, an independent scholar and antique enthusiast, is one of those people. His book, *Xixia Ceramics,* presents the findings in Xixia ceramics research of the past twenty years, while presenting new findings, resulting in an extremely valuable contribution. After reading the book people will gain a new understanding of the inner value of Xixia ceramics as well as its contribution to the history of Northwest China and Chinese ceramics. The study also provides a deeper level of appreciation of the cultural history of artifacts of the Tangut people.

Collection of materials is the foundation of all research projects; it determines the value of the research and determines whether or not it will be successful. Hang Tian is an independent artist with limited means, but because of his love for his work he made many trips from Beijing to Ningxia and Gansu to carry out his research into the Ciyaopu, Huiminxiang, Chaqigou, and Taerwan kiln sites, collecting many firsthand materials, and accumulating samples of Xixia ceramics from the people who live in the region. He also visited other Xixia sites in which large amounts of ceramics have been excavated, such as those in the Oerhtossu Plateau in Inner Mongolia and areas of Eastern Qinghai. In addition, he went to many different provincial museums to observe their Xixia collections. Many of the important materials used in this book were personally collected by the author, making them even more valuable. In the study he surveys a vast amount of materials on collections of Xixia ceramics in overseas museums published in foreign languages, giving people an even deeper understanding of Xixia ceramics. By carrying out this research the author not only increases awareness and understanding of Xixia ceramics, his work leaves a deep impression in readers' minds, increasing their love for the art. In any research project one has to fully immerse himself in order to achieve such brilliant results.

Archaeological research into kiln sites and ceramics is inseparable from the collection, interpretation, and criticism of cultural and historical documents. The author expended much effort in this area, which is one of the bright points of the study. In recent decades research into the history of the Xixia Kingdom and the Tangut people has become a popular field of study, with many studies being published. The author has organized these materials to compose his own brief history of the Xixia Kingdom in order to illuminate the historical background of the production of Xixia ceramics, deeply aware that Xixia ceramics was nurtured and developed in an environment of high cultural development and rich history, giving people a better appreciation of it.

Academic research is limitless; its goal is continued exploration and creation, all of which is readily apparent in this book. For example, the author makes a connection between a fragment of an inkstone excavated from Ciyaopu which had the Chinese characters zhao jia luo carved on it and an inkstone carved with the phrase "Tanyaofeng Zhaojia chenni yanwa ji", closely comparing them to find that the kiln at Ciyaopu also produced inkstones, and further determining that today's Ciyaopu was called Tanyaofeng in Xixia times. (The Chinese characters for Zhao, jia, and luo are the same on both inkstones. A translation of the second specimen could be something like: "this Chengni inkstone was made from high quality clay by the Zhao family in Tanyaofeng.") Twenty years ago when I worked on the excavation of Ciyaopu every time I noticed ceramic water droppers and inkstones, I felt strongly that the Xixia had a highly developed culture. In the Song Dynasty, Chengni, Duan, Xi, and Tao were called the Four Great Inkstones, which were produced in Shanxi, Shandong, and Henan, and this study now proves that they were also produced in Ningxia.

This not only shows that the Song Dynasty production of Chengni inkstones reached the Northwestern border region of Xixia, but also that the production of ceramics in the Lingwu kilns had strong connections to the culture of the central plains. Moreover, the author points out pieces mistakenly classified as Xixia ceramics in various publications and through careful analysis removes them from the Xixia school. This will undoubtedly produce an important influence on the future definition of Xixia ceramics.

In the twenty some years since the excavation of Ciyaopu there has been a great response by scholars of ceramics and especially among collectors in the great Northwest, and some of the research into Xixia ceramics is published in journals, magazines, or on the internet. *Xixia Ceramics* has a higher level of scientific study, and the fluency of the writing ensures its readability, making it a *tour de force* in the field of Xixia ceramics.

Ma Wenkuan is a researcher with the Institute of Archaeology of the Chinese Academy of Social Sciences. His published works include: The Discovery and Research of Islamic Cultural Artifacts in China, Report on the Excavation of Ningxia Lingwu Kiln (ed.), The Discovery of Ancient Chinese Ceramics in Africa (ed.), History of Ceramics, and The Complete Texts on Chinese Ceramics, Number 9, Liao · Xixia · Jin.

序 言

馬 文 寛

　　20世紀80年代、中国社会科学院考古研究所が寧夏回族自治区霊武県にある磁窯堡窯跡を発掘し、あまり知られていなかった西夏磁器のことを解明しました。それは中国磁器窯考古の重要な成果です。中国陶磁器史の空白を埋めるだけではなく、西夏王国（1038年～1227年）と党項民族の歴史の研究にも豊富な物的資料を提供してくれました。発掘後、自治区及び全国範囲の重点文物保護単位として認定されたことから、「塞上名窯」とたたえられています。

　　りっぱな西夏磁器は西北地域に暮らす素朴な人々を精神的にサポートする一方、数多くの陶磁器愛好家をも夢中にさせています。民間青年陶磁器学者の杭天氏はその中の一人です。彼が著した『西夏磁器』は西夏磁器に関するここ20年間近くの新しい研究結果をまとめた上で、新たな見地を切り開いています。極めて有意義なことをしてくれたと思います。同作を読めば、西夏磁器の内包及びそれの西北文化と中国陶磁器歴史に対する貢献、党項民族が創造した物質文明（或いは文化）をさらに深く理解することができます。

　　資料を収集することは一切の研究の基礎で、研究の質ばかりでなく、成功にさえも関わることです。経済的に余裕がなく、西夏磁器に夢中になった民間芸術家である杭天氏ですが、数回にわたって自腹を切って北京を離れ、遠い寧夏、甘粛の磁窯堡、回民巷、挿旗口、武威塔児庄などの地区にある窯跡を調査しました。その場で確実な資料を多量に収集したと同時に、窯跡付近に住んでいる住民から重要な標本をたくさん集めました。また、西夏磁器が多く出土した鄂尔多斯、青海海東などの地区でも調査を行なったり、西北各省の省立博物館を訪れ、収蔵された西夏磁器を見学しました。同作のたくさんの重要な資料は杭氏が自ら実践して得ることのできた極めて貴重なものです。杭氏は外国語の文献を読んで外国の有名な博物館に収蔵された西夏磁器も自作に収録し、西夏磁器の幅広い影響を示しました。杭氏はそれらの活動を通じて西夏磁器に対する認識と理解を深め、自分の頭にイメージを焼き付け、西夏磁器にさらに夢中になってきました。人はどんな研究に携わっても、その事業に身を捧げてこそ、鮮やかな花を咲かせ、豊かな成果を生むでしょう。

　　磁窯についての考古と研究は書類と資料の収集が必要ですが、歴史事実についての論述とある問題についての考証も要ります。この点について作者がかなり工夫を重ねたところも、同作のもうひとつの注目点となります。ここ数十年以来、西夏王国と党項族の歴史についての研究は注目された学問となり、それに関する著作も多く現れました。杭氏はそんな素材に手を加えて西夏王国の分かりやすい歴史を書き上げ、一般の読者に西夏磁器制作の歴史背景を明らかに示しました。さらに、西夏磁器が西夏王国の豊かな歴史と高度に発達した文化によって育成されたことも深く認識させました。

　　学術研究は永遠に行き止まりがありません。その目的は絶えず探索、革新することです。同作もその精神を表しています。例えば、杭氏は磁窯堡窯跡から出土した「…趙家羅」澄泥硯破片と現在に伝わってきた「炭窯峰趙家沉泥硯瓦記」澄泥硯を細かく比較研究して、磁窯堡でも澄泥硯を産出したことを証明しました。「炭窯峰」という言い方が今磁窯堡あたりの西夏時代の旧称だと杭氏は考えています。筆者は20年前に磁窯堡で発掘を行なった時、磁硯滴や硯台を多量に出土したシーンを見るたびに、西夏王国の高度に発達した文化をしみじみ感じました。宋時代の澄泥硯は端硯、歙硯、洮硯並みに有名で、「四大名硯」と称され、山西、山東、河南などの地区で産出したほかに、現在、寧夏でも産出したことが実証されました。それは、宋時代に澄泥硯の生産が西北辺境にある西夏王国まで広がったことを証明するほか、霊武窯の陶磁器生産が確実に中原の文化と密接な関係を持つことも表しています。また、杭氏は近年様々な刊行物に記載されるいわゆる「西夏磁器」に対して質疑を行い、徹底した分析によって非西夏磁器を取り除きました。疑いなく、それは西夏磁器に関する今後の鑑定に対しては重要な影響となります。

磁窯堡の発掘が行われてからの約20年間に、陶磁器学者、特に西北地域の数多くの陶磁器愛好家の間に大きな反響を呼びました。西夏磁器をめぐって全面的な研究は展開し、数多くの学術成果は新聞、雑誌、インターネットで次々と現れました。『西夏磁器』という作は科学的に論証し、流暢な言葉遣いで理解しやすく、西夏磁器研究に関する力作だと言えます。

馬文寛

　　中国社会科学院考古研究所研究員。主な著作は、『イスラム世界の文物の中国での発見と研究』、『寧夏霊武窯発掘報告』（編著）、『中国古代の磁器のアフリカで発見』（編著）、『陶磁器史話』（共著）、『中国陶磁器全集・9・遼西夏金』（共著）等。

目 录

附录

图版

Contents

Main Text

Appendix

Plates

目　次

正文
MAIN TEXT

壹　党项族与西夏国的历史

公元1038年至1227年，中国西北部存在着一个军事强国——大夏，因偏居西隅，故称西夏。西夏以党项族为主体，境内还居住着汉族、回鹘和吐蕃等民族。在当时，西夏国力虽不及宋、辽、金，却通过军事上的努力，取得了与中原王朝抗衡的政治地位。同时，各族劳动人民的聪明才智，在独特的天时地利的催化下，创造了极富特色的灿烂文化，本书所要探讨的西夏瓷器，便是其中的一枝奇葩。

在讨论正题之前，有必要先了解一下西夏的历史。因种种已知的和未知的原因，在中国的正史中并没有一部西夏史，历代的学者，根据唐、宋、辽、金和元代史书中的琐碎记载，加上考古发现中的零星资料，已经整理出了比较完整的西夏史，西夏学也几成国际显学，但这都是近几十年间的事，对于大众和广大的瓷器收藏者来说，西夏历史仍是同冥王星一样遥远和未知，在此，笔者借用前人的研究成果，占用较大的篇幅，简述一些西夏的历史，对于西夏瓷器的爱好者来说，也是不无裨益的。

一　唐代和唐以前的党项族

先来说说党项族。

党项族是古代羌族的一支，而古代羌族是一个极其重要的民族。上古的"羌"所指应该比较宽泛，指游牧于青海东部、川西北一带的具有相似民族特征的某几个民族的合成体。其中东迁早的，与黄河中游的民族融合成华夏族，稍晚的，被算入了"五胡"，不断参与"乱华"，在与文化发达的中原帝国的较量中逐渐处于下风，终究逃脱不了被"汉族"同化的命运；而那些极少的、不愿东迁的，便是今天的羌和其他少数民族了。

可以说，今天中国在数量上占绝对优势的汉族人的身体里，流着相当多的羌族人的血液。汉代，国力强盛，国家稳定，在"汉族"这一概念被确立的同时，羌族也相应被严格区分开了。后来，其内部又在不同时期分为东羌、西羌、牦牛羌、白马羌、白兰羌、白狗羌和党项羌等部族。在历史的长河中，羌族的大部分都融合同化为其他民族，但其中的党项羌却在魏晋以后逐渐强大起来，控制了今天的川西北、藏东北和青海南部的广大区域。

根据《旧唐书·党项羌传》中有关党项的记述可知，当时过着游牧生活的党项处于原始社会父系氏族的末期，衣裘褐，披大毡，养牛马，从其他民族换粮食，会酿酒，亲戚男子去世，可继承其妻为妻，然不婚同姓，无文字。

当时的党项，按姓氏分成八个较大的部落，其中以拓跋氏最为强大，是未来西夏国的建立者。此拓跋氏，为南北朝北魏皇族鲜卑拓跋氏的后裔[01]。正是因为鲜卑拓跋氏曾长期熏陶于中原文化，并有丰富的统治和战争经验，才使得党项拓跋部在党项诸部中脱颖而出，树立了统治地位。

6世纪中叶，鲜卑拓跋氏所控制的党项与北邻鲜卑政权吐谷浑结盟，数扰中原，被隋击败，后党项时叛时服，隋王朝则剿抚并用。

唐初，雄才大略的唐太宗加紧了统一的脚步，而此时党项部落大多已逐步归附，偏偏不识趣的党项拓跋部首领拓跋赤辞却与吐谷浑王慕容伏允结为姻亲[02]，两人相知甚厚，相约共同阻挡历史的车轮。贞观初，唐太宗命大将李靖进击吐谷浑，拓跋赤辞据险抵抗，唐遣使劝降，拓跋赤辞对来使说了这么一段颇显大丈夫风范的话："我被浑主亲戚之恩，腹心相寄，生死不贰，焉知其他。汝可速去，无令污我刀也。"[03] 拓跋赤辞战唐军不胜，其子在唐军强大

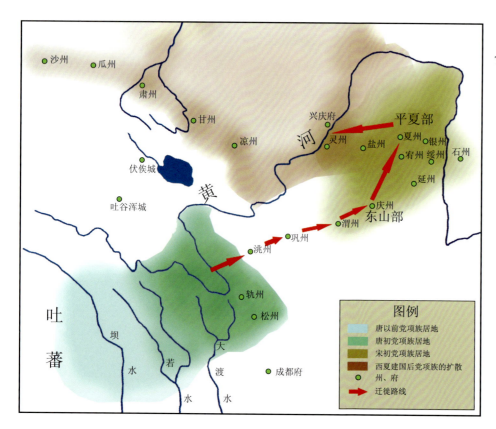

T1001　7世纪至10世纪党项族迁徙示意图

的军事压力下，与部将悄悄归附唐朝。唐继续对拓跋赤辞软磨硬泡，多次劝降，众叛亲离的拓跋赤辞才最终率部归降。唐封拓跋赤辞为西戎州都督[04]，并赐以李姓，这也是日后西夏王族李姓的源头。

自7世纪中叶始，因吐蕃强盛，受到威逼的党项各部开始陆续向东北迁徙。

8世纪中叶安史之乱后，为防止党项族趁机作乱，唐朝采纳郭子仪的建议，将迁至陇右道北部诸州的党项向东迁至关内道的庆、夏、盐、灵等州，有些更向东迁至银、绥、延等州，还有部分党项人曾东渡黄河进入石州[05]。经过多次大迁徙，党项族终于稳定下来，同当地汉族和内迁的其他少数民族如室韦、吐谷浑、吐蕃和回鹘等族杂居共处，密切交往；党项也逐渐由以部落为单位，形成以地缘为纽带的部落集团，如在庆州陇山之东的称东山部，以夏州为中心的称平夏部等。

881年，党项平夏部首领宥州刺史拓跋思恭不惜血本，协助唐王朝镇压黄巢农民起义军，其弟拓跋思忠战死。883年，已被授为京城四面收复都统的拓跋思恭与雁门节度使李克用一起攻入长安，战功赫赫的拓跋思恭遂被唐僖宗升任为夏州定难军节度使，晋爵夏国公，复赐李姓，统辖夏、绥、银、宥、静五州之地[06]。党项李氏（拓跋氏）因此成为名副其实的、称雄一方的唐朝藩镇。

在五代时期（907～960年）的五十多年中，夏州党项李氏僻居一隅，名义上依附于局势变幻的中原王朝，实际上已保持着相对的独立。在其割据的势力范围内，中原军阀为了拉拢党项李氏，都给他们以好处，党项李氏趁机不断增强实力，参与抗衡，拓跋部贵族征收赋税，任用官吏，"虽未称国，而王其土久矣"[07]（T1001）。

二　西夏立国前与北宋的角力

960年北宋建立，锋芒正盛，夏州党项李氏藩镇为了避免宋朝的威胁，极力向宋示好。此时，定难军节度使传至李彝殷之手，他出兵助宋讨伐北汉，又避宋太祖之父弘殷讳改名彝兴，甚得太祖欢心。同时，因为宋朝此时忙于铲除威胁更大的北汉及吴越等国，遂对夏州党项实行羁縻优抚政策，为李彝兴加官进爵。

982年（宋太平兴国七年），夏州定难军节度使李继筠（李彝殷之孙）死，宋朝趁机施压，从新任定难军节度使李继捧手中索回夏、绥、银、宥、静五州之地，并将其迁往京师居住，赐名赵保忠。宋的做法引起了党项贵族集团内部的急剧分裂，毕竟，此五州之地已在党项手中经营了三百年之久，成为平夏部的党项人不折不扣的故土，所以，当李继捧的族弟李继迁，这位十九岁的勇敢的党项青年站出来说"不"的时候，得到了相当一部分党项贵族和将领的支持。李继迁遂假言乳母死要出城安葬，尽收兵器于丧车，带领数十人逃出银州，逃到东北几百里外的党项聚居的地斤泽[08]，拿出远祖拓跋思忠的画像进行煽动，联络各部，聚族起事，开始抗宋自立。

这位李继迁，是日后西夏开国皇帝李元昊的直系祖先，幼年即以勇敢果断而闻名，十一岁曾射杀老虎，十二岁被授以官职，从他身上不难看出后来的李元昊雄武的基因的来源。

982～986年是李继迁独立反抗宋王朝时期。初期的几次战役，李继迁都惨遭失败，兵力几乎被歼灭殆尽，走到山穷水尽的地步。失败使李继迁认识到，独自抗宋是困难的，必须联合其他势力，从而确定了结辽抗宋的策略。

986年，李继迁归附辽朝，辽圣宗授李继迁为定难军节度使，以宗室女义成公主许嫁。

990年，辽朝又封李继迁为夏国王。在辽朝的支持下，李继迁不断出兵攻宋边城。

997年，李继迁趁宋真宗赵恒新即帝位，向宋朝索还了夏州，真宗授李继迁为夏州刺史、定难军节度使、西平王等职，李继迁成功地得到了梦寐以求的五州之地。李继迁随即酝酿西进，于999年，集重兵攻陷灵州，改灵州为西平府，建造宫室、宗庙，从夏州迁都西平。至此，党项族以今宁夏银川、灵武一带为政治中心的局面初步形成了。1004年，李继迁因箭伤身亡，子李德明继位。

李德明在位近三十年（1004～1031年），面对宋、辽王朝的威协，他采取了"倚辽和宋"的策略，向宋朝表达恭顺，而懦弱的宋真宗为求安稳，不仅对其封王，并每年赐以大量财物。对宋的和好，稳定了党项的人心并从宋朝获取了大量物资，李德明可以将主要军事力量放在对西方疆土的开拓上，专意对付西方的回鹘了。李德明用其子李元昊为将，相继攻克回鹘手中的甘州、瓜州和凉州(09)，解除了回鹘的威胁，一个疆域辽阔的领土范围初步成形了。

为了麻痹宋辽，李德明同时向宋、辽称臣。

人类政治历史上，两极政权似乎总是不如三极政权来得安稳，已存在的两极，总是希求能利用新出现的第三极去削弱对手，宋、辽都打着这样的如意算盘，向李德明摇动橄榄枝，对李德明竞相封王晋爵。宋、辽的纵容，使李德明的欲望更加膨胀，称帝的野心再也按捺不住了，他先是"僭越"帝制，追尊其父李继迁为武宗皇帝，又正式建都兴州(10)，再册立李元昊为太子。不幸的是，在建国称帝的各项准备基本完成的时候，1031年，李德明病死，"开国皇帝"的金冠幸运地落在了太子李元昊的头上。

应该说，在这"三李"中，李继迁从困境中奋起，其所作所为最具开拓性，而且难度也最大，只不过李元昊后来的故事过于出彩，才掩盖了他先祖的光芒。

三　西夏国的建立、发展和灭亡

西夏自1038年建国至1227年灭亡，共存续一百九十年，历十主。大多数历史学者，将这一百九十年分成西夏前期与西夏后期，即以1139年西夏崇宗乾顺驾崩为分界点，1038～1139年为前期，1140～1227年为后期，这也是为了能与中原王朝的改朝换代大致相对应，即前期与北宋、辽鼎立，后期与金、南宋抗衡。这种分法固然便于记忆，也有一定道理，但笔者认为，西夏社会政治经济文化的发展，呈现明显的初兴—鼎盛—衰亡的三段式发展过程，同时，本书所讨论的主题"西夏瓷器"的工艺风格和质量的变化，与社会发展的三段式过程有着一定的对应关系，所以在简述西夏历史时，即采用这种三段式的划分方法，并在后文中就每一阶段对瓷器烧造可能产生的影响进行了分析。

第一阶段，建立及发展（1038～1099年）
——立国改制，崇武好战，对外扩张，母党乱政

西夏开国皇帝李元昊，用今天的话说，是一个桀骜不驯，有追求、有才华，而又狂妄自大、心狠手辣的人，这往往也是开国皇帝们的性格特点。元昊称帝之前，为了彰显个性，摆脱中原，他采取了一些非常有效的措施：（一）废除唐、宋王朝赐予的"李"、"赵"姓氏，自号"嵬名"，又号"兀卒（吾祖）"[11]；（二）把宋明道年号改为自己的"显道"年号，以避父讳；（三）下"秃发令"，在番部族群中推行髡发[12]；（四）升兴州为兴庆府，扩建宫城，营造殿宇；（五）仿宋制设立官制，不再接受中原王朝的官职授予；（六）造番书，创西夏文字；（七）订立先进的征兵制，废除原来松散的部族民兵式兵制；（八）设立十二监军司，主要分驻与邻国接壤的重要地带；（九）更定简化汉式礼乐使之更实用；（一○）严格规定官民服装的区别，等等。

1038年（宋宝元元年），在万事俱备之后，李元昊于兴庆称帝，国号大夏，改元天授礼法延祚元年，并大封群臣，追谥祖父李继迁为太祖神武皇帝，追谥父李德明为太宗光圣皇帝，封妻野利氏为皇后，立长子宁明为皇太子（后宁明死，次子宁令哥立）。

史上对元昊的评价，褒者"性雄毅，多大略"，"圆面高准，身五尺余"[13]；贬者"峻诛杀"[14]，"性凶鸷，多猜忌"[15]。元昊好战，而又勇武多谋，是个不可多得的军事天才，如果二十五史中有西夏史，相信其用兵故事定会广为传颂。兹举好水川之战例[16]：1041年，元昊攻宋渭州[17]，与宋将任福部接战，元昊诈败西逃，诱敌追赶，任福率数千轻骑追至六盘山下的好水川，人困马乏，屯兵扎营。元昊埋伏在周围，并命人将军鸽分装在一些泥盒中，放在道路两旁。翌日，任福军西行，发现泥盒，中有动跃声，开盒视之，旋即百余只鸽子从中飞出，盘旋于宋军上空。夏军根据鸽子盘旋的位置，从四面将宋军包围，元昊于山顶上执旗指挥夏兵冲杀，任福阵亡，宋军全军覆没。宋边关重臣夏竦、韩琦，和"先天下之忧而忧"的范仲淹，都因此役而被贬官或降职。

为了迫使宋朝承认其割据地位，元昊相继发动三川口之战、麟府之战和定川之战[18]等等，诡诈的元昊胜多败少，不断打击着消极防御、指挥混乱的宋军。终于，1044年宋仁宗被迫承认了西夏的割据地位，册封元昊为夏国主，每年赐予西夏大量银、绢和茶等物。最具讽刺意义的是，西夏对宋称臣，然每年元昊生日，宋需另"赐"大量银绢衣茶等物相贺，面子工程，古已有之。

同时，在1044年的河曲之战[19]中，元昊也取得了对辽的军事胜利，辽兴宗也不得不更心甘情愿地承认西夏的割据地位。至此，西夏名义上仍然对宋、辽称臣，实际上已成为西北地区与宋、辽鼎立的军事强国。

胜利使元昊日益骄奢淫逸，每天花天酒地，把年轻时的追求抛诸脑后，其间做得最出格的事是，为太子找了个未婚妻没㖫氏，见其貌美，竟自纳之，这也导致了他的杀身之祸。1048年元宵夜，恼羞成怒的太子宁令哥经不住奸相没藏讹庞的怂恿，闯入后宫，一刀割掉了元昊的鼻子。第二天，景宗元昊以四十六岁之龄卒，太子则被没藏讹庞诛杀。元昊与没藏讹庞的妹妹所生子谅祚年仅周岁，被立为帝，朝政大权落入母族没藏氏之手。此后五十年间的西夏政坛，出现了极其混乱的局面。

1061年，谅祚执杀没藏讹庞，结束了没藏氏的专权。

1067年，毅宗谅祚卒，太子秉常立，朝权落入谅祚妻梁氏及其弟梁乙埋之手。

1085年和1086年，梁氏和惠宗秉常相继而亡，子乾顺三岁即位，朝权落入秉常妻梁氏及其弟梁乞逋之手。

在元昊死后的五十年中，除毅宗谅祚复位后曾采取过一些积极的政策外，其他大多数时间，西夏宫廷派系纷争，互相倾轧，尤其梁姓家族，依仗一门二后的特殊地位，对内诛杀异己，对外穷兵黩武。

其间，北宋神宗企图振作有为，于1081年发动了规模空前的对夏五路大进攻，然而所获不多，战争中，宋、夏双方互有胜负，且都损失巨大。宋对夏的"岁赐"因战争断绝，造成西夏国内物资匮乏，民不安生，怨声载道。

狂妄的梁氏一族也引起了西夏的靠山——辽朝的厌恶。1099年，辽道宗遣使至夏国，用毒酒将梁太后杀死，十六岁的乾顺开始主政，并将都城兴庆府改名为中兴府。

第二阶段，盛世的来临（1099～1206年）
——崇文尊孔，依附辽金，政局稳定，仁孝盛世

乾顺主政后，采取了"附辽和宋"的对外政策，先把辽宗室女娶到手，后在辽的斡旋下，与宋和解，对外战争由此逐年减少，人民得以安息生产，社会经济文化各方面都有较大发展，盛世即将来临。

然而，一向懦弱的宋朝此时却突然强硬起来。1100年，宋徽宗即位，重用蔡京和童贯。蔡、童集团对内排除异己，对外用武邀功，在12世纪初，以韩世忠、刘法等为将，发起多次对夏战争，西夏对宋则由攻转守。在几次较大的战役中，双方互有胜负，但皆损兵折将，最后不得不议和。

1115年，黑龙江地区的女真族首领完颜阿骨达称帝建国，国号金。其后，金国向南对辽展开大规模进攻，十年后灭掉辽国，又大举攻宋，西夏则趁火打劫，攻占相当于今天陕北的宋朝旧地。1127年，金兵灭亡了北宋，金、夏军队合力攻击败退的宋军，赵构渡江南下杭州，建立了苟安的南宋朝廷。

1139年，崇宗乾顺卒，子仁孝立。即位之初，西夏发生了强烈的地震和饥

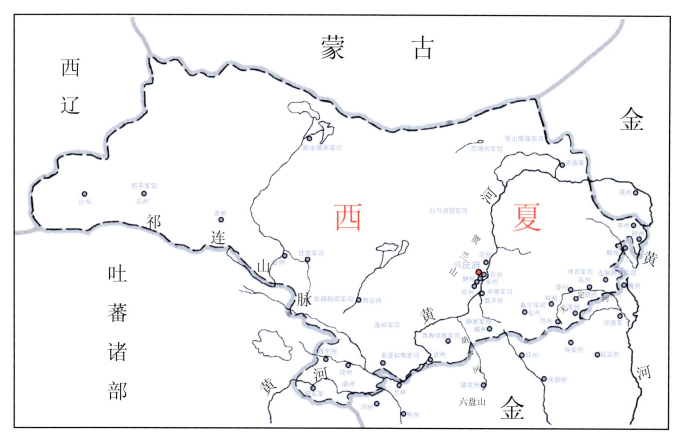

T1002　西夏人庆年间（1144～1148年）疆域图

荒，由此引发了西夏历史上规模最大的党项族人民起义。仁孝一面镇压，一面采取措施缓和阶级矛盾，比如减免赋税，巩固封建的土地所有制等，西夏的社会经济文化，也以此为契机，迅速地发展起来。

从今天掌握的史料来看，仁宗仁孝是西夏历史上形象最正、"污点"最少的有为皇帝。他广建学校，以科举取士来抑制豪强的政治特权；改革礼乐，完备法律；广开言路，推行直言；禁止奢侈浪费。在仁孝的清明政治下，到人庆（1144～1148年）和天盛年间（1149～1170年），西夏国空前昌盛，其疆域也达到历史上最大（T1002）。

1193年，仁孝以七十岁高龄卒，子纯祐立。纯祐继续奉行仁孝的政策。长期的社会稳定，使党项贵族日益贪图安逸，而完全没有意识到，在其国土的东北方，一个行将震惊欧亚的军事大帝国正在悄然崛起。

第三阶段，衰落及灭亡（1206～1227年）
——附蒙伐金，政局动荡，内忧外患，走向灭亡

1206年，蒙古贵族铁木真结束了蒙古各部的分裂局面，在斡难河即位为蒙古大汗，尊号成吉思汗。蒙古汗国随即开始对外扩张掳掠，首当其冲的便是西夏和金。

而此时的西夏茫然无觉，皇室贵族正忙于宫廷的权力争夺。就在同年，仁

孝的侄子安全勾结纯祐的母亲罗氏，发动政变，废黜纯祐，做了第七代皇帝，是为襄宗。在此后的短短二十年中，皇帝之位又三易其手，历神宗李遵顼、献宗李德旺，至末帝李睍。皇位的频繁更迭，贵族的极度腐败，是西夏走向灭亡的重要内因。

在对外政策上，西夏皇室又犯了一个致命的错误：他们完全没有意识到蒙古的险恶。当北方蒙古日渐强大，成为对西夏最严重威胁的时候，西夏要继续生存下去，其国策应是联合宋、金，共同抗蒙。然而安全篡位之后，贪图小利，挑起对金的战争。神宗则将亡国之策发扬光大，依附于新兴的蒙古，妄图乘蒙古攻金的机会扩大领土。对金朝的不断侵扰，使夏、金双方在经济和军事上都受到严重挫伤，同时为蒙古的迅速崛起，提供了可乘之机。西夏皇帝附蒙侵金的政策，不仅不能消除蒙古的威胁，反而把西夏降为蒙古的附庸，任其役使。

西夏的态度并没有感动贪婪的一代天骄成吉思汗，在13世纪的前三十年间，成吉思汗及其统帅的蒙古大军曾经先后六征西夏。

成吉思汗在如愿以偿地征服了中亚大国花剌子模之后[20]，于1225年回到漠北，他终于可以腾出手来，全力拔除西夏这颗钉子了。1226年，成吉思汗亲率大军，分兵东西两路，第六次进攻西夏。此时夏国已是"仓库无斗粟尺帛之储"[21]，人民背井离乡，流离失所，甚至出现"饥民相食"的悲惨局面。蒙古大军压境之际，西夏上皇神宗李遵顼病死，献宗李德旺也惊忧而亡，侄李睍被拥立为帝。是年，蒙古军相继攻占东西两个方向的西夏重要城市，逐渐合围，形成对西夏政经中心灵、兴地区的钳形攻势。已废西夏太子德任（神宗遵顼长子）领导了灵州保卫战，其惨烈程度为蒙古战史所少见。最终因夏兵伤亡惨重，灵州失陷。1227年春，蒙古大军包围西夏国都中兴府，敦促末帝李睍投降，被李睍拒绝。半年之后，粮尽援绝，末帝走投无路，向蒙古军出降，此时成吉思汗甫崩，遵其遗诏，蒙古军诛李睍。至此，党项所建的西夏国在存续了一百九十年之后灭亡了。

蒙古军队占领西夏之后，四处搜索，烧杀抢掠，夏民"免者百无一二，白骨蔽野"[22]，尤其对首都中兴府，更是施以血洗，人尽灭，物尽掠。在元代建立之后，元朝史官也未给西夏国历史以应有的篇章，使得西夏这段历史，成了中国历史的一段神秘的空白，一个莫测的黑洞。

---

(01) 吴天墀著：《西夏史稿》第276页"西夏拓跋氏的族属问题"，广西师范大学出版社，2006年12月。

(02) 吐谷浑是鲜卑族拓跋氏所建立的国家，国都在今青海省贵德县。建国于公元329年，公元663年为吐蕃所灭。

(03)（后晋）刘昫等撰：《旧唐书·党项羌传》第5291页，中华书局，1975年5月第1版。

(04) 西戎州，地在今川、青、陇交界地带，具体位置不详。

(05) 庆州，今甘肃庆阳；夏州，今陕西靖边县北统万城遗址，俗称白城子，十六国时期大夏国赫连勃勃所建都城，西夏沿用；盐州，具体位置不详，当在今宁夏盐池县北或陕西定边县境内；灵州，今宁夏灵武市境内；银州，今陕西横山县党岔乡境内；绥州，今陕西绥德；延州，今陕西延安；石州有二，此处所指为今山西离石。

(06) 宥州，今内蒙古鄂托克前旗城川古城；静州有二，此处所指在今陕西横山县东部或陕西米脂县境内。

(07) （元）脱脱等撰：《宋史·夏国下》第14030页，中华书局，1977年11月。

(08) 地斤泽，具体位置不详，当在今内蒙古乌审旗或伊金霍洛旗境内。

(09) 甘州，今甘肃张掖；瓜州，今甘肃安西县东南；凉州，今甘肃武威。

(10) 兴州，今宁夏银川市。

(11) 兀名，西夏语译音。（元）脱脱等撰：《辽史·西夏》第1523页："其俗，衣白窄衫，毡冠，冠后垂红结授。自号兀名，设官分文武。"（中华书局2003年7月版）兀卒，西夏语译音，又作"吾祖"、"乌珠"，"青天子"之意。

(12) 西夏所推行发式应称为"髡发"，但《续资治通鉴长编》等古籍在述及此时，皆用"秃发"而非"髡发"。本文凡引文，皆按照原文，余则用"髡发"。

(13) （元）脱脱等撰：《宋史·夏国上》第13993页，中华书局，1977年11月。

(14) （宋）李焘撰，上海师范大学古籍整理研究所、华东师范大学古籍整理研究所点校：《续资治通鉴长编》》第2704页，中华书局，2004年9月第2版。

(15) （宋）王偁撰：《东都事略》卷一百二十七第五页附录五西夏，清初平蕃抄本。

(16) 好水川，今宁夏隆德县境内。

(17) 渭州，今甘肃平凉市。

(18) 三川口，今陕西志丹县南；麟府，指麟州和府州，分别为今陕西神木县北和陕西府谷县；定川，今宁夏固原县西北。

(19) 河曲，此处所指当在今内蒙古伊克昭盟境内。

(20) 花剌子模，中亚古国，11世纪到13世纪受塞尔柱突厥统治，领土扩至波斯的东部和阿富汗。

(21) （瑞典）多桑著，冯承钧译：《多桑蒙古史》上册第138页第一卷第九章，上海书店出版社，2006年3月第1版。

(22) （清）吴广成纂：《西夏书事》卷四十二第十二页。

壹

贰　西夏瓷器的创烧

西夏瓷器受晚唐、五代以来，尤其是北宋前期磁州窑系、定窑系陶瓷和辽国陶瓷工艺的影响，约在西夏建国后的西夏前期，形成了自己的装饰手法、风格和器物种类等整套体系，并在相对封闭的环境下成熟和稳定，伴随着金代西北地区耀州、浑源等地瓷窑的给养，到西夏中期其中心窑场——灵武窑的烧造逐渐兴盛，西夏中晚期的产品质量、装饰工艺和产量达到最高。带有某些西夏特征的瓷器在原西夏窑口一直延烧至元前期。也就是说，约从1100年到1300年的两百年间是西夏瓷窑及其延烧窑的烧造时段，而其中的12世纪后半叶则是其鼎盛时期。

西夏建国后政治、经济的持续发展，是西夏瓷一步步走向辉煌的推动力，而以汉族工匠为主的各民族劳动人民，则是其具体实施者。西夏瓷是古代中国工艺美术领域令人惊喜的奇异分支，从它身上不仅能发现中原汉文化的遗传基因，还能感受到党项等民族的生活习俗、游牧传统，以及佛教的强烈影响。

一　考古发掘揭示的西夏瓷的主要烧造时间

20世纪80年代，在中国社会科学院考古研究所对宁夏灵武磁窑堡窑的发掘中，考古工作者依据地层关系，将遗址分为五个时期，具有西夏特征的是前三个时期，而第一期出土器物最多，质量最精，为磁窑堡窑的鼎盛时期。"一期器物有宋金时期的明显特征，有些还是典型器物"，有些器物和建筑材料在西夏陵区也有发现；"二期出土遗物较少，但与一期有密切联系"，延续了一期器物种类和形式而略有变化，"但仍具有宋金风格"；三期器物有元代特点，"与一、二期相比虽有继承关系，但有明显差别，似经过重大的时代变迁。"[01]

第一期地层出土有瓷质轮盘残片（T2001），上有墨书"…乾祐…初一日立…"[02]。"乾祐（1170～1193年）"为西夏仁宗年号，属西夏中期偏晚，时

T2001　墨书汉文年款瓷质轮盘残片
线图

T2002 黑褐釉剔划开光海棠花纹梅瓶

T2003 黑釉剔划折枝牡丹纹梅瓶

T2004 黑釉剔划折枝海棠花纹罐

T2005 黑釉剔划开光菊花纹广口梅瓶

中原为金大定年间。这表明至迟在乾祐年间，磁窑堡窑的烧造已经达到鼎盛。

在磁窑堡窑前三个时期的探方中，共出土钱币520枚，其中汉唐钱币64枚，北宋钱币448枚，南宋高宗"建炎通宝"1枚，金海陵王"正隆元宝"2枚，喀拉汗[03]钱币1枚，西夏仁宗"天盛元宝"4枚，无元代钱币[04]。

考古发掘成果揭示，磁窑堡窑的鼎盛时期在西夏中晚期，带有西夏特点的瓷器一直延烧至元代前期。

二 西夏瓷的工艺特征、工艺渊源及所反映的创烧时间

考察西夏瓷器的烧造时间，对瓷窑的发掘是最科学、最直接的手段。考古工作者对灵武窑的发掘，已经为我们揭示了西夏中心窑场灵武窑烧造的鼎盛时期是在西夏中晚期，那么，西夏瓷创烧于何时呢？其工艺风格又是怎样形成的呢？

西夏王国的文献典籍，在蒙古大军席卷欧亚的征伐中付之一炬，这使我们对西夏文物进行考述时困难重重。西夏立国时，北依辽国，南拒北宋，并始终和宋、辽有着纠缠不清的关系，这种关系也会影响到西夏手工业的成长。在没有更多的考古发掘之前，我们能做的，就是对已知的西夏瓷器的工艺特征进行细致的分析，并和同时代或更早一些的其他地域、其他风格的瓷器进行对比，从中也许可理出西夏瓷器形成过程中的工艺渊源，并进一步推断出其创烧的大致时间。

对比后的结果非常有趣：其一，西夏瓷并不是对同时期中原瓷器的简单模仿，西夏瓷工艺风格上吸收多种陶瓷文化的复杂性，超出了我们的想象；其二，西夏瓷创烧时间、工艺成型时间，至少应先于考古发掘所揭示的灵武窑烧造的鼎盛时期半个世纪。

有一种观点认为，中原磁州窑类型的黑釉剔划花瓷是对西夏剔划花瓷影响最大的陶瓷品种。笔者认为，这种观点过于简单化和表面化。

不可否认，在相当多的文献资料中，将西夏瓷器划归为"磁州窑系"或"磁州窑类型"，这是因为西夏所产瓷器种类和工艺技法大多都在"磁州窑系"诸窑范围之内。而两者典型器的相似性，比如黑釉剔划花梅瓶[05]，既是当时的政治、经济中心区，即中原地区的"磁州窑系"的典型器之一，也是西夏最具代表性的瓷器种类之一，因而，人们便会顺理成章地认为，是前者的产品影响了后者。然而，将两者对比后我们会发现，事实并非那么简单。

首先需要一探究竟的是中原黑釉剔划花瓷器的生产年代。这类瓷器在各种场合和各种出版物中往往被标明为北宋产品，而随着国内外学者研究的深入，这类瓷器的确切年代可定为12世纪前半期，即北宋晚期和金代初期[06]。

那么，现在让我们仔细对比一下北宋晚期始流行的黑釉剔划花瓷和西夏黑釉剔划花瓷到底有哪些不同。T2010、T2011、T2012是北宋晚期～金代初期磁州窑系制品，T2002、TB1068、T2003、TB1003、T2005、TB2013是西夏瓷。先看两

场为例，直到西夏灭亡后的蒙元时期～元代早期的延烧窑，才开始采用环绕一周的卷叶纹作为主要纹饰，甚至是唯一的一种纹饰，这表明，直到蒙古灭掉西夏和金，国家间的隔阂不再存在时，雁北地区的这种典型风格才对原西夏窑口产生了更大的影响。也就是说，不能认为西夏瓷是对雁北瓷窑产品的照搬，尽管后者对前者的影响（两者互相影响的可能性也不能排除）直至金代依然存在，但相信主要是对前者的改良和补充。

某些西夏瓷的工艺风格可能来源更早。西夏瓷常用的腹部上下划多道弦纹的手法，其实在唐代已经出现，如T2018，是否产于西北部难以确定，但唐代特征明显。这种多道平行弦纹装饰，在中原地区较为少见。另外，唐代的某些器形，也在西夏瓷上有更明显的体现，如T2017唐代黄釉圆腹罐和T2030、TB1037西夏白釉罐，它们颈的高度、翻唇的程度在整体造型中的比例，以及罐腹的浑圆程度等一些微妙的特征，都足以表明他们的亲缘关系。而T2018和T2004在主体造型上的相似性也不言而喻。晚唐、五代、北宋和辽前期流行的大底径斜壁碗式（T2023、T2024），与西夏斜壁碗（T2031）造型同，并成为西夏灵武窑的最大宗产品之一，而这种碗式，在中原北宋中期以后就很难发现了。

以上叙述无非为了说明，西夏瓷受北宋早期和中期中原地区产品影响最大，而晚唐～五代和辽代的某些工艺风格也被西夏瓷继承和吸收。那么，说北宋晚期之后中原地区瓷器风格对西夏瓷影响渐小，又体现在哪些方面呢？我们试举一些例子来说明。

一个有趣的现象是，迄今为止，瓷枕在西夏瓷窑产品中尚未发现一例。中原地区北宋中期瓷枕的产量还不多，北宋晚期数量大增，到金代产量达到最大。这似乎表明，瓷枕在中原地区流行以前，西夏瓷器就已经减少，甚至完全拒绝了对中原地区陶瓷的模仿。

同样的情况也发生在对磁州窑最常采用的装饰手法——白地黑花（白底黑褐彩绘）手法的拒绝上。成熟的白地黑花手法兴起于金代前期，至金大定时期最为流行并质量最高[12]，此时，北宋的白釉深剔划花手法早已被淘汰而不见踪影，珍珠地镶嵌也较少见。北宋这些流行的装饰手法，都需要多步完成，比如珍珠地镶嵌手法，须密集、整齐地戳印小圆圈再填入深色化妆土，再上透明釉；而金代白地黑花工艺则直接用毛笔蘸釉料在上过化妆土的瓷胎上绘制纹饰，很明显，后者要来得简单直接、省时省力得多（T2019、T2021、T2022）。也许这种类似于用墨在宣纸上绘画的手法有一定的工艺难度，可能在北宋时期没有很好的解决，以至于直到金代才大范围的流行；又或者白地黑花工艺是北宋晚期～金代初期流行的黑釉剔划花（白地剔黑花）工艺的简化，黑釉剔划花工艺的式微与白地黑花的兴起基本上在同一时期，似乎可以证明这一点。

这种省时、装饰效果好、表现题材广的白地黑花手法，在灵武窑产品中竟然无一例采用，而紧邻西夏疆域南缘的金国西北部地区却已采用（T2020）。为何灵武窑置这种先进的装饰手法于不顾呢？唯一合理的解释是，在白地黑花手法流行以前，其自身的典型装饰风格成熟已久并占统治地位，如果中途改变，则成本

T2016 白釉镶嵌珍珠地鹦鹉纹枕
（北宋）

T2017 黄釉圆腹罐（唐）

T2018 褐釉弦纹双系罐（唐）

T2019 白底黑彩绘白鹭芦苇纹枕
（金）

T2020 白底黑褐彩绘梅瓶（两件）
（金）

T2021 白底黑彩绘花字纹碗（金）

T2022　白底黑彩绘花卉芦雁纹梅瓶
（金）

T2023　绿釉模印花卉纹斜壁碗（辽）

T2024　绿釉模印花卉纹斜壁碗（辽）

T2025　三彩釉模印牡丹纹长盘（辽）

T2026　三彩釉模印流云波浪纹壶
（辽）

T2027　浅青釉镶嵌花草纹扁壶（残）

巨大。

　　白地黑花（白底黑褐彩绘）西夏瓷器在甘肃武威塔儿湾窑发现一些，而此窑已经证明其烧造期仅限于西夏末期，创烧时间晚，创烧时业已存在的各种装饰手法才得以作为主要手法采用。这也证明，地域偏远不是妨碍这种手法传播的原因。

　　另外两种金代中期以后在中原地区相当流行而西夏瓷窑却未仿烧的陶瓷品种是钧瓷（钧釉瓷）和红绿彩瓷（釉上多色彩绘瓷）。关于这两种陶瓷的烧造年代，几十年来学界颇有争论。近年来，随着研究的深入，红绿彩瓷的创烧年代逐渐清晰，其"始烧于12世纪晚期至13世纪的金代已成定论。"[13] 而关于钧瓷的争论，一方观点为传统的"官钧"北宋说，另一方是由海外学者最早引起、近年颇多国内学者响应的"官钧"明造说，并相应的认为钧瓷兴起于金代。由于这一争论牵涉很多复杂的问题，并且双方都有理论依据，而这一争论又关系到海内外各大博物馆，尤其是两岸故宫的诸多所谓"官钧"的烧造年代，进而影响其烧造性质等诸多问题，其重要性是不言而喻的，争论也仍然在继续之中。坦率地讲，从考古发掘出土的物证和传世品的器物类比研究两方面来看，后者的观点更有说服力，也就是说，钧瓷经历了从宋末到金前期"亦钧亦汝"的演变过程，逐步形成一个独立的品种，"在金代中后期特殊的社会条件下，钧瓷得以迅速崛起"，到元～明初，烧造了所谓的"官钧"瓷[14]。联系到西夏瓷则再次说明，金代中期西夏瓷已经非常成熟，中原新兴陶瓷品种很难对它发生影响了。

　　由此不难发现，凡北宋时，尤其北宋晚期之前北方地区已经成熟的主要陶瓷风格、种类，包括某些磁州窑类型陶瓷、辽瓷、定窑瓷等，西夏瓷窑或者仿烧，或者在其产品上有明显的体现。而凡金代才真正流行的陶瓷风格、种类（主要指中原地区，紧邻西夏的金国西北地区的耀州窑系和雁北诸窑除外，见下文），包括白地黑花瓷、红绿彩瓷、钧瓷，都未对西夏灵武窑的烧造产生影响。反过来，通过对西夏瓷的研究，似乎也可以为考证某些中原陶瓷品种创烧和兴盛的时间增加依据，简而述之即：凡西夏灵武窑未仿烧或在其产品中未有所体现的北方重要陶瓷品种、风格，都应该是金代，甚至金代中期之后才真正成熟起来的，包括白地黑花瓷、红绿彩瓷和钧瓷等——这是存在于笔者脑海虽久但仍粗浅的一个观点，尚需更多论证和时间的检验，在此不再展开，谨望作相关研究的学者们能有所注意。

　　西夏瓷器过早的成熟和相对的"封闭"，导致北宋中晚期以后产生的装饰技法和器物种类难以进入西夏瓷窑，尤其是非常成熟的灵武窑的烧造范围之内。西夏瓷器主要装饰技法和器物种类都长期固守在相当于北宋前期的产品范围内细化和风格化。而中原磁州窑系则因为窑口芜杂，各窑各自互相学习、交流频繁，使得潮流多变，造型向多方面发展，装饰工艺也向着省时省力的白地黑花等风格发展。

　　造成这种"相对封闭"的原因是很多的。西夏瓷器创烧后，对中原瓷器的依赖性逐年减少，输入量锐减，其影响自然减弱。西夏瓷器创烧后迅速成熟，这增强了手工业者的自信，当工艺水平发展到一定高度时，自然拒绝再亦步亦趋地追随中原瓷器的脚步。再者，西夏中期随着国家的强大、民族认同感的加强，"西夏文化"得以成型并兴盛，客观上形成了某种文化上的封闭，导致外来文化的影响呈减弱趋势。

当然，这种"封闭"和"独立"不是绝对的，我们所说的西夏陶瓷成熟后对北宋晚期和金代制品的拒绝模仿，是就其主要装饰风格和大部分陶瓷品种而言。任何敌对的国家，民间的交往都不会断绝，相互的学习也一直存在，所以，即使在西夏瓷窑的成熟阶段，一些产品也难免会受到金朝制品的影响，比如西夏瓷窑的碗类产品，其黑褐釉碗和姜黄釉碗均采用碗内刮涩圈的方法，以便倒扣于顶碗之上，层层叠摞后烧制。这种"顶碗涩圈覆烧法"金代北方瓷窑普遍采用，陕西、山西尤其普遍[15]，可见，西夏瓷窑学习了同时期的金国相邻窑场的技术。另外，西夏瓷窑的姜黄釉模印花产品是耀州窑系影响下的产品，就其产品特征，比如釉薄、釉色姜黄、内底刮涩圈等方面来看，和耀州窑、旬邑窑（亦属耀州窑系）金代产品很接近，这说明，尽管金代中原地区瓷窑对西夏瓷窑已经没有什么影响，但临近西夏边界的金国西北地区瓷窑由于有着地利之便，仍对西夏瓷窑有着很大影响。西夏瓷与金瓷，两者都在宋瓷的基础上发展而来，殊途同归的现象必然会在器物上有所体现，这也是西夏瓷"具有宋、金风格"的原因之一。

以上论述，可以归纳为这样几点：

（一）北宋前期中原地区磁州窑系制品的造型和纹饰对西夏瓷器影响很大；

（二）北宋某些装饰手法如珍珠地镶嵌等影响了西夏瓷工艺；

（三）北宋前期定窑的某些工艺技术影响了西夏瓷；

（四）西夏瓷受到晚唐、五代和辽代陶瓷的影响；

（五）北宋晚期～金代初期黑釉剔划花器未对西夏同类器产生影响；

（六）某些器物种类，比如瓷枕在中原地区流行以前，西夏瓷器就减少甚至终止了对中原陶瓷的模仿；

（七）金代磁州窑系最流行的装饰手法——白地黑花手法未影响西夏灵武窑的装饰工艺；

（八）金代中原地区新兴重要陶瓷品种如红绿彩瓷、钧瓷等未影响西夏瓷窑的烧造；

（九）金代紧邻西夏的西北地区瓷窑影响了西夏瓷窑的烧造。

至此，我们可以做出这样的推论，即西夏瓷窑对境外先进工艺的学习，主要发生于西夏早期，即相当于北宋、辽中晚期之前，当时给予西夏瓷窑养分的，除中原经济发达地区的磁州窑系（含河南中北部窑群）之外，还有河北定窑和辽瓷等。金代对西夏瓷窑发生影响的主要是金国西北地区耀州、雁北等地瓷窑。在各种风格的影响下，西夏瓷器创烧不久就很快创立了自己的风格并日趋成熟，在相对封闭的条件下与中原瓷器平行发展，到西夏中期其中心窑场——灵武窑的烧造逐渐兴盛，西夏中晚期其产品质量、装饰工艺和产量达到最高[16]。

T2028　姜黄釉模印牡丹纹碗瓷片

T2029　浅青釉镶嵌水波游鱼纹盆残片

T2030　白釉罐

T2031　浅青釉斜壁碗

T2032　褐釉瓷骆驼残件

三 西夏社会政治、经济的发展对瓷器烧造的推动

党项族在迁徙之前的游牧生活中，对储存食物、水和酒的器皿需求一直存在。青海河湟一带是早期党项羌人的主要居住地之一。20世纪考古证明，这一地区存在着丰富的新石器时代晚期的文化遗存，发现了大量马家窑等类型的彩陶器，当地制陶的先民是否是党项羌人的先祖，制陶工艺有没有直接传承下来，现在尚没有足够的证据去揭示。

文化在交流中成长，在碰撞中发展。唐代党项族的两次大迁徙，大大地影响了党项人的生活。党项经过第二次大迁徙后，同迁入地的汉族以及内迁的其他少数民族如室韦、吐谷浑、吐蕃和回鹘等族杂居共处，交往密切，客观上加强了民族间的文化交流，中原汉族文化不可避免地影响着党项人的生活。宋代建立之初，党项族已在夏、绥、银、宥、静五州世代居住了近三百年。在这三百年中是否建立了属于自己的瓷窑，还是从中原换取瓷器，无从考证，但当时的生活经验，使他们接受和使用唐、宋制作精美的瓷器成为可能，对立国后瓷器的市场形成埋下伏笔。同时，与党项族长期混居的汉族劳动人民中，必然不乏窑工和瓷器的贸易者，这些对未来西夏瓷器的迅速成熟都打下了基础。

五代时期，党项族拓跋部的夏州割据势力坐大，而此时正是中国瓷器的飞跃时期。五代时间虽然不长，在中国陶瓷史上却占有非常重要的地位。

西夏建国后，随着社会经济的发展和夏人生活习俗由游牧向农耕的进一步转变，对瓷器这种生活必需品的需求量趋于稳定。在西夏辽阔的疆域上，生活着党项、汉、吐蕃、回鹘和蒙古等民族。这些民族多好酒，加上气候干旱，存储水、酒和食物成为劳动人民的迫切需求，对瓷器的需求量日增。西夏十二监军司在国境周边驻防，需要大量的食物、酒和水的装运器皿。同时，西夏贵族日益贪图享乐，对高档美观的精品日用瓷和陈设瓷器的需求也与日俱增。

西夏建国之初，主要通过对宋的榷场贸易解决这种供需矛盾。但是，由于元昊执政时期不断对宋战争，宋为报复，则经常以停止岁赐、关闭榷场和互市来进行经济封锁，使得物资匮乏的西夏叫苦不迭。对于性格倔强、不输人后的元昊来说，尽早建立自己的民族手工业体系，以摆脱宋的经济封锁，才能获得政治和军事上的更大的自由，所以，西夏建国之初就有建立瓷窑的迫切要求。

然而，元昊执政时期宋夏战争频繁，社会处于不稳定的发展期，而建立瓷窑是一项极大的社会投入，除了物质的投入之外，还要稳定的瓷器消费市场和固定的制瓷场所，显然，这一时期尚不具备这些条件。

元昊死后，毅宗谅祚和惠宗秉常都是汉文化的有力推动者，尤其谅祚，"每得汉人归附，辄共起居，时致中国物娱其意，故近边番汉乐归之"[17]，招徕了包括技艺高超的汉族工匠在内的大批人才。此时，大规模烧造西夏瓷器的各种条件正在逐渐成熟，除了工匠之外，其他条件如：

安全的制瓷场所——战火的减少，使得建造瓷窑并稳定、持续的烧造成为可能。

制瓷的原料供应——瓷窑的建立，要求有高品质的瓷土矿、充足的燃料和方便的水源。从999年李继迁进驻灵州到谅祚朝已有半个世纪，给了窑工们充足的时间选择合适的窑址。今天我们发现的西夏窑址，如灵武窑和武威塔儿湾窑等，都具备极佳的制瓷原料。

成型的西夏文化——西夏建国后，在历届帝王不断的排汉、崇汉的斗争中，在崇佛、好战的挣扎下，在党项民众固有的民族传统和汉式习俗的争夺中，独特的西夏文化成形了，这种独特的文化反映在瓷器的烧造上，便成就了独特的西夏瓷器。可以说，成型的西夏文化，是西夏瓷器之所以成为"西夏"瓷器的最主要的条件，也是值得重点探讨的课题，笔者下文有专门论述。

稳定的消费市场——稳定、庞大的瓷器消费市场，是维系瓷窑发展的最直接动力。西夏社会在毅宗谅祚和惠宗秉常之后，迎来了崇宗乾顺和仁宗仁孝的清明之治。1119年宋夏统安城之战后[18]，双方议和，西夏由此取得了一百年的安定局面。到仁孝时，西夏已经直接统辖二十七州，疆域包括了今宁夏大部、甘肃大部、陕西北部、内蒙古西南部、青海东北部、新疆和今蒙古人民共和国的一部分。疆域的扩大、经济的发展和人口的增加，进一步扩大了瓷器的消费市场，最终促使西夏瓷器至仁宗仁孝时达到烧造的顶峰时期。考古发掘证实，这时的瓷器，器形规范，胎质细腻，釉色莹润，工艺精湛，品种丰富。这一时期既是西夏瓷器的第一期文化阶段，也是其巅峰时刻和黄金时代。国内外博物馆收藏的有代表性的西夏瓷器，绝大多数都是这一时期的产品。

仁孝之后，西夏社会在内忧外患之下迅速衰落，社会的动荡，也殃及西夏瓷窑的烧造，使得瓷窑短暂的停烧。复烧后的产品与先前的产品有所不同，形成了分期，相继产生了灵武窑的第二期和第三期制品。

四　西夏窑工的组成和来源

西夏瓷器一经创烧便很快成熟并形成自己的风格，这和窑工自身的成熟是分不开的。西夏窑工主要由技艺高超、操作熟练的汉族工匠组成。

宋、夏进行战争时，西夏出兵，多攻陕北的麟、府等州，或陇东的环、庆等州，夏军每入宋境，往往"大掠人户而还"[19]。在《宁夏灵武窑发掘报告》中，特别强调了一次有记载的入宋掳掠行为：1126年左右西夏在协助金军，应粘罕之约追讨宋军时，"渡河，取宋天德、云内、河东八馆及武州。于是武州为西夏所陷。"[20] 这是西夏深入宋境最远的一次，"这次西夏占领晋北沿黄河一带地区时间虽然很短，但在其撤退时可能将河曲等地窑场部分匠人掠

T2033　彩绘泥塑罗汉坐像

T2034　石雕力士志文支座

T2035　支座背部所刻汉文"砌垒匠高世昌"

T2036　酱釉划波浪牡丹纹玉壶春瓶

走，以后发展了西夏制瓷手工业。"[21]上述地区，距前文所述雁北浑源诸窑较近，尽管笔者并不认为雁北诸窑对西夏瓷的创烧有决定性的影响，但显然类似的攻伐行为在当时并不鲜见，且不断对西夏瓷窑输送着新鲜血液。

战争中的掳掠是一方面，但我们也不能排除工匠的自愿流入和商人的重金招聘。宋辽、金辽、宋金之间的常年战争，使得中原和山陕地区的民众生活并不安定，比如金兵曾以重兵在今山西一带追击辽天祚帝残部，并在应县将其俘获。而北宋末期，黄河南北和江淮间是宋、金的主要战场，中原和陕秦等路军民大批迁徙撤退，主要目的地是江南和四川，但也不排除部分民众向已露盛世的西夏境内迁徙。

夏、宋关系好和阶段，双方在边境线的互市、榷场贸易兴旺，时常出现"略无猜情，门市不讥，商贩如织"[22]的盛况。西夏以驼、马、牛、羊、玉、毡和甘草等物，换取宋朝的丝绸、香药、瓷器和漆器等物。东京汴梁也能见到西夏商贩的身影，甚至西夏官方委派来宋的使者，也利用特权，大做投机生意[23]。利益的驱动，极有可能让西夏商人产生聘请宋朝瓷器工匠到西夏烧瓷谋利的行为（西夏手工业由官府管理[24]，但具体是否交私人经营，尚无定论）。

在社会稳定、国家间关系缓和的西夏中期，技艺高超的来自宋境的窑工，无论最初是被"聘请"还是被"掳掠"，融入西夏社会并被重用，已经是顺理成章、水到渠成的事了。

敦煌莫高窟和安西榆林窟有八十多个西夏洞窟，其中绘有很多西夏人物，而其中从事农业和手工业生产的，多着汉人服饰，是汉人模样。如安西榆林窟犁耕图中的扶犁农夫和锻铁图中的冶铁工匠等。榆林窟第十九窟有一条西夏时代的汉文题记："……画师甘州住户高崇德小名那征，到此画秘密堂记之"[25]；最有名的题记则来自国宝文物，西夏陵园出土的碑座石雕像，其中一男性力士石座像，背面有阴刻汉文六字"砌垒匠高世昌"（T2034、T2035）。这些题记、画像不仅表明当时的从事农业和手工业的汉人成分，同时表明当时工匠地位比较高，是受到社会尊重的群体。

西夏乾祐七年立于甘州记载夏仁宗祭祀河神的石碑，其碑文只用汉、藏两种文字，这似乎透露了这样一条信息，即至少在甘州，占人口绝大多数的是汉、藏两族，否则绝不会将象征党项族的、官方的西夏文字弃置不用。西夏全境的人口组成，笔者手头缺乏资料予以揭示，但是，我们似乎长期忽略了一个问题，即西夏的建立者，是以武力之强，而非人口之众占据西夏地方的，是以唐代外迁的党项诸部中的平夏部为核心迁徙而来，人口应该不会很多。故虽然西夏由鲜卑后裔拓跋氏所控制的党项族建立并统治，但占人口绝大多数的极有可能是本来已经在当地生活了千百年的汉、藏和回鹘等族。

另外，如前文"西夏瓷的工艺特征、工艺渊源及所反映的创烧时间"中分析的，西夏瓷器较多的继承了北宋前期及之前的瓷器风格，也就是西夏瓷所表现出来的年代特征比它的实际烧造年代显得更"老"。是不是相当数量的窑工在北宋中期或更早已经来到夏境？或者本地各民族窑工所占的比例比较大？或者在西夏建国前就有瓷窑？我们只能期待更多的考古发现来解决这些疑问。

五 西夏社会文化在瓷器上的反映

总体而言，西夏文化，是党项民族粗犷原始的游牧文化与中原汉族成熟发达的封建文化长期碰撞的结果。尤为有趣的是，两种文化的力量几乎势均力敌，就像打在碗里的两颗鸡蛋，在时间的搅动下水乳交融、不偏不倚，加上周边其他民族文化，如吐蕃文化、回鹘文化和越来越强势的佛教文化的影响，最终形成了独特的西夏文化。这是历史的奇迹，也是自然的造化。

正是在这种社会大背景下，西夏瓷器也顺理成章地成了西夏"混合型"文化的一个载体。

（一）汉式文化的影响

我们已经知道，党项族在迁徙和定居的过程中，与其他民族杂居相处，互相学习，可以认为这是被动的学习。而在西夏的割据地位被承认以后，学习利用先进的汉族文化就成为不可抗拒的潮流，这一点，即使在自命不凡的元昊身上也有所体现。元昊是个聪明人，知道壮大西夏的最便捷的方法，便是把汉族先进的统治经验拿来使用。元昊称帝时的作为，比如他建立的官职制度，其体系包括名称，即主要参照宋制；他最重要的谋臣，国相张元即是汉人，元昊对他非常倚重。谅祚时，改蕃礼为汉礼，推广汉学，他个人对汉族文化极其喜爱，"每得汉人，辄访以中国制度，心窃好之。"[26] 后崇宗乾顺，建立国学（汉学），推崇儒术，在当时为培养人才产生了积极影响；仁宗仁孝更是大张旗鼓地学习汉族先进文化，创立大汉太学，尊孔子为文宣帝，建孔庙，兴科举。时西夏人斡道冲，五岁以《尚书》中童子举，精四书五经，仁孝以他为蕃汉教授，后又升为国相。

今天，通过各种西夏文物，我们能强烈地感觉到，汉族文化的影响早已渗透到西夏社会生活的各个角落了。西夏以干支计时日，长期使用宋朝颁赐历法[27]；西夏学习中原的印刷技术，印制了大量书籍、佛经等，宁夏贺兰山拜寺沟方塔中出土的《吉祥遍至口合本续》，被认为是世界上现存最早的木活字印刷品[28]；方塔中还出土有印花绢，以中原地区最喜闻乐见的婴戏纹为主体纹饰，构图饱满，印制技术高超。

体现在瓷器烧造上，中原的影响更是方方面面的。西夏瓷器尽管有自己独特的艺术风格，但很明显，它仍属于中华瓷器大家庭中的一员，西夏瓷器的器物种类、造型、装饰艺术和制瓷工艺总体上没有跳出中原文化所开创并完善的框架（T2036、TB2014）。对西夏瓷器影响最大的是五代、北宋时期中原地区的定窑系、磁州窑系和西北地区的耀州窑系。以灵武窑为例，其对定窑、耀州窑制品的模仿主要在第一期产品中，这一时期产品胎质细白坚致，胎骨薄，造型巧，除烧

T2037　瓷钩（九件）

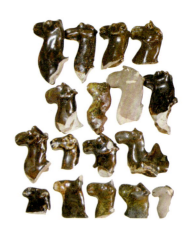

T2038　瓷骆驼残件

T2039　黑褐釉送葬狩猎纹小口深腹瓶

T2040　髡发人像残首

T2041　各式髡发人塑像残首（五件）

T2042　黑釉剔划莲花纹瓷瓷片

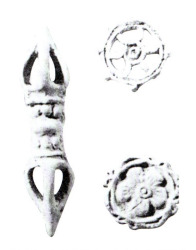

T2043　瓷质金刚杵、如意轮和圆形花饰

造了大量白瓷以外，也烧造了很多姜黄釉、青绿釉色的仿耀州窑模印花产品。因中原磁州窑系的装饰手法最为丰富，所以西夏瓷器的大部分品种和工艺手法都被认为是受磁州窑系的影响。

关于西夏瓷器与中原瓷器的关系，前已有论述。

（二）游牧传统的体现

西夏国存续时期，党项的民族特性并没有因为汉文化的影响而消失（或者说还没来得及消失），党项人仍然保持着相当多的游牧时期生活习俗的遗痕。

西夏立国后，畜牧业仍然是主要生产部门。"本以羊马为国"[29]的西夏，以产羊、马著名，牲畜及畜牧的副产品，如毡毯、毛织品等，也是西夏在边界的榷场与宋、金进行贸易的主要产品[30]；狩猎活动也是西夏社会生活的重要组成部分，夏人好围猎，西夏统治者也曾将优良的猎鹰"海东青"、"白鹰"等进献中原皇帝[31]。灵武磁窑堡窑址出土有一件黑褐釉送葬狩猎纹小口深腹瓶（T2039、TB1025），瓶腹一周划纹饰，中间一马左向，马鞍上立有幡旗，马前一狗，狗前一海东青正飞腾空中，抓扑一鹅，前方一兔疾奔；马后似一高靴内插长杆，顶端挑灯，是反映西夏社会生活的宝贵资料[32]。

西夏瓷器中，有相当数量的马和羊等小型雕塑，足见当时人们对畜牧的倚仗和对所驯养牲畜的喜爱。瓷骆驼出现最多（T2032、T2038），并制作精良。西夏扼守丝绸之路最重要的路段，夏人既可做转手贸易，也可对来往客商盘剥课税，大谋其利的同时，对于骆驼这种运输工具，自然是喜爱有加。

西夏瓷窑烧造了大量瓷钩（T2037、TB2103），这是中原其他窑口中从未发现的。这种瓷钩一端弯曲呈钩状，另一端或呈楔子头状，或扁平中间穿孔，显然两者皆可系绳吊挂。对于这种瓷钩的使用方法，尚缺乏资料揭示，但可以推知，应主要用于搭建帷帐时绳索的牵引系挂，及帐内吊挂物品之用。所以，这种瓷钩显然是为适应游牧习俗的需求而烧造的器物。

西夏瓷器中最负盛名的当属扁壶。西夏扁壶如两个圆盘扣合而成，腹部正反面多有圈足，适合平放在沙草旷野之中，壶身侧部有四系或二系，适合穿绳系挂背负于身上，显然，这些造型是为了适应游牧生活而作的设计。

（三）民族特点的彰显

包括李元昊在内的部分统治者，曾有意识的努力推行过"民族化"的政策。元昊即位后曾推行"秃发令"，禁止用汉人风俗结发，他首先自己髡发，再令天下推行，如人"三日不从令，许众杀之"[33]。髡发之后的发式，也有很多种，前额或留或不留，两侧到后脑留发或长或短，或挽结或散，大体上都是头顶部削秃或仅留一撮，周边留下的头发则变换各种花样。

做髡发状的人物，在西夏瓷器及其他文物中均有发现。1965年，宁夏石嘴山省嵬城出土了一些西夏瓷器，其中包括一件人像残首，其发式为髡发⁽³⁴⁾（T2040）；灵武窑出土有相当多的各式西夏人物塑像（T2041），其中男像多做髡发状，且发式各异。综合国家与民间的藏品会发现，这些人物塑像中所包括的髡发样式，已逐渐超过了国内西夏洞窟和俄藏黑水城文献中所绘制西夏人髡发样式的总和，因而这些瓷塑人像及残首的陆续面世，正逐渐成为研究西夏"髡发"样式的最直接、最全面、最宝贵的资料，关于这一点，请参见本书柒散论之三"西夏瓷塑人像所反映的西夏国髡发样式"。

T2044　刻划梵文悉昙字残盘

最能体现西夏文化特色的，应该是元昊时期创制的西夏文字，就像西夏国的国徽或图腾，给了今天的我们一个最鲜明的西夏文化的标识。

西夏文字是仿照汉字而制成的。西夏字"形体方整，类八分，而书颇重复"⁽³⁵⁾，结构和汉字一样，以偏旁、部首组合而成，但多撇、捺，笔画琐碎，主笔不明显。党项人论述西夏文和汉文的关系时说："论末则殊，考本则同"⁽³⁶⁾。

具体由谁创造了西夏文字，后世有不同的说法。《宋史》说"元昊自制番书，命野利仁荣演绎之"；《辽史》则归功于元昊的父亲，"（李）德明，制书十二卷，又制字若符篆"；沈括在他的著作《梦溪笔谈》中说："元昊果叛，其徒遇乞先创造番书，独居一楼上，累年方成，至是献之"。今人根据汉文史料和新发现的西夏文物、文献中的有关记载，比较明确的认为，西夏文字是西夏建国前夕由元昊倡议、下令，由大臣野利仁荣主持创制的。

T2045　普贤变图局部

西夏瓷器与窑具上偶有西夏文字出现，使之成为研究西夏社会生活的宝贵资料。灵武窑出土的带有西夏文字的瓷片⁽³⁷⁾，为此窑烧造时间的推定和"西夏瓷器"这一概念的最终确立提供了有力的证据。甘肃武威塔儿湾窑址出土有一件黑釉剔划莲花纹瓮残片（T2042），在腹部露胎的花叶之间，墨书有西夏文字四行九字，汉意为"斜毁，发酵有（裂）伤，下速斜，小"⁽³⁸⁾，意指此瓮有裂伤，下部严重倾斜，是报废品。在瓷器上直接批注验收意见，这种情况在陶瓷考古中非常少见。另外，此墨书说明西夏文的使用在当时是非常普遍的，这种西夏文世俗文献比之佛经有更为重要的考古价值。

（四）佛教的影响

西夏不仅是一个多民族王朝，也是一个多种宗教流行的国度，其中，佛教是主流信仰（T2033），道教与原始多神信仰居于从属地位⁽³⁹⁾。

现存西夏文物能鲜明反映出西夏佛教的盛行。1908年，俄国探险家科兹洛夫从黑水城发掘了大量西夏文物，其中西夏文刊本和写本多达八千种，而佛经占了八成⁽⁴⁰⁾。西夏佛教石窟分布于原西夏境内各处，较著名的有敦煌莫高窟、安西榆林窟、酒泉文殊山石窟和武威天梯山石窟的部分洞窟等，各石窟内多有西夏时期佛教内容壁画及雕塑等，其中值得一提的是，安西榆林窟第二窟水月观音图和第三窟普贤变图中分别绘有两幅唐僧取经图，皆携有猴王面目的

T2046　持瓜果家禽等供养人塑像（六件，皆残）

T2047　浅青釉镶嵌花草纹钵

孙行者和白马（T2045），这是现存中国最早的绘有唐僧携猴王孙悟空西天取经形象的文物[41]，同时可以表明，西夏佛教受唐以来中原佛教的影响之深远。

在灵武窑出土瓷器标本中，有很多与佛教有关的器物，如念珠、莲花座、佛像、塑造佛像时供嵌入的瓷眼珠和供养人等，而其中尤以供养人最突出（T2046、TB2055）。所出供养人，造型多样，大小不同，或站或坐，坐者多采用单盘腿坐式；供养人多双手捧奉物品，有四时瓜果、鸡鸭什物等，衣着为世俗样式，发式为髡发。

回民巷生产有一些浅青釉镶嵌花草纹钵，其中一只（T2047、TB2035），造型规整庄严，足高，壁薄，工艺一丝不苟。此钵内壁纹饰采用四个莲瓣形开光，开光内外饰变形花纹、忍冬纹与祥云纹，有非常强烈的藏传密宗佛教美术的特点，类似的纹饰，更多的会在唐卡上发现。

西夏佛教的一大特点是中晚期藏传佛教，尤其是密宗的盛行。史载夏天盛十一年（1159年），仁宗派遣使者到西藏奉迎迦玛迦举系教派始祖松钦巴，松遣其弟子格西藏琐布到西夏传教，被仁宗奉为上师，他带来的佛经也被大规模翻译推广[42]。前已提到的安西榆林窟画师高崇德的题记："……到此画秘密堂记之"，此处的秘密堂当为西夏中晚期的密宗洞窟。

西夏佛教的中原风格与藏传密宗风格在西夏瓷器上都有所反映，除前面提及的之外，回民巷窑还产有一尊韦驮天残像（T2048、TB2023、TB2027）。塑像头颈部、小臂、足残失，呈站立状，挺胸凸腹，身躯后倾；肩搭帔帛，身穿铠甲，有凛然之气。韦驮天，即韦驮，本是婆罗门的天神，南方增长天王的八大神将之一，随着佛教的汉化其形象也逐渐汉化，至唐代已有关于韦将军，即汉化的韦驮的传说，至宋、辽时，其形象当逐渐确定并比较流行，惜绘画、雕塑等实物少见。回民巷窑所产韦驮天残像，与中原地区元明时期寺庙壁画、雕塑的韦驮天像的风格非常相似，无疑是一件体现了中原汉化佛教风格的作品。关于这件塑像，请详见图版TB2023～TB2027及相关说明。

而藏传密宗风格在磁窑堡窑出土物中反映比较明显。磁窑堡窑出土有瓷质金刚杵、如意轮（T2043）和擦擦等；而在第三期文化地层出土的一个刻有梵文悉昙字的残盘（T2044），表明西夏晚期到元早期，当地密宗应该已经占据了重要地位。

T2048　瓷塑韦驮天像（残）

（01）均引自中国社会科学院考古研究所编著：《宁夏灵武窑发掘报告》第168、169页，中国大百科全书出版社，1995年7月。

（02）同上第169页。

（03）同上第153、164和169页。

（04）同上第168页。

（05）梅瓶，本为盛酒器，宋代称为"经瓶"，明代之后称为梅瓶，并逐渐转化为观赏器。为与时代相符，《宁夏灵武窑发掘报告》中将所有西夏梅瓶均称为"经瓶"，但考虑到"梅瓶"之称谓普及已久，故本书采用"梅瓶"之称谓。

(06) (日)長谷部楽爾：《中国の陶磁・第七巻・磁州窯》图40～55及相关说明，株式会社平凡社，
　　 1996年7月初版。

(07) 中原磁州窑风格的白釉深剔划花类瓷器和划花填白类瓷器生产于北宋初，有的甚至早至五代，
　　 白釉镶嵌类瓷器在整个北宋都比较流行。参见(日)長谷部楽爾：《中国の陶磁・第七巻・磁州
　　 窯》图2～11及相关说明。另参见刘涛著：《宋辽金纪年瓷器》第31～40页，文物出版社，2004
　　 年7月第一版。Yutaka Mino, *Freedom of Clay and Brush through Seven Centuries in Northern China:
　　 Tz'u-chou Type Wares, 960-1600 A.D.* P.P 42～53, Indiana University Press, 1981.

(08) 定县博物馆：《河北定县发现两座宋代塔基》，《文物》1972年第8期第39～51页。图见国家
　　 文物局主编：《中国文物精华大辞典・陶瓷卷》第273页图343，上海辞书出版社、商务印书馆
　　 （香港）有限公司，1995年8月第1版。

(09) 刘涛著：《宋辽金纪年瓷器》第3页。

(10) 李树云：《大同博物馆馆藏辽代三彩器》，《文物世界》2007年第3期第39～42、第60页。李文
　　 认为，虽考古发掘目前尚未发现辽代的窑炉，但从界庄窑（浑源窑）采集的大量白釉剔花、
　　 黑釉划花、黑釉剔花瓷片从装饰手法到花纹内容都与大同等地辽墓或辽代遗址出土的同类器
　　 相同，可以肯定为辽代烧制。另大同市人民公园出土有乾统二年（1102年）墨书款的白瓷划花
　　 罐，划而不剔，工艺粗率，应是辽代雁北瓷窑白瓷划花类早期产品。图见刘涛著：《宋辽金纪
　　 年瓷器》第73页图4－34，文物出版社，2004年7月。

(11) "反S形曲带纹"是多个反S形纹相连环绕器物一周，这种纹饰在浑源窑产品较多采用，参见冯
　　 先铭：《山西浑源古窑址调查》，载《中国古代窑址调查发掘报告集》第416～421页，文物出
　　 版社，1984年10月第1版。图见此书图版拾伍：6、图版拾陆：6。

(12) 成熟的白地黑花制品曾长期被误为北宋产品，但随着考古资料的丰富和研究的深入，这一最具
　　 代表性的磁州窑类型陶瓷基本可以确定于兴起于金代前期，金大定间为其鼎盛时期，大量的
　　 纪年器物也都集中于这一时期，参见《宋辽金纪年瓷器》第45～48、59、60页"分类表三"。
　　 此处所说成熟的白地黑花瓷器，亦称白地铁绘、白底黑褐彩绘，是指以毛笔蘸含铁量高、烧
　　 成后呈黑褐色的釉料将纹饰绘制于白色化妆土或白釉釉面上的装饰手法，不包含点彩瓷器和
　　 仅以黑褐色蝌蚪形点组成纹样的瓷器，亦不包括虽为白地黑花图案，但却以附加的剔、划等工
　　 艺为主的瓷器。目前似乎尚没有发现可证明为北宋产品的成熟的白地黑花瓷器。北宋崇宁三
　　 年（1104年）范致祥墓出土有一件白地黑花碗，但笔者认为其碗形和纹饰风格皆不具有北宋特
　　 点，此墓曾两次被盗，故此碗有可能是后来混入的金～元时期制品。参见南阳地区文物队、
　　 南阳市博物馆、方城县博物馆：《河南方城金汤寨北宋范致祥墓》，《文物》1988年第11期第
　　 61～65、第39页。图亦见《宋辽金纪年瓷器》第45页图3－44。

(13) 引自望野：《河南中部迤北发现的早期釉上多色彩绘陶瓷》，《文物》2006年第2期第87页。

(14) 刘涛：《钧窑瓷器源流及其年代》，《宋辽金纪年瓷器》第129～140页。

(15) 参见《宁夏灵武窑发掘报告》第178页。

(16) 需要做两点说明。第一，本文所说西夏瓷器受北宋晚期之前诸陶瓷工艺风格影响较大，致其自
　　 身工艺风格成型较早，并不是说每件西夏瓷烧造的绝对年代可早至北宋。我们今天见到的绝大
　　 多数西夏瓷，都应是西夏瓷窑鼎盛时期的产品，即西夏中期和中晚期产品，其时中原地区相
　　 当于金代中期。换个角度说，就是西夏瓷所表现出来的年代特征比它的实际烧造年代显得更

"老"。第二，本书对西夏瓷器的分期以1986年灵武磁窑堡窑的考古发掘成果为依据，其第一期即为其鼎盛时期。灵武回民巷窑可能比磁窑堡窑稍早，但仍可归入第一期。两窑产品均非常成熟，故在两窑之前，即在"第一期"之前存在更早的某一期窑场的可能性是极大的，本文结论也支持这一观点，至于其如何分期，只能等待将来考古有所发现之后再行解决了。

（17）（清）吴广成纂：《西夏书事》卷二十一第五页。

（18）统安城，在今甘肃永登通远乡。

（19）（清）吴广成纂：《西夏书事》卷二十二第七页："……（梁氏）出兵攻庆州，大掠人户而还。"

（20）（宋）宇文懋昭撰，崔文印校正：《大金国志校正》第57页卷四，中华书局，1986年7月。

（21）参见《宁夏灵武窑发掘报告》第181页。

（22）（宋）李焘撰，上海师范大学古籍整理研究所、华东师范大学古籍整理研究所点校：《续资治通鉴长编》第2926页卷一百二十四，中华书局，2004年9月第2版。

（23）吴天墀著：《西夏史稿》第147页，广西师范大学出版社，2006年12月。

（24）参见《宁夏灵武窑发掘报告》第182页。

（25）参见史金波、白滨：《莫高窟、榆林窟西夏文题记研究》，《考古学报》1982年第3期第370页。

（26）（清）吴广成纂：《西夏书事》卷二十四第十三页。

（27）参见钟侃、吴峰云、李范文著：《西夏简史》（修订本）第130、131页，宁夏人民出版社，2005年10月第3次印刷。

（28）参见牛达生：《西夏文佛经〈本续〉是现存世界最早的木活字版印本》，载宁夏文物考古研究所：《拜寺沟西夏方塔》第345～363页，文物出版社，2005年。

（29）（宋）苏轼撰：《东坡志林》卷三第五一页"曹玮语王鬷元昊为中国患"条，中华书局丛书集成初编本，1985年北京新一版。

（30）吴天墀：《西夏史稿》第148页，广西师范大学出版社，2006年12月。

（31）（清）吴广成纂：《西夏书事》卷三十八第三页载，淳熙元年西夏仁宗向金国贡"海东青五，细犬五。"

（32）马文宽、曹国鉴：《灵武窑西夏瓷的装饰艺术》，《中国考古学论丛》第483～485页，1995年1月第2次印刷。

（33）（宋）李焘撰，上海师范大学古籍整理研究所、华东师范大学古籍整理研究所点校：《续资治通鉴长编》第2704页卷一百一十五，中华书局，2004年9月第2版。

（34）宁夏回族自治区展览馆：《宁夏石嘴山市西夏城址试掘》，《考古》1981年第1期第92页图四八。

（35）（元）脱脱等撰：《宋史·夏国上》第13995页，中华书局，1977年11月。

（36）（西夏）骨勒茂才著，黄振华、聂鸿音、史金波整理：《番汉合时掌中珠》第5页"番汉合时掌中珠序"，宁夏人民出版社，1989年12月第1版。

（37）参见《宁夏灵武窑发掘报告》第96页图九六，1～3。

（38）党寿山著：《武威文物考述》第93页，武威市光明印刷物资有限公司印制，2001年12月。

（39）史金波：《西夏文物的民族和宗教特点》，《中国历史文物》2005年第2期第26～40页。

（40）吴天墀著：《西夏史稿》第175页，广西师范大学出版社，2006年12月。

（41）同注39。

（42）吴天墀著：《西夏史稿》第178页，广西师范大学出版社，2006年12月。

贰

T2001　墨书汉文年款瓷质轮盘残片线图

西夏/"…乾祐…初一日立…"款/长12.6

厘米/1986年灵武磁窑堡窑址出土

T2002　黑褐釉剔划开光海棠花纹梅瓶

西夏/高33.8厘米/1956年内蒙古自治区伊

克昭盟伊金霍洛旗出土/推测为伊克昭盟

窑产品/内蒙古自治区博物馆藏

T2003　黑釉剔划折枝牡丹纹梅瓶

西夏/高33厘米/1986年灵武磁窑堡窑址

出土/宁夏回族自治区博物馆藏

T2004　黑釉剔划折枝海棠花纹罐

西夏/高21.5厘米/内蒙古自治区伊克昭

盟伊金霍洛旗出土/推测为伊克昭盟窑产

品/内蒙古自治区博物馆藏

T2005　黑釉剔划开光菊花纹广口梅瓶

西夏/高35厘米/推测为伊克昭盟窑产

品/金明收藏

T2006　白釉剔划开光折枝牡丹纹梅瓶

西夏/高25.5厘米/1986年灵武磁窑堡窑址

出土/宁夏回族自治区博物馆藏

T2007　白釉剔划花罐

辽/高32厘米/山西大同市水泊寺乡古城

村出土/浑源窑产品/山西博物院藏

T2008　黑釉剔划卷叶纹梅瓶

金/高29.7厘米/1955年山西天镇县夏家沟

村出土/雁北地区窑口产品/山西博物院

藏

T2009　白釉剔划花盆瓷片

辽/北京宣武区建筑工地采集/浑源窑产

品/北京民间收藏

T2010　黑釉剔划莲花纹梅瓶

北宋晚期～金代初期/磁州窑系/美国圣

路易斯城市艺术馆藏（City Art Museum

of St. Louis）

T2011　黑釉剔划花纹梅瓶

北宋晚期～金代初期/磁州窑系/美国圣

路易斯城市艺术馆藏（City Art Museum

of St. Louis）

T2012　黑釉剔划缠枝牡丹纹梅瓶

北宋晚期～金代初期/磁州窑系/1923

年英国亚历山大女士们收藏（In the

Possession of the Misses Alexander）

T2013　划花填白花卉卷云纹梅瓶

北宋/美国布法罗科学博物馆藏（The

Buffalo Museum of Science）

T2014　长颈镶嵌花纹盘口瓶

北宋/高41.5厘米/美国克里夫兰艺术博物

馆藏（The Cleveland Museum of Art）

T2015　白釉镶嵌珍珠地"家国永安"纹枕

北宋/长22.5厘米/英国大不列颠博物馆藏

（British Museum）

T2016　白釉镶嵌珍珠地鹦鹉纹枕

北宋/长20.3厘米/美国印第安纳波利斯

艺术博物馆藏（Indianapolis Museum of

Art）

T2017　黄釉圆腹罐

唐/高21.6厘米/英国伦敦维多利亚和阿

尔伯特博物馆藏（The Victoria and Albert

Museum, London）

T2018　褐釉弦纹双系罐

唐/高16厘米/1982年克里斯蒂拍卖行

（伦敦）拍品（Auctioned at Christie's,

London, 17. 6. 82）

T2019　白底黑彩绘白鹭芦苇纹枕

金/北京龙湾居士藏

T2020　白底黑褐彩绘梅瓶（两件）

金/甘肃甘南藏族自治州博物馆藏

T2021 白底黑彩绘花字纹碗

金/河南扒村窑/北京民间收藏

T2022 白底黑彩绘花卉芦雁纹梅瓶

金/高53厘米/1972年河北献县出土/河北
省博物馆藏

T2023 绿釉模印花卉纹斜壁碗

辽/内蒙古赤峰市缸瓦窑村采集/辽宁省
博物馆藏

T2024 绿釉模印花卉纹斜壁碗

T2025 三彩釉模印牡丹纹长盘

辽/辽宁省新民县巴图营子辽墓出土/辽
宁省博物馆藏

T2026 三彩釉模印流云波浪纹壶

辽/辽宁省博物馆藏

T2027 浅青釉镶嵌花草纹扁壶（残）

西夏/瓷片直径24.5厘米/灵武回民巷窑产
品/民间收藏

T2028 姜黄釉模印牡丹纹碗瓷片

西夏/灵武回民巷窑产品/民间收藏

T2029 浅青釉镶嵌水波游鱼纹盆残片

西夏/灵武回民巷窑产品/民间收藏

T2030 白釉罐

西夏/高18.5厘米/1986年银川西郊西夏陵
区遗址出土

T2031 浅青釉斜壁碗

西夏/口径19厘米/灵武回民巷窑产品/民
间收藏

T2032 褐釉瓷骆驼残件

西夏/灵武窑产品/民间收藏

T2033 彩绘泥塑罗汉坐像

西夏/1990年贺兰县宏佛塔出土/西夏博
物馆（银川）藏

T2034 石雕力士志文支座

西夏/银川西郊西夏陵区遗址出土/宁夏
回族自治区博物馆藏

T2035 支座背部所刻汉文"砌垒匠高世昌"

T2036 酱釉划波浪牡丹纹玉壶春瓶

西夏/高25.5厘米/灵武窑产品/台湾中兴
阁藏

T2037 瓷钩（九件）

西夏/高3～4.5厘米不等/灵武窑产品/民
间收藏

T2038 瓷骆驼残件

西夏/灵武窑产品/民间收藏

T2039 黑褐釉送葬狩猎纹小口深腹瓶

西夏/高48.3厘米/1986年灵武磁窑堡窑址
出土

T2040 髡发人像残首

西夏/1965年宁夏石嘴山省崴城西夏城址
出土

T2041 各式髡发人塑像残首（五件）

西夏/高2.6～4.5厘米不等/灵武窑产品/民
间收藏

T2042 黑釉剔划莲花纹瓮瓷片

西夏/武威塔儿湾窑址出土/西夏博物馆
（武威）藏

T2043 瓷质金刚杵、如意轮和圆形花饰

西夏/1986年灵武磁窑堡窑址出土

T2044 刻划梵文悉昙字残盘

西夏/口径20厘米/1986年灵武磁窑堡窑
址出土

T2045 普贤变图局部

西夏/甘肃安西榆林窟第三窟

T2046 持瓜果家禽等供养人塑像（六件，皆残）

西夏/高5.4～7.8厘米不等/灵武窑产
品/民间收藏

T2047 浅青釉镶嵌花草纹钵

西夏/高9.8厘米/灵武回民巷窑产品/民间
收藏

T2048 瓷塑韦驮天像（残）

西夏/高14.5厘米/灵武回民巷窑产品/北
京民间收藏

叁　西夏瓷器的出土与西夏瓷窑

从西夏瓷器被发现到"西夏瓷器"这一概念的确立是一个缓慢的过程，是中国文物考古工作者努力的结果。在20世纪70年代前，国内外各种文物考古类、陶瓷类文献中均未有"西夏瓷器"这一品类和称谓，此前西北地区原西夏疆域内所发现的10～13世纪陶瓷制品，或被定为宋、辽、金瓷器，或被归为元代瓷器。

当越来越多的西夏窖藏、墓葬和遗址被发现和发掘，尤其是西夏陵区遗址、省嵬城遗址、甘肃武威窖藏、灵武崇兴乡窖藏和青海海东窖藏被发掘和研究之后，伴随出土的不同于一般宋元风格的瓷器使考古工作者逐渐意识到，这可能是西夏自己烧造的瓷器。然而这些发现比较零散，还不足以对西夏瓷器予以认定，所以，在1982年出版的《中国陶瓷史》中并没有收录西夏瓷器。

1984～1986年，中国社会科学院考古研究所的考古队，在马文宽先生的率领下，对宁夏灵武磁窑堡西夏时期瓷窑遗址进行了大规模的、科学系统的发掘，弄清了西夏瓷器的烧造情况，出土大量各类西夏瓷器标本，西夏瓷器的品种、造型和工艺特点等被全面系统地揭示，至此，"西夏瓷器"这一概念最终得以确立。

此后，灵武回民巷窑和甘肃武威塔儿湾窑（古城窑）也得到了不同程度的发掘和研究，其成果也将"西夏瓷"勾勒得更加丰富和饱满（T3038）。

一　古遗址出土西夏瓷器情况

（一）内蒙古黑水城（黑城、黑城子）遗址

黑水城址位于今内蒙古阿拉善盟额济纳旗达来乎布镇东南约25公里的额济纳河东荒漠中，是一处西夏至元代的古城遗址，为西夏时期黑山威福军司所在地，元代扩建为亦集乃城（T3001）。

20世纪初，晚清政府愚昧腐败，国家久病积弱，对文物的保护自然无从谈

T3001　黑水城城址西南角

T3002　省嵬城西夏城址方位图

T3003　灰釉高足碗

T3004　白釉喇叭口长颈鼓腹瓶

T3005　黑褐釉双系瓶

T3006　褐釉剔划牡丹纹罐（残）

T3007　褐釉八棱双系瓶（残）

T3008　省嵬城西夏城址东城墙

起。1908～1909年，沙俄军官、探险家科兹洛夫在当时额济纳土尔扈特贝勒的帮助下，到达黑城并发掘了大量文物，包括佛经、法典、医书、历书和法术书等西夏文和汉文文献，以及两千多件其他文物，均被运到俄国。

科兹洛夫所发掘的文物中包括一些陶瓷器，"……小店式的平房中出土的各种日用和商用瓷器残片，使探险队发了财（后来，俄国博物馆民族学分部从中精选了一些瓷碗和瓷瓶）。"[01] 这是科兹洛夫自己的描述。鉴于黑水城遗址文物中一部分属元代文物，故这些被带到俄国的瓷器，有多少属西夏时期，器物种类、工艺如何尚难以断定，需俄国方面发表更多的资料才能确认。

1983年，中国社会科学院考古研究所考古队在居延汉代烽燧遗址进行调查与发掘工作，参与考古的马文宽先生在工作之余，在汉代烽燧附近的黑城和其他西夏遗址不时会捡拾到似宋元时期的瓷片，发现其不同于已知的宋元时期南北方诸窑产品。而从采集到的高达50厘米的大瓮来看，不可能是从将近三千里外的河北、山西远途运输至此，于是马文宽先生推测，"在距居延不太遥远的地方应有窑址存在"[02]，显然，黑城附近的发现勾起了马先生探寻西夏瓷窑的欲望，并最终促成了对灵武磁窑堡窑址的发掘。

（二）宁夏省嵬城遗址

《西夏书事》卷十载："（李）德明作省嵬城于定州"。60年代，宁夏的考古工作者推测，位于宁夏石嘴山市庙台公社南约1公里的一座古城址即为此城（T3002、T3008）。1965年和1966年，原宁夏博物馆考古人员对城址进行了两次试掘，并对南城门址进行了清理，出土有石器、铁器、木器、钱币和瓷器等各种西夏遗物，其中陶瓷器有罐、瓶、碟、碗和砚台等共10件（T3005、TB1039），包括一件瓷人头像（T2040）。"出土的瓷人头像，作秃发状，如实地反映了西夏的社会习俗"[03]。这一瓷人头像，为今后"西夏瓷器"的认定提供了重要线索。

（三）宁夏银川西郊西夏陵区遗址

银川西郊西夏陵区遗址是原西夏帝王陵墓之所在，陵区位于贺兰山山脉中段东南麓，东距银川市25公里（T3009）。陵区南北长10公里，东西宽4公里，划定保护面积约50平方公里。从1971年原宁夏博物馆工作人员到贺兰山下调查确定墓群性质至今，考古工作者在近四十年的时间里，陆续对陵区进行了十多次较大规模的发掘，出土了很多有价值的文物，包括各种石器、石碑残块、陶制建筑构件、铜器、铁器、钱币、木器和瓷器等。

陵区所出陶瓷器以白釉瓷为最大宗，青釉瓷次之，而黑褐釉剔划花瓷出土极少。器物种类主要是各类碗、碟、钵和盆，还有少量喇叭口鼓腹瓶和小口深腹瓶等。陵区瓷器的出土，主要集中在三处，分别为1972～1975年发掘的六号陵，1986、1987年发掘的陵区北端建筑遗址，以及1998年发掘的三号陵西碑亭。

T3009　西夏三号陵西南角景象

六号陵出土的瓷器，多为残件，其中白瓷占多半，白胎，釉乳白或青白，有的有冰裂纹，故应为贺兰山插旗沟窑产品[04]。

1986年和1987年，宁夏文物考古研究所分两次对西夏陵园北端的建筑遗址进行了发掘，出土包括瓷器在内的大量文物。在出土的大量建筑构件、装饰件中，有一些白釉瓷质板瓦和酱釉槽心瓦，与灵武窑所出形制相同。"出土瓷器半数以上为白瓷，其次为青瓷，并有少量酱釉、黑釉、灰釉瓷"，所出白瓷种类有喇叭口鼓腹瓶、深腹折沿钵、曲腹碗和高足碗等，造型均较规范，其中喇叭口长颈鼓腹瓶器壁较一般西夏瓷为厚，胎白釉厚而有"冰裂纹"，推测为贺兰山插旗沟窑产品（T3004、TB1022）。亦出土少量灰釉碗残件，T3003为其中一件高足碗。"釉面光润，间有黑色斑点及冰裂纹"[05]，也显现插旗沟窑产品特征，同时出土有包括浮鹅戏水纹盘在内的耀州窑青釉盘和碗。

三号陵西碑亭出土瓷器不多，但有一件在陵区出土瓷器中极少见的褐釉剔划牡丹纹罐残件（T3006），口颈部残缺，深鼓腹，腹部饰四组开光牡丹纹，与罐同时出土的还有褐釉八棱双系瓶（T3007）和碗等，均应系灵武窑产品[06]。

由于西夏王陵在西夏灭亡后即遭到蒙古军队的大规模盗掘和毁坏，故在遗址中出土的瓷器零散而且残损严重。尽管如此，这些出土的残瓷对于研究西夏瓷器，及陵区墓葬的性质和年代，都有重要的价值。

（四）贺兰山拜寺沟方塔、拜寺口双塔及附近西夏遗址

拜寺沟是贺兰山东坡的众多沟口之一，沟口建有双塔，入沟10公里原有方塔一座，曾被认为是明代建筑。1990年11月，拜寺沟方塔被不法分子炸毁，现场一片狼藉。同年12月，宁夏回族自治区文化厅和公安厅联合现场调查时，在废墟中获得有墨书西夏文和汉文题记的塔心木柱，始知方塔是十分少见的西夏古塔。1991年八九月份，宁夏文物考古研究所对方塔废墟进行

T3010　黑褐釉剔划花瓷片

T3011　贺兰山拜寺口双塔寺院遗址考
古探方剖面景象

了清理发掘，收获颇丰。除了前文提及的木活字佛经外，塔区废墟及附近殿台子遗址等处出土了大量陶瓷建筑构件、陶质小泥塔、泥佛（善业泥、"擦擦"）和钱币等很有研究价值的文物，也出土有少量瓷器残片，多为白瓷，内外皆施白釉，青瓷较少，青瓷碗标本内底有涩圈，都呈现出西夏瓷器特征，推测为灵武窑产品[07]。

拜寺口双塔分东西两座，始建于西夏，而元、明时期进行过较大规模的重修。两塔相距近百米，皆为八角密檐式砖塔。考古工作者在双塔院内挖掘的考古探方显示，现地面以下一米多为原寺院砖砌地面，方砖盈尺，并有下水道遗迹。从剖面可见其地表有砖瓦堆积，并有黑色灰烬土层（T3011），可证寺院毁于大火，或系1227年蒙古军剿灭西夏时所为。

寺院及附近西夏遗址出土有砖瓦、建筑构件等西夏遗物；大寺台子遗址出土的黑褐釉剔划花瓷片（T3010），西夏特征明显，并和灵武窑所出标本极似，推测为该窑产品。

二　窖藏及墓葬出土西夏瓷器情况

（一）内蒙古伊金霍洛旗窖藏（1956年）

除20世纪初俄国探险队可能从黑城遗址运走了一些西夏瓷器标本外，国内有据可查的，并有确切出土地点的西夏瓷器，最早应该是在1956年内蒙古伊金霍洛旗敏盖乡发现的两件剔划花梅瓶（T3012、TB1066、T2002、TB1068），但当时被定为元代制品[08]。

T3012　黑釉剔划开光牡丹纹梅瓶

其中的一件黑釉剔划开光牡丹纹梅瓶（T3012、TB1066），腹部大开光内剔划折枝牡丹花，技法娴熟，线条潇洒，而更值得注意的是其肩部以下的造型，先微鼓腹，至腹中达最大直径，然后不是像多数西夏梅瓶那样顺势下收，而是转为微内凹弧下收，致使底足直径与腹径之比例更小。这种造型与辽代白釉划牡丹花填彩梅瓶（T3013）的造型有相似之处，说明内蒙古伊克昭盟地区确实应有本地西夏窑口，因与辽国接壤，双方的相互影响也更明显一些。

（二）宁夏灵武崇兴乡窖藏（1975年）

1975年，原宁夏灵武县崇兴乡台子大队三小队发现了一批窖藏瓷器，完整的和可复原的共112件（T3014、TB1021），"器种简单，只有碗、碟、高足杯三种"。出土地点位于原西夏灵州（西平府）附近，伴随出土了一些北宋钱币。这批瓷器中的白瓷碗，与省嵬城出土的白瓷碗相同，从而可知这批瓷器的时代当为西夏。这批瓷器的出土，为其后西夏瓷的识别，提供了一定的实物依据[09]。

T3013　白釉划牡丹花填彩梅瓶（辽）

（三）甘肃武威青嘴（睛嘴）窖藏（1978年）

甘肃武威在西夏时为西凉府，是西夏国西部最重要的城市。20世纪，这一地区陆续发现了不少西夏时期窖藏和墓葬，对于瓷器来讲，最重要和最早的一批出土于1978年。当年10月，原武威地区文化馆文物队"在武威县南营公社青嘴大队青嘴河北面阳山坡上的小洼地"，发现一座窖穴，"穴内整齐地堆放着一批瓷器，按碗、碟、罐的大小分类重叠放置"，同穴有木筷、小石坠、铜笄和铜钱等其他文物。

出土瓷器共45件，含碗（T3015、TB1061）、高足碟、平底小碟、罐、扁壶和瓷钩等种类，釉色以白釉最多，黑釉次之。其中的黑釉大碗，"内有一个刻划工整的符号，不知是西夏文字还是别的代号"；其中的一件豆绿釉双耳扁壶，腹部两面各有一圈足，放倒时很平稳，"是典型的游牧民族生活用品"。文物队认为，瓷器出土地"可能是当时西夏人居住的一个遗址"，器物中"有的器形很独特，还从未见过"，因而这次的发现，对于研究西夏的历史提供了可靠的资料[（10）]。

（四）内蒙古准格尔旗窖藏（1982年）

1982年10月，内蒙古准格尔旗准格尔召乡农民在植树时发现一处窖藏，共出土瓷器21件，铁器54件。瓷器原盛放于一大瓮内，瓮口上盖一铁锅，铁器堆放在大瓮周围。

瓷器中白釉瓷数量最多，共19件，种类主要有盆、钵、碟和碗。盛放瓷器的大瓮为浅酱釉，高83厘米，十分庞大。另有一件白釉广口折沿梅瓶（T3017）和一件黑褐釉剔划串枝海棠花纹花口瓶，后者长颈，鼓腹，高圈足外撇，腹部装饰一周串枝海棠花纹，十分精美和罕见（T3016、TB1070）。

白瓷中有一件白底黑彩绘花草纹碟（T3018），带有明显的金代磁州窑系风格，而"窖藏出土地区北宋初年曾属麟州管辖，后为西夏所夺，长期为党项等族居住地，处于西夏与北宋王朝接壤地带"[（11）]，西夏后半期此地又紧邻金国的河东北路和西京路，故笔者认为，此碟当属贸易或掠夺至此的金国产品。除此碟外，其他二十件瓷器均带有较强的西夏瓷器特征。

（五）内蒙古伊金霍洛旗窖藏（1985年、1986年）

1985年9月～1986年10月，内蒙古文物工作者在伊金霍洛旗境内进行的文物普查中，先后发现几批西夏窖藏，共出土瓷器和铁器等四十余件。器物大多保存完好，具有极高文物价值。瓷器主要出土于红庆河乡白圪针村和布尔台格乡巴图塔拉瓦尔吐沟河台地两处。

红庆河乡白圪针共出瓷器7件，种类各不相同，分别为黑褐釉剔划折枝海

T3014　白釉高足碗（两件）

T3015　白釉点菱形梅花点纹碗

T3016　黑褐釉剔划串枝海棠花纹花口瓶

T3017　白釉广口折沿梅瓶

T3018　白底黑彩绘花草纹碟（金）

T3019　黑褐釉剔划牡丹纹罐

T3020　酱釉弦纹小口鼓腹瓶

T3021　黑褐釉剔划折枝海棠花纹、鹿
纹梅瓶

T3022　白釉剔划开光牡丹纹瓮

T3023　黑釉喙流执壶

T3024　黑釉剔划牡丹纹钵

棠花纹、鹿纹梅瓶（T3021、TB1069）、剔划花罐（TB1074）、小口直腹瓶、酱釉弦纹小口鼓腹瓶（T3020）、大口圆腹罐、斜唇钵和大碗等，除大碗为白釉外，余皆黑褐釉。其中的黑褐釉剔划折枝海棠花纹、鹿纹梅瓶（T3021、TB1069），腹部开光内剔划折枝海棠花纹，开光外为水波涡纹，主体纹饰区之外的近底处划一鹿，鹿回首，口吐云朵状花一朵，这种剔划花纹与鹿纹的组合图案十分罕见。

瓦尔吐沟窖藏出土瓷器中，罐、碗各1件，盆2件，均黑褐釉和酱釉，西夏瓷器特征明显。其中罐为剔划牡丹花装饰，较精美（T3019）[12]。

（六）青海海东地区窖藏

青海湖以东，以西宁为中心的湟水和黄河两岸地区，北宋时曾设西宁州和乐州，北宋灭亡后西夏与金反复争夺此地，1137年之后基本确定为黄河以北西宁州、乐州和廓州属西夏地，黄河以南积石州归金所有。这一地区偶有夏、金文物出土，反映出当时当地错综复杂的历史[13]。

大通回族土族自治县曾出土多件西夏瓷器，包括白瓷碗、酱釉双耳罐、敛口钵、双耳扁壶和执壶等。其中的黑釉剔划串枝莲花纹钵（TB1080），口部三出棱斜唇口内敛，腹部饰串枝莲花纹，工艺十分娴熟。黑釉执壶流做成喙状（T3023、TB1085），造型十分独特。

20世纪七八十年代，互助土族自治县也出土了一些窖藏西夏瓷器，不乏精品。其中的白釉剔划开光牡丹纹瓮（T3022、TB1076），橄榄形造型，口部外出双棱，腹部开光内剔划折枝牡丹花纹，开光外饰水波涡纹，工艺精湛。另有剔划花钵两件，其一为黑釉剔划牡丹纹钵（T3024、TB1077），构图饱满，工艺娴熟，非常漂亮。

湟中县也曾在20世纪80年代出土多件窖藏西夏瓷器，其中白釉瓷器多达二十多件，主要为碗和盘，另有罐和瓮等，其中的黑釉剔划串枝牡丹纹瓮（TB1075），造型与互助所出白釉剔划开光牡丹纹瓮相似，瓮腹上窄下宽两层带状空间，分别装饰卷叶纹和缠枝牡丹纹，构图大胆醒目，工艺豪放。

青海海东地区所出西夏瓷，总体讲其胎、釉质量低于灵武窑产品，装饰手法更加豪放、率真，故其窑口尚难以确定。

（七）其他窖藏和墓葬

除上述出土量较大、较重要的窖藏外，20世纪七八十年代武威西郊的多个墓葬[14]，以及1989年武威市区墓葬等均出土少量西夏瓷。1984年6月，宁夏同心县文管所在新庄集乡征集到西夏官印一方，印铜质，印文为九叠篆书西夏文"首领"二字，印背刻八个西夏文字。印原存放于一白瓷罐中，罐为子母口，肩部弦纹两道，釉色闪青，局部剥釉。瓷罐与官印同时出土，尤显珍贵[15]。

20世纪90年代之后，西北地区又陆续有西夏瓷出土，民间藏品也偶有出现，但总体讲，完整的、工艺精美的器物十分稀少。

三　西夏瓷窑遗址

（一）宁夏灵武市磁窑堡窑址

磁窑堡窑址在灵武市以东35公里、磁窑堡镇以北4公里的荒漠里，夹在西面的大河子沟河和东面的公路（灵武至磁窑堡）之间，西北面紧靠灵新煤矿（T3025，T3026）。

窑址附近产有高岭土（含白云母、石英、长石质的高岭石质泥岩），又有丰富的煤炭和方便的水源，是制瓷的理想场所。

1984～1986年，中国社会科学院考古研究所考古队在马文宽先生的带领下，先后对磁窑堡进行了三次系统发掘，共清理西夏窑炉3座、西夏瓷器作坊8座，出土瓷器、工具、窑具等共3000余件，同时发掘出墨书西夏文瓷片、墨书汉文西夏年款的瓷片和西夏钱币[16]。

磁窑堡窑烧造产品种类丰富，有生活用品、文房用品、娱乐陈设用品、宗教用品和建筑材料等。生活用具为其大宗，其中碗、盘数量最多，其他盆、钵、壶、釜、瓶、罐、杯和灯等也不少。胎色多呈浅黄灰色、浅灰白色和米黄色等。胎质比同时期宋金北方民窑的要细腻、坚硬。釉色主要有白釉、黑釉、褐釉和青釉等。白釉瓷均施化妆土。

T3025　磁窑堡窑址和回民巷窑址位置图

T3026　磁窑堡窑址一角
　　磁窑堡窑址于1988年被评定为宁夏回族自治区重点文物保护单位，2001年经国务院批准为全国重点文物保护单位。图中左侧为自治区政府2000年所立文保石碑，右侧为古长城的烽火台。

出土的部分瓷器有精美的装饰纹样如缠枝花、动物和海水波浪等，装饰技法娴熟，使用中原瓷窑、磁州窑类型常用装饰技法，如划花、剔划花、印花和点彩等。其中黑釉剔划花梅瓶、扁壶，工艺精湛，造型美观，是西夏瓷器的代表作品。

该窑是目前发掘考证最为深入的一个西夏窑址，且距离银川市仅百多里，被认为是西夏的中心窑场。同时，笔者近年在当地调查采集的标本显示，该窑与其北部的回民巷窑的部分窑炉在西夏时期承担了烧造贡瓷的任务，关于此详见本书柒散论。该窑出土物共分五期文化，呈西夏瓷器特征的是前三期文化，烧造年代为西夏中期到元代前半期。笔者实地考察采集的瓷片标本，釉色光亮如新，土沁极少，这可能和当地地处荒漠、干旱少雨有关。

（二）宁夏灵武市回民巷窑址

T3027　回民巷窑址景象

回民巷窑址（T3027）位于磁窑堡以北偏东4公里处的小山丘上，北为公路，东为回民巷沟（季节河）。窑址南北长约400米，东西宽约200米。

回民巷窑产品的胎质淘洗精细，釉面温醇，器物种类与磁窑堡窑近似，造型呈现典型的西夏瓷器特征；部分区域采集的标本显示，其胎和釉都比磁窑堡窑的产品更薄（T3029）。

回民巷瓷器浅青釉所占比例较大，包括大量采用划胎填彩（镶嵌）工艺的浅青釉水波游鱼纹盆。同时，该窑发现一些青釉中偏姜黄釉色的产品，主要是模印花碗（T3028、TB4058）和盘，而此类产品瓷窑堡窑发现极少。另外，纹饰方面，碗、盘内壁印花或堆塑六条立棱（俗称六出筋、六分线）和在罐钵外壁施瓜棱纹采用较多。这种釉色和装饰工艺的特征属于耀州窑系的风格，说明回民巷窑受到耀州窑系的影响比较大。

T3028　姜黄釉模印牡丹纹碗瓷片

T3029　瓷片

笔者所采集的姜黄釉瓷片皆为碗、盘类，印花均在内壁，有牡丹纹和缠枝花叶纹等。根据回民巷窑采集瓷片分析，其生产年代相当于磁窑堡窑的第一期，或者稍早，在西夏晚期之前可能就已废弃。

1987年7月，曾发掘磁窑堡窑址的中国社会科学院考古研究所内蒙队，对回民巷窑址进行了调查，摸清了瓷窑的大体情况并对采集的标本进行了分析[17]。1997年，为配合从窑址附近穿过的陕宁天然气输气管道工程，宁夏回族自治区文物考古研究所、灵武市文物管理所对窑址进行了抢救性发掘，发掘面积约182平方米，发现窑炉2座、灰坑3座，出土文物2000余件[18]。

（三）甘肃武威塔儿湾窑址

塔儿湾窑，有的资料上称之为"古城窑"，窑址在甘肃武威古城乡上河村，大位置处于祁连山的东北坡，有河自山上流下，名曰杂木河，村子和窑址在山河之间的漫坡地带（T3030、T3031）。自20世纪80年代以来，当地出土了大量瓷器及少量窑具，部分瓷器（包括残片）上写有汉、西夏文纪年、姓氏名字，故定为西夏瓷器[19]。出土器物现多存放于武威的西夏博物馆（T3032）、甘肃省博物馆和甘肃省文物考古研究所。

就目前来看，塔儿湾窑以烧造生活用具为主，出土量最多的仍然是碗、碟、壶（含扁壶）和罐等。从釉色看，白釉器最多，但较粗糙，釉色偏黄，黑釉、褐釉也较多，豆绿釉、多色釉器也有一些。从装饰工艺看，素色无纹者占大多数，有少量印花、白底绘黑褐花和黑釉剔划花等。塔儿湾窑制品，无论从质和量两方面看都比灵武窑低，但让塔儿湾窑一举成名的，是出土的几个造型奇特的大块头的瓮。

大瓮共出土10件左右，高度都在54厘米以上，最高者达61厘米（TB1044～TB1050）。瓮造型也很独特，从上往下看，卷唇，长颈内弧，溜肩，肩有四到六系，鼓腹，腹下内收，圈足直径与口径相仿。值得注意的是，腹部直径最大处基本上位于上下的正中间，加上高挑的身材，整个看起来像一个怀孕了的高个儿美女。纹饰也很独特，在白底上绘制黑褐色花纹是磁州窑最常用的装饰手法，灵武窑基本未见采用，这里出现了，且黑褐色线条更粗，笔笔交代清楚，蜿蜒环绕，极富特色。其中的一件瓮身绘有十一只展翅高飞的天鹅，间以卷云纹，堪称经典之作（TB1045、TB1046）。

塔儿湾窑的烧造年代，大体在西夏晚期社会衰落的时代，对应于灵武窑二期文化。断代依据有二：一、器物造型，尤其是碗类，碗壁较厚，略带弧形，口沿多外翻，高足碗的足高度更大，内挖更深，这些都是西夏瓷器晚期的特征；二、纪年款。在一件豆绿釉瓮腹下部书有这样一行文字"光定四年四月卅日郭善狗家瓮"。光定四年为公元1214年，神宗遵顼的年号；题记很重要，一方面增加了此处为瓷窑的证据，同时提供了塔儿湾窑烧造的大致年代，还有一点，即极有可能在此之后窑场被废，因为一个人订购的费工、费料、费银子的大件器物，是不应

T3030　塔儿湾窑址景象

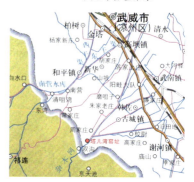

T3031　塔儿湾窑址位置图

T3032　甘肃武威的西夏博物馆
武威的西夏博物馆位于城区东南隅，与武威文庙毗邻，主要展示武威地区出土的西夏珍贵文物

该长期放在生产厂家那儿不闻不问的。

灵武磁窑堡窑第二期瓷器始烧于13世纪初（参见本书伍分期），应该也是塔儿湾窑大致的创烧时间，到1214年短短数年时间，塔儿湾窑的烧造时间会这么短吗？从出土器物的风格晚、数量少来看，是完全有可能的。至于为何提前（西夏灭亡之前）被废掉，笔者遍查文献而不得其解，能扯上点关系的大事件，就是三年之后的光定七年，蒙哥兵围中兴府，神宗逃至凉州（武威）避难。1225年，凉州陷于蒙古兵手。

笔者2006年考察窑址，与村民聊天，村民说窑址附近有万人坑（冢），会不会是蒙古兵屠杀西夏村民的遗迹？与窑址的废止重合吗？不能答。

当时正值雪后，大山似白练横亘于蓝天之下，杂木河水清澈见底，似还未被污染，原野静谧，简直一个世外桃源似的好去处（T3033）。

T3033 塔儿湾窑址附近的祁连山与杂木河景象

（四）贺兰山插旗沟窑址

宁夏贺兰山插旗沟内也有一处西夏窑址，窑址位于宁夏贺兰县金山乡插旗沟内的缸沿子附近，距沟口约10公里（T3034）。据1986年宁夏文管部门的调查揭示，此处有四处西夏窑址，面积约800平方米，出土瓷器主要有碗、罐和缸等残片以及窑具等[20]。

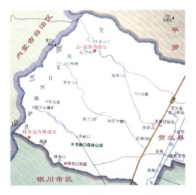

T3034 插旗沟窑址位置图

2007年夏笔者前去调查此窑（T3037），因准备不足，对路途的艰难程度估计不充分而不得不中途放弃，后幸得银川友人相助，提供了早年间在沟内采集的瓷器标本（T3035、TB4028、TB4029），标本与西夏王陵出土的相当一部分白瓷瓷器具有共同的特征，即胎白而细腻，与景德镇影青瓷胎较接近，但瓷化程度低于后者；釉为透明釉，积釉处闪湖绿色、蓝色、灰绿色，并有"冰裂纹"状较大开片；胎骨比灵武磁窑堡窑第一期产品和回民巷窑产品厚，削足也较厚钝，足心偶有尖突。

T3035 白瓷碗与白瓷瓶瓷片

（五）其他西夏窑址

银川西郊外、贺兰山东麓的缸瓷井亦发现西夏窑址。窑址平面略呈圆形，出土器物均为建筑构件、砖和瓦等陶制品，也有少量白瓷板瓦片和酱釉瓷"脊筒子"碎块等。缸瓷井地处西夏王陵区东北约3公里，可能是专为修造西夏陵而设置的[21]。

多年来，内蒙古自治区伊克昭盟境内的伊金霍洛旗和准格尔旗境内，发现不少西夏瓷器。器形有碗、盘、瓶、壶、罐和盆等，釉色以黑釉、褐釉、白釉和青釉为主，有纹饰者多为剔划花纹。

T3036 黑釉剔划海棠花纹梅瓶

内蒙古发现的西夏梅瓶（T3036、TB2008、TB1066、TB1068、TB1069），造型高挑，剔划工艺娴熟豪放，同时，其胎质、釉色与磁窑堡窑产品相比则稍有差异，如胎质稍粗，呈浅米黄色，胎体较厚，釉色不如磁窑堡产品光亮，等等。

国内各博物馆所藏西夏黑釉剔划花瓷器中，完整器很少，而其中又以内蒙古发现的为主。

以上种种迹象表明，内蒙古所发现西夏瓷器，应非磁窑堡所产，推测伊克昭盟及附近地区可能也有西夏窑址存在，我们暂且命之为伊克昭盟窑，并期待更多的考古发掘成果来证明[22]。

T3037　贺兰山插旗沟景象

　　2007年夏，笔者与友人计划探访贺兰山插旗沟窑址。

　　自20世纪80年代贺兰山辟为自然保护区之后，原在山脚下及山谷内的居民全部迁出，每个山口处都设置有林管站，从此，贺兰山人迹罕至，野生动植物资源得到了极好的保护，野生岩羊成群结队。

　　也正因人迹罕至，原来的道路在多年来洪水的冲漫下踪迹全无，谷内砾石遍地，因而行走极为艰难。当天，笔者上午十点入沟，下午两点接近窑址所在的缸沿子附近，天忽降暴雨，寒冷、脚底的疼痛和莫名的恐惧，使得笔者放弃继续考察，无功而返。

　　途中仅在溪水中拾得一白瓷片，呈现西夏瓷器特征。

　　图中地面上为不慎从岩壁跌落殒命的岩羊的骨架。

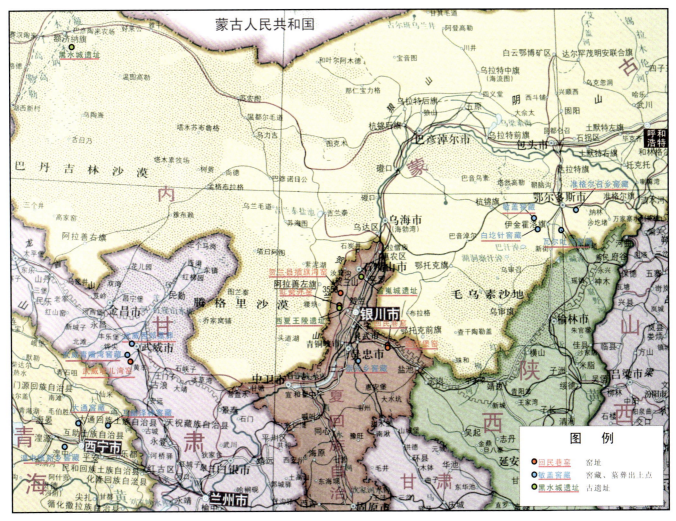

T3038　西夏窑址、瓷器出土地点位置图

（01）引自陈炳应节译科兹洛夫著《蒙古、安多和故城哈拉浩特》，陈炳应著《西夏文物研究》第
　　　486页，宁夏人民出版社，1985年8月第一版。

（02）马文宽：《回忆磁窑堡瓷窑址的调查与发掘》，文载《宁夏考古记事——宁夏文史资料第
　　　二十四辑》第157页，2001年4月。

（03）宁夏回族自治区展览馆：《宁夏石嘴山市西夏城址试掘》，《考古》1981年第1期第91页。

（04）宁夏回族自治区博物馆：《西夏八号陵发掘简报》，《文物》1978年第8期第66、67页。六号陵
　　　原编为八号陵。

（05）宁夏文物考古研究所：《西夏陵园北端建筑遗址发掘简报》，《文物》1988年第9期第62、65
　　　页。

（06）宁夏文物考古研究所、银川西夏陵区管理处编著：《西夏三号陵——地面遗迹发掘报告》第70
　　　页，彩版一〇，1～4，科学出版社，2007年。

（07）宁夏文物考古研究所：《拜寺沟西夏方塔》，文物出版社，2005年4月。

（08）内蒙古文物工作队：《内蒙古文物资料选辑》，内蒙古人民出版社，1964年。

（09）钟侃：《宁夏灵武县出土的西夏瓷器》，《文物》1986年第1期第87、88页。

(10) 钟长发执笔：《武威出土一批西夏瓷器》，《文物》1981年第9期第89、90页。

(11) 伊克昭盟文物工作站：《准格尔旗发现西夏窖藏》，《文物》1987年第8期第96页。

(12) 高毅、王志平：《内蒙古伊金霍洛旗发现西夏窖藏文物》，《考古》1987年第12期第1091、1092页。

(13) 许新国：《青海互助土族自治县发现宋代窖藏》，《文物资料丛刊》第8辑第131～133页。贾洪键：《青海省湟中县下马中出土的一批文物》，《青海考古学会会刊》1985年12月号，总第7辑第57、58页。陈荣：《大通新城乡出土的宋代瓷器》，《青海文物》1990年第4期，第29、30页。青海省文物处、青海省考古研究所：《青海文物》，文物出版社，1994年4月第一版。中国陶瓷全集编辑委员会编辑，冯永谦主编：《中国陶瓷全集·9·辽、西夏、金》，上海美术出版社，2000年。国家文物局主编：《中国文物地图集——青海分册》，中国地图出版社，1996年。

(14) 宁笃学、钟长发：《甘肃武威西郊林场西夏墓清理简报》，《考古与文物》1980年第3期第63～66页；宁笃学：《武威西郊发现西夏墓》，《考古与文物》1984年第4期第111页。

(15) 同心县文物管理所张秀生：《宁夏同心县征集一方西夏官印》，《文物》1986年第11期第26页。

(16) 参看《宁夏灵武窑发掘报告》第一章、第二章。

(17) 中国社会科学院考古研究所内蒙队：《宁夏灵武县回民巷瓷窑址调查》，《考古》1991年第3期第224～226页。

(18) 宁夏回族自治区文物考古研究所、灵武市文物管理所：《宁夏灵武市回民巷西夏窑址的发掘》，《考古》2002年第8期第59～68页。

(19) 党寿山：《武威文物考述》瓷器部分，武威市光明印刷物资有限公司印刷，2001年12月。

(20) 牛达生著：《西夏遗迹》第142～146页，文物出版社，2007年。

(21) 宁夏回族自治区博物馆：《银川缸瓷井西夏窑址》，《文物》1978年第8期第86页。

(22) 马文宽先生和韩小忙先生均有类似推断，参见《宁夏灵武窑发掘报告》第183页，韩小忙、孙昌盛、陈悦新著：《西夏美术史》第200页，文物出版社，2001年。

叁

T3001 黑水城城址西南角

T3002 省嵬城西夏城址方位图

T3003 灰釉高足碗

西夏/高7.3厘米/西夏陵区北端建筑遗址出土/贺兰山插旗沟窑产品/宁夏文物考古研究所藏

T3004 白釉喇叭口长颈鼓腹瓶

西夏/高15.4厘米/1986年银川西郊西夏陵区遗址出土/贺兰山插旗沟窑产品/宁夏回族自治区博物馆藏

T3005 黑褐釉双系瓶

西夏/高20.3厘米/1964年宁夏石嘴山省嵬城西夏城址出土

T3006 褐釉剔划牡丹纹罐（残）

西夏/高43厘米/银川西郊西夏陵区遗址三号陵西碑亭出土

T3007 褐釉八棱双系瓶（残）

西夏/高26.2厘米/银川西郊西夏陵区遗址三号陵西碑亭出土

T3008 省嵬城西夏城址东城墙

T3009 西夏三号陵西南角景象

T3010 黑褐釉剔划花瓷片

西夏/宁夏贺兰山大寺台子遗址出土/宁夏贺兰山拜寺口双塔展览馆藏

T3011　贺兰山拜寺口双塔寺院遗址考古探方剖面景象

T3012　黑釉剔划开光牡丹纹梅瓶

西夏/高37厘米/1956年内蒙古自治区伊克昭盟伊金霍洛旗出土/推测为伊克昭盟窑产品/内蒙古自治区博物馆藏

T3013　白釉划牡丹花填彩梅瓶

辽/高44.7厘米/香港徐氏艺术馆藏

T3014　白釉高足碗（两件）

西夏/左件高8.2厘米，右件高7.9厘米/1975年宁夏灵武崇兴乡出土/宁夏回族自治区博物馆藏

T3015　白釉点菱形梅花点纹碗

西夏/高7.4厘米/1978年武威南营公社青嘴喇嘛湾出土/武威塔儿湾窑产品

T3016　黑褐釉剔划串枝海棠花纹花口瓶

西夏/高21.4厘米/1982年内蒙古自治区伊克昭盟准格尔旗准格尔召乡出土/推测为伊克昭盟窑产品/鄂尔多斯博物馆藏

T3017　白釉广口折沿梅瓶

西夏/高23.4厘米/1982年内蒙古自治区伊克昭盟准格尔旗准格尔召乡出土/推测为伊克昭盟窑产品

T3018　白底黑彩绘花草纹碟

金/口径15.6厘米/1982年内蒙古自治区伊克昭盟准格尔旗准格尔召乡出土

T3019　黑褐釉剔划牡丹纹罐

西夏/高21.5厘米/内蒙古自治区伊克昭盟伊金霍洛旗布尔台格乡瓦尔吐沟出土/推测为伊克昭盟窑产品

T3020　酱釉弦纹小口鼓腹瓶

西夏/高27厘米/1986年内蒙古自治区伊克昭盟伊金霍洛旗红庆河乡白圪针出土

T3021　黑褐釉剔划折枝海棠花纹、鹿纹梅瓶

西夏/高39.5厘米/1986年内蒙古自治区伊克昭盟伊金霍洛旗红庆河乡白圪针出土/推测为伊克昭盟窑产品/鄂尔多斯博物馆藏

T3022　白釉剔划开光牡丹纹瓷

西夏/高41厘米/青海省互助土族自治县东沟出土/青海省文物考古研究所藏

T3023　黑釉喙流执壶

西夏/高22厘米/青海省大通县出土

T3024　黑釉剔划牡丹纹钵

西夏/高26.2厘米/青海省互助土族自治县丹麻乡泽林出土/青海省文物考古研究所藏

T3025　磁窑堡窑址和回民巷窑址位置图

T3026　磁窑堡窑址一角

T3027　回民巷窑址景象

T3028　姜黄釉模印牡丹纹碗瓷片

西夏/灵武回民巷窑产品/民间收藏

T3029　瓷片

西夏/灵武回民巷窑址采集

T3030　塔儿湾窑址景象

T3031　塔儿湾窑址位置图

T3032　甘肃武威的西夏博物馆

T3033　塔儿湾窑址附近的祁连山与杂木河景象

T3034　插旗沟窑址位置图

T3035　白瓷碗与白瓷瓶瓷片

西夏/碗片最大直径11.2厘米，瓶片高10厘米/贺兰山插旗沟窑产品/民间收藏

T3036　黑釉剔划海棠花纹梅瓶

西夏/高38厘米/推测为伊克昭盟窑产品/内蒙古民间收藏

T3037　贺兰山插旗沟景象

T3038　西夏窑址、瓷器出土地点位置图

肆 西夏瓷器的工艺

一 窑炉与装烧方法

西夏瓷窑的窑炉大体上与北方宋金时期的窑炉近似，即所谓的"馒头窑"。窑炉着地平面一般呈椭圆形，前后长，左右短，直径在两到四米间（T4001）[01]。

在窑炉内部，除去火膛、烟囱占用的空间，能放置瓷器的窑床，应该仅有两三平米大小，可放置器物并不多，同时又要烧达一千多度的高温，可以想见当时制瓷之艰难，以及产量之低。

为了保证质量，烧制时多用匣钵装烧（T4002、TB4119），就是将待烧瓷器

T4002 戳印米字纹匣钵

T4003 摞烧粘连的青釉盘

T4004 顶碗、顶盘和顶钵

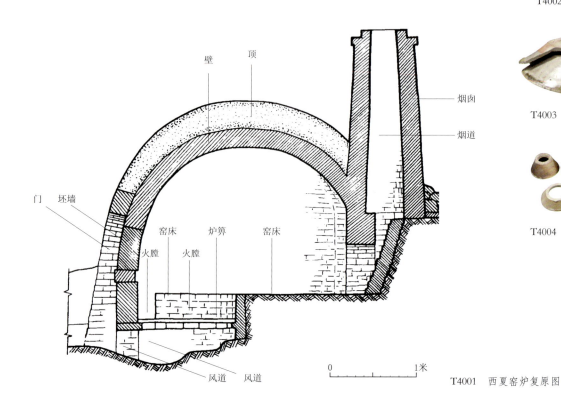

T4001 西夏窑炉复原图

壁　顶

烟囱

烟道

门　坯墙

窑床　炉箅　窑床

火膛　火膛

风道　风道

0　　　　1米

T4005　顶碗覆烧法示意图

T4006　支圈正烧法示意图

T4007　窑具支撑垛烧法示意图

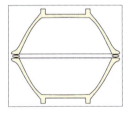

T4008　垫条对烧法示意图

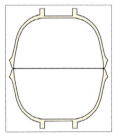

T4009　芒口对烧法示意图

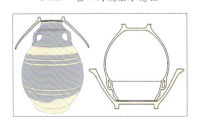

T4010　器物搭烧法示意图

坯体装入水桶状的半封闭的匣钵内，来保护坯体，避免明火的伤害，使坯体受热均匀，同时可防止灰尘及杂物落在坯体上。

另一方面，多个装满瓷器的匣钵可上下叠摞，有效地利用空间，也提高了产量。

为了最大限度的利用空间和节约能源，西夏窑工们创造和继承了很多非常实用的装烧方法，现可归纳为十种[02]，分别为：

（一）顶碗覆烧法（T4005）

将碗一个个倒扣着叠摞在顶碗上的装烧方法。"顶碗"是一种下大上小中空的窑具，根据其直径和高度的比例变化又可分出"顶盘"和"顶钵"（T4004、TB4112）。叠摞时，黑釉碗、浅青釉碗内刮涩圈，与下面的圈足可直接接触（T4003）；白釉碗不刮涩圈，而是垫以石英沙将两器隔开。

（二）支圈正烧法（T4006）

待烧器物口部向上，圈足下垫支圈的烧制方法，适用于体形较大的器物。支圈为环形，上接触面有的带有锯齿，以减少粘连。

（三）窑具支撑垛烧法（T4007）

梅瓶、双系瓶等器物的口部和肩部刮釉，可搭烧其他器物，但高度增加，极易倾倒，此时需要工字形窑具在周侧支撑使之平稳。

有时窑具与被支撑瓷器粘连过于紧密，出窑后在分离时，常有因难以分开导致瓷器破损的情况发生，见T4016。

（四）垫条对烧法（T4008）

盆、缸等较大器物可芒口对烧，但芒口间需垫以垫条，以利热量进入和气体排出；其内部空间较大，可装入较小器物套烧。

（五）芒口对烧法（T4009）

适用于体形较小的器物，可直接将两器芒口相对，装匣烧制。

（六）器物搭烧法（T4010）

方法多种，酌情而定。如梅瓶肩部刮釉，可搭烧碗、钵等；口部刮釉的，可倒扣一个涩圈碗等；大盆里面也可套烧。

（七）垫托扣烧法（T4011）

将芒口器直接倒扣在平板状的垫托上烧制。

（八）泥饼插烧法（T4012）

扁跟的瓷钩，往往采用这种烧制办法。泥饼可大可小，上撒沙粒，避免与插入的瓷钩粘连；所插瓷钩可多可少，视窑床上所余空间而定。

（九）瓷钩粘烧法（T4013）

T4013中的瓷钩粘连碗边，说明一些瓷钩往往直接粘附在其他器物上搭烧，这是为什么西夏瓷器表面经常会发现好多窑粘的原因之一。

（一〇）多支点垫烧法（T4014）

民间藏品中有两件回民巷窑采集的黑釉唾盂残件（T4015、TB2083）。标本通体施釉，底足及圈足内也施满釉。为了不在底足留下垫烧痕迹，这种产品采取了在内底以五六个支点垫烧的方法。TB2083显示，垫烧用的圆筒形窑具因距离器壁太近而粘连其中，而T4015内部残留有四个支点痕迹。这两件标本清晰地向我们揭示了这种装烧法的具体实施，是先将上小下大的筒状窑具顶端置以五六个突起的小支点，再将唾盂倒扣其上。这种装烧法，可以尽量减少施满釉的内壁与窑具的粘连，是烧造要求较高的器物时采用的方法。

此类标本发现极少，所发现器物皆胎薄壁坚，造型美，做工精，推测是西夏瓷窑早期极力模仿北宋高档产品的结果，其装烧方法，也与北宋某些产品的支钉装烧法有明显的承袭关系。

二 西夏瓷器的胎和釉

（一）胎

在笔者实地考察磁窑堡窑遗址之前，也曾以为西夏瓷器就像多数出版物和收藏者描述的那样，以"粗糙"二字以蔽之，但经过对窑址的实地考察和对西夏瓷器的细心观察之后，则感觉其谬大矣。笔者曾收集了大量磁州窑系的瓷器和瓷片，并实地考察过河北彭城、河南扒村、河南禹州（生产磁州窑风格和钧窑风格瓷器）等窑址，与这些中原地区产量最大、最有代表性的瓷窑相比，磁窑堡窑的产品质量，尤其是胎质，毫不逊色，甚至质量要高得多。胎质的一些衡量标准，

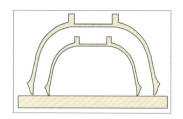

T4011　垫托扣烧法示意图

T4012　泥饼插烧瓷钩标本

T4013　粘烧的瓷钩标本

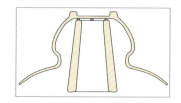

T4014　多支点垫烧法示意图

T4015　黑釉唾盂残件内部及外底部图

T4016　与被支撑瓷器发生粘连的工字形窑具

T4017　黑釉茶盏瓷片

T4018　黑釉剔划花瓷片

T4019　银酱釉剔划牡丹纹梅瓶
瓷片

T4020　浅青釉碗瓷片

T4021　黑釉剔划花罐瓷片

T4022　黑釉剔划花罐瓷片内部图

T4023　酱红釉剔划花罐瓷片

T4024　瓜棱罐瓷片

T4025　浅青釉碗瓷片

T4026　茶叶末釉斜壁碗（局部）

如白度、致密度、吸水性、硬度、烧成温度和瓷化程度（这些标准有重叠，有的互为因果）等，磁窑堡窑的产品都要高于当时宋、金北方大部分民窑产品。这是笔者的亲身体验的结论，而科学测试的结果也与笔者的感觉是一致的。

20世纪80年代，在中国社会科学院考古研究所马文宽先生的主持下，曾经用反应堆中子活化分析法，对宁夏灵武磁窑堡窑址采集的标本进行了微量元素的分析测试，结果显示，宁夏西夏瓷窑所产瓷器的胎釉中微量元素的分布和同时代宋、金统治区的瓷窑所产瓷器，如磁州窑、钧窑、龙泉窑、吉州窑和岳州窑等的产品有着明显的不同，并且证实，其制瓷原料，就来自于窑址附近的瓷土矿洞，瓷胎由一种或两种黏土所组成，瓷胎中Fe_2O_3、TiO_2的含量高于定窑白瓷胎，但Fe_2O_3的含量低于中原地区主要是磁州窑系的瓷窑，如磁州、当阳峪、扒村、鹤壁、浑源和平定等窑口[03]。这意味着灵武窑产品的白度比定窑低，但比北方其他民窑产品均高；其烧成温度也是这种情况（在1260℃之间），吸水率则正好相反，最终结果是：磁窑堡窑产品的磁化程度、致密度和细腻度，也就是说其质量低于定窑产品而高于北方其他主要民窑产品。

从视觉上讲，西夏瓷窑产品胎质相对细白，颜色因烧成温度的高低而略有不同，温度低者呈浅棕黄色（T4026、TB2098、T4028、TB2022、T4031、TB2065）、米黄色（T4025、T4027、TB2001），随着胎土淘洗精细度与烧成温度的提高，逐渐向浅灰黄色（T4029、TB1044、TB2061、TB2062）、浅灰白色（T4020、T4021、TB4021、T4024）过渡，最终呈白色微闪灰（T4017、TB4055、T4018、TB4010、TB2003）。当时宋金地域的磁州窑系产品的胎质大多呈浅棕黄色、米黄色和灰黄色，色度比西夏瓷窑，尤其比磁窑堡窑的更棕、更黄一些，气孔更多更大，显然更粗松。

T4017、TB4055胎质致密坚硬，颜色白皙，杂质极少，显然胎土的淘洗锤炼精细，烧成温度很高。这种胎质是极力追求、模仿北宋定窑产品的结果，而事实上也做到了。但有趣的是，即使这种高档产品，窑工在处理时仍然不拘小节，漫不经心，以至粘釉、残釉和手持痕等西夏瓷的"特征"仍随处可见。

T4018、TB4010、T4019、TB4001～TB4003胎质白皙细腻而微闪灰黄色，尤其是T4019剔釉处有种油润的光泽，仿佛刀锋所过，不是泥土所练就的瓷胎，而是香酥润滑的奶酪。

不过诚实的讲，T4017～T4019胎质并不是西夏瓷器中所占比重最大的。以灵武窑为例（含磁窑堡窑和回民巷窑），其大多数产品的胎质，是颜色更偏灰黄一些、颗粒稍粗些的胎质，如T4020、T4021、TB4021、T4022、T4024、T4025、TB2086～TB2091、TB2105～TB2107、T4026、TB2098等，而这些代表性胎质除T4026外，仍然在中原大部分民窑产品之上。

T4021明显显示出，铁质析出成"火石红"。这种"火石红"在瓷胎内部往往更为明显，面积更大。T4022内部胎表有一些小鼓包，应该是入窑时胎没有干透，以至水分气化顶起造成，这在灵武窑制品中并不鲜见。

如果T4022这种红斑还不能称为"火石红"的话，那么T4023、T4024胎体上的红棕色则更接近龙泉窑产品的"火石红"。T4024的红棕色物质在釉边缘处最深，向外渐淡，过渡柔和。T4023的"火石红"呈橙黄色，油润光亮，非常典型。

米黄胎也是一种常见胎质，烧成温度不如浅灰白胎高。T4025虽然颜色米黄，但仍相当致密坚硬，而且我们可观察到，胎土的淘洗仍是非常精细，T4026、TB2098则要粗松得多。

武威塔儿湾窑（T4029、TB1044）和内蒙古窑口（T4027、TB2001）的产品，胎质比灵武窑的要粗松、棕黄许多。T4028为民间藏褐釉剔划牡丹纹六系瓮的局部，拍摄于钨丝灯光之下故有偏色，因其胎质中气孔明显而典型，较易观察，故附于此。

贺兰山插旗沟窑产品胎色虽然很白（T4030、TB4028、TB4029），但其瓷化程度和坚致度仿佛还没有达到与白色相对应的程度，我们期待更多的标本来揭示这一现象。

T4031、TB2065的削足工艺和胎质都较为粗糙，是西夏窑场晚期制品，具体窑口不详。T4032为灵武窑第三期制品，胎中灰斑与浅黄斑交错，显然胎土的选炼工艺比第一期和第二期产品都要粗糙，但个别产品仍然保持了极高品质，不输于前两期产品，如TB2005。

（二）釉

按产量来说，西夏瓷器的主要釉色是黑釉、白釉、褐釉、浅青釉和姜黄釉。除白釉外，其他釉色多不稳定，千变万化，衍生出很多"近亲"釉色。如黑釉又可分出黑褐釉、黑绛釉和银黑釉等，褐釉可分出酱釉、银酱釉、茶叶末釉、红釉和紫釉等，而仿耀州窑的姜黄釉器的釉色变化更是多样。

我们今天能见到的西夏瓷器中，最常见也是最重要的釉色是白和黑。历年来

T4027　黑褐釉剔划缠枝牡丹纹梅瓶（底部）

T4028　褐釉剔划牡丹纹六系瓮（局部）

T4029　黑釉剔划牡丹纹四系瓮（局部）

T4030　白瓷瓶瓷片

T4031　褐釉弦纹双系瓶（局部）

T4032　褐釉钵瓷片（蒙元时期～元代早期）

T4033 黑釉双系扁壶

T4034 黑釉双系罐（局部）

T4035 黑釉双系瓶瓷片

T4036 黑褐釉剔划缠枝牡丹纹梅瓶（局部）

T4037 黑褐釉碗瓷片

T4038 黑酱釉剔划花瓷片

T4039 黑釉剔划花瓷片

T4040 黑釉茶盏瓷片

T4041 男侍者木版画

宁夏、甘肃和内蒙古所出土西夏瓷器中，白釉器为其大宗，而黑釉剔划花器则是其中最美、最具特色的一类。

有一类西夏瓷黑釉器，釉面闪银质光泽（T4033、TB1011、T4034、TB2068），晶莹光亮，非常漂亮；有的可能因为在干燥的沙土中掩埋日久，釉面呈亚光状态，形成沙质与银色金属质感结合的独特釉面（T4035、TB4052），这种釉质的器物在灵武回民巷窑较多。

不过，西夏黑釉较少有纯黑如T4033、T4034、T4040和TB4055者，绝大多数黑釉成品，包括剔划花器，其釉面往往显黑褐色或黑绛色，尤其是釉的边缘处和釉薄处更为明显（T4036、TB2001、T4037、T4023、T4029、TB1044）。

同时，回民巷窑和磁窑堡窑早期制品釉面较薄而尤以回民巷窑制品为甚（T4035、TB4052、T4037），加上西夏瓷釉透明度高，因而往往胎骨毕现（T4034、TB2068、T4038）。而像T4039、T4040、TB4055这般厚实的釉面，在西夏瓷窑中后期逐渐增多。

黑釉成分中的含铁量接近中原地区诸窑，系用当地的一种黑釉土制成[04]。

灵武窑的白釉实际上指的是白色化妆土加透明釉，釉属"石灰釉"[05]，可能由石灰石和黏土配合而成。而化妆土配制出色，洁白细腻，故使白釉成品除积釉处闪棕黄或青色外，总体白度较高并呈色稳定。西夏白釉仍然带有西夏瓷的典型特征之一，即釉面多"褐斑"和"窑汗"（T4042、TB4024、T4043、TB4026）。

而贺兰山插旗沟窑制品胎质洁白，因而不施化妆土，但透明釉不纯，尤其积釉处，呈现明显的湖绿色（T4044、TB4029），这影响了整体的白度。

一般认为西夏瓷器对黑、白的偏爱，可能由西夏社会风俗崇尚黑、白所致。

夏人对白的喜好，由来已久。西夏皇族拓跋氏源于东北鲜卑，自古以来，东北部族即有偏爱白色的习俗，以至鲜卑有"白虏"、"白部胡"的别称[06]。《西夏书事》载元昊"衣白窄衫"。在黑水城出土的一幅西夏人物画中，画面中间端坐一大人物，被侍者簇拥，身穿圆领窄袖白袍[07]，学者们认为此人即是元昊。1977年甘肃武威西夏2号墓出土木版画，所绘男侍者也多穿白衣（T4041）。西夏尚白的依据还可找到很多，但尚黑的依据却难以找到，以至有种说法认为西夏尚黑、白主要是受西亚阿拉伯国家白衣大食和黑衣大食的影响[08]。笔者认为其影响不能完全排除，但作为主要原因，尚缺乏依据。7世纪到13世纪，白衣大食和黑衣大食先后兴于中东地区，不能否认，其影响可能在中亚国家，如花剌子模，甚至西夏国的邻居西州回鹘身上有所体现。然而，西夏国从其本源上说，是外来政权建立的国家，并非丝绸之路上的固有民族建立的政权。党项羌出于青藏高原东北部，在早期文化特性上与川西、滇西北的少数民族更为接近；皇族拓跋氏则源于东北民族鲜卑。李元昊建国时，其族迁到灵州、兴庆尚不足半个世纪，中亚文化对他们的影响远少于其本民族文化的遗留，甚至不及其迁徙途中，在陇东、陕北停留三百年所受汉族及其他民族的影响。所以，如果说党项羌崇尚黑、白源于某种民族习惯的话，说它源于早期鲜卑和羌族的风俗更合理些。

另外笔者认为，在釉色选择上，中原的影响不容忽视。中原磁州窑、定窑类型瓷器，本就多黑釉和白釉者。北宋早期中原地区陶瓷制品，很喜欢采用白釉剔划花工艺来装饰，而深浅颜色对比的画面，也是当时北方人民最喜闻乐见的装饰风格和审美取向。宋人有斗茶之风，将半发酵的茶膏饼研碎放在茶盏中，开水冲下后水面会浮起一层白沫，用黑盏盛茶易观察其沫色，因而北宋晚期，黑釉茶盏在贵族士大夫中愈发流行。制瓷业为了迎合市场，黑釉器的制作也日趋精良，建窑的兔毫，淄博窑的黑釉出筋，磁州窑的黑釉铁锈花，耀州的黑釉窑变，手法争奇斗艳，工艺精美异常，其制品，也是今日瓷器收藏家追捧的难得佳器。

从美学角度看，黑色是最沉稳、厚重的颜色，与环境也很容易协调，是当时处于最佳美感状态的中国人的最爱之一。明清以降，随着中国文化的日益世俗化，"红"和"黄"成为"国色"的同时，黑色被庸俗地附加了越来越多的负面含义，黑釉瓷器也随之变得不受欢迎，加之青花瓷器的勃兴，黑釉瓷器逐渐被冷落至奄奄一息。

应该说，呈色变化最多的还是在酱釉和褐釉的范畴内。

烧成温度高的酱褐色釉呈色深沉，釉面光亮，好像北方饮食炸酱面的配料，即经油炸过的面酱一般油润深沉，故本书称之为"酱釉"；烧成温度稍低或釉浆配料稍有变化，釉面不甚光亮并有细密杂色，或好像研碎的茶叶末的釉，本书称为"褐釉"（T4045、TB2022、T4047）或"茶叶末釉"（T4046、TB2080）。

有些酱釉产品釉面质量很高，银光闪烁，精美异常（T4048、TB4053、T4049、TB2074），而这类产品往往做工精细，或剔划纹饰饱满繁密（TB4015～TB4019），显然西夏窑工也是将之作为重点产品来对待的，那么这种酱釉色定然也是刻意追求的结果了。这类釉可称为"银酱釉"或"酱银釉"，其中的高质量者如T4049、TB2074，应该类同于民间所传中原地区的"紫金釉"类产品。

还有一类非常少见的酱釉色呈色偏红，我们暂且称之为"红釉"、"紫红

T4042　白釉剔划牡丹纹玉壶春瓶瓷片

T4043　白釉凸弦纹筒残件（局部）

T4044　白瓷瓶瓷片

T4045　褐釉剔划牡丹纹六系瓮
（局部）

T4046　茶叶末釉执壶（局部）

T4047　褐釉变形忍冬纹罐瓷片
（局部）

T4048　银酱釉碗残件（局部）

T4049　银酱釉双系罐（局部）

T4050　紫红釉扁壶瓷片

T4051　酱紫釉双系罐瓷片

T4052　浅青釉四方出叶纹、花草纹盆瓷片（局部）

T4053　黑釉油沥盏瓷片

T4054　姜黄釉模印花碗瓷片

T4055　浅青釉供养人塑像（残，背部图）

T4056　浅青釉碗瓷片

T4057　红褐窑变釉剔划花梅瓶瓷片（局部）

釉"或"紫釉"、"酱紫釉"等。T4050、TB4006紫中透红，呈色如成熟的李子，而T4051则微闪银光，好像秋后阳光照耀下着霜的葡萄，十分漂亮。

西夏瓷窑青釉产品和黑釉一样，釉普遍较薄（T4056），多数呈青棕黄色，很淡，故称之为"浅青釉"或"淡青釉"显然更为贴切。

浅青釉器的数量其实也很大，尤其回民巷窑，浅青釉水波游鱼纹或各式花草纹盆（T4052）、浅青釉碗（T4056）和盘为其大宗产品，一些供养人塑像也往往施以浅青釉（T4055）。

青釉中色较深并呈色偏黄的为姜黄釉。姜黄釉模印花制品主要出土于回民巷窑，磁窑堡窑极为少见，是灵武窑第一期制品中模仿耀州窑的产品。姜黄釉产品烧造时间不长，尚未完全定型便停烧，所以现在发现的标本呈色多样，尚不稳定，有的偏黄色（T4054），有的偏棕色，还有的更接近黑酱釉色（TB4059～TB4061）。

TB4062姜黄釉模印花盘瓷片的背面边缘，有非常鲜艳的金黄微绿色的窑变，在红褐色釉的剔划花梅瓶瓷片T4057上也有类似的窑变，好像金粉洒在烧红的炭火上一般，非常精彩。

而另一件更为少见的出土于灵武窑的黑釉盏瓷片的内壁（T4053、TB4054），有类似于中原地区著名产品"雨点釉"或"油沥釉"的银色斑点。由于此类标本极少，故我们尚无法推知这种窑变是西夏窑工有意为之还是偶然烧成的效果。

总体讲，西夏瓷器釉面比中原地区民窑瓷器釉面要更薄润、光亮一些，釉浆稀故流动性好，透明度高，积釉、淌釉现象普遍，釉色在以黑、白、酱（褐）、青、姜黄为主干的条件下而呈色丰富，变化万千。

三　品种

西夏瓷器的品种，除了极具民族特色的扁壶和瓷钩等外，总体上未跳出宋、金瓷器的品种范围，如梅瓶及深腹瓶、罐、瓮、缸、花口瓶、执壶、钵和釜等，产量最大的当然还是百姓用量最大的碗和碟。每种产品，在造型上也比较单一，变化相对较少，比如梅瓶，总体上在两三种形制间变化，而中原地区磁州窑的梅瓶仅造型就应该有十数种之多，这使得西夏瓷器从造型上讲更容易记忆，特点更鲜明，鉴识起来更容易把握。

（一）扁壶

西夏扁壶是西夏瓷器中最具特色的产品。瓷质扁壶的前身应该是皮质的扁壶，属于游牧民族的常用器，装奶、水和酒等，故而与游牧民族有关的朝代多见，如南北朝、辽、元及受其影响的明、清等。但与其他朝代的扁壶相比，西夏扁壶有自己最大的特色，即腹部多有圈足，有的腹部正反都有（T4058、TB1001、T4059、TB1017），有的仅有一面（TB1019），这种腹部圈足的造型适合在草原或沙地上平放，平稳而不磨损瓶身；而同时与壶口对应的下部往往无圈足，故像T4060、TB3010这种形制在西夏扁壶中很少见。西夏扁壶多为双系（T4058、T4061、TB1011），也有在下部两侧增加两系者（T4059）。似西夏这种造型的扁壶同时代其他窑口鲜见有烧造，以鲜明的特点著称于中华民族的瓷器家庭。另外，西夏扁壶多数体形很大（T4058、TB1001、T4059、TB1017、TB1005、TB1010），气势磅礴，往往用剔划技法装饰，多开光，开光中多饰牡丹花枝，妖娆多姿，酣畅淋漓，黑白对比鲜明，美不胜收。

（二）梅瓶

梅瓶，本为盛酒器，宋代称为"经瓶"，明代之后称为梅瓶，并逐渐转化为观赏器。为与时代相符，《宁夏灵武窑发掘报告》中将所有西夏梅瓶均称为"经瓶"，但考虑到"梅瓶"之称谓普及已久，故本书采用"梅瓶"之称谓。

剔划花梅瓶是西夏瓷器中另一种极具代表性的器物种类。西夏梅瓶造型上与中原地区的梅瓶有所不同，其特点在于有外翻成蘑菇状的瓶口，折肩，及曲线缓和的瓶身。"蘑菇口"是西夏瓷器中的小口瓶类较多采用的造型，明显的蘑菇状的瓶口，外翻部分的下沿水平切削，口、颈大小差别较大（T4062、TB1069、T4063、TB1003）。

广口梅瓶也很有特色，其他窑口很少见。广口外翻，折线见棱见角；折肩明显，肩部直径最大，以下内收弧度极微。梅瓶往往小口，这种广口的造型形成某种不和谐，正是这种不和谐成就了他的特色（T4064、TB2003）。

西夏梅瓶多采用开光图案装饰，开光内多饰以花卉，开光外则为水波弧线纹间以卷叶纹，有的下腹部增加带状空间饰以卷叶纹或其他纹饰。西夏梅瓶，尤其是蘑菇口梅瓶肩颈之间多刮釉一周成涩圈，以便搭烧其他器物。

这些都是西夏灵武窑第一期梅瓶类产品的特点，到灵武窑第三期产品，小口梅瓶造型有较大变化，主要是溜肩，足微外撇，口部接近于竹节口。竹节口是一种由蘑菇口发展来的口部造型，外侈的口沿下部自然延伸，内收，与颈部自然

T4058　黑釉剔划开光牡丹纹扁壶

T4059　黑酱釉剔划串枝牡丹纹四系扁壶

T4060　黑釉剔划海棠花和宝相花纹扁壶

T4061　黑釉双系扁壶

T4062　黑褐釉剔划折枝海棠花
纹、鹿纹梅瓶

T4063　黑釉剔划折枝牡丹纹梅瓶

T4064　黑釉剔划折枝牡丹纹广
口梅瓶

T4065　黑褐釉剔划花梅瓶（蒙
元时期～元代早期）

T4066　白釉剔划串枝牡丹纹罐

T4067　黑釉剔划折枝海棠花纹罐

T4068　白釉敛口罐

T4069　酱釉双系罐

T4070　白釉喇叭口双系罐

T4071　黑褐釉双系罐

连接，口、颈大小差别较小，"蘑菇"的特征不明显，侧视像两个对扣的侈口盆，又像一节竹节，故名（T4065、TB1090）。

（三）罐

西夏罐的造型样式较多，总体讲，有如下特征：鼓腹，腹颈最大处近肩或上下正中；多子母口或斜唇口，多芒口；口径多大于底径；暗圈足或明圈足；釉色为西夏常见釉色；施釉多不到底；器壁薄；多双系，亦有无系、四系和六系者。

无系深腹大罐，短束颈，宽圆肩，鼓腹下收，暗圈足，口径、底径相若，造型敦实稳重；高一般在30厘米左右；目前此类深腹罐凡出土者，皆体大壁薄，工艺细致，塑型规整，施釉到底或八分釉（T4066、TB1014）。另有一种无系深腹罐，鼓腹曲线圆润，最大直径位于上下正中，带有极强的唐代遗风（T4067、TB1072）。

小型无系敛口罐（T4068）的造型特点是敛口，鼓腹，斜唇沿，明圈足，体型小，多施釉不到底。

有系罐中以双系数量最多，双系对称，系的造型为多股平行带状（T4069、TB1035、T4070、T4071、TB1040、T4072、TB2069、T4073、TB2074）；多斜唇口，口刮釉；鼓腹溜肩，亦有折肩者；明圈足，施釉多不到底；有的腹部有瓜棱纹（T4072），极为漂亮。灵武窑还出土有一种白釉喇叭口双系罐（T4070），造型古朴，有较强的五代、北宋初器物造型特点。

双系罐因其有系，可以悬挂，故很受老百姓欢迎，在中国各个时代的民窑窑口中，都是最重要的产品之一。即使在几十年前的农村，人们仍喜欢将绳子系于房梁，下端有铁钩，可悬挂装了烧饼、肉类的竹篮或者油瓶，以避免鼠类偷食。

（四）瓮和缸

当罐的体积增大到一定程度时，也许就是瓮和缸了。

民间习惯上将体积硕大的深腹陶瓷器，口大壁直者称为缸，口小曲腹者称为瓮。瓮是一个非常形象的名字，可能来自于声音体验：在瓮口说话，会让你的声音瓮声瓮气。

瓮和缸可用来储水、酒，腌制蔬菜。西夏干旱，对瓮和缸的需求很大，今天也确实偶有出土。另外，有些瓮的下腹部近底处带有一圆孔，可插管做流（TB2018），说明是作为酿酒器来使用的。瓮的高度能达到50到60厘米，多平沿敛口，或多棱唇口，溜肩，深曲腹，平底或微内凹底（T4075、TB1042、T4076、TB1049）。甘肃武威出土的几个大瓮，唇口外出，长颈内凹，颈下一周捏塑花边，近肩处装四到六个粗壮的系，再饰以风格独特的纹饰，非常少见（T4074、TB1047、TB1045、TB1050）。

缸的做工一般较粗，多素釉无纹饰，口部刮釉，口径大于底径，腹壁直或微曲外凸（T4077）。

（五）执壶

执壶也是很有西夏特色的一类瓷器，是从唐、五代执壶发展而来，但颈、流、柄都缩短并造型简化、直线化，使制作起来更容易，因而产量较大，在当时应是很受西夏人民欢迎的生活用具。

一类执壶有流，但流安装部位在折肩处，位置较高，因而无需太长，流口与壶口基本持平，有的稍高（T4078、TB2078），有的稍低（T4081、TB2080）。壶口斜唇或者平唇，上端多刮釉。折肩或带有折肩意味的钝圆肩，流对称的一侧装一个多股平行带状柄，深腹，明圈足。青海出土有一件造型奇特的执壶（T4079、TB1085），流口造型如铲子，又如鸟喙，显然与唐代喙口壶有一定渊源。

还有一类无流执壶（T4080、TB2082），有时将之归为罐类，名为单耳罐。其与柄对称一侧虽然无流，如T4080，但在口沿处有一三角形出豁，显然是为了倾倒液体方便流出而设计，这更是壶的功用的体现，故称之为无流执壶更贴切。这类壶除了无流

T4072　黑釉斜棱双系罐

T4073　银酱釉双系罐

T4074　黑褐釉剔划牡丹纹四系瓮

T4075　白釉剔划串枝牡丹纹瓮

T4076　白底黑褐彩绘缠枝莲纹瓮

T4077　褐釉曲腹缸

T4078　黑褐釉执壶

T4079　黑釉喙流执壶

T4080 黑釉无流豁口执壶　　　　　T4081 茶叶末釉执壶

T4082 褐釉无流执壶（蒙元时　　　T4083 黑褐釉剔划花喙流执壶（蒙元
　　　期～元代早期）　　　　　　　　时期～元代早期）

T4084 黑釉玉壶春瓶　　　　　　T4085 黑釉剔划花玉壶春瓶（蒙元时
　　　　　　　　　　　　　　　　　期～元代早期）

T4086 褐釉弦纹双系瓶　　　　　　T4087 茶叶末釉双系瓶

T4088 黑釉弦纹双系瓶　　　　　　T4089 姜黄釉双系瓶

外，其他部位造型与有流执壶相同。

灵武窑执壶发展到第三期，溜肩鼓腹，渐显元代器物的特点，其中一种趋势是颈部渐短，壶口、颈比例接近（T4082），另一种正相反，颈更长，口部出唇有增大的趋势，并往往在壶腹部有剔划花装饰，十分漂亮（T4083、TB2122）。

（六）玉壶春瓶

北宋时，玉壶春瓶的造型逐渐完善，至金代大范围流行。在磁窑堡西夏窑址和甘肃等省区的窖藏、墓葬发现的玉壶春瓶，应属这类产品中生产得比较早的（T4084、TB1055）。其造型古朴、端庄，口外侈但幅度较小，颈细长且曲线和缓，腹鼓而幅度圆润，下腹微垂。

1986年磁窑堡窑址出土有多件玉壶春瓶残件，其中一件属第三期产品，器身饰四组弦纹，肩部剔划串枝花卉一周，腹部剔划卷云纹一周，两层剔划纹饰之间为较宽的黑带，独特精美（T4085、TB1094）。

（七）小口瓶和小口双系瓶

这是很有西夏特色的一类瓷器。

小口双系瓶口部往往有两种造型：蘑菇口（T4086、TB2065、T4087）与竹节口（T4088、TB2063）。口下沿紧贴对称双系，束颈，长圆球腹，明圈足，肩部多刮釉，肩腹部往往有多组弦纹，施釉不到底。

T4089、TB2064口部造型为喇叭口，在双系瓶类中极为少见，应为西夏晚期产品。

还有一类喇叭口双系瓶，体型往往很大，似乎可以称之为"瓮"了（TB4049）。

不带双系的小口瓶目前发现两种形式，其一如T4091，蘑菇口，长圆球腹，瓶身饰弦纹，带有很强的西夏瓷器特征；其二如T4090、TB1025，薄唇口微外翻，圆肩，肩部刮釉，瓶身圆浑，与宋金时期中原的类似小口瓶差别不大。

（八）花口瓶和喇叭口长颈鼓腹瓶

西夏花口瓶是造型极美的一类瓷器。花口多五到六瓣，长束颈内凹，下连鼓腹，腹有正圆球形者，亦有瓶腹上下压缩而横向鼓出幅度极大者，这种瓶腹配合的瓶颈则是最长的，反而很协调（T4094、TB1071）；亦有瓶腹上下拉伸而横向收缩者，足的高度也相应降低。有的花口瓶在瓶腹与足之间有一圈凸棱（T4095、TB1070），圈足弧形外撇，至足跟部上翻，足内深挖至瓶腹的底部。而T4092外撇足的外足墙平直无弧度，花口外翻的幅度也小。

宁夏博物馆收藏有一件灵武窑出土的很少见的花口瓶（T4096、TB1029），六瓣花口，束颈但颈粗，深腹下略收，矮圈足不外撇，从造型来看，似乎可称之为"花口罐"。值得一提的是，其腹部有三条凸带，带上有弦纹，这种工艺使瓶腹更坚固，同时，有一种现代工业美学的感觉，使人眼前一亮。

宁夏银川西夏陵区遗址出土有几件白釉长颈鼓腹瓶，其造型较少见，应该是唐代鹅颈瓶向宋式花口瓶过渡器形的残余。其颈、腹、足三者高度的比例与鹅颈瓶极似，但其颈粗，颈肩之间的折线趋于和缓；与花口瓶比较，除口部为折沿平口而非花口外，外撇足也略矮。这些器物为白胎透明釉，釉色白中泛湖绿，应为贺兰山插旗沟窑产品（T4093、TB1022）。

（九）钵和釜

西夏的瓷钵，按口部造型分，有敛口钵、直口钵和折沿钵；按腹部深浅分，有深腹钵和浅腹钵；按足部造型分，有高足钵、棱足钵和卧足钵等。

敛口钵多深腹（T4098、TB1079、T4099、TB1043），口部内收，口径小于腹径；口部如外翻出唇，则为折沿钵（T4097、TB1023）。口部有的有棱（T4098、TB1079、T4099、TB1043），甚至达三层，这种口部造型的瓷器，西夏窑口多见而其他窑

T4090 黑褐釉送葬狩猎纹小口深腹瓶

T4091 酱釉弦纹小口鼓腹瓶

T4092 白釉花口瓶

T4093 白釉喇叭口长颈鼓腹瓶

T4094 白釉长颈花口瓶

T4095 黑褐釉剔划串枝海棠花纹花口瓶

T4096 黑釉凸弦纹花口瓶

口罕见。

深腹钵高度与直径相若，属于不折不扣的"立件"了，因而外壁往往有精美的剔划花纹（T4100、TB1009）。浅腹钵壁斜，状如大碗（TB2089）。

高足钵足多外撇，足跟部多出凸棱，亦可称棱足钵（T4102、TB2087）。卧足钵的足不明显，钵底部中心浅挖一凹面，使器物有"伏卧"之感，是谓"卧足"。

釜的造型上古即有，本为灶器，可架于火上烹煮食物，所以多平底或卧足极浅（T4101、TB2102）。同时，釜腹上部近口沿处出棱幅度大，应是为了便于架高悬空，以便下方施火，这也是釜和钵的最大不同。

（一〇）碗和碟

无论哪家民窑窑场，碗和碟都是最大宗的产品，这是人类社会生活的需求决定的，西夏窑场也不例外。

西夏碗，尽管根据其种种差别可分为斜壁碗、曲腹碗、葵口碗、折沿碗和高圈足碗等，但总体上讲都具有如下共同特点：器壁薄，外壁弧度小，口敞开较阔，深挖足，挖足过肩，造型简约等。

斜壁碗是晚唐、五代至北宋前期的流行器，是西夏瓷窑第一期的大宗产品，也是存世相对较多的西夏瓷器（T4104、TB2091、TB2098）。西夏斜壁碗造型极简约，碗壁45度左右倾斜外敞，壁平直，深挖足，挖足过肩，内壁施满釉，如施黑褐釉和浅青釉则底部刮釉成涩圈，以便叠烧。白釉的则不刮涩圈，而是仅仅垫以石英砂。斜壁碗外壁施半釉或仅近口沿处施釉。

斜壁碗也有一类数量较少的折腹斜壁碗，碗壁从圈足上沿向两侧平出，然后硬生生地折向斜上方，口沿多微外撇（TB2090）。

西夏曲腹碗的碗壁外曲弧度很小（T4106、TB2095、T4107、TB2097），有的弧度不易察觉，近似于斜壁碗（T4105、TB2096）。

T4097　白釉折沿高足钵

T4098　黑釉剔划卷叶纹钵

T4099　黑釉剔划缠枝牡丹纹钵

T4100　白釉剔划开光牡丹纹钵

T4101　黑釉釜

T4102　外银酱釉、内浅青釉翻
沿花口高足钵

一般认为高圈足碗和钵到元代才大量流行，因其足高，放在草原上不至被埋没，故很受习惯于草原游牧生活的蒙古民族的欢迎。但从对灵武窑的考古发掘和各地出土西夏瓷器的观察中我们知道，高足器早在西夏已是很受欢迎的一类器物，可能和西夏半农半牧的社会生产状态有关系。

高足碗的主体与曲腹碗同，下接高足，足外壁上下近于垂直（T4108、TB2100），或外展（T4109、TB1020），足内深挖过肩。有的高足碗足下沿出棱，足根部直径小者，足内只挖到足高的约二分之一，呈窝头状凹窝。

灵武回民巷窑生产了一些仿耀州的青釉、姜黄釉碗和盘，装饰风格也采用耀州制品常见的内壁模印花的方式（T4113）。有的装饰风格为内壁点梅花点，这种手法在中原磁州窑系的产品中多见。甘肃武威出土有内部以黑褐彩绘花草纹的白釉碗（T4112），与塔儿湾出土的大瓷画风相同，比较少见。

西夏瓷盘以青釉和白釉的最多，器形有折腹、折沿和曲腹等，其中又以折腹盘数量最多；外壁施釉多不到底，有的内壁饰以梅花点纹等（T4110、TB2099、T4111）。

葵口（花口）碗以白釉为多，造型优雅，数量较少（T4103、TB2093）。

（一一）炉、高足杯和盏

西夏瓷窑烧造的炉主要有矮三足炉和高圈足炉（行炉）两种形式。矮三足炉直口，宽沿下曲，扁腹，凹底（T4114、TB1030）。如果把三足炉的足比作人的腿的话，则大腿粗，屈膝，小腿较细，这也是宋金时期炉腿的典型造型。

高圈足炉即行炉，其体小者也经常被人称为灯盏，炉腹比矮三足炉的要深，腹外壁平直或内凹，下端折入，高圈足外撇，内挖足多不到炉底，并多采用棱足形式（T4116、TB2084、T4117）。

所谓盏，可以理解为是碗、碟或浅腹体的小型化。T4115、TB2086造型似碗，但体积小，可能是饮

T4103　白釉葵口碗

T4104　浅青釉斜壁碗

T4105　白釉微曲腹碗

T4106　白釉曲腹撇沿碗

T4107　黑釉内六分筋碗

T4108　白釉高足碗

T4109　白釉高足碗

T4110　青釉盘

T4111　青釉点梅花点纹折腹盘

T4112　白底黑褐彩绘花草纹碗

T4113　姜黄釉模印花碗

酒所用之酒盏。小型瓷盏更多的是作为灯盏使用，如T4120、TB2101、T4119、TB2085。

高足灯盏多唇口且外壁多棱（T4119），可能是为了存留灯芯上溢出的灯油并防止下滴。

就像某些行炉和灯盏的概念经常混同，有时是杯还是灯盏，其界限也是模糊的，比如T4118，口部厚且刮釉，与杯的功用有些相悖，但其总体造型更近于杯，尤其足部造型，与古代中亚地区玻璃杯的足部造型极似，故极有可能是受后者影响而生产的瓷器种类。

（一二）小型人物和动物雕塑

西夏瓷窑及西夏遗址均出土有一些陶瓷质小型人物和动物雕塑，多数为双模合制，少数则手工直接捏塑而成，多施釉，少数素烧。人物多施透明釉，施于未加化妆土的胎体上，烧成后呈浅青釉色，或仅在头顶发髻处点黑褐釉。动物釉色视种类而定，如骆驼多黑褐釉。

人物多与佛教有关，其中数量最多的是供养人塑像。供养人主要有两种形式：一种采取半盘腿坐姿，双手捧扶供奉物品，如蔬菜瓜果、鸡鸭鹅羊等物（T4121、TB2054）；另一种多采取站姿，右手持莲花，搭于右肩（T4122、TB2036、TB2037）。供养人多作髡发状，髡发形式多样，反映了当时自元昊颁髡发令之后的社会习俗，故西夏陶瓷供养人是研究西夏社会习俗和衣着发式等的宝贵资料。

西夏瓷窑也生产菩萨、佛祖、力士等人物塑像。1986年灵武磁窑堡窑址出土有素烧力士，怒目圆睁，雄武有力，十分传神（T4125）。回民巷窑生产的韦驮天塑像，系直接雕塑而成，身躯伟岸挺拔，盔甲雕刻细致，无疑是目前发现的西夏小型雕塑中最精彩的一个（T4124、TB2023、TB2027）。而另一件灵武窑产品酱釉骑虎仙人瓷塑（T4123、TB2028），人、兽皆塑造十分传神，似为道教人物申公豹的形象。

动物雕塑中，以西北游牧民族生活中常见的动物数量最多，如骆驼、马、羊等（T4128、

T4114　酱、青双色釉三足炉

T4115　白釉高足盏

T4116　白釉高足行炉

T4117　白釉高足行炉

T4118　黑釉高足杯

T4119　黑褐釉高足盏（蒙元时期～元代早期）

T4120　酱釉小盏

TB2057），其他有鹿、驴、狗、狮、虎、豹、鸟等。家禽有鸭、鹅等，多数体形较小，长度在5到8厘米之内（T4126、TB2059、T4127、TB2058）。

西夏瓷塑人物和动物均塑造简洁，只求神似，胎釉与前述日用器皿同，胎质致密坚硬，釉薄而色淳美，光亮，多窑汗。

（一三）生产、社会生活和军事用具

畜牧业是西夏社会主要生产部门之一，西夏瓷窑烧制的大量瓷钩和纺轮，是畜牧生活的必需品。西夏纺轮以施黑褐釉和素烧为主，直径在2到4厘米间（T4129、TB2104）；瓷钩（T4130、TB2103）是西夏瓷窑的特色产品，并一直延烧至元代。推测瓷钩在搭造帷帐时可用来牵引系挂绳索，或帐内吊挂物品。

灵武窑还发现有一些尚不能确知其用途的器物，如T4132、TB2107，状如枣核，两端穿孔，孔间有凹槽，推测绳索可从两孔穿过，扣于凹槽内，故可作为"瓷握"使用，以方便提、拉物体，另此器亦有可能是网坠。还有一长方形饼状器（T4133、TB2113），器身斜穿十孔，显然是一种工具，但具体用途不明。

灵武窑亦生产有四穿扣（T4131、TB2108），状如葵花，十分可爱。

为了军事的需要，西夏瓷窑也生产陶瓷蒺藜和弹丸。蒺藜球形（T4134），器表皆尖刺，中空可装火药连接引线，实为早期地雷或手雷。陶瓷蒺藜虽不如金属蒺藜威力大，但成本低，产量大，在冷兵器时代，是杀伤力很大的高端武器。

（一四）文房用具和娱乐用具

西夏国并不是一个重武轻文的国家，建国后，儒家文化和科举教育不断得到推广和加强，夏人的文化素养不断提高。灵武窑出土有一些制作精良的文房用品，正是社会需求的体现。

灵武窑出土的文房用品主要有砚和砚滴等。砚

T4121　持瓜果供养人塑像（残）

T4122　青釉点酱彩执莲花供养人塑像（残）

T4123　酱釉骑虎仙人瓷塑

T4124　瓷塑韦驮天像（残）

T4125　素烧力士像（残）

T4126　点酱彩瓷动物

T4127　浅青釉点褐彩狗、梅花鹿和素烧瓷鸭

T4128　酱釉骆驼（两件）

T4129　各式纺轮（十件）

T4130　瓷钩（九件）

T4131　素烧葵花型四穿扣

T4132　有槽双孔器

T4133　多孔瓷饼

T4134　陶瓷蒺藜

T4135　黑釉凤鸟形倒流壶式
　　　　砚滴

T4136　球形倒流壶式砚滴

T4137　素烧划"黑砚台"文字
　　　　圆砚（底部）

T4138　素烧牛头埙

有饼形圆砚（T4137）和辟雍砚（T4139），而制作水平最高的则是仿北宋形制的长方形澄泥质抄手砚。民间收藏的戳记"炭窑烽赵家沉泥砚瓦记"抄手砚（TB2031～TB2033），澄泥质灰陶胎，细腻坚硬，其造型与质地均为典型的宋、金时期北方流行形式，与1986年灵武窑出土的残存有"赵家罗"三字戳记的残砚[09]显系同期产品。这些制作精良的砚台，表明灵武窑在当时也是澄泥砚的产地之一，其戳记铭文，更是研究西夏史地的宝贵资料。

砚滴（水盂）以凤鸟造型为多（T4135、TB2060），鸟嘴为流，背有系，底部为敞开的注水口，倒置注水后再正置而水不外溢，为巧妙的"倒流壶"式。回民巷窑生产的球形倒流壶式砚滴（T4136、TB2061、TB2062），造型精致，而橙红色的窑汗恰到好处，使球形壶体看起来就像树上的果子，浑然天成，十分可爱。

灵武窑出土的娱乐用具有各式棋子、骰子（T4140、TB2110）和牛头埙等。棋子皆素烧，黑、白围棋子数量最多，有素面和印花两种，另有刻划汉文象棋子，工艺较粗糙。牛头埙（T4138）"正面有两孔，顶部中间有一孔，吹之发声"[10]。

回民巷窑产瓷腰鼓鼓腔残件（T4141、TB4043），造型准确，胎白釉黑，器壁薄，制作极为精良。陶瓷制作的瓷腰鼓，以唐代河南鲁山窑所产花釉瓷腰鼓最为著名，而这两件西夏瓷腰鼓残件，展现了西夏瓷窑高超的制瓷技术，同时也表明西夏社会娱乐生活深受唐宋风尚的影响。

（一五）宗教用具

灵武磁窑堡出土有多种宗教用具，主要是佛教密宗用器，如小型金刚杵、如意轮和莲花座等，大多素烧（T4142）。窑址还出土有擦擦模子，从一个侧面证明近年在原西夏境内发现的大量擦擦中相当一部分确实为西夏时期制品（T4144）。

瓷制念珠偶有出土，有球形和墩形，中穿孔，大小在1～2厘米间（T4143、TB2106）。磁窑堡还出土有一些瓷质眼珠，可在塑造佛像时嵌入

笔技法勾完线条，再以大写意的笔法勾描，所完成的作品，也自当有独特的美感。

（六）模印花

陕西耀州窑的模印花青瓷极富盛名，而西夏瓷器的部分产品深受耀州窑影响，故也使用了这种模印花装饰手法。将成型的碗盘等趁湿扣在剔划出纹饰的馒头状的模子上，用力按压，取下后内壁便满布纹饰了，干后再罩以姜黄釉烧制。模印花瓷残器在回民巷窑有出土，磁窑堡窑少见，说明西夏瓷窑进入高峰期后便很少采用这种手法了，而被更具西夏特色的剔划釉和剔划化妆土手法代替。西夏模印花器皆为胎壁极薄的碗、盘等，极易损坏，故未见有完整器存世（T4156、TB4058）。

T4156　姜黄釉模印牡丹纹碗瓷片

T4157　白釉凸弦纹碗瓷片

（七）旋制凸弦纹和贴塑

旋制凸弦纹，指在旋制器物时，在外壁旋制出宽窄、高低不等的凸弦纹作装饰（T4157）。另有一些器物，在局部贴塑一些具有浮雕效果的纹饰作为装饰，如T4158，在本已做好的罐耳部正中，又贴塑三个鼓钉纹，增强了装饰效果。

T4158　黑釉罐瓷片

（八）点彩

器物成型后，在胎体表面用毛笔点出梅花点状纹饰，再罩以透明釉，烧成后为浅青釉点褐彩器；如果先施以化妆土再点彩，则为白釉点褐彩器。所点图案多为梅花点或菱形点，采用这种工艺的，主要是碗、盘和盆的内壁（T4159），而像民藏品TB2010这样通体以梅花点作为主体装饰的梅瓶十分少见。内蒙古民间另藏有一件黑釉梅瓶，在黑釉釉面上以白粉（化妆土）点梅花点纹，黑白对比鲜明，非常独特（TB2011）。

T4159　白釉点褐彩碗瓷片

（九）白底黑（褐）彩绘

在白釉器的釉上或釉下，用毛笔蘸含铁量高的浆料直接绘制出纹饰，烧成后即为白底黑彩或白底褐彩器，也称白地黑（褐）花。这是金国地区的窑场（主要指磁州窑、河南北部窑口）最具代表性的装饰手法，在西夏瓷器中，仅烧造于西夏末期的甘肃武威塔儿湾窑出土有采用这种装饰手法的瓷器（T4160、TB1045、TB1046）。

T4160　白底黑褐彩绘天鹅卷云纹六系瓷（局部）

（一〇）素胎绘褐彩和浅青釉绘褐彩

灵武窑创烧时间较早，在中原地区流行成熟的白底黑褐彩绘手法之前，其自

T4161　素胎褐彩绘花卉纹罐瓷片

T4162　浅青釉划胎水波游鱼纹盆瓷片

T4163　浅青釉划胎填彩水波游鱼纹盆
瓷片

T4164　素胎刻划、镂空牡丹纹瓷片

T4165　浅青釉折沿钵瓷片

身常用的装饰手法如剔划釉、剔划化妆土等早已成熟，故未采用白底黑褐彩绘手法装饰瓷器。但在近年所发现的西夏瓷器标本中，发现一种用褐彩直接在素胎上或青釉的釉面上绘制花卉纹的手法（T4161、TB2035）。这两种手法绘制的纹饰都比较模糊，尤其绘制于青釉釉面上的（TB2035），晕散更为明显。这类标本多发现于烧造时间较早的回民巷窑，西夏窑工此时可能尚未见过在白色化妆土上绘制出清晰纹饰的中原地区的产品，而且此类标本发现极少，故这种技法可能是西夏窑工兴之所至的产物，显然，这是一种不同于金代中原地区流行的白底黑绘的、带有一定独创性的、不成熟的装饰手法。

（一一）划胎

直接用较尖的工具在半干的胎壁上划出纹饰，然后或施釉或不施釉，入窑烧制即成。由于胎体本身较暗，施以浅青釉之后纹饰不甚明快。少量浅青釉水波游鱼纹盆采用这种手法装饰（T4162）。

（一二）划胎填彩（镶嵌或刻填）

为了使胎体上划出的线条清晰醒目，在上釉之前，先在划过的凹线中填入深色化妆土或某种彩料，再上透明釉（浅青釉），烧成后线条黑棕色，与周围空白对比鲜明，这种手法便是划胎填彩，也往往被称为"镶嵌"或"刻填"。

西夏产品中的浅青釉水波游鱼纹盆，绝大多数都采用这种装饰手法（T4163）。在中原地区的北宋早、中期民窑产品中，镶嵌手法占据统治地位，这也说明西夏瓷窑受北宋前期工艺影响较大。

对于这种浅青釉镶嵌手法，笔者曾误以为是划线处的积釉使之颜色深而非划胎填彩，后在中国社会科学院考古研究所马文宽先生的启发下，最终确认为划胎填彩工艺。不过，目前对于所填物质，在填入时是粉状深色化妆土还是液体状态，是采用毛笔描入还是填粉后平刮，尚有待研究揭示。

（一三）镂空（透雕）

对于器壁较薄的器物，在胎体尚未完全干燥时，以刻刀雕出纹饰，局部穿透器壁，即为镂空装饰手法。灵武窑采用镂空装饰手法的器物较少，仅在前文所例金刚杵、如意轮等物上有所发现（T4142）[12]。T4164刻划牡丹花纹，花朵外缘采用镂空手法，惜标本断裂缺失，无法确知完整器物状况。

（一四）透雕加层

T4165、TB4030瓷钵残片，是极为罕见的采用透雕加层工艺的标本。此器的制作程序应该是这样的：先做一大一小两个钵，在胎体未干时将两钵相套，在口沿处将两器器壁粘接（圈足处两层胎体是否粘接在一起需视具体情况而定），口沿以下外层以刻刀雕出纹饰，局部穿透器壁，外壁即为透雕，而内壁保持原样，再整体施浅青釉。

五 常用纹饰

（一）花卉

1. 牡丹

在西夏瓷器的常用纹饰中，花卉图案应该占了八成以上，而其中牡丹花的数量又占有绝对优势。很明显，这是唐代以来人们对牡丹花的热爱的延续，也从另一个侧面证明西夏文化是中华文化的一个组成部分。

西夏瓷器上的牡丹花，造型饱满，线条流畅，花瓣多对称分布，装饰性强。从花瓣看有复瓣牡丹也有单瓣牡丹，从枝叶看有折枝牡丹、缠枝牡丹和串枝牡丹。经过窑工年复一年的反复创作、提炼，西夏瓷器上的牡丹花造型逐渐形成了自己的特点，比如花瓣顶端多呈"凸"字形，花瓣上细线划出筋脉或划一问号形弯钩，花蕊多以一圆圈表示等。

折枝牡丹，顾名思义，图案为折下的牡丹花枝，枝干可曲可直，形式灵活（T4166）。

缠枝牡丹，其枝叶呈缠绕盘旋状。当然，自然界中没有这种牡丹。这种理想化、图案化了的牡丹，增强了画面的气势，使图案充满勃勃生机（T4167、TB2001）。

串枝牡丹造型为多枝牡丹连成一串，一般装饰于瓶、罐外壁，环绕一周。像T4170、TB1017这样在同一个平面的串枝牡丹则非常少见。

回民巷窑出土的姜黄釉碗多模印牡丹花纹，其牡丹造型更接近于北宋前期和辽代瓷器上的牡丹造型（T4169）。

甘肃武威出土的瓮上的牡丹皆为单瓣牡丹，图

T4166　白釉剔划折枝牡丹纹盆瓷片

T4167　黑褐釉剔划缠枝牡丹纹梅瓶（局部）

T4168　黑褐釉剔划牡丹纹罐（局部）

T4169　姜黄釉模印牡丹纹碗瓷片（局部）

T4170　黑酱釉剔划串枝牡丹纹四系扁壶

T4171　白底黑褐彩绘牡丹纹四系瓷（局部）

T4172　黑褐釉剔划海棠花纹梅瓶
（局部）

T4173　黑褐釉剔划海棠花纹梅瓶（局部）

T4174　黑褐釉剔划串枝海棠花纹花口瓶（局部）

T4175　黑褐釉剔划串枝荷花、海棠花纹梅瓶（局部）

T4176　黑褐釉划波浪荷花并头鱼纹梅瓶（局部）

T4177　白底黑褐彩绘缠枝莲纹瓮

T4178　黑釉剔划开光菊花纹广口梅瓶（局部）

T4179　黑釉剔划开光石榴纹梅瓶（局部）

案化强，特点鲜明（T4171、TB1050）。

T4168、TB3011罐腹装饰的折枝牡丹，花型奇特。如果只看上半部分花朵，容易被认为是菊花，但花朵下部的三五片花瓣则是典型的西夏牡丹形式。

2. 海棠

海棠花类型的纹饰也在西夏瓷器上较常出现。花瓣一般四到七瓣，有的在中间以一圆圈代表花蕊，以折枝海棠和串枝海棠最为常见。

花瓣一般有两种造型，一种为简单的椭圆形（T4173、TB3009），另一种花瓣顶端呈凸字形，花瓣上或有一两条短线表示筋脉（T4172、T4174、TB1070）。

西夏瓷器上有好多具备蔷薇科（海棠属蔷薇科）花卉特征的纹饰，有的系窑工兴致之下的创造，有时很难确切界定到底是海棠，是蔷薇还是别的什么花卉。

3. 荷花

佛国西夏，喜爱荷花（莲花）当在情理之中，但在瓷器上荷花的出现比牡丹却少得多。

比之牡丹，西夏瓷器上荷花的造型要显得端庄得多，花瓣多对称分布，整洁、大方（T4175、TB2009）。

T4176、TB2007荷花花朵中部的莲蓬硕大醒目，造型夸张，体现了一种高度图案化的艺术风格。

甘肃武威出土白底黑褐彩绘莲花罐，所绘莲花的花、叶形式不同一般，应是西番莲属的植物，但作为一种特定植物名称的西番莲，最早在明代才传入我国，所以怎样称呼此罐纹饰，确实有些麻烦（T4177、TB1049）。

4. 菊花

在西夏瓷器的常用纹饰中，菊花也时有出现，但大多因造型与牡丹相似而较难分辨。

T4178、TB2013则是比较明显的菊花造型，花瓣顶端如鸡冠，下部多条平行弧线彰显菊花花瓣特征。像这样刻划细密、构图饱满的菊花纹在西夏瓷器中实不多见。

5. 石榴

石榴纹出现极少。例T4179、TB1002为故宫博物院藏石榴纹梅瓶局部。此瓶纹饰也经常被认为是牡丹纹，但笔者认为，由半圆弧描绘出的粒粒珠状物应是石榴籽，尤其下部体积更小的、更繁密的石榴籽将石榴果皮撑得左右绽开，更是将枝头成熟饱满、绽裂的石榴果非常传神的刻画了出来。

6. 宝相花

宝相花并不像某些西夏瓷器爱好者说的那样常见，实际上，典型的宝相花在西夏瓷器上极难发现。

宝相花造型盛行于隋唐时期，是综合了牡丹、荷花等常见花卉，加以抽象加工而成的理想化了的花朵纹样。宝相花为花朵的正面俯视图，花瓣及花蕊都呈放射形分布并对称，隋唐时期多采用多个宝相花朵规则排列形成纹样装饰于织物或铜镜等器物之上。

西夏瓷器上的一些单瓣花尽管也抽象化了，但多与牡丹一样，是从侧面表现，并和枝、叶共同组成一幅画面，因而不能称为宝相花，本书归之为海棠花和蔷薇花类。有些四方或八方出花叶的花纹倒可视为宝相花的变形，参见后文。

T4180、TB3010为现藏日本的剔划花扁壶局部，壶腹中部饰以比较典型的宝相花纹，十分少见。

7. 卷叶纹和草叶纹

卷叶纹在西夏瓷器上被大量使用，这也是西夏瓷器纹饰上的一个特点。很多开光之外的密布的弧线纹之间，往往装饰卷叶纹。在梅瓶和罐类的主体纹饰之上或之下的带状空间中，往往以环绕一周的卷叶纹作为装饰（T4181、TB4021）。

以卷叶纹和草叶纹作为主体纹饰也偶有所见，如T4182开光剔划卷叶纹梅瓶的残片所示。而T4183、TB2015则更是大刀阔斧，寥寥几笔勾画出硕

T4180　黑釉剔划海棠花和宝相花纹扁壶（局部）

T4181　黑釉剔划花罐瓷片

T4182　黑釉剔划卷叶纹梅瓶瓷片

T4183　酱釉剔划草叶纹敛口钵

T4184　褐釉连续双线方格纹瓷片

T4185　褐釉连续双线折线纹瓷片

T4186　黑褐釉连续双线折线纹
瓷片

T4187　黑褐釉剔划四方出叶纹、牡丹
纹梅瓶（局部）

T4188　浅青釉四方出叶纹、花
草纹盆瓷片（局部）

T4189　浅青釉连续交叉双线纹、水波
游鱼纹盆瓷片（局部）

T4190　黑釉剔划八方出叶纹梅
瓶

T4191　黑褐釉送葬狩猎纹小口深腹瓶
（局部）

T4193　黑褐釉送葬狩猎纹小口深腹瓶纹饰展开图

T4192　黑褐釉送葬狩猎纹小口
深腹瓶

T4194　白釉划柳荫人物纹盆瓷
片（局部）

大的草叶纹作为主体纹饰，构图十分大胆。

（二）交叉叶纹、钱纹和交叉线纹等几何纹

几何纹类纹饰变化较多，有比较简单的连续双线方格纹（T4184）、间饰花草纹的连续双线折线纹（T4185、T4186）和连续交叉双线纹（T4189）等，一般装饰于主体纹饰上方或下方的带状空间内，连续环绕一周。在梅瓶的肩部以下和水波游鱼纹盆的边缘较多使用。

四方出叶纹（T4187、T4188）也多连续分布，有的安排在连续的方格之内。四方出叶纹的四叶之间增加花叶则成为八方出叶纹（T4190）。

如T4187，如果没有方格的限制，四方出叶纹也可被视为钱纹（将每组纹饰左右分开，而与下一组纹饰的一半组合，便成钱纹）。

T4190，以连续的八方出叶纹和下部的双线折线纹相组合作为主体纹饰，这种手法非常少见。

（三）人物和社会生活纹

在西夏瓷器的纹饰中，能反映当时社会生活的自然会显得非常宝贵，如T4192、TB1025送葬狩猎纹小口深腹瓶便是非常精彩的一件。瓶腹部所刻划图案，最前方为一"惊慌奔逃之兔，其后有一动势较大的猛禽在抓扑一鹅，后面又有一奔跑之狗似在协助扑鹅或在追扑逃兔。中间刻一马，鞍上插有幡旗似刻有字（不清），应为死者之名。马的后方刻有双靴挑灯，靴后尚刻有它物，惜瓷片短缺而未能看到完整画面"（T4191、T4193、TB1025）。图案中的猛禽即为海东青，学名鹘，善猎鹅雁，辽统治者喜欢携其出行狩猎，为春水秋山、冬夏捺钵之制。此瓶表明，作为辽之属国的西夏统治者，似乎也有类似风俗。而所绘双靴，含义不明，似乎有为死者祈福的象征意义，希望其在阴间能过上衣食均足的生活[13]。

T4194、TB4038、TB4039为民间收藏的白釉划柳萌人物纹盆瓷片，灵武窑产品，画面中垂柳之下，一人手举板状物，似在进行某种游戏，或在推拉牲口。此瓷片最大长度13.7厘米，因残缺太甚，无法获知整体纹饰所表现的具体内容，但仍可推知其原图画面之宏大和工艺之精彩。

（四）婴戏纹

婴戏纹是宋代中原地区瓷器上的常用纹饰，在一些磁州窑系瓷器上常能见到。受中原文化的影响，婴戏纹也在西夏瓷器上有所采用。孩童形象大多与中原同类题材相仿，只是光头的形象所占比例较大。

T4197白釉剔划婴戏纹深腹罐残片，1986年灵武窑出土，孩童光头环眼，圆面高鼻，不知是否是西夏人面貌"圆面高准"的反映。

T4195为1986年灵武磁窑堡窑出土碗模残片，"近碗沿处刻有一周忍冬纹，其下为婴儿攀花纹"[14]，孩童有动跃之姿，非常生动。民间藏品中亦有婴戏纹碗模残片如TB4088，划工流畅，值得注意的是在孩童头顶部有一弧形浅凹线，应是窑工以利器直接在胎模上打草稿所致，可以想见当时窑工之随心所欲和成竹在胸的状态。

T4196、TB4057姜黄釉模印婴戏纹碗瓷片，回民巷窑产品。所印孩童嘴角上翘，呈欢笑神情，右手持物盘腿而坐，衣饰刻画清晰，实为难得标本。

（五）鹿衔花（鹿吐莲花）纹、游鱼纹和其他动物纹

"鹿"和"禄"同音，鹿衔花纹象征富贵吉祥。唐宋时期鹿衔花纹开始流行。传唐代的裴休在湖南益阳讲学，有白鹿衔花出来聆听，后讲学地建白鹿寺。宋金时期，鹿衔花纹更为流行，今天我们能看到相当多的磁州窑系瓷枕上绘制有鹿衔花纹。北宋吴淑《牡丹赋》有句曰：鹿衔花而径去，马蹴树而堪伤。

西夏瓷器上所绘鹿衔花纹，不同于宋金地区流

T4195　素烧刻划婴戏纹碗模残片　　　T4196　姜黄釉模印婴戏纹碗瓷片

T4197　白釉剔划婴戏纹深腹罐瓷片　　　T4198　黑釉剔划鹿衔花纹梅瓶残件（局部）

T4199　茶叶末釉剔划鹿衔花纹梅瓶瓷片　　　T4200　浅青釉水波游鱼纹盆瓷片（局部）

T4201　浅青釉水波游鱼纹盆瓷片　　　T4202　黑褐釉划波浪莲花并头鱼纹梅瓶（局部）

T4203　浅青釉水波游鱼纹盆瓷片（局部）　　　T4204　酱釉划仙鹤水波涡纹瓷片

T4205　白底黑褐彩绘天鹅卷云纹六系瓮（局部）

T4206　浅青釉刻划鸟衔香囊纹盆瓷片（局部）

T4207　浅青釉划花纹盆瓷片

T4208　浅青釉划花纹盆瓷片

T4209　浅青釉水波游鱼纹盆瓷片

T4210　酱紫釉划卷云纹扁壶瓷片

T4211　黑釉剔划变形忍冬纹罐瓷片

T4212　白底黑褐彩绘天鹅卷云纹六系瓮（局部）

T4213　浅青釉水波游鱼纹盆瓷片（局部）

T4214　黑釉划水波涡纹瓷片

T4215　酱釉划水波涡纹瓷片

行的相似图案，其鹿身多左向，首向右回转上昂，口中吐出牡丹或莲花枝，旁有卷叶，看画面，似乎称为"鹿吐莲花"更为贴切（T4198、T4199）。"莲花"是佛教的象征，是吉祥和清净的标志。讲经者说法微妙，谓之"口吐莲花"，故西夏瓷器上绘制鹿衔花（鹿吐莲花）纹，应是与西夏佛国佛教的普及和影响深远相适应的。另外，与花朵相比，鹿身比例小，花朵硕大，飘飞空中，更增添了一种宗教神秘气氛。

很明显，鹿衔花纹饰在西夏瓷器上有一定的格式和规律，这是发展到成熟期的表现。

水波游鱼纹盆是西夏瓷窑的大宗产品。鱼的造型比较固定，鱼鳞几乎都用管形器戳出，多数呈不闭合的C形（T4201），有的在鱼鳞中间加一点，使其形象更加饱满（T4203），也有一片一片绘出或者篦出鱼鳞的（T4200），但较少。T4202、TB2007这种三并头鱼的纹饰则更为少见。

西夏瓷器中的鹿纹很成熟但数量不多，而鱼纹则是最为常用的纹饰，其他动物纹饰也偶有出现，但数量极少且造型不定，正因如此，一有出现，便会给人带来惊喜。

T4205、TB1045、TB1046为武威塔儿湾窑出土绘有天鹅的大瓮局部，天鹅绘制简单，虽寥寥几笔却非常传神。T4204灵武窑出土残片，尚存仙鹤纹头部。另有盆底部残片T4206、TB4040、TB4041，绘两只大鸟，似鸽，似鸡，或是鹌鹑，其一口衔香囊或绣球之丝带，图案意义不明。

其他动物，如狮、虎等，主要以雕塑的形式表现。灵武窑雕塑品中也发现有羊、狗、马、驴、猪、豹及各种家禽等，但数量最多的则是对西北人民的生活帮助极大的骆驼（T2038、TB2057）[15]。

（六）忍冬纹、卷云纹、波浪纹和其他边饰

忍冬纹魏晋时期由西域传入中原并渗透到佛教艺术和世俗生活中，典型纹样是一个到多个花、叶瓣互生于波曲状茎蔓两侧并规律性延伸。西夏瓷器

上的忍冬纹并不典型，是其各种变体，有些纹饰很难分清是忍冬纹、卷云纹还是波浪纹，如T4207、T4208、T4209、T4210、TB4005。

像T4211、TB4022这种构图饱满、枝叶外缘呈规则锯齿状的变形忍冬纹仅在灵武窑第二期文化中出现。

武威塔儿湾窑出土的大瓮，瓮腹绘卷云纹（T4212、TB1045、TB1046），屈曲飘绕，带有较强的西域风情和宗教色彩。

水波游鱼纹盆上大量采用篦划水波纹，篦划走向视空间而定，非常随意（T4213、TB4036、TB4037）。

短弧线纹所组成的同心弧形纹饰，类似于水面扩散漩涡，可称为水波涡纹，在开光构图之外的空间中被大量使用（T4214）。

西夏瓷器尚没有任何实例（包括瓷片）出现类似宋、金瓷器上的典型的仰俯莲瓣纹，T4215纹饰应该是宝相花瓣或者水波涡纹的变形。

边缘装饰形式非常多，有两方对称连续的抽象花纹（T4216），也有连续的单方卷曲花叶纹（T4217），往往在瓶、罐和盆上下边缘的带状空间中使用。

T4216　白釉剔划牡丹纹罐

T4217　浅青釉水波游鱼纹盆瓷片（局部）

（七）绞线纹、螺旋线纹和弦纹

绞线纹、螺旋线纹和弦纹都是通过长线条的变化所组成的纹饰。绞线纹由两到三支长线起伏相绞组成（T4218），一般装饰于瓶或罐腹下部的空间中；螺旋线纹就像被拉扯的弹簧金属丝，在西夏瓷器上出现得并不多（T4219）；而弦纹在西夏瓷器中则大量使用（T4220、TB1036），是西夏瓷器纹饰上的显著特点之一，并对元、明、清瓷器，尤其是西北地区的深色釉瓷器产生了极大影响。

（八）梅花点纹

梅花点纹是宋、金地区黄河两岸民窑制品上的常见纹饰，受其影响，西夏瓷器上也有采用。四

T4218　酱釉绞线纹梅瓶瓷片

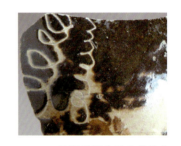
T4219　黑褐釉螺旋线纹罐瓷片（局部）

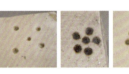

T4221　浅青釉梅花点纹盆瓷片（三片，局部）

T4220　褐釉弦纹梅瓶

T4222　浅青釉梅花点纹骆驼（残）

瓣、五瓣，直至八瓣梅花都可找到，多在浅青釉和白釉瓷上施用（T4221、T4222、T4224）。

民间藏浅青釉梅花点纹梅瓶（T4225、TB2010），瓶身饰以六瓣梅花点纹，加上修长的造型，使整件作品看起来素雅端庄。相较于西夏有代表性的黑釉剔划花装饰手法，此器以梅花点纹作为梅瓶的主体装饰手法，非常少见。

也有拍印类似于梅花点的圆点纹的，密密麻麻，一般施于大瓮的内壁，除装饰作用之外，还可通过按压模印增加器壁的强度（T4223）。

（九）文字、符号

西夏瓷器上偶有汉文、西夏文、梵文悉昙字及各种符号出现。多数文字，都有实用之效，往往是姓氏，或其他标识器物所属、器物用途的文字。上海博物馆藏有一件黑釉小口球腹瓶，瓶腹部划有文字三行共五个，有学者认为最左侧二字似为汉字"斗斤"，标明此器容积，中、右三字为西夏文，字意多解，似为人名或地名[16]。

本书图版中收录有一些带有文字、符号的窑具和瓷器残片（TB4095～TB4111、TB4118～TB4122），多数似为姓氏和窑工所作标记；其中的划"税僧"二字的顶钵（T4228、TB4103），似乎表示此顶钵上所垫烧的器物是专门为寺院烧造的。另外两件分别刻划有"东平王衙下"和"三司"铭记的大瓮瓷片则益显珍贵（TB4121、TB4122），标明器物所属，同时证明灵武窑在西夏时承担着为官府烧造瓷器的任务，关于此，见本书柒散论二"浅论西夏官府瓷器的烧造"。

有些文字和符号其装饰的功用则更加明显，如T4229黑褐釉碗底上的"香"字和T4230褐釉碗底上的梵文悉昙字等。梵文随佛教传入我国之后，梵文之书体及字母被称作悉昙字。西夏佛国，自然会有较多悉昙字出现。

西夏瓷刻划纪年文字极为罕见，T4226为一白釉碗残片，在碗内残存有刻划的"年四"二字，当为

T4223　拍印梅花点纹瓮瓷片　　　T4224　白釉梅花点纹碗瓷片

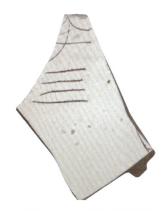

T4225　浅青釉梅花点纹梅瓶　　　T4226　白釉刻划文字碗瓷片

T4227　黑釉划文字、符号碗瓷片　　T4228　划"税僧"二字的顶钵
（蒙元时期～元代早期）　　　　　　　　　窑具

T4229　黑褐釉划"香"字碗瓷片　　T4230　褐釉刻划悉昙字瓷片

某年四月纪年文字的残存，惜其他文字缺失，无法确知具体年份。

灵武窑第三期制品中，在碗内底中部刻划"李"、"唐"、"杨"等汉文姓氏的较多，如T4227、TB4042图中左边标本。

(01) 据《宁夏灵武窑发掘报告》中窑炉Y4复原图填补，见第13页。

(02) 据《宁夏灵武窑发掘报告》第178、179页中所归纳八种方法，笔者增加"瓷钧粘烧法"和"多支点垫烧法"。

(03) 据李国桢、马文宽、高凌翔：《灵武窑制瓷工艺总结和研究》，见《宁夏灵武窑发掘报告》第212页。

(04) 同上，第214页。

(05) 同上，第213页。

(06) （宋）叶廷珪撰，李之亮校点：《海录碎事》第一二七页卷四上"白房"条载："秦人（按：指南北朝时汉人）呼鲜卑为白房。"中华书局，2002年5月第1版。

(07) 图见国立历史博物馆编译小组编辑：《丝路上消失的王国——西夏黑水城的佛教艺术》第85页图67，国立历史博物馆（台北），1996年6月中文第一版。

(08) 白衣大食（661～750）即倭马亚王朝，以大马士革为首都，是地跨亚非欧的阿拉伯帝国，族俗尚白，故名；其后的阿拔斯王朝（750～1258），以巴格达为都，旗帜为黑，故名黑衣大食。

(09) 见《宁夏灵武窑发掘报告》第107页图一〇八，1。

(10) 引自《宁夏灵武窑发掘报告》第77页。

(11) 迦陵频迦为梵文Kalavinka的音译，意译为"美音鸟"或"妙音鸟"，佛教中人首鸟身的一种神。在唐代与辽代的壁画、金银器上较多出现。

(12) 见《宁夏灵武窑发掘报告》第173页。

(13) 均引自马文宽、曹国鉴：《灵武窑西夏瓷的装饰艺术》，《中国考古学论丛》第483～485页，科学出版社，1995年1月第2次印刷。

(14) 参见《宁夏灵武窑发掘报告》第92页。

(15) 参见《宁夏灵武窑发掘报告》第80、81、110、111页。

(16) 分别参见陈炳应著：《西夏文物研究》第426页，宁夏人民出版社1985年8月第1版。西夏博物馆编，汤晓芳主编，陈育宁、王月星副主编：《西夏艺术》第142页，宁夏人民出版社，2003年8月。

肆

T4001 西夏窑炉复原图   米/灵武窑制品

T4002 戳印米字纹匣钵   T4005 顶碗覆烧法示意图

      西夏/高31厘米/灵武窑产品/民间收藏   本书作者制图

T4003 摞烧粘连的青釉盘   T4006 支圈正烧法示意图

      西夏/灵武窑产品/民间收藏   本书作者制图

T4004 顶碗、顶盘和顶钵   T4007 窑具支撑垛烧法示意图

      西夏/最高高度9.5厘米，最大直径11厘   本书作者制图

T4008　垫条对烧法示意图

本书作者制图

T4009　芒口对烧法示意图

本书作者制图

T4010　器物搭烧法示意图

本书作者制图

T4011　垫托扣烧法示意图

本书作者制图

T4012　泥饼插烧瓷钩标本

西夏/长11厘米/灵武窑址采集

T4013　粘烧的瓷钩标本

西夏/高4厘米/灵武窑址采集

T4014　多支点垫烧法示意图

本书作者制图

T4015　黑釉唾盂残件内部及外底部图

西夏/灵武回民巷窑址采集

T4016　与被支撑瓷器发生粘连的工字形窑具

西夏/灵武回民巷窑址采集

T4017　黑釉茶盏瓷片

西夏/灵武窑产品/民间收藏

T4018　黑釉剔划花瓷片

西夏/高6厘米，宽7.2厘米/灵武窑产品/民
间收藏

T4019　银酱釉剔划牡丹纹梅瓶瓷片

西夏/高21厘米/灵武窑产品/民间收藏

T4020　浅青釉碗瓷片

西夏/灵武回民巷窑产品/民间收藏

T4021　黑釉剔划花罐瓷片

西夏/底径18厘米/灵武窑产品/民间收藏

T4022　黑釉剔划花罐瓷片内部图

西夏/底径18厘米/灵武窑产品/民间收藏

T4023　酱红釉剔划花罐瓷片

西夏/灵武窑产品/民间收藏

T4024　瓜棱罐瓷片

西夏/灵武回民巷窑产品/民间收藏

T4025　浅青釉碗瓷片

西夏/灵武回民巷窑采集/民间收藏

T4026　茶叶末釉斜壁碗（局部）

西夏/高9.3厘米，口径19厘米/灵武窑产
品/民间收藏

T4027　黑褐釉剔划缠枝牡丹纹梅瓶（底部）

西夏/高37.2厘米/推测为伊克昭盟窑产
品/北京民间收藏

T4028　褐釉剔划牡丹纹六系瓮（局部）

西夏/高63厘米，口径15厘米/宁夏民间
收藏

T4029　黑釉剔划牡丹纹四系瓮（局部）

西夏/高46厘米/1991年8月武威塔儿湾窑
址出土/西夏博物馆（武威）藏

T4030　白瓷瓶瓷片

西夏/最大直径7.5厘米/贺兰山插旗沟窑
产品/民间收藏

T4031　褐釉弦纹双系瓶（局部）

西夏/高17厘米/民间收藏

T4032　褐釉钵瓷片

蒙元时期～元代早期/灵武窑第三期产
品/民间收藏

T4033　黑釉双系扁壶

西夏/长20.8厘米/1986年灵武磁窑堡窑址
出土/宁夏回族自治区博物馆藏

T4034　黑釉双系罐（局部）

西夏/高22厘米/灵武回民巷窑产品/民间
收藏

T4035　黑釉双系瓶瓷片

西夏/灵武回民巷窑址采集

T4036　黑褐釉剔划缠枝牡丹纹梅瓶（局部）

西夏/高37.2厘米/推测为伊克昭盟窑产
品/北京民间收藏

T4037　黑褐釉碗瓷片

西夏/灵武回民巷窑址采集

T4038　黑酱釉剔划花瓷片

西夏/灵武窑产品/民间收藏

T4039　黑釉剔划花瓷片

西夏/灵武窑产品/民间收藏

T4040　黑釉茶盏瓷片

西夏/灵武窑产品/民间收藏

T4041　男侍者木版画
西夏/1977年甘肃武威西夏2号墓出土

T4042　白釉剔划牡丹纹玉壶春瓶瓷片
西夏/最大直径12.5厘米/灵武窑产品/民间收藏

T4043　白釉凸弦纹筒残件（局部）
西夏/灵武窑产品/民间收藏

T4044　白瓷瓶瓷片
西夏/高10厘米/贺兰山插旗沟窑产品/民间收藏

T4045　褐釉剔划牡丹纹六系瓷（局部）
西夏/高63厘米，口径15厘米/宁夏民间收藏

T4046　茶叶末釉执壶（局部）
西夏/灵武窑产品/民间收藏

T4047　褐釉变形忍冬纹罐瓷片（局部）
西夏/灵武窑产品/民间收藏

T4048　银酱釉碗残件（局部）
西夏/直径16厘米，高5厘米/灵武窑产品/民间收藏

T4049　银酱釉双系罐（局部）
西夏/高19厘米/灵武窑产品/民间收藏

T4050　紫红釉扁壶瓷片
西夏/长11.6厘米/灵武窑产品/民间收藏

T4051　酱紫釉双系罐瓷片
西夏/灵武回民巷窑产品/民间收藏

T4052　浅青釉四方出叶纹、花草纹盆瓷片（局部）
西夏/灵武回民巷窑产品/民间收藏

T4053　黑釉油沥盏瓷片
西夏/高6厘米/灵武窑产品/民间收藏

T4054　姜黄釉模印花碗瓷片
西夏/灵武回民巷窑产品/民间收藏

T4055　浅青釉供养人塑像（残，背部图）
西夏/灵武回民巷窑产品/民间收藏

T4056　浅青釉碗瓷片
西夏/灵武回民巷窑址采集

T4057　红褐窑变釉剔划花梅瓶瓷片（局部）

西夏/灵武窑产品/民间收藏

T4058　黑釉剔划开光牡丹纹扁壶
西夏/腹径33.3厘米/灵武窑产品/宁夏海原县征集/中国国家博物馆藏

T4059　黑酱釉剔划串枝牡丹纹四系扁壶
西夏/腹径29.5厘米/灵武窑产品/宁夏海原县征集/宁夏海原县文管所藏

T4060　黑釉剔划海棠花和宝相花纹扁壶
西夏/高30.4厘米/推测为伊克昭盟窑产品/日本东京根津美术馆藏

T4061　黑釉双系扁壶
西夏/长20.8厘米/1986灵武磁窑堡窑址出土/宁夏回族自治区博物馆藏

T4062　黑褐釉剔划折枝海棠花纹、鹿纹梅瓶
西夏/高39.5厘米/1986年内蒙古自治区伊克昭盟伊金霍洛旗红庆河乡白圪针出土/推测为伊克昭盟窑产品/鄂尔多斯博物馆藏

T4063　黑釉剔划折枝牡丹纹梅瓶
西夏/高33厘米/1986年灵武磁窑堡窑址出土/宁夏回族自治区博物馆藏

T4064　黑釉剔划折枝牡丹纹广口梅瓶
西夏/高30.3厘米/灵武窑产品/北京民间收藏

T4065　黑褐釉剔划花梅瓶
蒙元时期～元代早期/高30.4厘米/1986年灵武磁窑堡窑址出土

T4066　白釉剔划串枝牡丹纹罐
西夏/高30.7厘米/1986灵武磁窑堡窑址出土/宁夏回族自治区博物馆藏

T4067　黑釉剔划折枝海棠花纹罐
西夏/高21.5厘米/内蒙古自治区伊克昭盟伊金霍洛旗出土/推测为伊克昭盟窑产品/内蒙古自治区博物馆藏

T4068　白釉敛口罐
西夏/高14.2厘米/1986年灵武磁窑堡窑址出土

T4069　酱釉双系罐
西夏/灵武窑产品/西夏博物馆（银川）

藏

T4070　白釉喇叭口双系罐

西夏/高26.3厘米/1986灵武磁窑堡窑址
出土

T4071　黑褐釉双系罐

西夏/高8厘米/1964年宁夏石嘴山省寇城
西夏城址出土

T4072　黑釉斜棱双系罐

西夏/高25厘米/灵武回民巷窑产品/民间
收藏

T4073　银酱釉双系罐

西夏/高19厘米/灵武窑产品/民间收藏

T4074　黑褐釉剔划牡丹纹四系瓮

西夏/高57厘米/1992年武威塔儿湾窑址
出土/西夏博物馆（武威）藏

T4075　白釉剔划串枝牡丹纹瓮

西夏/高40.9厘米/征集/甘肃省博物馆藏

T4076　白底黑褐彩绘缠枝莲纹瓮

西夏/高46厘米/武威塔儿湾窑产品/征
集/西夏博物馆（武威）藏

T4077　褐釉曲腹缸

西夏/高44.2厘米/灵武窑产品/民间收藏

T4078　黑褐釉执壶

西夏/高15.7厘米/灵武回民巷窑产品/民
间收藏

T4079　黑釉喙流执壶

西夏/高22厘米/青海省大通县出土

T4080　黑釉无流豁口执壶

西夏/高13.5厘米/武威塔儿湾窑产品/民
间收藏

T4081　茶叶末釉执壶

西夏/灵武窑产品/民间收藏

T4082　褐釉无流执壶

蒙元时期～元代早期/灵武窑第三期产
品/西夏博物馆（银川）藏

T4083　黑褐釉剔划花喙流执壶

蒙元时期～元代早期/高21.6厘米/灵武窑
第三期产品/民间收藏

T4084　黑釉玉壶春瓶

西夏/武威塔儿湾窑址出土/西夏博物馆
（武威）藏

T4085　黑釉剔划花玉壶春瓶

蒙元时期～元代早期/高31.7厘米/1986年
灵武磁窑堡窑址出土

T4086　褐釉弦纹双系瓶

西夏/高17厘米/民间收藏

T4087　茶叶末釉双系瓶

西夏/灵武窑产品/民间收藏

T4088　黑釉弦纹双系瓶

西夏/高23.5厘米/灵武回民巷窑产品/民
间收藏

T4089　姜黄釉双系瓶

西夏/高13厘米/民间收藏

T4090　黑褐釉送葬狩猎纹小口深腹瓶

西夏/高48.3厘米/1986灵武磁窑堡窑址
出土

T4091　酱釉弦纹小口鼓腹瓶

西夏/高27厘米/1986年内蒙古自治区伊
克昭盟伊金霍洛旗红庆河乡白圪针出土

T4092　白釉花口瓶

西夏/高15.8厘米/武威塔儿湾窑产品/民
间收藏

T4093　白釉喇叭口长颈鼓腹瓶

西夏/高15.4厘米/1986年银川西郊西夏陵
区遗址出土/贺兰山插旗沟窑产品/宁夏
回族自治区博物馆藏

T4094　白釉长颈花口瓶

西夏/高18.7厘米/推测为伊克昭盟窑产
品/内蒙古自治区博物馆藏

T4095　黑褐釉剔划串枝海棠花纹花口瓶

西夏/高21.4厘米/1982年内蒙古自治区伊
克昭盟准格尔旗准格尔召乡出土/推测为
伊克昭盟窑产品/鄂尔多斯博物馆藏

T4096　黑釉凸弦纹花口瓶

西夏/高17.6厘米/1986年灵武磁窑堡窑址
出土/宁夏回族自治区博物馆藏

T4097 白釉折沿高足钵

西夏/高13厘米/1986年银川西郊西夏陵区遗址出土/贺兰山插旗沟窑产品/宁夏回族自治区博物馆藏

T4098 黑釉剔划卷叶纹钵

西夏/高21.5厘米/1989年青海省大通县桥头镇出土/大通县文管所藏

T4099 黑釉剔划缠枝牡丹纹钵

西夏/高26.5厘米/征集/甘肃省博物馆藏

T4100 白釉剔划开光牡丹纹钵

西夏/高11.4厘米/1986灵武磁窑堡窑址出土/宁夏回族自治区博物馆藏

T4101 黑釉釜

西夏/灵武窑产品/民间收藏

T4102 外银酱釉、内浅青釉翻沿花口高足钵

西夏/高21.5厘米，口径28厘米/灵武回民巷窑产品/民间收藏

T4103 白釉葵口碗

西夏/高5.6厘米/灵武窑产品/民间收藏

T4104 浅青釉斜壁碗

西夏/口径19厘米/灵武回民巷窑产品/民间收藏

T4105 白釉微曲腹碗

西夏/高7.4厘米，口径19厘米/灵武回民巷窑产品/民间收藏

T4106 白釉曲腹撇沿碗

西夏/灵武窑产品/民间收藏

T4107 黑釉内六分筋碗

西夏/高5.7厘米/灵武回民巷窑产品/民间收藏

T4108 白釉高足碗

西夏/灵武窑产品/民间收藏

T4109 白釉高足碗

西夏/高8.8厘米，口径14.6厘米/1986年银川西郊西夏陵区遗址出土/贺兰山插旗沟窑产品/宁夏回族自治区博物馆藏

T4110 青釉盘

西夏/口径16厘米/灵武回民巷窑产品/民间收藏

T4111 青釉点梅花,点纹折腹盘

西夏/口径15.2厘米/1986年灵武磁窑堡窑址出土

T4112 白底黑褐彩绘花草纹碗

西夏/口径15厘米，高6厘米/甘肃武威出土

T4113 姜黄釉模印花碗

西夏/高7.6厘米，口径20.7厘米/灵武回民巷窑产品/民间收藏

T4114 酱、青双色釉三足炉

西夏/高5.1厘米/1986年灵武磁窑堡窑址出土

T4115 白釉高足盖

西夏/高6厘米/灵武窑产品/民间收藏

T4116 白釉高足行炉

西夏/高9.6厘米/灵武窑产品/民间收藏

T4117 白釉高足行炉

西夏/高7.9厘米/宁夏武裕民收藏

T4118 黑釉高足杯

西夏/高6.3厘米/宁夏武裕民收藏

T4119 黑褐釉高足盖

蒙元时期～元代早期/高6厘米/灵武窑第三期产品/民间收藏

T4120 酱釉小盖

西夏/口径7.7厘米/灵武窑产品/民间收藏

T4121 持瓜果供养人塑像（残）

西夏/高7.8厘米/灵武窑产品/民间收藏

T4122 青釉点酱彩执莲花供养人塑像（残）

西夏/高6.5厘米/灵武窑产品

T4123 酱釉骑虎仙人瓷塑

西夏/高6.3厘米，长7.8厘米/灵武窑产品/北京民间收藏

T4124 瓷塑韦驮天像（残）

西夏/高14.5厘米/灵武回民巷窑产品/北京民间收藏

T4125 素烧力士像（残）

西夏/高7.9厘米/1986年灵武磁窑堡窑址

出土

T4126 点酱彩瓷动物

西夏/长6.5厘米/灵武窑产品/民间收藏

T4127 浅青釉点褐彩狗、梅花鹿和素烧瓷鸭

西夏/长度分别为5.9厘米、6.3厘米和6.2
厘米/灵武回民巷窑产品/民间收藏

T4128 酱釉骆驼（两件）

西夏/分别长9.6厘米和10厘米/灵武窑产
品/民间收藏

T4129 各式纺轮（十件）

西夏/直径2～4厘米不等/灵武窑产品/民
间收藏

T4130 瓷钩（九件）

西夏/高3～4.5厘米不等/灵武窑产品/民
间收藏

T4131 素烧葵花型四穿扣

西夏/直径2.5厘米/灵武窑产品/民间收藏

T4132 有槽双孔器

西夏/长9.3厘米/灵武回民巷窑产品/民间
收藏

T4133 多孔瓷饼

西夏/长8.5厘米/灵武窑产品/民间收藏

T4134 陶瓷蒺藜

西夏/直径16厘米/1986年灵武磁窑堡窑
址出土

T4135 黑釉凤鸟形倒流壶式砚滴

西夏/灵武回民巷窑产品/民间收藏

T4136 球形倒流壶式砚滴

西夏/高6厘米/灵武回民巷窑产品/民间
收藏

T4137 素烧划"黑砚台"文字圆砚（底部）

西夏/直径8.2厘米/1986年灵武磁窑堡窑
址出土

T4138 素烧牛头埙

西夏/高8厘米/1986年灵武磁窑堡窑址出
土

T4139 黑釉辟雍砚

西夏/直径8厘米/1986年灵武磁窑堡窑址

出土

T4140 骰子（四件）

西夏/直径1～1.8厘米不等/灵武窑产
品/民间收藏

T4141 黑釉瓷腰鼓残件（两件）

西夏/左件外口径16.8厘米，高19厘米；
右件高16.5厘米/灵武回民巷窑产品/民间
收藏

T4142 瓷质金刚杵、如意轮和圆形花饰

西夏/1986年灵武磁窑堡窑址出土

T4143 瓷质念珠（两件）

西夏/高度分别为1.5厘米和2.5厘米/灵武
窑产品/民间收藏

T4144 模印凸梵文塔形擦擦

西夏/高12厘米/传甘肃武威亥母洞发
现/民间收藏

T4145 酱釉瓷板瓦

西夏/长7.9厘米/灵武窑产品/民间收藏

T4146 小槽心瓦（左）与模印文字大槽心瓦
（右，残）

西夏/灵武窑产品/民间收藏

T4147 绿琉璃釉摩羯

西夏/2001年银川西郊西夏陵区遗址3号
陵出土/西夏博物馆（银川）藏

T4148 绿琉璃釉兽面纹瓦当

西夏/直径13厘米/银川西郊西夏陵区遗
址6号陵出土/宁夏回族自治区博物馆藏

T4149 素烧瓷质兽面纹瓦当（残）

西夏/灵武窑产品/民间收藏

T4150 红陶迦陵频迦（局部）

西夏/2001年银川西郊西夏陵区遗址3号
陵出土/西夏博物馆（银川）藏

T4151 黑釉划花罐瓷片

西夏/高3.7厘米，宽5.2厘米/灵武回民巷
窑产品/民间收藏

T4152 黑釉剔划花梅瓶瓷片

西夏/灵武窑产品/民间收藏

T4153 白釉划水波游鱼纹盆瓷片

西夏/高21.5厘米/灵武窑产品/民间收藏

T4154 白釉剔划牡丹纹玉壶春瓶瓷片

西夏/最大直径12.5厘米/灵武窑产品/民间收藏

T4155 刮、划釉牡丹纹梅瓶瓷片

西夏/灵武回民巷窑址采集

T4156 姜黄釉模印牡丹纹碗瓷片

西夏/灵武回民巷窑产品/民间收藏

T4157 白釉凸弦纹碗瓷片

西夏/灵武窑产品/民间收藏

T4158 黑釉罐瓷片

西夏/灵武窑产品/民间收藏

T4159 白釉点褐彩碗瓷片

西夏/灵武窑产品/民间收藏

T4160 白底黑褐彩绘天鹅卷云纹六系瓮

（局部）

西夏/高58厘米/1992年武威塔儿湾窑址出土/西夏博物馆（武威）藏

T4161 素胎褐彩绘花卉纹罐瓷片

西夏/高7.7厘米，宽13.5厘米/灵武回民巷窑产品/民间收藏

T4162 浅青釉划胎水波游鱼纹盆瓷片

西夏/灵武回民巷窑产品/民间收藏

T4163 浅青釉划胎填彩水波游鱼纹盆瓷片

西夏/灵武回民巷窑产品/民间收藏

T4164 素胎刻划、镂空牡丹纹瓷片

西夏/灵武窑产品/民间收藏

T4165 浅青釉折沿钵瓷片

西夏/宽14.5厘米/灵武回民巷窑产品/民间收藏

T4166 白釉剔划折枝牡丹纹盆瓷片

西夏/高18厘米/灵武窑产品/民间收藏

T4167 黑褐釉剔划缠枝牡丹纹梅瓶（局部）

西夏/高37.2厘米/推测为伊克昭盟窑产品/北京民间收藏

T4168 黑褐釉剔划牡丹纹罐（局部）

西夏/高46.3厘米/推测为伊克昭盟窑产品/日本私人收藏

T4169 姜黄釉模印牡丹纹碗瓷片（局部）

西夏/灵武回民巷窑产品/民间收藏

T4170 黑酱釉剔划串枝牡丹纹四系扁壶

西夏/腹径29.5厘米/灵武窑产品/宁夏海原县征集/宁夏海原县文管所藏

T4171 白底黑褐彩绘牡丹纹四系瓮（局部）

西夏/高61厘米/1992年武威塔儿湾窑址出土/西夏博物馆（武威）藏

T4172 黑褐釉剔划海棠花纹梅瓶（局部）

西夏/内蒙古民间收藏

T4173 黑褐釉剔划海棠花纹梅瓶（局部）

西夏/高30.5厘米/推测为伊克昭盟窑产品/日本私人收藏

T4174 黑褐釉剔划串枝海棠花纹花口瓶（局部）

西夏/高21.4厘米/1982年内蒙古自治区伊克昭盟准格尔旗准格尔召乡出土/推测为伊克昭盟窑产品/鄂尔多斯博物馆藏

T4175 黑褐釉剔划串枝荷花、海棠花纹梅瓶（局部）

西夏/高36.5厘米/推测为伊克昭盟窑产品/内蒙古民间收藏

T4176 黑褐釉划波浪荷花并头鱼纹梅瓶（局部）

西夏/推测为伊克昭盟窑产品/内蒙古民间收藏

T4177 白底黑褐彩绘缠枝莲纹瓮

西夏/高46厘米/武威塔儿湾窑产品/征集/西夏博物馆（武威）藏

T4178 黑釉剔划开光菊花纹广口梅瓶（局部）

西夏/高35厘米/推测为伊克昭盟窑产品/金明收藏

T4179 黑釉剔划开光石榴纹梅瓶（局部）

西夏/高38厘米/推测为伊克昭盟窑产品/北京故宫博物院藏

T4180 黑釉剔划海棠花和宝相花纹扁壶（局部）

西夏/高30.4厘米/推测为伊克昭盟窑产品/日本东京根津美术馆藏

T4181 黑釉剔划花罐瓷片

西夏/底径18厘米/灵武窑产品/民间收藏

T4182　黑釉剔划卷叶纹梅瓶瓷片

西夏/最大直径13.4厘米/灵武窑产品/民间收藏

T4183　酱釉剔划草叶纹敛口钵

西夏/高24厘米，腹径27厘米/北京民间收藏

T4184　褐釉连续双线方格纹瓷片

西夏/高6厘米/灵武窑产品/民间收藏

T4185　褐釉连续双线折线纹瓷片

西夏/高8厘米，宽9.6厘米/灵武窑产品/民间收藏

T4186　黑褐釉连续双线折线纹瓷片

西夏/高6厘米/灵武窑产品/民间收藏

T4187　黑褐釉剔划四方出叶纹、牡丹纹梅瓶（局部）

西夏/推测为伊克昭盟窑产品/法国集美博物馆藏（Musée Guimet, Paris, France）

T4188　浅青釉四方出叶纹、花草纹盆瓷片（局部）

西夏/灵武回民巷窑产品/民间收藏

T4189　浅青釉连续交叉双线纹、水波游鱼纹盆瓷片（局部）

西夏/灵武窑产品/民间收藏

T4190　黑釉剔划八方出叶纹梅瓶

西夏/高22.5厘米/1986年灵武磁窑堡窑址出土

T4191　黑褐釉送葬狩猎纹小口深腹瓶（局部）

西夏/高48.3厘米/1986年灵武磁窑堡窑址出土

T4192　黑褐釉送葬狩猎纹小口深腹瓶（局部）

西夏/高48.3厘米/1986年灵武磁窑堡窑址出土

T4193　黑褐釉送葬狩猎纹小口深腹瓶纹饰展开图

T4194　白釉划柳荫人物纹盆瓷片（局部）

西夏/高13.7厘米，宽9.2厘米/灵武窑产品/民间收藏

T4195　素烧刻划婴戏纹碗模残片

西夏/长11.2厘米/1986年灵武磁窑堡窑址出土

T4196　姜黄釉模印婴戏纹碗瓷片

西夏/高6厘米，宽5.7厘米/灵武回民巷窑产品/民间收藏

T4197　白釉剔划婴戏纹深腹罐瓷片

西夏/长8.5厘米/1986年灵武磁窑堡窑址出土

T4198　黑釉剔划鹿衔花纹梅瓶残件（局部）

西夏/高26.9厘米/1986年灵武磁窑堡窑址出土

T4199　茶叶末釉剔划鹿衔花纹梅瓶瓷片

西夏/高13.4厘米/1986年灵武磁窑堡窑址出土

T4200　浅青釉水波游鱼纹盆瓷片（局部）

西夏/灵武回民巷窑产品/民间收藏

T4201　浅青釉水波游鱼纹盆瓷片

西夏/灵武回民巷窑产品/民间收藏

T4202　黑褐釉划波浪莲花并头鱼纹梅瓶（局部）

西夏/推测为伊克昭盟窑产品/内蒙古民间收藏

T4203　浅青釉水波游鱼纹盆瓷片（局部）

西夏/灵武回民巷窑产品/民间收藏

T4204　酱釉划仙鹤水波涡纹瓷片

西夏/灵武窑产品/民间收藏

T4205　白底黑褐彩绘天鹅卷云纹六系瓷（局部）

西夏/高58厘米/1992年武威塔儿湾窑址出土/西夏博物馆（武威）藏

T4206　浅青釉刻划鸟衔香囊纹盆瓷片（局部）

西夏/高25.5厘米，宽25.8厘米/灵武窑产品/民间收藏

T4207　浅青釉划花纹盆瓷片

西夏/灵武回民巷窑产品/民间收藏

T4208　浅青釉划花纹盆瓷片

西夏/灵武回民巷窑产品/民间收藏

T4209　浅青釉水波游鱼纹盆瓷片

西夏/灵武回民巷窑产品/民间收藏

T4210　酱紫釉划卷云纹扁壶瓷片

西夏/宽12.7厘米/灵武窑产品/民间收藏

T4211　黑釉剔划变形忍冬纹罐瓷片

西夏/高13.5厘米，宽16厘米/灵武磁窑堡

窑产品/民间收藏

T4212　白底黑褐彩绘天鹅卷云纹六系瓮

（局部）

西夏/高58厘米/1992年武威塔儿湾窑址

出土/西夏博物馆（武威）藏

T4213　浅青釉水波游鱼纹盆瓷片（局部）

西夏/宽56.5厘米，推测盆径约60厘米/灵

武回民巷窑产品/民间收藏

T4214　黑釉划水波涡纹瓷片

西夏/高9厘米/灵武窑产品/民间收藏

T4215　酱釉划水波涡纹瓷片

西夏/灵武窑产品/民间收藏

T4216　白釉剔划牡丹纹罐

西夏/高27.8厘米/宁夏银川市征集/西夏

博物馆（银川）藏

T4217　浅青釉水波游鱼纹盆瓷片（局部）

西夏/灵武回民巷窑产品/民间收藏

T4218　酱釉绞线纹梅瓶瓷片

西夏/长12.5厘米/灵武窑产品/民间收藏

T4219　黑褐釉螺旋线纹罐瓷片（局部）

西夏/灵武窑产品/民间收藏

T4220　褐釉弦纹梅瓶

西夏/高34.5厘米/灵武窑产品/宁夏银川

市征集/西夏博物馆（银川）藏

T4221　浅青釉梅花点纹盆瓷片（三片，局部）

西夏/灵武窑产品/民间收藏

T4222　浅青釉梅花点纹骆驼（残）

西夏/灵武窑产品/民间收藏

T4223　拍印梅花点纹瓮瓷片

西夏/宁夏石嘴山省鬼城西夏城址采集

T4224　白釉梅花点纹碗瓷片

西夏/灵武窑产品/民间收藏

T4225　浅青釉梅花点纹梅瓶

西夏/灵武回民巷窑产品/民间收藏

T4226　白釉刻划文字碗瓷片

西夏/高7.6厘米/灵武窑产品/民间收藏

T4227　黑釉划文字、符号碗瓷片

蒙元时期～元代早期/灵武窑第三期产

品/民间收藏

T4228　划"税僧"二字的顶体窑具

西夏/灵武窑制品

T4229　黑褐釉划"香"字碗瓷片

西夏/直径4.8厘米/灵武窑产品/民间收藏

T4230　褐釉刻划悉昙字瓷片

西夏/宽3.8厘米/1986年灵武磁窑堡窑址

出土

伍　分期

T5001　褐釉碗瓷片（局部）

T5002　黑釉剔划花纹梅瓶瓷片
（局部）

T5003　黑褐釉剔划花瓷片（局部）
（蒙元时期～元代早期）

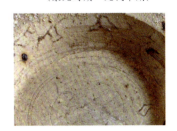

T5004　褐釉剔划花钵瓷片（底部）
（蒙元时期～元代早期）

中国社会科学院考古研究所内蒙古队于1984年至1986年在宁夏灵武市磁窑堡窑址进行了科学的发掘工作，考古工作者根据出土瓷器的地层和器物的工艺特点、瓷器上的文字，及伴随出土的宋、金、西夏及其他年代的钱币，将灵武磁窑堡窑的烧造划分为五个时期，即第一期文化到第五期文化[01]，其中前两期文化属西夏时期。尽管第三期文化基本上烧造于蒙元时期和元代前期，但是因为仍然带有西夏瓷器的相当多的特征，与中原瓷器有着显著的不同，是西夏瓷器风格的延续，故仍在本书探讨之列。元统一后，随着与内地交往的加剧，中原、景德镇和江浙地区生产的物美价廉的民用瓷器，极大地冲击了西夏瓷窑的生产。元代中期以后，具有"西夏"特征的瓷器彻底停烧了。有些原西夏窑口虽然持续烧造至清代甚至更晚，但产品主要是不易运输的、笨重粗厚的和价格低廉的大缸、瓮、砖瓦等器物，除场地相同之外，和西夏瓷器已经完全没有关系了，故原西夏瓷窑延烧至明、清，所产生的第四期、第五期文化，在本书中将不再讨论。

本书对西夏瓷器的分期，采用了《宁夏灵武窑发掘报告》中的划分方法。关于各个分期所处的年代，请见本书贰。

第一期是西夏瓷器的鼎盛时期，产品种类丰富，具代表性，且质量最高。

第二期烧造时间短，产品种类少，工艺出现变化，但与第一期有较强相似性。

第三期烧造于西夏灭亡之后，工艺变化较大，逐步显现元代产品特征。

一　不同时期的工艺特征与演变

（一）胎质和胎骨的变化

因所采用胎土原料未发生变化，故各分期产品的胎质主要成分未发生大的变化。但是，第一期产品因胎土淘洗精细，故胎质细密，代表性的胎呈浅灰白色，杂质少，油润光亮（T5001、T5002）。至第三期，胎土淘洗愈发不精细，杂质稍多，呈现的灰色较第一期深，经常杂有较多棕黑色或白色颗粒（T5003、T5004）。

第一期器物胎骨薄，尤其回民巷窑产品，属于第一期偏早，产品胎骨极薄（TB4057～TB4067），有些小型器物器壁仅厚2毫米；而第三期器物胎骨向厚重发展。

（二）釉的变化

第一期器物釉偏薄，尤以回民巷窑器物釉面最薄，棉泽光亮，银釉现象普遍（T5005、TB2068），而第三期制品釉面的总体特点则是厚实，玻璃质感强，显得更硬，釉表面细密的凹点多（T5007、T5008、T5009）。第一期器物中有仿耀州的姜黄釉产品，第三期不见。第一期器物中有大量白釉、浅青釉产品，第三期很少。第一期器物中有质量极高的银酱釉、紫金釉等产品（T5006、TB4015～TB4019），第三期少见并釉层偏厚。第三期产品釉中的窑变增加。

（三）纹饰的变化

第一期器物的纹饰最具西夏特色，往往采用开光的手法，开光内剔划花卉或其他纹饰，布局均衡合理，疏密得当，像一幅完整的绘画作品。开光外往往饰密集的弧形水波涡纹，间以卷叶纹；开光上部和下部往往环绕一周的带状空间，其间饰以卷草纹或其他纹饰。划或剔划工艺流畅，不拘小节（T5011）。

第二期器物的特色纹饰为变形忍冬纹，装饰于环绕一周的带状空间中，工艺仍然精美，构图稍显呆板（T5012）。

第三期器物的主体纹饰是卷云纹、卷叶纹、海棠花纹和变形忍冬纹，装饰于环绕一周的带状空间中，多为一层，也有两层或三层者。第三期已完全不见开光的装饰方法。剔划工艺粗放、熟练，因纹饰环绕重复使用而显程式化（T5010、TB1092），但仍不乏精美之作（T5013、TB1091）。民间藏品黑褐釉剔划缠枝花卉纹梅瓶（TB2005），腹中部带状空间装饰繁密的花卉纹，花头样式多种，枝叶错落有致，画面生机勃勃，是灵武窑第三期产品中的佳品[02]。

（四）造型的变化

以灵武窑为例，其器物造型由第一期产品向第三期产品的变化（T5019、T5020）[03]，主要有如下几点：

第一，由直腹或斜壁向曲腹发展。灵武窑相当多的器物种类均呈现这一特点，而尤以日常生活中最常用的碗、盘、盆为甚。第一期产品中有大量的斜壁

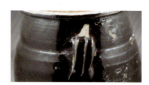

T5005　黑釉双系罐（局部）

T5006　银酱釉剔划花罐瓷片（局部）

T5007　褐釉剔划花罐瓷片（局部）（蒙元时期～元代早期）

T5008　黑褐釉剔划花罐瓷片（局部）（蒙元时期～元代早期）

T5009　褐釉弦纹碗（局部）（蒙元时期～元代早期）

T5010　酱釉剔划花双系盖罐（蒙元时期～元代早期）

T5011 黑釉剔划花梅瓶及纹饰展开图（灵武窑第一期产品）

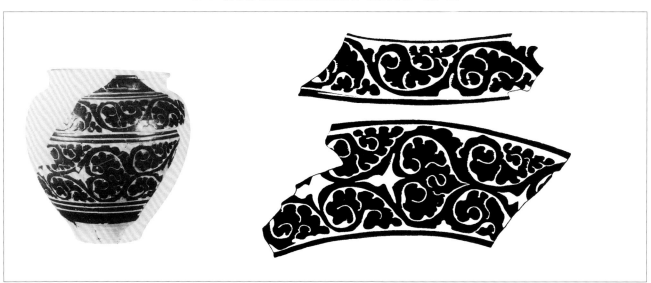

T5012 褐釉剔划花深腹罐及纹饰展开图（灵武窑第二期产品）

T5013 黑褐釉剔划花双系罐及纹饰展开图（灵武窑第三期产品）

碗、折腹斜壁盆和斜壁盆等，而第三期均不见，其碗、盘、盆类产品均为曲腹。第一期产品中的梅瓶，均为直腹或微鼓腹（T5014、TB2001），第三期产品则鼓腹较明显，连带圈足侧视呈S形（T5015、TB1090）。

第二，由折肩向圆肩发展。这一特点梅瓶类产品体现明显。第一期的梅瓶均为折肩，或带有折肩意味的钝圆肩，而第三期梅瓶则为呈溜肩状的圆肩。

第三，暗圈足由直壁暗圈足向外撇暗圈足发展。这一特点梅瓶类产品体现明显。第一期的梅瓶足外壁平直，与腹顺势连接，而第三期梅瓶足外壁外撇明显。

第四，蘑菇口向双棱小口（竹节口）发展。小口瓶、梅瓶类均有这一特点。

第五，折线分明的斜唇口向圆润的唇口发展。罐、钵、执壶类产品，其第一期制品多斜唇口或折线分明的双棱、多棱唇口，而第三期产品则为折线较圆润的唇口或双棱口。

第六，高足器的足外壁出棱由少向多、由不甚明显向明显发展。第一期产品部分高圈足器其足外展，尤其近地面处明显（T5016、T5017），且足墙薄，第三期的不仅出棱多，并且呈台阶状，足墙很厚（T5018）。

其实，用"发展"这个词来形容灵武窑第一期、第二期产品与第三期产品的不同也许不是很贴切。西夏瓷器第一期产品，较多保持着北宋前期风格，而第三期产品则元代风格较明显，两者的差别，并不是一步步缓慢发展来的，而有比较明显的断层。换一种说法，即西夏瓷器主要以中原及西北10世纪、11世纪产品风格为本并在此基础上发展并长期延烧，到13世纪中叶迅速混入大量元代风格，这是骤然变动的社会大背景所造成的，关于此，另请看下文的阐述。

（五）修足工艺的变化

修足是古代瓷器造型过程中的重要一环，并带

T5014　黑褐釉剔划缠枝牡丹纹梅瓶　　T5015　黑褐釉剔划花梅瓶（蒙元时期～元代早期）

T5016　白釉高足碗瓷片　　　　　　T5017　白釉高足盏瓷片

T5018　黑褐釉高足器瓷片（三件）（蒙元时期～元代早期）

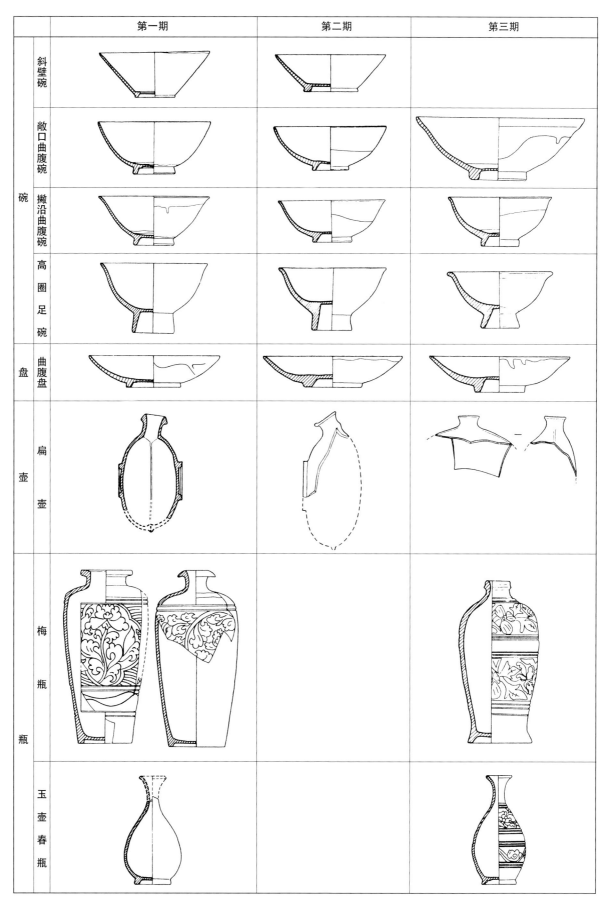

		第一期	第二期	第三期
碗	斜壁碗			
	敞口曲腹碗			
	撇沿曲腹碗			
	高圈足碗			
盘	曲腹盘			
壶	扁壶			
瓶	梅瓶			
	玉壶春瓶			

T5019　灵武窑器物分期图（一）

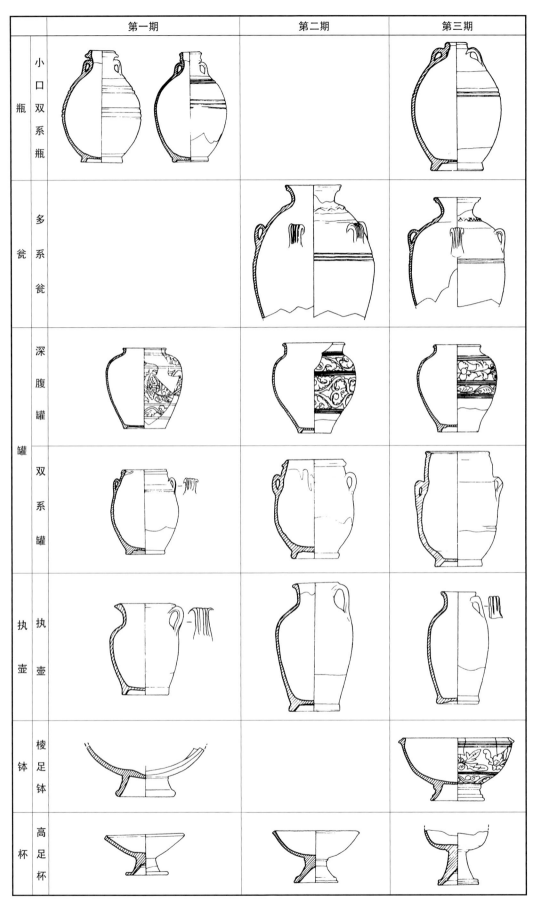

		第一期	第二期	第三期
瓶	小口双系瓶			
瓷	多系瓷			
罐	深腹罐			
	双系罐			
执壶	执壶			
钵	棱足钵			
杯	高足杯			

T5020　灵武窑器物分期图（二）

有极强的时代特征，经常会作为我们今天判断瓷器年代的重要依据，故在此作一专门阐述。

西夏瓷器第一期的底足造型简单规整，部分的带有五代、宋初的特征，尤其回民巷窑的部分产品（T5021、T5022）。圈足足墙厚度适中，内外壁上下垂直，挖足过肩，底足最下端着地处折角呈直角，足心极薄，平滑干净（T5024）；高足器挖足较深（T5023、TB2100）。修足工艺整体感觉爽利、简洁。

第二期出土器物少，总体看底足特征与第一期相似，但制作稍粗率。

第三期器物的底足圈足壁较厚，足墙外壁垂直或外撇，尤其高足类和梅瓶类器物更明显（T5027、T5028）；足内挖足较深，挖足过肩的特征比第一期器物更明显（T5026）；足墙内壁垂直或呈折腹盘壁状倾斜（T5025、T5028），底足最下端着地处折角圆润（T5026）；修足工艺整体感觉厚重而粗率，呈现元代工艺特征。

二 社会的巨变对西夏瓷器分期的影响

以灵武磁窑堡窑为例，其第一期产品和第二期产品在造型、纹饰、胎骨诸方面均有所不同，同时第二期出土物较少，据此判断，应为西夏晚期二三十年间所烧。之所以形成分期，中间势必有一定的停烧阶段，较长的时间间隔才能造成复烧后工艺的变化。那么，是什么原因使得磁窑堡窑间断呢？我们看一下蒙古攻西夏的历史，也许会有所获。

从1205年到1227年，蒙古先后六次进攻西夏，其中前两次都是试探性的、教训性的，主要攻打了距离政治中心较远的西部瓜、沙诸州和北部边境城池，对中心区还没有造成严重威胁。1209年蒙古第三次攻夏，大军从中兴府的正北方，在打开了左、右的黑山威福军司和黑水镇燕军司两扇门之后，长驱南下，拔掉最后一个屏障右厢朝顺军司[04]，继

T5021　浅青釉斜壁碗

T5022　浅青釉曲腹碗残件

T5023　白釉高足碗

T5024　褐釉弦纹梅瓶残件

T5025　黑褐釉剔划花钵瓷片（蒙元时期～元代早期）

T5026　黑褐釉剔划花钵瓷片（蒙元时期～元代早期）

T5027　黑釉高足杯瓷片（蒙元时期～元代早期）

T5028　黑釉梅瓶残件（蒙元时期～元代早期）

而包围了中兴府。中兴府被围一个月，很显然，这次与以往不同，成吉思汗是要一举拿下的。当久攻不下时，成吉思汗引黄河水灌城，致使居民淹死者无数。在城墙将要倾塌时，被筑高的黄河堤决口，蒙古军反遭水淹，成吉思汗不得不退兵。

在都城被围的时段，相信西夏民众都会有一种大夏将亡的预感，为免遭屠戮，夏境的居民迅速逃往他乡应该是最正确的选择，而灵武窑距离中兴府仅百里，窑工们在持续了半年多的战争之初就应该已经逃避他处。等到双方议和恢复生产，停烧了应有一年之久。战前技艺最高的"总工程师"极有可能踪影难觅、生死不明，新掌舵的第二梯队，开始用自己拿手的造型和装饰手法制造瓷器，这应该是形成分期最可能的原因。

从蒙古第三次攻夏到西夏灭亡不过二十年时间，这也是为什么这一期瓷器出土极少的原因。

从1227年西夏灭亡到1271年元朝建立之间的"蒙元时期"，原西夏境内呈现了长期的无政府、稀人烟的萧条状态。蒙古军队曾对西夏进行了毁灭性的破坏、屠戮，所到之处，城郭付之一炬，"四面搜杀遗民"，以致"白骨蔽野，数千里几成赤地。"[05]经过战争的踩躏，大部分西夏城镇变为废墟，显然瓷窑也陷入了较长时间的停烧。

13世纪中期，蒙古军队忙于对南宋的战争，此时的西北地区正在逐步恢复元气，原来逃往他乡、未被屠戮的部分西夏子民，逐渐回迁到原来的居住地甚至重操旧业，原西夏瓷窑的炉火重又点燃了。

元代建立以后，统治者采取移民屯军的方法恢复生产，元初在原西夏中心地带设立宁夏府路，后归为甘肃行省，当地生产恢复，人口增加。元世祖忽必烈即位后，"以西夏子弟多俊逸，欲试用之"[06]，起用党项贵族上层进入元朝中央与地方统治机构中任要职，表明民族仇恨似乎也已弥合。

此时的灵武窑，相当多的西夏特征还是鲜明的保存了下来，比如不施化妆土的黑釉剔划工艺、装饰性弦纹的大量采用和西夏式扁壶的烧造等。然而毕竟物是人非了，元代瓷器风格的逐步显现是不可避免的，比如：足更高、有些挖底更深；碗壁弧形内兜、卷唇、厚胎等。这就产生了与西夏灭亡前产品有着较大不同的灵武窑第三期制品。这些产品与元代疆域中其他地区的瓷器仍有着明显的不同，并且在西夏旧有窑口烧造，所以本书仍然将他们列为讨论之列。

随着社会的平稳发展，中原通往西域的交通线再次畅通，此时南方景德镇、影青瓷系、龙泉窑系，北方磁州窑系、钧窑系等窑场的产量大增，这些物美价廉的产品被瓷器商人通过丝绸之路大量运往西域，或中途贩卖，或销往中亚。这些更成熟的、样式更丰富的、性价比更高的瓷器，给西夏瓷窑造成了极大的冲击，就像时下的快餐店、连锁店冲击本地特色小店铺一样，世界的大同会导致地域文化的消亡，西夏瓷窑也难逃此厄运。元代中期以后，丧失了市场支撑的西夏瓷窑，再也没有能力烧造成本相对高昂的精品西夏瓷器了。

在被遗忘了几百年之后，以19世纪初"西夏碑"的发现为契机，西夏历史文

T5029　陈列于武威西夏博物馆内的"重修护国寺感通塔碑"

清代嘉庆九年（公元1804年），武威学者张澍游览凉州（武威）护国寺，欲开启一封砌的碑亭，寺庙僧人惧怕会招来风雹之灾而加以阻止，张澍力排众议，执意启封，由此，这方迄今为止最完整的，也可以说是最重要的西夏文、汉文合璧的石碑，在被遗忘了七百年后重见天日，人们也由此重新认识了西夏文字，这在西夏学发展史上具有里程碑的作用。

此碑建于西夏崇宗天祐民安五年（公元1094年），碑高250厘米，宽90厘米，阳面刻西夏文，阴面刻汉文，每面约一千八百多字。碑两面内容相近，记载建塔后的感应故事和西夏重修塔寺的经过，内容涉及西夏的社会经济、民族宗教、官制民风、文化艺术等，是西夏研究的宝贵的实物资料，因其重要性，也被人们简称为"西夏碑"。

化开始被学者们所注意（T5029），而西夏瓷器则直到20世纪晚期宁夏灵武窑被发掘之后，才重又回到人们的视野当中。

（01）见《宁夏灵武窑发掘报告》第165页。

（02）T5011～5013中的展开图引自《宁夏灵武窑发掘报告》第51页图五一，5、第103页图一〇三，2、3、第125页图一二七，1～3。

（03）据《宁夏灵武窑发掘报告》中第166、167页《器物分期图》。为适应文中叙述需要，将原"经瓶"名称改为"梅瓶"，"小口双耳瓶"改为"小口双系瓶"，"多耳瓶"改为"多系瓷"，"双耳罐"改为"双系罐"，"单耳罐"改为"执壶"。

（04）黑水镇燕军司，驻今额济纳旗黑水城；黑山威福军司，在今内蒙古乌拉特后旗境内；右厢朝顺军司，驻今甘肃永昌附近。

（05）（清）吴广成纂：《西夏书事》卷四十二第十一、十二页。

（06）（明）宋濂撰：《元史·朵儿赤传》第3255页，中华书局，1976年4月。

伍

T5001　褐釉碗瓷片（局部）
西夏/灵武回民巷窑产品/民间收藏

T5002　黑釉剔划花纹梅瓶瓷片（局部）
西夏/灵武窑产品/民间收藏

T5003　黑褐釉剔划花瓷片（局部）
蒙元时期～元代早期/灵武窑第三期产品/民间收藏

T5004　褐釉剔划花钵瓷片（底部）
蒙元时期～元代早期/灵武窑第三期产品/民间收藏

T5005　黑釉双系罐（局部）
西夏/高22厘米/灵武回民巷窑产品/民间收藏

T5006　银酱釉剔划花罐瓷片（局部）
西夏/宽19厘米/灵武窑产品/民间收藏

T5007　褐釉剔划花罐瓷片（局部）
蒙元时期～元代早期/灵武窑第三期产品/民间收藏

T5008　黑褐釉剔划花罐瓷片（局部）/民间收藏
蒙元时期～元代早期/灵武窑第三期产品/民间收藏

T5009　褐釉弦纹碗（局部）/民间收藏
蒙元时期～元代早期/灵武窑第三期产品

T5010　酱釉剔划花双系盖罐
蒙元时期～元代早期/高29.6厘米，盖高8.6厘米/1986年灵武磁窑堡窑址出土

T5011　黑釉剔划花梅瓶及纹饰展开图
（灵武窑第一期产品）

T5012　褐釉剔划花深腹罐及纹饰展开图
（灵武窑第二期产品）

T5013　黑褐釉剔划花双系罐及纹饰展开图
（灵武窑第三期产品）

T5014　黑褐釉剔划缠枝牡丹纹梅瓶
西夏/高37.2厘米/推测为伊克昭盟窑产品/北京民间收藏

T5015　黑褐釉剔划花梅瓶
蒙元时期～元代早期/高30.4厘米/1986年灵武磁窑堡窑址出土

T5016　白釉高足碗瓷片
西夏/高7.8厘米/灵武窑产品/民间收藏

T5017　白釉高足盖瓷片
西夏/高5.7厘米/灵武窑产品/民间收藏

T5018　黑褐釉高足器瓷片（三件）
蒙元时期～元代早期/灵武窑第三期产品/民间收藏

T5019　灵武窑器物分期图（一）

T5020　灵武窑器物分期图（二）

T5021　浅青釉斜壁碗
　　　　西夏/灵武回民巷窑产品/民间收藏

T5022　浅青釉曲腹碗残件
　　　　西夏/高7.2厘米/灵武回民巷窑产品/民间收藏

T5023　白釉高足碗
　　　　西夏/灵武窑产品/民间收藏

T5024　褐釉弦纹梅瓶残件
　　　　西夏/灵武回民巷窑产品/民间收藏

T5025　黑褐釉剔划花钵瓷片
　　　　蒙元时期～元代早期/灵武窑第三期产

品/民间收藏

T5026　黑褐釉剔划花钵瓷片
　　　　蒙元时期～元代早期/灵武窑第三期产
品/民间收藏

T5027　黑釉高足杯瓷片
　　　　蒙元时期～元代早期/灵武窑第三期产
品/民间收藏

T5028　黑釉梅瓶残件
　　　　蒙元时期～元代早期/灵武窑第三期产
品/民间收藏

T5029　陈列于武威西夏博物馆内的"重修护国
寺感通塔碑"

陆 辨识

鉴于西夏瓷器长期被忽视和误解的特殊性，和时下文博界、收藏界中非西夏生产的古代瓷器混迹于西夏瓷器的普遍性，这里专门就西夏瓷器的辨识做一阐述。第一部分主要讲西夏瓷的某些产品种类与北宋、辽、金产品的异同，比如西夏剔划花瓷与中原地区同类产品的区别，西夏白瓷与辽白瓷的差异，西夏仿耀州的姜黄釉模印花器与耀州窑产品的区别等。

第二部分从一些有代表性的馆藏与民藏器物中，选择一些西夏瓷器与其他朝代、窑口的产品在判定上被混淆的实例，通过造型、纹饰、胎釉等方面的细节分析，阐述其被误判的原因，使读者增强辨识的能力。

T6001　黑釉剔划花纹梅瓶（北宋晚期～金代初期）

T6002　白釉剔划花盘口瓶（北宋）

T6003　白釉剔划花瓷片（北宋）

一　西夏瓷器与宋、辽、金瓷窑某些产品的分辨

如前文所述，西夏瓷窑建立之初受到了前朝尤其是北宋前期北方诸窑的影响，故其产品与宋、金产品有诸多相似处。但是，由于西夏瓷很快成熟，并在相对封闭的条件下，与中原瓷器平行发展，故与宋、金产品也有很大不同。

西夏瓷的黑釉剔划花器与磁州窑系的黑釉剔花器的差别，尤其关于它们之间造型和纹饰的差别，本书在贰之二"西夏瓷的工艺特征、工艺渊源及所反映的创烧时间"讨论渊源关系时，以梅瓶为例，作了比较详细的阐述。西夏的剔划花运刀速度极快，线条果敢豪爽，剔釉部分不施化妆土，并往往有很多残存的釉（T6006）。磁州窑系的黑釉剔花器运刀速度相对较慢，线条圆熟，剔釉部分施有白色化妆土（T6001）。这种化妆土在上黑釉之前已先铺于胎面之上，上黑釉后，剔掉釉的部分自然会显出白色化妆土。这要求极高的运刀技术，务求剔釉深度尽量一致，才能既剔掉黑釉，又不会将化妆土也一并剔掉，以致露出内胎。

西夏瓷的白釉剔划花器与黑釉剔划花器有同样的造型和同样的纹饰风格，甚至有同样的细节特征，比如也经常会有残"釉"，实际上是白色化妆土的残存

（T6010、TB4024），其与黑釉剔划花器的不同处在于在剔划完纹饰之后，整体罩一遍透明釉。磁州窑系白釉剔划花器在北宋早期所占比例较大，这时的剔划工艺多属于深剔划，器表的凹凸对比非常明显（T6002、T6003），有的在剔掉白色化妆土的部分再加施深色化妆土（T6005）。

T6004　白釉镶嵌珍珠地瓷片（北宋）

　　中原磁州窑系对西夏瓷影响较大，并不意味着西夏瓷处处甘居其后，在相当多的方面，比如胎、釉和成型工艺上，西夏瓷都在磁州窑系多数窑场之上。西夏瓷器胎质较磁州窑为白，烧成温度更高，有些高质量的剔划花器，剔过的胎面有一种油润的感觉（T6009、TB4001～TB4003），釉面莹润，白釉瓷白色较纯，但有很多棕红小点，剔掉化妆土部分，在透明釉下胎色多呈浅灰黄色；而磁州窑系产品胎质差别较大，多数产品胎质粗松，色呈棕黄或灰黄（T6003～T6005），尤其北宋前期瓷器，釉色泛黄，胎质疏松，胎釉之间的化妆土部分会沁入较多棕黑色物质（T6002）。

T6005　白釉剔划花添化妆土瓷片（北宋）

　　西夏瓷多数产品胎骨比磁州窑产品的薄，更显硬朗，修足更爽快利落，不多修整。

　　西夏瓷产品在胎、釉方面的高质量，最主要原因是其受定窑影响较大，而其高超的成型工艺，一方面可能和窑工技术、所使用成型工具有关，另一方面可能和胎土的质感有关。

T6006　黑釉剔划花瓷片

　　北宋时期，定窑产品即已经享誉天下，并成为北方诸窑模仿的对象。定窑对西夏瓷窑的影响，拔高了西夏瓷窑对自身的要求，使得西夏瓷从一开始就非常成熟。西夏瓷窑某些产品，胎薄釉亮，造型挺拔，胎质细白，工艺精湛，无疑是定窑影响下的结果。定窑的高档器物，在当时的中国无窑可与之比肩，其特征学者们多有论述，在此无需讨论。

T6007　黑釉碗瓷片

　　定窑系诸窑产量最大的实际上是民窑产品，其主要窑口除河北曲阳、井陉一带外，亦有山西平定窑、霍州窑等。北京龙泉务窑是辽代瓷窑，也烧制定窑类型白瓷（T6011）。这类定窑系产品，其共同特点是胎白但往往色不纯，微呈浅灰色和浅灰黄色，釉色微显棕黄色，"泪痕"和积釉处尤明显，绝大多数产品不施白色化妆土；西夏白瓷除贺兰山插旗沟窑产品外，皆施有白色化妆土，施透明釉之后釉厚处也显棕黄色，但釉表棕色"窑汗"斑点较多（T6012、TB4026、T6013、TB2084）。而贺兰山插旗沟窑产品胎质白度不输于定窑，但比定窑系胎质酥松些，气孔更多些，器壁较厚，釉色亦不纯，积釉处闪湖绿色，并多有冰裂纹（TB4028、TB4029）。

T6008　银酱釉剔划花罐瓷片

　　辽建国与五代同时，因而其制瓷业起步较早，早、中期产品有晚唐、五代特征，其游牧习俗也体现得非常明显，比如各式皮囊壶、鸡冠壶、穿带壶等；辽晚期产品有和中原瓷器趋同的倾向，一些契丹传统的瓷器品种逐渐消失或减少。有人将辽瓷分为精、粗两种，精者胎质细白坚硬，釉莹润并以白釉居多，造型规范严整，辽早期墓葬出土器物中有相当多的属此类，但可能其中混有为数不少的定窑等中原窑场的产品。这类辽瓷其质量在西夏瓷之上，器物的造型等特征明显，不难分辨。辽瓷粗者，烧成温度低，瓷化程度低，胎质粗松，有的甚至类似于民间所说"缸胎"和"砂包胎"，

T6009　银酱釉剔划牡丹纹梅瓶瓷片

T6010　白釉剔划牡丹纹玉壶春瓶瓷片

T6011　白瓷罐瓷片（辽）

T6012　白釉凸弦纹筒残件

T6013　白釉高足行炉

T6014　各种呈色的姜黄釉、浅青釉模印花碗瓷片

T6015　姜黄釉模印花碗残件

T6016　姜黄釉内六分筋碗残件

T6017　青釉划花碗（金）

中后期流行的三彩器和黄釉器多属此类，其胎、釉质量则在西夏瓷之下，也较容易分辨。

　　在灵武窑采集到的一些黑釉瓷片（T6007、TB4056）和酱釉瓷片（T6008、TB4017），釉色明亮多闪银光，胎质洁白细腻，瓷化程度极高，与民间所说"黑定"和"酱定"非常接近。事实上，中原磁州窑系的一些窑口如当阳峪窑等，在宋、金时期也烧制了很多质量极高的黑釉、酱釉器，在今天也往往被视为所谓的"黑定"、"酱定"和"紫定"，所以，更多的时候，应该通过整体，包括造型、纹饰风格、工艺手法等全面判断，来分辨不同窑口的高古瓷器。

　　耀州系诸窑分布于西夏南境之外，有地利之便，因而对西夏瓷的影响也较大。回民巷窑出土有模印花姜黄釉、青绿釉的碗和碟，其装饰工艺明显是受耀州窑影响。回民巷窑也发现有一些内六分筋碗、碟等，也是耀州窑常见的代表性器物。然而令人不解的是，对耀州窑的模仿大概仅限于灵武回民巷窑的某些窑炉，在灵武磁窑堡窑第一期产品中已经非常少见，第二期和第三期产品中则完全未见，推测原因，其一可能因为西夏瓷窑逐渐找到了自己最擅长的风格和最受欢迎的品种，比如剔划花工艺和黑釉器，另一方面，可能和耀州窑产品比较便于直接从榷场贸易输入有关。今天的宁夏海原县一带是原西夏南部边界，那里经常能发现一些宋金时期耀州窑制品，可为一证。

　　目前出土资料显示，西夏仿耀州窑模印花青瓷的种类仅限于碗、盘，并无其他器形发现，而陕西耀州窑青绿釉瓷则几乎涵盖了宋金时期所有的常见种类。单就碗来说，西夏模印花制品主要是口径较大的斜壁碗和微曲腹碗（TB2098、T6015、T6016），碗壁极薄，底足直径亦较大，内有涩圈，皆采用顶碗覆烧法烧制，外壁施半釉，施釉随意，多有垂釉、流釉现象；而耀州窑制品有的器壁和口沿都较厚，口径有大有小，小者多为底足直径很小的斗笠形茶盏，碗内外多满釉，有的内有涩圈，仅底足内或仅圈足足墙下沿露胎（T6017）。

　　耀州窑模印花纹饰有的仅在内壁，有的内外壁

细，且胎骨多旋制时手旋纹。

在纹饰风格方面，T6022腹部剔划大团花叶，面积硕大，是花是叶构图表示不明确，起伏盘绕一周，布局均匀成熟。这种纹饰在能确定为西夏的瓷器上并未出现，西夏瓷器的花叶图案，其叶子相对较小，且顶部多分为几股，往往有叶必有花，花和叶造型区别明显；有叶无花、枝叶硕大的图案，西夏瓷器也有，如TB1079，在划工上，这件剔划卷叶纹钵鲜明的体现了西夏的特征：用刀（假设其工具为刀）刚劲，滞涩，似乎行进中有什么阻力，以致在弧线的弯转过程中会出现一些微微的尖突，使弧线不圆滑，即使是灵武窑第三期（蒙元时期～元代早期）产品，其剔划刀法也具有相同的特点（TB1089～TB1094）；而隆德文管所的这件双耳瓶则用刀熟练，转折圆浑，不具有西夏瓷窑及其延烧窑的工艺特点。

如果将瓷器上的剔划刀法比作篆刻中的用刀法，那么这件隆德县文管所藏元代双系瓶一定是大师吴昌硕的作品，而西夏瓷器则是更为古拙狂放的齐白石的作品。

民间藏品黑釉划花双系瓶（T6024，此器亦载于北京嘉德公司2007年春季小拍图录），造型和纹饰与隆德所藏极为相似，只不过装饰工艺是划花，未剔地留白。此拍品的腹下露胎处有墨书款："至正十一年"。至正十一年为公元1351年，已经处于元代晚期。假设此器是金～西夏时期制作，流传百年左右之后，才墨书留款，与逻辑不通，且此器釉面极佳，不似曾经传世百年者，故当为元至正年间产品。

隆德县的藏品为征集品。隆德县在宁夏最南端，北宋时宋秦凤路德顺军辖地，金时为凤翔路德顺州，此地从未被划为西夏地域，是为佐证。

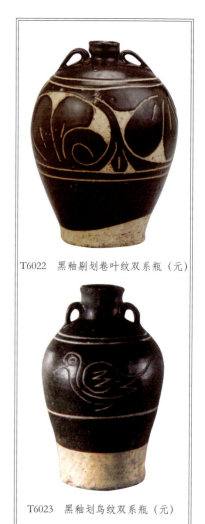

T6022　黑釉剔划卷叶纹双系瓶（元）

T6023　黑釉划鸟纹双系瓶（元）

河南鹤煤博物馆收藏有一件黑釉划鸟纹双系瓶（T6023），也是被作为西夏瓷器对待的。此瓶竹节式口，双系，圆溜肩，腹下部内收和缓，暗圈足，足外壁微外撇。这是一件非常精彩的古代民间艺术品，瓶腹部以寥寥两笔，一笔画眼，一笔写身，一只静伏欲动充满警惕性的鸟儿便跃然眼前了。

与前例相似，它带有一定的西夏瓷器特征，比如黑釉划纹饰，比如腹部上下两组弦纹，但通过分析我们发现，它显然带有更多元代瓷器的特征，与T6022有更多的相似性，如：系的造型略呈倒三角形；溜肩，最大腹径偏上；暗圈足最下端外撇等等，因而，将它断为元代制品，显然有更多的依据。请参照前例分析，兹不赘述。

（三）黑釉剔划花四系大罐

T6026为著名收藏家马未都先生创办的观复博物馆的藏品，被定为西夏灵武窑制品。此器"平口，短颈，丰肩，平底，颈部饰四系，腹部分三层剔地饰缠枝花卉，露出红褐色胎，风格粗犷。长圆形腹，瓶身饰缠枝牡丹纹，纹饰以外剔地，花叶上再划出花蕊和叶脉。纹饰具有浮雕感，饱满圆润"[03]。

正像前文所述，人们一见到黑釉剔划花瓷器，往往惯性地断为宋、金、西夏

T6024　黑釉划花双系瓶（元）

T6025　黑釉弦纹双系瓶

T6026 黑釉剔划花四系大罐（明）

T6027 黑釉剔划花双系罐（明）

T6028 黑釉剔划花罐（全图及局部图）（明）

时期的制品。如本例，这其实是一件明代山西、陕西一带窑口的产品，其明代特征从上到下都有所体现，如：翻唇圆润，颈相对较高；系的造型为倒三角式，较扁薄；圆肩，肩部浑圆外挺；最大直径在腹中线以上，肩部以下；腹中部两道主体纹饰上下翻转对称；腹下部内收明显，有多道明显、刻意、均匀的凹凸旋纹等等；在纹饰风格上，它与前例隆德县文管所藏黑釉剔划卷叶纹双系瓶一样，都不具备西夏的用刀风格，红褐色胎，也非西夏常见胎质。

带有铭文的同类器物，世界各大博物馆藏有多件，如：美国芝加哥富地博物馆藏"洪武三十年"铭黑釉剔划花双系罐（T6027），除双系极粗大外，其他部位和纹饰风格与本例极其相似；德国柏林东亚艺术博物馆藏"正德"铭黑釉剔划缠枝花卉纹罐，造型不同，但主体纹饰非常相似，并也采用了两条带状纹饰翻转对称的手法（T6028）。

山西的一些博物馆、中国国家博物馆、日本、欧洲、美国的一些博物馆，也收藏有纹饰、造型相似的瓷器，尽管没有铭文，但明代特征有些显现得更为明显。关于这类瓷器的断代，美国哈佛大学艺术博物馆的Robert D.Mowry先生、深圳市文物管理委员会办公室的郭学雷先生都取得了一些成果[04]。

（四）黑釉剔划花玉壶春瓶和黑釉、褐釉划水波纹双系罐

由李彦君先生主持编撰的2007年版《鉴宝·陶瓷卷》一书，介绍了我国各代各个窑口的陶瓷器，图片丰富，资料涵盖面大，并用深入浅出的解释帮助读者提高鉴藏能力，在收藏者中影响很大。但书中例举的两件"西夏"瓷器，一为黑釉剔划花玉壶春瓶（T6029），一为黑釉、褐釉划水波纹双系罐（T6030），都被定为西夏瓷器，实有值得商榷之处。

黑釉剔划花玉壶春瓶，"灰黄色胎体，喇叭口、束颈、溜肩、垂腹，下内收至圈足，外壁施黑釉，腹部上下以弦纹划两周"[05]，上下弦纹间剔划釉成花叶纹，流畅美观。

山西孝义市博物馆藏有一件造型、纹饰与T6029非常相似的黑釉剔划花玉壶春瓶（T6035），深圳市文物管理委员会办公室的郭学雷先生在其《明代磁州窑瓷器》一书中，论证出此类玉壶春瓶为明代早期制品，其主要依据为英国巴思东亚艺术博物馆所藏"天顺六年"铭黑褐釉剔划花梅瓶，该梅瓶中腹以下刻"天子重贤达文章立身……天顺六年三月十一日"（T6036），与《鉴宝·陶瓷卷》一书所载黑釉剔划花玉壶春瓶（T6029）以及孝义市博物馆所藏玉壶春瓶（T6035）相比，尽管从造型上看非同类瓷器，但纹饰的处理方式却完全一致。仔细观察其枝叶的盘绕方式，叶片中部叶脉的划法，还有瓶颈至瓶腹下部三组双弦纹的组合方式等特点，应可推断出此三器是同一年代，甚至同一批工匠所为。

让我们从另一个角度来分析。玉壶春瓶在西夏瓷窑确有生产，如出土于甘肃武威塔儿湾窑的黑釉玉壶春瓶T6031、TB1055和白釉玉壶春瓶T6032，另外还有民间藏品如T6033、TB2014，这几件西夏玉壶春瓶有一些共同的特征，如唇部薄，

唇、颈、腹三者曲线过渡和缓，圈足矮而且外壁垂直，釉薄呈半透明状等；而《鉴宝·陶瓷卷》所载黑釉剔划花玉壶春瓶，出唇外沿下翻，颈成倒三角形，颈、腹之间有明显的折痕，圈足稍高而且外壁外展，釉厚不透明。不能把T6029当成西夏瓷的另一主要原因，是其纹饰不具有西夏瓷纹饰的特点，与灵武窑第三期产品纹饰也不同，读者可参考前文对T6022、T6026等的分析，兹不赘述。

《鉴宝·陶瓷卷》一书所载黑釉、褐釉划水波纹双系罐（T6030），"灰褐色胎体……直口、斜肩、鼓腹、圈足，外壁颈、肩部施黑釉，十分鲜亮，中部施酱褐色釉，并在胎体上刻划水波纹，下部又施黑釉，足内无釉，腹与足跟处有一周凸起棱。"（06）

此类罐确是西北窑口所产，但它不具有西夏黑褐釉罐的特征。西夏罐多有芒口，斜唇或平唇，多股平行带状系，釉薄施釉不到底，器壁薄等特点；相反，依据此器的圆唇，直口，倒三角形捏塑并侧视弯曲呈S形的双系，施釉近底，釉色厚润，圈足上沿有一周凸起棱，圈足着地处外沿斜削等特点，可断之为明代制品。

在固原九龙山明清时期的墓群中出土有一些黑釉瓷器，其中一件瓷钵与此罐有颇多相似之处（T6034），也是双色釉，腹部酱褐色釉处篦划水波纹，划法一致，腹部和近足处皆有外出凸棱，与T6030黑釉、褐釉划水波纹双系罐应为同期产品。

需要说明的是，西夏瓷器也大量采用篦划水波纹作为装饰，往往在水波游鱼纹盆上多见（TB4036、TB4037），但处理手法与本例不同。西夏器上的篦划水波纹短促不连贯，往往在鱼纹周边装饰，方向随意，尚没有发现西夏瓷采用如T6030环绕一周连绵不断的篦划手法。

另外，西夏瓷器存世极少，偶有出土，也是残者多；而与本例类似的划水波纹罐类、瓶类制品，在陕、甘、宁一带，无论是出土品还是传世品都相对较多见，且品相较好，藏者、售者多命之以西夏瓷器，加上中原地区无与之相类者，无从比较，以至以讹传讹。

尽管这类黑釉罐非西夏瓷器，但因其工艺独

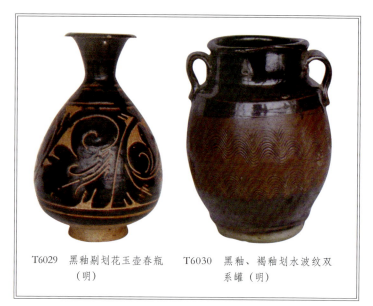

T6029　黑釉剔划花玉壶春瓶（明）　　　T6030　黑釉、褐釉划水波纹双系罐（明）

T6031　黑釉玉壶春瓶

T6032　白釉玉壶春瓶

T6033　酱釉划波浪牡丹纹玉壶春瓶

T6034　黑釉、褐釉划水波纹钵（明）

T6035　黑釉剔划花玉壶春瓶（明）

T6036　黑褐釉剔划花梅瓶（明）

特、釉色纯美，年代久远，故仍不失为收藏佳品。

（五）《中国出土瓷器全集》第十六卷所载部分瓷器

　　2008年出版的《中国出土瓷器全集》，洋洋16册，汇集了中国各省区的重要出土瓷器，堪称鸿篇巨制，具有极高资料性和权威性。但是，可能由于内容信息量大，覆盖地域广，稿件由各地方文博人员提供，难于梳理，故难免会产生一些谬误之处，比如其中关于西夏瓷器物的选择，笔者就有些不同看法。此书一经推出，便影响很大，而其瑕疵，也必将随着其权威性被放大，故笔者觉得有必要一一指出其不足，虽有吹毛求疵之嫌，断无妄加菲薄之意。

　　《中国出土瓷器全集》（以下简称《全集》）其第16卷为"甘肃、青海、宁夏、新疆、云南、贵州、西藏"部分，而前三个省份，西夏瓷都占有相当大的篇幅。其中某些器物，如第37页"黄釉刻花梅瓶"、第43页"白地黑花梅瓶"、第46页"褐釉双鱼寿字纹四系扁壶"、第47页"黑釉剔刻花梅瓶"、第49页"黄釉剔划花罐"等，笔者认为将它们定为西夏瓷欠妥。

T6037　篦划纹褐釉小口深腹瓶
（明～清）

T6038　白地褐花小口直腹瓶
（明）

T6039　褐釉双鱼寿字纹四系扁壶
（明）

　　第37页的黄釉刻花梅瓶（T6037），实际上是一件腹部装饰连续篦划纹的褐釉小口深腹瓶。此类瓶，西北地区，尤其甘肃一带极多见，是明清时期产品，其纹饰与《鉴宝·陶瓷卷》一书所载黑釉、褐釉划水波纹双系罐（T6030）相似，也是紧密的、连续一周的、起伏如波浪的篦划纹。这种装饰手法，西夏出土瓷器中未见，与西夏水波纹盆上的篦划纹明显不同，其造型在可信的西夏瓷出土标本中也未有相同者。

　　此瓶原注为"甘肃省凉州区古城乡塔儿湾遗址出土"（"甘肃省"后丢"武威市"字样），如果确定如此，那么此器的生产年代着实令人费解。然而在接下来对此器的描述中，则使事情变得简单多了，"腹部露胎处墨书西夏文九个，译为'斜毁，发酵有（裂）伤，下速斜，小'"[07]，而根据笔者所掌握的资料，墨书有这些西夏文字的标本，确实出土于武威塔儿湾窑遗址，但可以肯定不是这件，而是一块黑釉剔划莲花纹瓮的瓷片（T6042），目前未见有任何报告称有其他瓷器书有相同的文字，估计从逻辑上来讲，也不可能有第二件。而且，这件"黄釉刻花梅瓶"，并没有"腹部露胎处"，腹中部的篦划纹处是不可能墨书文字的。显然，这是一个错误，而我更愿意相信，这是一个图片与文字不对应所造成的、简单的编辑错误。这个错误虽然浅显，但考虑到此书的权威性，而且目前确实有很多人将这类瓶描述为西夏瓷的客观事实，故笔者不得不做一辨析。

　　第43页的白地黑花梅瓶（T6038），"圆唇，小口，束颈，折肩，直腹修长"，其造型不具备西夏梅瓶造型特征。其纹饰高度抽象，也与西夏瓷纹饰的具象风格不同。以黑褐釉在白地上绘制纹饰的西夏瓷，目前仅武威有出土，但其纹饰风格、器物造型、胎釉特征，与这件器物皆不同。实际上，此瓶呈现比较典型的明代产品风格，是明代以陈炉窑为代表的陕、甘一带窑口的产品。关于这类器物的断代，也早有学者有比较详细的阐述[08]。

实际上，就在《全集》同一卷中，第88页刊载的另一件被定为元代的"白地黑花梅瓶"（T6044）与此器风格完全一致，显然是同一时期、相似窑口的产品。

需要指出的是，"梅瓶"本称"经瓶"，本为盛酒器，往往体积较大，鼓腹，腹下内收。而本例体积甚小，直腹倾长，无论造型还是容积，称之为"梅瓶"，都有值得商榷处。

第46页的褐釉双鱼寿字纹四系扁壶（T6039），甘肃省平凉市崆峒区出土，现藏于平凉市博物馆。

扁壶至迟在两晋时期，西北地区已有烧造，并延续历代不辍，无疑，西夏扁壶是历代扁壶中最为出色的，也是最为珍贵的。各代的扁壶，尽管风格各不相同，但毕竟有一定的延续性，这就造成相当多的产品被误为西夏扁壶，此例即为其一。先看其造型：口部直上直下，平唇短口，四系无筋，腹部扁平，"喇叭形圈足"，显然这些特点与西夏扁壶无一相似处。再看纹饰，"腹两侧均模印浅浮雕状串珠纹和双鱼寿字纹"，其主、次纹饰在西夏瓷中都未见。实际上，在《全集》第15卷陕西卷中，即载有纹饰风格相同的一件明代褐釉三并头鱼纹扁壶（T6043），尤其图案外沿也是大小两个圆环相套，两环之间饰串珠纹（鼓钉纹），鱼的塑造手法也十分相似，其造型，除口部为侈口外，其他部位造型也与本例极似，显然，两者都是明代西北地区产品。

第47页的黑釉剔刻花梅瓶（T6040），是"1976年甘肃省华池县平庄公社高桥队出土，现藏于庆阳市博物馆。"此器口部锥形，肩无涩圈，腹部两层纹饰，上为一周卷叶纹，下为仰莲瓣纹，种种这些特点，已经表明了它与西夏瓷的不同，而应该是金代至元代早期原西夏疆域以外的产品，读者可将它与本书图版中西夏梅瓶做一对比，限于篇幅，不再详述。

第49页的黄釉剔划花罐（T6041），甘肃武威市凉州区韩佐乡五坝山出土，现藏于武威市博物馆。其纹饰，与同录入此书第97页的、出土于庄浪县的一件"棕褐釉镂空箸筒"极似，后者被定为元代。其釉色与胎质与《全集》同一卷中第31页登录的一件武威塔儿湾窑出土的西夏"绿釉剔花瓶"很相似，但纹饰风格则完全不同，T6041呈现明显的元代风格，考虑到两者出土地点相近，推测可能是元代中期以后，包括塔儿湾在内的武威当地窑口的产品。

另外，此书第132页"黑釉剔刻花碗"、第138页"黑釉剔刻花玉壶春瓶"均为灵武窑出土，并皆标注为"西夏"。在《宁夏灵武窑发掘报告》中，载明两者为灵武窑第三期产品，应无疑义，而"灵武窑第三期"既不能完全等同于元代，更不能等同于西夏（参见本书伍分期），比较妥当的标注应为"灵武窑第三期"

T6040　黑釉剔划花梅瓶（金）

T6041　黄釉剔划花罐（元）

T6042　黑釉剔划莲花纹瓷瓷片

T6043　褐釉三并头鱼纹扁壶（明）

T6044　白地黑花小口直腹瓶（明）

T6045　茶叶末釉剔划花双系瓶
（元～明早期）

T6046　黑釉剔划莲花纹双系罐
（清）

T6047　白釉褐花罐（明～清）

T6048　孔雀蓝釉三足双耳炉
（元～明早期）

T6049　黑釉鸟形砚滴
（元～明）

T6050　白釉"内府"款梅瓶
（元）

T6051　黑釉剔划莲花纹盖盒
（清）

T6052　黑釉剔划莲花游鱼纹双
系罐（清）

T6053　黑釉剔划卷叶纹梅瓶
（金）

（六）《尘封的文明——西夏瓷器》
一书中所载部分瓷器

国内外关于西夏瓷器的书籍极少，且往往阐述不祥，所载资料有限。宁夏青年学者李进兴先生的普及型小书《尘封的文明——西夏瓷器》是出版较早、影响较大的一本，但可能因为作者资料的欠缺，其中存在一些值得商榷的地方，问题比较集中的地方在此书后半部分所例举的西夏瓷器，相当一部分为元、明、清，甚至现、当代的非西夏后继窑口的产品，比如第64页、第65页的茶叶末釉剔划花双系瓶（T6045）、黑釉剔划花双系瓶，与前文所述隆德县文管所藏黑釉剔划双系瓶极为相似，应属元代和明早期制品。第43页的白釉"内府"款梅瓶（T6050），为典型的元代制品，类似器物出土较多，其年代国内外学界早有定论。第73页的孔雀蓝釉三足双耳炉器形带有由元向明过渡的特点（T6048），应为元～明早期制品。根据笔者掌握的资料，此炉出土于山西大同，现藏大同博物馆，将它断为西夏，就地域上讲也颇有些牵强，不知依据何在。第58页的黑釉剔划莲花纹盖盒（T6051）、第68页的黑釉剔划莲花游鱼纹双系罐（T6052）、第69页的茶叶末釉剔划花双系罐、第70页的黑釉剔划莲花纹双系罐（T6046），纹饰处理手法相同，应为清代陕西澄城窑产品[09]；第18页的黑釉鸟形砚滴（T6049）、第46页的白釉褐花罐、第59页的白釉褐花罐（T6047），也都不具备西夏瓷器的特征，后两者是与耀州陈炉窑产品近似的明清时期产品。而最令人不解的是，书中第78页的黑釉剔划卷叶纹梅瓶（T6053，器物同本书T2008，书中原名"茶叶末釉剔刻花梅瓶"），实为山西天镇出土的"黑釉剔划卷叶纹梅瓶"，是金代雁北地区产品，现藏于山西博物院，这样一件出土地点、窑口、收藏地点都非常明确的金代器物，在此书中不仅作为西夏瓷展示，而且标注为"宁夏回族自治区海原县西夏遗址出土"，不禁让人怀疑此"海原县西夏遗址"的性

些也都是非常典型的西夏剔划花瓷特征（T6062、TB1008）。

而反观定窑剔划花瓷，其代表性产品往往有如下特征：所罩釉色多为浅棕黄色，或浅酱釉色，剔掉釉后露出白底色，但反差不明显，比较含蓄；牡丹花纹饰多见，但牡丹花头、花瓣皆比例较大，每片花瓣中，往往都用细密的、多达十条的篦纹表示筋脉；剔地部分未剔净的残釉少，底子上几乎看不出刀痕（T6064）。

综上所述，显然T6059并非定窑剔花罐，而是一件西夏时期灵武窑产品。作为具有典型灵武窑产品特征、胎白釉亮的西夏剔划花罐完整器，T6059几乎是目前所知唯一的一件。

T6064　浅褐釉剔划缠枝牡丹纹枕（金）

(01) 将此瓶作为西夏瓷标注的出版物有国家文物局主编：《中国文物精华大辞典·陶瓷卷》第325页，上海辞书出版社、商务印书馆（香港）有限公司，1995年。李知宴主编：《中国陶瓷投资与鉴藏·2》第149页，大象出版社，2005年。西夏博物馆编，汤晓芳主编，陈育宁、王月星副主编：《西夏艺术》第142页，宁夏人民出版社，2003年8月。

(02) 马未都：《马未都说收藏·陶瓷篇（上）》第97页图"磁州窑诗文梅瓶"，中华书局，2008年4月第1版。

(03) 引自观复古典艺术博物馆编：《观复·2006·秋》，2006年。

(04) 郭学雷著：《明代磁州窑瓷器》，文物出版社，2005年6月。Mowry, Robert D., *Hare's Fur, Tortoiseshell, and Partridge Feathers: Chinese Brown-and Black-Glazed Ceramics, 400-1400.* Harvard University Art Museums, Massachusetts, 1996.

(05) 李彦君主编：《鉴宝·陶瓷卷》第54页，北京出版社，2007年1月第1版。

(06) 同上，第54页。

(07) 张柏主编：《中国出土瓷器全集·16·甘肃、青海、宁夏、新疆、云南、贵州、西藏》卷第37页，科学出版社，2008年。

(08) 参见耀州窑博物馆编，薛东星、禚振西主编：《陈炉耀州瓷精粹》第69页图048～第106页图086的介绍分析，文物出版社，2007年9月。另见郭学雷著：《明代磁州窑瓷器》，文物出版社，2005年6月。

(09) 参见杜文、禚振西：《新发现的陕西澄城窑及其烧瓷产品》，《文博》2006年第2期第72～77页。

(10) 首都师范大学历史系编：《首都师范大学历史博物馆藏品图录》第179页图175，科学出版社，2004年9月。

(11) 李宗扬、邱冬联编：《中国宋元瓷器目录》第12页，南方出版社，2000年4月第1版。

陆

T6001　黑釉剔划花纹梅瓶

　　　　北宋晚期～金代初期/美国圣路易斯城市艺术馆藏（City Art Museum of St. Louis）

T6002　白釉剔划花盘口瓶

　　　　北宋/高40厘米/华盛顿佛利尔艺术馆藏

（Freer Gallery of Art, Washington）

T6003　白釉剔划花瓷片

　　　　北宋/河南中、北部瓷窑产品/民间收藏

T6004　白釉镶嵌珍珠地瓷片

　　　　北宋/河南中、北部瓷窑产品/民间收藏

T6005 白釉剔划花添化妆土瓷片

北宋/河南中、北部瓷窑产品/民间收藏

T6006 黑釉剔划花瓷片

西夏/宽18.5厘米/灵武窑产品/民间收藏

T6007 黑釉碗瓷片

西夏/灵武窑产品/民间收藏

T6008 银酱釉剔划花罐瓷片

西夏/宽19厘米/灵武窑产品/民间收藏

T6009 银酱釉剔划牡丹纹梅瓶瓷片

西夏/高21厘米/灵武窑产品/民间收藏

T6010 白釉剔划牡丹纹玉壶春瓶瓷片

西夏/最大直径12.5厘米/灵武窑产品/民间收藏

T6011 白瓷罐瓷片

辽/龙泉务窑产品/民间收藏

T6012 白釉凸弦纹筒残件

西夏/灵武窑产品/民间收藏

T6013 白釉高足行炉

西夏/高9.6厘米/灵武窑产品/民间收藏

T6014 各种呈色的姜黄釉、浅青釉模印花碗瓷片

西夏/灵武回民巷窑产品/民间收藏

T6015 姜黄釉模印花碗残件

西夏/灵武回民巷窑产品/民间收藏

T6016 姜黄釉内六分筋碗残件

西夏/灵武回民巷窑产品/民间收藏

T6017 青釉划花碗

金/高8.7厘米，口径24厘米/陕西省西安市出土/西安市文物考古研究所藏

T6018 白底黑彩绘猴鹿纹梅瓶

金/高42.5厘米/北京故宫博物院藏

T6019 白底褐彩诗文梅瓶

金~元早期/高38.5厘米/观复博物馆藏

T6020 白底黑褐彩绘梅瓶（两件）

金/甘肃甘南藏族自治州博物馆藏

T6021 白底黑褐彩绘梅瓶

金/兰州李进生藏

T6022 黑釉剔划卷叶纹双系瓶

元/高26.6厘米/征集/宁夏隆德县文管所藏

T6023 黑釉划鸟纹双系瓶

元/高26厘米/鹤煤博物馆藏

T6024 黑釉划花双系瓶

元/"至正十一年"款/民间收藏/北京民间收藏

T6025 黑釉弦纹双系瓶

西夏/高23.5厘米/灵武回民巷窑产品/民间收藏

T6026 黑釉剔划花四系大罐

明/高67厘米/观复博物馆藏

T6027 黑釉剔划花双系罐

明/"洪武三十年"铭/美国芝加哥富地博物馆藏（Field Museum, Chicago）

T6028 黑釉剔划花罐（全图及局部图）

明/"正德"铭/德国柏林东亚艺术博物馆藏（Museum fur, Ostasiatishe Kunst, Berlin-Dahlem）

T6029 黑釉剔划花玉壶春瓶

明/高22.5厘米/私人收藏

T6030 黑釉、褐釉划水波纹双系罐

明/高12.5厘米/私人收藏

T6031 黑釉玉壶春瓶

西夏/武威塔儿湾窑址出土/西夏博物馆（武威）藏

T6032 白釉玉壶春瓶

西夏/武威塔儿湾窑址出土

T6033 酱釉划波浪牡丹纹玉壶春瓶

西夏/高25.5厘米/灵武窑产品/台湾中兴阁藏

T6034 黑釉、褐釉划水波纹钵

明/固原九龙山墓群出土/宁夏回族自治区博物馆藏

T6035 黑釉剔划花玉壶春瓶

明/山西孝义市博物馆藏

T6036 黑褐釉剔划花梅瓶

明/"天顺六年"铭/英国巴斯东亚艺术博物馆藏（The Museum of East Asian Art, Bath, England）

T6037　篦划纹褐釉小口深腹瓶

明～清/口径4.3厘米

T6038　白地褐花小口直腹瓶

明/高18厘米/甘肃省武威市凉州区永昌乡出土/武威市博物馆藏

T6039　褐釉双鱼寿字纹四系扁壶

明/高18.9厘米/甘肃省平凉市崆峒区出土/平凉市博物馆藏

T6040　黑釉剔划花梅瓶

金/高39.9厘米/甘肃省华池县平庄公社高桥队出土/庆阳市博物馆藏

T6041　黄釉剔划花罐

元/高30厘米/甘肃省武威市凉州区韩佐乡五坝山出土/武威市博物馆藏

T6042　黑釉剔划莲花纹瓮瓷片

西夏/武威塔儿湾窑址出土/西夏博物馆（武威）藏

T6043　褐釉三并头鱼纹扁壶

明/高30.5厘米/陕西省韩城市出土/陕西历史博物馆藏

T6044　白地黑花小口直腹瓶

明/高18厘米/甘肃省武威市凉州区韩佐乡五坝山出土/武威市博物馆藏

T6045　茶叶末釉剔划花双系瓶

元～明早期

T6046　黑釉剔划莲花纹双系罐

清/陕西澄城窑

T6047　白釉褐花罐

明～清

T6048　孔雀蓝釉三足双耳炉

元～明早期/山西大同出土/大同博物馆收藏

T6049　黑釉鸟形砚滴

元～明

T6050　白釉"内府"款梅瓶

元

T6051　黑釉剔划莲花纹盖盒

清/陕西澄城窑

T6052　黑釉剔划莲花游鱼纹双系罐

清/陕西澄城窑

T6053　黑釉剔划卷叶纹梅瓶

金/高29.7厘米/1955年山西天镇县夏家沟村出土/山西博物院藏

T6054　褐釉划牡丹纹梅瓶

西夏/高30.8厘米/推测为伊克昭盟窑产品/首都师范大学历史博物馆藏

T6055　黑釉划牡丹纹梅瓶瓷片

西夏/1986年灵武磁窑堡窑址出土

T6056　黑釉剔划折枝牡丹纹梅瓶

西夏/高28厘米/1986年灵武磁窑堡窑址出土

T6057　例T6054局部枝叶

T6058　例T6056局部枝叶

T6059　黑釉剔划串枝牡丹纹罐

西夏/高35.5厘米/灵武窑产品/民间收藏

T6060　黑釉双系罐（局部）

西夏/高22厘米/灵武回民巷窑产品/民间收藏

T6061　黑釉剔划八方出叶纹瓷片

西夏/宽13厘/灵武窑产品/民间收藏

T6062　黑釉剔划缠枝牡丹纹钵

西夏/高13.4厘米/1986年灵武磁窑堡窑址出土/宁夏回族自治区博物馆藏

T6063　白釉侈口罐

西夏/高28.2厘米/宁夏灵武市征集/西夏博物馆（银川）藏

T6064　浅褐釉剔划缠枝牡丹纹枕

金/"大定八年…"墨书铭/高15厘米/定窑产品/北京故宫博物院藏

柒　散论

T7001　西夏炭窑烽澄泥砚

T7002
戳印"赵家
罗"文残砚

T7003
西夏炭窑烽澄
泥砚局部

T7004　澄泥砚（北宋）

T7005　上例背面图

一　西夏炭窑烽澄泥砚考

王若林先生所藏西夏炭窑烽澄泥砚，长方形抄手砚式，首端略窄略低，尾端略宽略高，砚池呈斜坡状，澄泥质灰陶胎，细腻坚硬，其造型与质地均为典型的宋、金时期流行形式（T7001、TB2031）。尤为难得的是，砚背有双线边框的戳记，字为隽秀的楷书，竖写分两行，为"炭窑烽赵家　沉泥砚瓦记"（T7003、TB2033）。

关于戳记内容及此砚所体现的文化价值，笔者做了一番考证与解读。

"炭窑烽"

宁夏东部包括磁窑堡一带为宁夏最大的煤炭产区，西夏时即已经用煤炭作燃料烧制瓷器，是谓"炭窑"；"烽"当指长城的烽火台。窑址现存的烽火台普遍认为是明代所建，那么，西夏时期当地有没有烽火台呢？答案是肯定的。《史记·匈奴列传》载："秦昭王时，义渠戎王与宣太后乱，有二子。宣太后诈而杀义渠王于甘泉，遂起兵伐残义渠。于是秦有陇西、北地、上郡，筑长城以拒胡。"以此为主要依据，原宁夏博物馆馆长周兴华先生认为，现存的西起灵武横城乡黄河东岸，经过盐池县境向东延伸的长城遗迹，即为战国秦昭王始筑的"拒胡"长城[01]。另据《隋书·崔仲方传》记载，隋高祖令司农少卿崔仲方"发丁三万，于朔方、灵武筑长城，东至黄河，西拒绥州，南至勃出岭，绵亘七百里。明年，上复令仲方发丁十五万，于朔方已东缘边险要筑数十城，以遏胡寇。"（"东至黄河，西拒绥州"，东、西方位记载颠倒，为当时笔误。）说明隋代灵武东部也建有长城（T7007）。历代长城的修筑者，为节省民力，都会大量利用前代的长城。明代为防御蒙古，在西北地区连缀、修补前代长城最终成万里之巨，相信相当部分的战国、隋代长城城墙与烽燧，应该也被叠压在明长城之下了。所以，此砚上的"烽"字，当指西夏时尚存在的战国或隋代长城之烽燧。

"赵家"

1986年中国社会科学院考古研究所内蒙古队在对宁夏灵武窑的发掘中，曾出土有极相似的西夏残砚(02)，砚背亦有楷书戳记，仅存"赵家罗"三字（T7002），两相映照，可以推知，"赵家"应是当时灵武窑场的制砚"专家"。

顺便说说这个"罗"字。古砚鉴识家王靖宪先生藏有一方宋代澄泥砚（T7004、T7005）(03)，砚背有戳记，文为"西京仁和坊李让笋土澄泥砚瓦记"。根据王若林先生所藏西夏砚和王靖宪先生藏仁和坊砚推断，《宁夏灵武窑发掘报告》所载西夏残砚戳记全文应为"炭窑烽赵家罗土沉泥砚瓦记"十二字（T7006）。

"罗土"为制造澄泥砚的一道工序。据传，澄泥砚以沉淀千年的大河河底渍泥为原料，晒干打碎，再筛罗多遍以取其最细者，加入其他佐料和水做胎，方能制作出发墨良好而又细腻坚硬的澄泥砚来。

T7006　戳印"赵家罗"文残砚印文
　　　　推定图

"沉泥"

"沉泥"即"澄泥"。苏东坡有文赞颂当时最著名的澄泥砚制作高手吕道人，文曰："泽州吕道人沉泥砚，多作投壶样，其首有吕字，非刻非画，坚致可以试金。道人已死，砚渐难得。"

"砚瓦"

"砚瓦"即"砚"。宋代邵博《闻见后录》载："砚瓦者唐人语也"；苏东坡有《次韵和子由欲得骊山沉泥砚》诗，其中两句曰："举世争称邺瓦坚，一枚不换百金颁"，以瓦称砚。

T7007　"隋代大运河和黄河长江中下
　　　　游地区"图局部

王若林先生所藏西夏炭窑烽澄泥砚，传为一牧羊人多年前在灵武磁窑堡窑址附近拾得，结合1986年考古发掘出土残砚，当可确定为磁窑堡窑在西夏时期产品无疑。可以说，此砚的面世具有重大意义。一方面，习惯上认为宋代澄泥砚的主要产区为：绛州（山西新绛）、虢州（河南灵宝）、相州（安阳）、滹阳（河北正定、无极一带）、邢州（邢台）、泗水、潍州（潍坊）、西京（洛阳）等，而制作精良的这方西夏砚的面世，使得这份名单中必须加上灵州（灵武）一地，中国的澄泥砚产区不仅由此而大为向西扩充，同时也再次证明，灵武窑确实不愧为宋、金时期产品种类丰富、质量极高的中华名窑之一。另外，此砚的戳记还提供了一条更为重要的信息，即西夏时现磁窑堡一带本名为炭窑烽，这为极为稀缺的西夏史地资料添加了宝贵的一笔，因而具有极高的考古和文化研究价值。

二　浅论西夏官府瓷器的烧造

"溥天之下，莫非王土，率土之滨，莫非王臣"，中国古代帝王，为一国之尊，其宫廷所用器皿，包括陶瓷，也必精益求精，取天下之最佳者，甚至专门制定标准定烧，烧成之器，谓之"贡瓷"。"贡瓷"之制度，至迟在唐代即已经出现并定型，发展到宋代，更形成了专门为宫廷烧造瓷器的"官窑"。那么，作为处处不输人后，处处皆欲与宋廷一争的西夏，其官府瓷器的烧造情况如何？有没有自己的"官窑"呢？

北宋"官窑"，还有很多谜团尚未揭开，关于某些问题，学界更是莫衷一是。当时处于文化中心地带的北宋"官窑"尚且如此，荒鄙偏远的辽、西夏诸国，其官府瓷器的烧造、"官窑"情况，则更鲜有人知，显得愈发神秘。幸运的是，笔者于多次赴西北考察的过程中，收集到一些瓷片标本，尤其是两个刻划有铭文的大瓮残片，显示了其作为官府定烧瓷器的属性，以其为突破口，结合其他标本和文献资料，笔者试就西夏官府瓷器，或曰贡瓷的烧造情况做一浅析。

（一）"东平王衙下"瓷片及铭文考

T7008　划"东平王衙下"铭黑褐釉瓮瓷片

T7009　划"东平王衙下"铭黑褐釉瓮瓷片局部

瓷片之一，是一黑褐釉瓮的口部及上腹部瓷片（T7008、TB4121）。距口沿约5厘米处，自上而下划铭文五字："东平王衙下"。"衙"字最右侧偏旁缺省，当为当时的异体字或误写。字结体端正，线条粗细均匀，笔画遒劲，风格硬朗，古意盎然（T7009）。瓷片高25厘米，宽约27厘米，显然是大瓮的一部分。釉较薄，胎浅米黄色，口部外翻，上沿及侧沿皆切削硬朗，缩颈。传瓷片采集于灵武回民巷窑外侧南部某处，从其造型、胎、釉的西夏瓷器特征判断为西夏时期制品无疑。从其极具特点的口部造型及瓷片整体弧度判断，其完整器当接近于现藏日本的黑褐釉剔划牡丹纹罐（T7015、TB3011）。

西夏"东平王"的完整封号，未见诸任何史料记载，因西夏史在中国古代史中长期阙如，故不足为奇。但是，在黑水城出土的西夏汉文本《杂字》残卷的"官位部第十七"中，收录了西夏自皇帝以下的中央官职与封号，包括尚书、令公、三公、郡王、嗣王等，而"平王"也赫然在列[04]。显然，"平王"表示等级及封号性质，前面分别加上东、西、南、北，应该就是当时具体的封号，即"东平王"、"西平王"、"南平王"、"北平王"等。中国封建王朝，历朝历代多有这种名称的王位之封，翻检史籍，俯拾皆是。当时处于西夏宗主国地位的宋、辽，也有类似封赏，比如《辽史》记载，辽皇亲萧排押，曾随辽圣宗征高丽，有战功，"（开泰）五年，晋东平王"[05]。北宋太祖、太宗之弟廷美，有孙名承干，"以艺文儒学名于宗藩"[06]，死后获得神宗嘉奖，追封为东平王。

西夏建立之前，接受中央王朝的册封，自后周皇帝于954年封李彝殷为"西平王"始，这一封号便一直由西夏王族李氏袭承。10世纪晚期，辽、宋相继封李继迁为西平王，后李德明、李元昊父子也相继接受了宋廷所赐"西平王"的封号，一直到李元昊称帝后，宋廷才于1039年削去其封赏。

西夏建立之初，其官职的设置均模仿北宋，故西夏极有可能其内部王侯的封赏名目也模仿北宋朝廷。西夏以四方命名的王侯之封，见诸记载的还有"南平

结果，那么也就不存在严格意义上的"官窑"了。

至于插旗沟窑，尽管有相当多的学者认为其为西夏官窑，但考虑到其产品，惟胎色比灵武窑产品更白，而其釉色、釉质、造型工艺，与灵武窑产品相比，均无明显优势，有些方面，比如器壁较厚，修足厚笨，这些都明显输于灵武窑，故称之为"官窑"，尚缺乏足够的证据，而将其作为西夏"贡瓷"的烧造窑场来表述则比较准确。

从另一个方面来看，西夏瓷器成型之时，北宋的"官窑"可能还未出现。根据本书贰之二"西夏瓷的工艺特征、工艺渊源及所反映的创烧时间"的分析，西夏瓷在11世纪晚期当已成型，学者们据宋代叶寘《坦斋笔衡》记载："政和间，京师自置窑烧造，名曰官窑"，推断北宋官窑的烧造时间应该在政和元年到北宋灭亡之间，即1111～1126年间[10]，烧造时间短暂仓促，故可能未对西夏瓷产生影响。在北宋建立官窑之前，承担烧造贡瓷任务的，主要有邢窑、定窑、耀州窑、越窑等窑口，而其中的定窑、耀州窑，也在对西夏瓷窑影响最大的窑口之列，那么这种约束不甚严格的，官、民混烧的制瓷制度，也必相应的影响了西夏。

西夏瓷窑烧造的鼎盛时期，正值中原的金代，未见有任何关于金"官窑"的记载。

西夏灵武窑"东平王衙下"铭瓷片、"三司"铭瓷片，及其他标本，表明灵武窑中的某些窑炉，在西夏时期承担了烧造贡瓷的任务，其产品质量高于一般民用瓷。灵武窑是一处官、民混烧的西夏中心窑场，但和同样烧造贡瓷的插旗沟窑一样，都不能作为西夏"官窑"看待，或者说，目前的证据表明，西夏有"贡瓷"，而不存在严格意义上的"官窑"。

"东平王衙下"瓷片，表明西夏在其官僚体系内，有"东平王"的封号，为西夏历史的研究提供了珍贵的资料。

三　西夏瓷塑人像所反映的西夏国髡发样式

1038年（宋宝元元年），李元昊在兴庆府（今宁夏银川）称帝建国，国号大夏，史称西夏。西夏的主体民族是源于羌族的党项族，同时境内还生存着汉、回鹘、吐蕃、契丹、女真等众多民族。西夏建国前后，李元昊刻意推行"民族化"政策，以彰显其政权的独立性，为此，元昊颁布了一系列法令，其中的"秃发令"[11]，禁止用汉人风俗结发，元昊首先自己"髡发"，再令天下推行，如人"三日不从令，许众杀之"[12]。

以灵武窑为代表的西夏瓷窑，生产有一些人物塑像（主要是供养人），其中的男性人物又多做髡发状，根据这些瓷塑人像及残首，可总结出当时西夏社会流行的多种髡发样式。

T7020　西夏髡发样式图之一

T7021　西夏髡发样式图之二

T7022　酱釉髡发人塑像残首

T7023　浅青釉、酱釉髡发人塑像残首

（一）西夏瓷塑人像及残首出土概况

1965年和1966年，原宁夏博物馆考古人员对位于宁夏石嘴山市的西夏省嵬城遗址进行了试掘，出土一件瓷塑人像残首，"做秃发状，如实地反映了西夏的社会习俗"，这是此类器物最早的出土，对遗址年代的确认和此后西夏瓷器的认定都有重要意义[13]。

1984年至1986年，中国社会科学院考古研究所内蒙古队对宁夏灵武磁窑堡窑（后多称为灵武窑）进行了系统发掘，清理出多座西夏窑炉、瓷器作坊，出土瓷器、工具、窑具3000余件。其中髡发人瓷塑完整件及残件共27件，其中除十七件发式不明外，其余十件可辨识出发式6种，皆载于《宁夏灵武窑发掘报告》[14]。

除上述古遗址、窑址的考古发掘出土品外，笔者近年在西北考察西夏瓷的过程中，在以灵武窑为中心的周边地区，又陆续见到、采集到一些民间藏西夏瓷塑人像及残首，多为各种城建、基建、道路建设工地采集品，从其特征来看，基本产自灵武窑。这些民藏品与考古发掘出土品相似，从人物的衣着、动作、神态，及所抱持之物等方面来看，可以确定其中的绝大多数是西夏供养人形象。这些人像多做髡发式，部分发式与《宁夏灵武窑发掘报告》所载发式同。主要依据这些民藏西夏瓷塑人像及残首，并参考灵武窑考古发掘出土品，笔者绘制了西夏人物头像复原图，共含十三种发式，下文分别予以阐述。

（二）西夏瓷塑人像及残首所反映的
西夏国各种髡发样式

1．发式一　T7020

此发式特点为：头顶部与耳后发尽剃光，仅留前额上沿至太阳穴上沿处发，成一横带，中间发剪短不遮挡额头，两边太阳穴上沿处发长成绺下垂。

应该说，这是一种比较标准的髡发样式，它与黑水城出土西夏绘画水月观音图中所绘奏乐、舞蹈人物中两人发式相同（T7054）[15]。太阳穴上沿处长发亦可下垂于耳后，安西榆林窟第29窟南壁东侧上层所绘第三身男供养人后的侍从三人中的两人（T7055），即留有这种发式[16]。

所据髡发人塑像残首（T7022、TB2047），高3厘米，施酱釉，胖脸鼓腮，怒目横眉，但因仅存头部，难以断定原为供养人抑或武士塑像，但其头部发式表现得较为清晰。

2．发式二 T7021

此发式特点为：头顶部与耳后发尽剃光，仅前额上沿正中为挽结的发髻，从发髻向两侧垂出两绺长发，尾端上翘。

所据髡发人塑像残首（T7023、TB2040），高5.3厘米，头顶部挽结的发髻及两侧所垂的发绺均刻画非常清晰，脸部施浅青釉，其头部施有大面积的酱釉，当为表现绒发效果，关于此，本文稍后详述。

另一髡发人塑像残首（T7025、TB2044），高5厘米，面部施浅青釉，头部施酱釉，所示发式相同。

第三件髡发人塑像残首（T7026、TB2045），高4.9厘米，施浅青釉，头发部位已经缺失，但原粘接痕迹明显，可看出是"发式二"更夸张的表现。留发几成W形，其向两侧生出的两绺长发，尾端上翘成弯月形。现在的问题是，这种夸张的发型是如何成型并固定的，西夏人有没有近似今天美发的技术，将两绺头发用某种手段弯成上翘的弧形，或者有没有一种定型溶液以保持这种发型，目前皆不得而知。

3．发式三 T7024

这种发式类似于将第一种发式的两端向耳后延展，然后再结以发辫下垂。

所据素烧髡发人塑像残首（T7027）面部缺失，但其残存的后半部分仍能较为清晰地反映这种发式。著名的西夏雕塑品彩绘泥塑力士面像（T7028）[17]，高13厘米，1990年出土于宁夏贺兰县宏佛塔，其发式也与此式极为相似，此雕塑品

T7024　西夏髡发样式图之三

T7025　浅青釉、酱釉髡发人塑像残首

T7026　浅青釉髡发人塑像残首

T7027　素烧髡发人塑像残首

T7028　彩绘泥塑力士面像

T7029　西夏髡发样式图之四

T7030　浅青釉、酱釉髡发人塑像残首

T7031　浅青釉、酱釉髡发人塑像残首

T7032　浅青釉、褐釉髡发供养人塑像

原前额上方应该也有留发，仔细观察可看到原粘接痕迹。

与第一种发式相比，此式前额上沿正中的头发略长而集中，两侧短，也有可能断开，这应是可以自由改变的部位，如果断开，就更类似于下面的发式四了。

4．发式四　T7029

此发式特点为：将横在前额上沿直到耳后的横发分成三撮，即前额上沿正中和两耳上部，三撮发绺中间不相连。前额上沿的发绺位置有可能上移而接近头顶正中。

所据髡发人塑像残首两件，分别高2.7厘米（T7030）、2.8厘米（T7031、TB2042），均头部耳际以上施黑褐釉，余施浅青釉，对前述三绺头发都有清楚显示，而所施黑褐釉，除发簇部位之外的地方应该能恰恰反映绒发的状态。两个标本黑褐釉点染的部位，都没有包括鬓角处，类似现象在其他标本如T7023、TB2040、T7025、TB2044、T7041、T7045、TB2038等都有所呈现。这应该是反映了当时普遍存在的现象，即当时极有可能人们在绒发长长之后，为图便捷而仅仅定期刮除鬓角部位的头发，有可能是西夏享国近两百年的漫长岁月中，民间逐渐形成的一种贪图便捷的修剪头发的做法。

另留有这种发式的瓷塑人像，在1984年至1986年灵武窑考古发掘中有完整品出土，为一供养人瓷塑。瓷塑高6.4厘米，仅头顶部施褐釉，余皆青釉，"头顶留发三撮，余剃光。长圆脸，宽额，五官端庄，高鼻，两眼凝视前方，上躯略前倾，双腿盘坐，两腿交于前方，双手捧献物（似莲花）"（T7032）。

发式四同《宁夏灵武窑发掘报告》中"1式"秃发[18]。

5．发式五　T7033

此发式特点为：头部留发三撮，位置分别位于前额上沿正中及两耳上方，前额上沿正中留发向前方分出两叉。

所据标本为1984年至1986年灵武窑考古的发掘出土品，髡发人塑像残首（T7035），残存两眼以上部分，高2.7厘米，头部施褐釉，脸部青釉，"头顶留发三撮，近前额一撮前分两叉"。

发式五同《宁夏灵武窑发掘报告》中"3式"秃发。

6. 发式六　T7034

此发式特点为：头部留发三撮，位置分别位于前额上沿正中及两耳上方，前额上沿正中留发打结后向前方分出两叉，尾段上翘。此发式前额上沿留发与发式二类似。

所据标本为1984年至1986年灵武窑考古的发掘出土品。髡发人塑像残首（T7036），高3.9厘米，头顶部施褐釉，脸部施青釉，"头顶留发三撮，近前额一撮呈蝙蝠状"；另一髡发人塑像残首（T7037），高4.5厘米，顶部施黑釉，余皆白釉，"头顶留发三撮，近前额一撮打结后前分两叉"。这两件标本在《宁夏灵武窑发掘报告》中以两种发式列出，即"2式"秃发和"4式"秃发。两列前额上沿正中留发皆应是打结后再分叉，分叉后留发较长的，尾段上翘呈蝙蝠状，即T7036形式；分叉后留发较短的，尾段不上翘，即T7037形式，限于篇幅，本文将之合并为一种发式。

7. 发式七　T7038

此发式特点为：头部留发三撮，位置分别位于前额上沿正中及两耳上方，前额上沿正中留发打结后朝天束起，不再分叉。

所据标本为1984年至1986年灵武窑考古的发掘出土品。髡发人塑像残首（T7040），高3.7厘

T7033　西夏髡发样式图之五

T7034　西夏髡发样式图之六

T7035　浅青釉、褐釉髡发人塑像残首

T7036　浅青釉、褐釉髡发人塑像残首

T7037　浅青釉、褐釉髡发人塑像残首

T7038 西夏髡发样式图之七

T7039 西夏髡发样式图之八

T7040 浅青釉、褐釉髡发人塑像残首

T7041 浅青釉、酱釉髡发人塑像残首

米，面施青釉，发及颈下施褐釉，"近前额一撮发朝天束起，右耳上部有发一撮，左部不明，深目高鼻"。标本左耳上部是否留发不明，但据前述诸发式分析，本式亦当留发三撮，即左耳上部亦当有发。

发式七同《宁夏灵武窑发掘报告》中"5式"秃发。

8．发式八 T7039

此发式特点为：仅头顶部正中留发一撮，向左方梳理，余皆剃光。

所据髡发人塑像残首（T7041），高3.5厘米，面施浅青釉，头部施褐釉，表示绒发，呈锅盖形，鬓角无发。绒发生长而疏于修理的现象在当时的西夏国应该比较普遍，甚至有可能发展到后来被人们刻意保持，成为诸多发式中的组成部分，此标本即反映了这种情况。

发式八同《宁夏灵武窑发掘报告》中"6式"秃发。

9．发式九 T7042

此发式特点为：头部仅留发一撮，但与发式八不同的是，留发位置不在正中，而是在左侧的太阳穴上方。

所据髡发人塑像残首（T7044、TB2048），高3.7厘米，右耳上方施褐釉（本应黑褐色，因烧成温度欠高而成褐色，胎体亦因温度欠高而呈陶质），周围头部又施有非常浅淡的薄薄的一层褐釉以表示非常短的绒发或剃发之后泛青的头皮。此标本通过施釉的深浅体现发簇与绒发的差别，非常难得。

10．发式十 T7043

此发式特点为：仅前额上沿正中留发，挽结成三簇呈"个"字形。

所据标本执莲花供养人瓷塑（T7045、TB2038），高7.9厘米，前额上沿正中留发施黑釉，周边头皮施浅褐色釉，面部及身体施浅青釉。供养人身着紧袖衫，右手执莲花斜搭于右肩上，双目直视，面庞丰腴，神态安详。

显然，头顶部正中和前额上沿之间的位置是西夏发式中最重要的留发位置，有时甚至只在这个部位留有发簇。发簇短时分叉，长时挽结，或挽结后分叉。故发式十可能是发式二（T7021）将三簇头发挽结后的状态。

11．发式十一　T7046

此发式特点为：仅前额上沿正中留发较长，挽结成三簇呈"个"字形，两侧两簇下垂。本发式可看作发式十（T7043）在留发更长时的状态。

所据髡发人塑像残首（T7047），高3.5厘米，头顶部留发所施褐釉不全，这是窑工有意为之，还是快速操作中的疏忽？如果是前者，那么头顶部挽结状的部分更像是头巾；如果是后者，则为本发式。

另一件髡发人塑像残首（T7048），高3.2厘米，留发部位施釉颜色碰巧又很浅，仍然难以确定其是挽结的头发，还是头巾的打结部位在此。参考武威出土西夏木版画上所绘髡发人物（T7056），可知西夏时在前额上沿留发而向两侧分出的现象非常普遍，留发长到较长时必然挽结，故发式十一两件标本当为挽结的长发的反映。

12．发式十二　T7049

本发式较特殊，仅头顶部正中留发一撮，挽结后呈犄角状物向前上方伸出。

所据髡发人塑像残首（T7052、TB2046），高4.3厘米，丰面，圆目，高鼻，头部施酱釉，面部施浅青釉，头顶部留发犄角状向前上方伸出，犄角刻画圆润无毛茬，故当为头顶部留发挽结后的状态。犄角（发结）方向明确，未下垂，故我们有理由再次推测，当时西夏一定流行使用某种类似今天的发胶的可固定发式的液体，以保持某种特定发形。

13．发式十三　T7050

此发式特点为：仅头顶部前额上沿正中留发一撮较长，向两侧分开后结辫下垂。

T7042　西夏髡发样式图之九

T7043　西夏髡发样式图之十

T7044　施褐釉陶质髡发人塑像残首

T7045　浅青釉、酱釉执莲花供养人瓷塑（残）

T7046　西夏髡发样式图之十一

T7049　西夏髡发样式图之十二

T7047　浅青釉、酱釉髡发人
　　　　塑像残首

T7048　浅青釉、褐釉髡发
　　　　人塑像残首

所据髡发人塑像残首（T7051、TB2043），高3.6厘米，头部施酱釉，面部施青釉，发式刻画清晰，仅前额正中留长发，其余部位剃发，前额正中长发向左右分成两绺，自发绺中部始结辫，垂至两侧太阳穴处。

这种发式，和发式二（T7021）有一定渊源，实际上，两者的留发部位相同，长度相近，只不过对发绺的辫、挽处理方式不同而成两种发式。

俄藏黑水城出土木版画"佛顶尊胜曼荼罗"图，右下角绘制施主像（T7057）[19]，其发式当与T7051同，只不过其前额垂下发辫较长，垂至两腮。结合木版画像与陶瓷标本，其发辫长度折中后呈发式十三状态。

综上所示，仅为近年所发现西夏瓷塑人像残首标本的一部分，还有一些标本其发式塑造不清晰，但可以肯定的是，还有更多的我们还不知道的西夏发式隐藏在西夏陶瓷产品之中。

另外，西夏灵武窑也有少量妇女人像被发现，女子塑像残首（T7053、TB2050），高4厘米，面部施浅青釉，头发施黑褐釉，发髻高耸。西夏女子喜梳高髻，榆林窟所绘西夏女供养人像、武威出土西夏木版画所绘妇女，多发髻高耸。这种风俗至元代在河西地区仍盛行不衰。元代马祖常《河西歌》云："贺兰山下河西地，女郎十八梳高髻。"此女子塑像残首标本正是河西女子梳高髻的体现。

在陶瓷人像头部，以深色涂抹发撮，以浅色表现绒发，类似的表现手法在金代中原地区的瓷塑人像上也同样采用，如河南安阳东大街工地采集的一件釉上多色彩绘童子头像（T7058），"黑彩绘眉、眼、发，发饰为'鹁角'，剃发处用淡绿彩满涂显示头皮绒发的效果"[20]。中原地区类似产品都是二次烧成的釉上低温彩，颜色种类及色彩的层次丰富，表现力强，而西夏产品为一次烧成的瓷化程度更高的瓷质产品，所涂抹黑褐釉的深浅较难控制，有时颜色过深，容易让今人误以为是长发而非绒发。通过与同时期中原产品的比照，及参考甘肃武威等地出土木版画上绘制的西夏人物，应该可以确定本文采用的灵武窑瓷塑人像及残首头顶部，除发髻、发簪和发绺外的黑褐釉平涂部分，确实是为了表现绒发效果而为之，这和当时社会生活的实际情况应该是相符的，对于绝大多数忙于生计的百姓而言，是不会太在意不停生长的绒发，也不会花费太多时间、精力频繁地去清理。

类似的情况，在当时同样流行髡发的辽国也发生着。库伦辽代壁画墓中的一号墓墓道南壁壁画中，绘有双驼及两位驭者，"……一老者，满头短发……老者身后立一人，也是满头短发，与老者不同的是耳际下垂长绺鬓发……这个人的发式并不特殊，只是为了表现出由于旅途跋涉长时间未剃的结果，可见画家对这些细节是十分注意的"（T7059）[21]。

辽代壁画，是以风格写实著称的，因而反映了一定的社会现实，而且可以推断，在辽、西夏这些髡发国度里，越是下层的劳动人民，其髡发疏于修理的情况也越是普遍。

目前所知西夏美术品中带有髡发人物形象的非常有限，事实上，表现类似的髡发样式的美术品更多的存在并被发现于辽代墓葬中，包括近年发现的河北宣化辽墓壁画[22]、辽陈国公主墓壁画[23]、库伦辽墓壁画等等。这些辽代绘画中所绘髡发人物与某些西夏人像有着几乎完全一样的发式，如辽陈国公主墓壁画中的牵马人物（T7060），与本文所述西夏髡发发式之一相同，并着圆领窄袖长袍，与黑水城西夏绘画中的奏乐、舞蹈西夏人物（T7054）的衣着几无二致。

辽之契丹为鲜卑族的一支，而西夏立国后，西夏皇族拓跋氏所推行的与发式、衣着等有关的诸多法令，都有尽量与辽接近的趋势，这实际上触及了另一个学界争论已久的问题，即西夏王族拓跋氏的族属问题：西夏王族拓跋氏到底是羌系党项族的一支，还是像李元昊自己所宣称的那样，是元魏鲜卑拓跋氏的后裔。本文所述髡发样式及其他越来越多的考古证据，使笔者更倾向于后者。

此前，美术品中的西夏人物，基本上由黑水城出土绘画作品、敦煌和安西佛教洞窟壁画、甘肃武

T7050　西夏髡发样式图之十三

T7051　浅青釉、酱釉髡发人塑像残首

T7052　浅青釉、酱釉髡发
人塑像残首

T7053　浅青釉、酱釉梳高髻
女子塑像残首

T7054　水月观音图（局部）

T7055 安西榆林窟壁画中的髡发人物（局部）

T7056 武威西夏木板画中的髡发人物

T7058 釉上多色彩绘童子头像（金）

T7057 佛顶尊胜曼荼罗图（局部）

T7059 库仑辽代壁画墓壁画中的驭者（局部）

T7060 辽陈国公主墓壁画中的牵马人物（局部）

威出土木版画三部分组成，以灵武窑产品为主的西夏瓷塑人像无疑是另一个重要的组成部分，它与前者相互补充印证，当可以确定大量西夏髡发样式。事实上，随着件数的增多，灵武窑的瓷塑人像及残首数量逐渐超过了已知的西夏美术品中的髡发人物的总和，其发式的多样性，也是超乎想象的，因而可以说，这些瓷塑人像及残首，正逐渐成为研究西夏人髡发样式的最重要的依据之一，对于史料极为匮乏的西夏社会研究来说，这是非常值得重视的宝贵的实物资料。

四　当下对西夏瓷器的常见误解

在中国古代陶瓷大家庭中，西夏瓷被后人了解得最晚，被误解也最深。各种对西夏瓷错误的解读、判断，不仅充斥于民间的收藏爱好者和古玩市场之中，也广泛地存在于文博、文玩专家的各种评鉴及著述中，并借由电视、互联网、杂志等媒体扩散传播。归结起来，对西夏瓷的误解，主要表现在以下几个方面：

（一）对质量的误解——认为西夏瓷的质量特点是"粗糙"，体现为胎粗壁厚，釉厚无光

这是影响最大，对西夏瓷也伤害最深的一种误解。

说其影响大，是因为绝大多数文玩专家皆持这一论调。比如，在某电视节目中，某专家在鉴评一件颇值得怀疑的西夏风格的褐釉梅瓶时，在将其定为真品之前，有如下评论："……灵武窑实际上比它做得要粗糙……刻得虽然很潇洒吧，但是很粗糙……灵武窑的胎质呢是有点儿沙胎比较多，而且比较粗，淘洗不够精细。那么这个（指被鉴品，本书作者注）胎质相对呢淘洗得比较精细"。

首先，根据笔者亲赴西夏各瓷窑遗址调查，并对比不同标本所得出的结果是，在西夏时期承担着

其身为中国古代陶瓷的一支这一点是毋庸置疑的。西夏瓷绝非横空出世的无源之水、无本之木，而是一个有着严格的法度、规范的成熟的陶瓷种类，所以，任何造型怪异的、制作乖拙的陶瓷打着西夏瓷的名目出现，都是值得怀疑的。

由于长期以来对西夏瓷的不了解，这种类似"妖魔化"西夏瓷的倾向，在当下竟相当有市场，一些赝品也趁虚而入，以至于在一些大型的古陶瓷拍卖会上，以西夏瓷名目出现的怪异的、堪称臆造的赝品也堂而皇之的展示在人们眼前。

（四）对纹饰的误解——认为西夏瓷的主要纹饰是鹿衔花、一笔画等

有学者这样描述西夏瓷的纹饰："（西夏瓷）纹饰主要有婴戏纹、鹿衔花纹（一为开光鹿衔牡丹花、一为开光鹿衔莲花）、送葬狩猎图及植物花卉、动物纹饰和图案纹饰、开光和带状花纹等"[29]。根据可靠的考古发掘资料，尤其是《宁夏灵武窑发掘报告》，加上笔者多年来实地考察的结果，笔者可以确定"婴戏纹、鹿衔花纹、送葬狩猎图"都不是西夏瓷的主要装饰图案，前两者的出现机率非常小，能找到一些残片标本已经十分珍贵了，而"送葬狩猎图"，就目前来看，也仅有1986年考古发掘出土的深腹瓶上带有，再无第二件，尽管不能完全否定将来再出现的可能性，但是将其作为主要纹饰阐述，显然是不对的。

实际上，无论西夏瓷的完整器，还是瓷片标本，对其稍作观察就能很容易的确定，西夏瓷上最常见的纹饰是花卉，尤其是牡丹花，它在数量上占据了绝对的优势，因而是毫无争议的主要纹饰。

经常有元、明时期的带有一笔画装饰的瓷器被作为西夏瓷来看待，比如T7072[30]和T7073。而从目前所知西夏瓷器标本中，没有发现任何类似的图案，相反，带有这种装饰的瓷器，除纹饰外，其造型、胎质、釉色，都明显表明其作为元、明时期西北地区产品的属性。关于此，请参见本书陆之二。

（五）对窑口的误解——将西夏瓷窑等同于灵武窑

除了西北诸省的省、市、县级博物馆外，其他几乎所有博物馆，包括北京故宫博物院、上海博物馆、海外的一些著名的博物馆，凡有西夏瓷藏品的，几乎都标注为灵武窑，而出版物登载西夏瓷的更是如此。笔者认为，这实际上是对西夏瓷窑、西夏瓷器缺乏深入的了解而造成的失误。

我们已经知道，西夏有多个瓷窑窑口，其中的内蒙古伊克昭盟窑，虽然尚不知道确切的位置，但从伊克昭盟地区出土的为数不少的西夏瓷器来看，完全能够确认它的存在，并且能够发现其产品与灵武窑产品有着不同的特征，比如胎质比灵武窑的略粗松一些，颜色偏黄一些，剔划花纹饰更加灵动、饱满，构图多样，梅瓶造型更高挑，口部多为蘑菇口而少广口等等（T7062、T7063、TB3001）。

以西夏剔划花梅瓶为例，观察各大博物馆的此类藏品，包括北京故宫

T7070　黑釉剔划卷叶纹梅瓶（金）

T7071　黑褐釉双系罐（明）

T7072　褐釉划鸟纹双系瓶（元～明）

T7073　黑釉划鸟纹双系瓶（元）

博物院（TB1002）、上海博物馆、美国哈佛大学艺术博物馆——赛克勒博物馆（TB3001）、波士顿艺术博物馆（TB3004）、印第安那波利斯博物馆（TB3005）、纽约大都会博物馆、法国集美博物馆等处的藏品，其特征显然与内蒙古出土的梅瓶（TB1066、TB1068、TB1069）更为接近，故应该是内蒙古窑口的产品。如果说因为窑口位置不明难以标注的话，那么暂时笼统标注为"西夏瓷窑"也许更为科学。

毫无疑问，灵武窑是西夏的中心窑场，其产品是西夏瓷产品中胎、釉、造型等方面水平最高者，也应该是烧造规模最大、延烧时间最长的，因而产量也是最多的。那么，为什么今天我们能见到的完整器，产于灵武窑的反而最少呢？这可能主要有两方面的原因。其一，灵武窑位于西夏版图的中心区，距离首都中兴府不过百里，距离西平府（灵武）的距离更近，其东南就是西夏重镇盐州。关于蒙古对西夏的屠戮，本书部分章节已经述及，值得一提的是，《西夏书事》作者吴广成在描述蒙古灭夏的惨烈景象时所留下的一段著名的语句："民至穿凿土石避之，免者百无一二，白骨蔽野，数千里几成赤地"[31]，恰恰就是描述盐州川地区的情况的，处于灵、盐两州之间的灵武窑所在地区，是久驻盐州川的蒙古军驱兵围困中兴府的必经之地，想必无法避免被屠戮与焚掠，因而瓷窑及附近的销售区域，完整瓷器能保留的可能性非常小。而内蒙古鄂尔多斯东部地区，亦即西夏疆域的最东边缘，绝大多数内蒙古出土的西夏瓷都出于此地，虽也曾遭受蒙古军攻掠，但受创不深，因为地域偏远，此地夏人听到大兵来袭的风声，也有足够的时间窖藏贵重物品。同样地域偏远的青海海东地区情况相同，并且和内蒙古一样，两地的西夏瓷完整器几乎都出土于窖藏。灵武窑完整器存世极少的原因之二，可能是因为灵武窑产品中薄胎产品占有相当大的比重。参见TB4001及其他一些瓷片标本可知，相当多的产品，即使器形较大，器壁仍然制作得较薄，因而保存极为不易。

（六）对器物种类的误解——或将一些不明产地的器物划为西夏瓷，或认为某些器物种类仅西夏生产

很难说清是什么具体原因造成这种情况，将一些诸如例T7074产于西北地区的金代梅瓶（俗称宋棒），例T7075黑釉、褐釉划水波纹罐（俗称缠腰罐）的明清时期产品，当作西夏瓷器对待。这种错误判断，可以说已经相当的"深入人心"，无论在西北地区还是东部省市的古陶瓷市场，这种认识都相当普遍。关于这类瓷器，本书陆之二"其他朝代瓷器与西夏瓷被混淆的实例"有详细解析，兹不赘述。

西夏扁壶是西夏瓷中最具代表性的器物之一，也是最为珍贵的。但是，并非只有西夏烧造扁壶这种器物，在西北地区，甚至曾经被游牧民族统治过的中原地区，至迟在两晋时期，扁壶已有烧造，并延续历代不辍。各代的扁壶，尽管风格各不相同，但毕竟有一定的延续性，这就造成相当多的产品被误为西夏扁壶。如T7076、T7077、T7078，这些扁壶都有一些共同特点，比如往往采用模印花的手法，纹饰凸出；腹部扁平，圈足在最下端，喇叭状，腹部中央无圈足；系上无

T7074　白底黑彩绘猴鹿纹梅瓶（金）

T7075　黑釉、褐釉划水波纹
双系罐（明）

T7076　褐釉模印花双系扁壶
（明～清）

T7077　褐釉双鱼寿字纹四系扁壶
（明）

筋、系的方向横切脊线等等。所有这些特征，都与西夏扁壶相去甚远，而呈现出较多明、清瓷器的特征。本书陆之二中对T7077有详细阐述。

民间收藏的一件黑褐釉模印花四系扁壶，腹部上方划有"民国二十三年"铭文（T7079、T7080），为1934年产品，与前面诸例的造型、纹饰有一脉相承的特点，表明这类瓷扁壶，直到民国时期，产量仍然很大。

需要补充的是，被误认为西夏瓷的北宋和辽、金时期产品，基本上都出土于原西夏疆域以外，如T7070出土于山西省天镇县，又如T6040出土于甘肃省华池县等。所有证据都倾向于这样一个结论，即原西夏疆域以外出土西夏瓷的可能性微乎其微，也就是说，当一件疑似西夏瓷器出土于西夏疆域之外的时候，那么基本上就可以否定了。而出土于原西夏疆域以外的元明时期制品，则更没有是西夏瓷的可能了。曾有人就此与笔者争论，认为出土地与产地远隔天涯的例子很多，比如新疆就出土有龙泉窑、景德镇窑产品，为什么西夏瓷就不能在其疆域以外的地区出土呢？实际上，这是只知其一，不知其二。多了解一些历史知识不难发现，西夏和北宋的战争，在全部北宋对外战争、战役数量中所占比例最大。西夏和北宋边界，气氛长期紧张，虽然有榷场贸易，但是交换的东西却是特色分明的。西夏的贸易物品是牛、马、羊、驼及其副产品为主，北宋的出口品是丝绸、茶叶、粮食等，可能也包括瓷器。西夏国出土产于宋、金的瓷器，早就有所证明了，例如西夏王陵就出土有耀州窑残瓷。反过来就不成立了，北宋、金的瓷器品种丰富，断不会去进口西夏的。试想，哪个宋代高官墓能出土有西夏瓷器呢？这种想法本身就有几分滑稽色彩。

综上所述，造成对西夏瓷误解的原因，笔者归纳，主要有以下几个：第一，瓷窑地域最为偏远，考察不便。西夏瓷窑，是目前发现的在中国版图中位置最偏于西北的瓷窑，有可能也是最偏僻的瓷窑，而且，它们或曝露于干燥的荒漠之上，或身藏于深山野壑之中。而中国人口最集中、文化最发达的区域是东部、东南部，处于文化中心的、掌握着话语权的人们，对西夏瓷的忽视也就顺理成章了。第二，史籍缺载。蒙古铁骑的焚掠，不仅毁掉了西夏这个国家，也终止了西夏文化的延续。西夏正史，至今零星不全，而关于其经济、文化、艺术、手工业的记载，流传至今的更是凤毛麟角。大凡中国的名窑名瓷，无不在宋、元、明、清各代史籍、笔记中有所记载，进而才在今天声名遐迩。假使西夏国中关于其瓷窑、瓷器的记载能够流传至今的话，西夏瓷决不会是今天这种境遇。第三，被发现得最晚。20世纪80年代末，灵武窑作为西夏瓷窑的代表才被彻底揭示，并在90年代跻身于中国陶瓷史。被认知得最晚，其盲点也就最多。第四，古瓷商人的有意误导。将年代浅的器物，说得久远一点，将存世量多的，说成少的，这会使古瓷出售者获取更大的利润，所以，古玩市场上普遍存在着将金、元、明、清的西北地区深色釉陶瓷以西夏瓷的名义出售的现象，更有甚者，将一些怪异的新仿陶瓷安在西夏瓷的名下，这些都加深了人们对西夏瓷的误解。第五，学界的风气不正。如前所述，由于西夏瓷考察不便，于是一些文博界的专家、学者，便投机取

T7078　黑褐釉模印花四系扁壶
（明～清）

T7079　黑褐釉模印花四系扁壶
（民国）

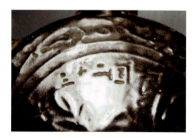

T7080　上例局部

巧，在阐述西夏瓷时，顺手拈来，沿袭一些已经存在的言论，甚至是谬误的看法，不作实地考察，人云亦云，继续扩大谬误的传播。

西夏瓷器被误解的方面较多，不只上文提到的这些。相信随着时间的推移，以及后继者的努力，西夏瓷器，这一在中国古代陶瓷世界中，具有顶级艺术美感的、极具历史与文化内涵的宝贵遗产，终究会得到应有的正确评价的。

五 《天盛改旧新定律令》中关于莲花纹的敕禁条文浅析

1909年，俄国探险家科兹洛夫从我国内蒙古额济纳旗黑水城发掘了大批西夏文献，共约八千多件，均被运至俄国，世称"俄藏黑水城文献"。文献中绝大部分为佛经，世俗著作中，最重要的莫过于西夏法典《天盛改旧新定律令》（下文简称《律令》）。法典共计二十卷，卷下有门，门下有条，其内容涵盖面之广、阐述之详、条目之清晰，堪称中国中古时期法典之最。俄国西夏学者克恰诺夫教授穷二十年之力，对法典进行了最早的完整翻译，其俄文译本于1987年在俄国刊布，我国学者李仲三、罗矛昆分别对俄译本进行了汉译和汉译后的校订工作，并于1988年由宁夏人民出版社出版了《西夏法典天盛年改旧定新律令（第1～7章）》一书（下文简称克译本）。20世纪90年代末，中国社会科学院人类学与民族学研究所著名西夏学者史金波、聂鸿音、白滨据新刊布的俄藏黑水城文献，对《律令》直接从西夏文进行汉译，并补译卷首名略和新识别出的一些刻本页码，该译本于2000年由法律出版社出版，是目前关于《律令》内容最全面的汉译本（下文简称社译本）。

法典第七卷"敕禁门"中，相当部分是对西夏人建筑装饰纹样及颜色的规定，其中第七条疑涉及莲花纹装饰。本书探讨西夏瓷器，必涉及莲花纹饰在陶瓷器上的应用，法律上的相关规定，决定某些相关器物，尤其是建筑构件的烧造范围和使用性质，因而比较重要。此条文，前述两个版本的翻译略有出入。

克译本将各卷、各门下诸条从头到尾统一编号，其中"第四百三十七条"即上述敕禁条文第七条，译文如下："除寺庙、天坛、神庙、皇宫之外，任何一座官民宅第不准［装饰］莲花瓣图案，亦禁止用红、蓝、绿等色琉璃瓦作房盖。凡旧有［琉璃瓦］之房盖，均应除掉。若违律，不论官民对其房舍新装或旧有未除掉之琉璃瓦顶盖，则对罪犯罚金五缗，以奖赏举发者。所有装饰应当除掉"[32]。

社译本卷七"敕禁门"下第七条译文为："一佛殿、星宫、神庙、内宫等以外，官民屋舍上除□花外，不允装饰大朱，大青，大绿。旧有亦当毁掉。若违律，新装饰，不毁旧有时，当罚五缗钱，给举告者，将所饰做毁掉"[33]。

两种译文比较，前者明确指出"任何一座官民宅第不准［装饰］莲花瓣图案"；后者因"花"字后一文字不甚清晰，各类西夏字典中未载此字，不可识读，故未译花卉名称，译句"官民屋舍上除□花外，不允装饰大朱，大青，大绿"，含义不甚明了，可有两种理解，其一为：官民屋舍上除不允装饰□花纹饰

T7081　西夏字，不可识

T7082　西夏字，读音为"林"

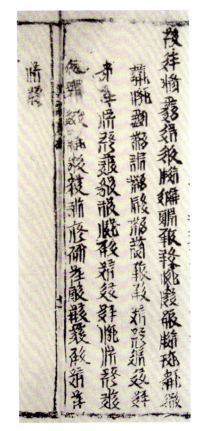

T7083　《天盛改旧新定律令》第七卷敕禁门第七条原文照片

外，亦不允装饰大朱、大青、大绿等色。另一种理解为：官民屋舍上除□花纹饰外，其他纹饰不允装饰大朱、大青、大绿等色，亦即只有□花纹饰可用大朱、大青、大绿等色。

为了弄清楚这一条文的含义，笔者翻查了上海古籍出版社出版的《俄藏黑水城文献》第八卷，发现上述条文原西夏文共竖写分五行（T7083），后两行为对违律者的惩罚办法，克译本和社译本译文意思相同，无争议，此处略而不录。前三行，若逐字对译当如下 [34]：

第一行：一佛殿星宫神庙内宫等除外官民宅宇上花

第二行：□不有大朱大青大绿等画涂允无旧附

第三行：亦当毁坏若律违新画涂旧附不毁坏时

首先，我们分析一下其逻辑上的意思表示。上述条文，第一短句当无疑义，即："一佛殿、星宫、神庙、内宫等以外"。接下来的"官民宅宇上花□不有大朱大青大绿等画涂允无旧附亦当毁坏若律违新画涂旧附不毁坏时"，应是有四个意思表示的短句。西夏语中，否定词与动词所组成的否定词组往往放在句末，如"不许流连"，西夏语原序为"停留不许" [35] 等；否定词或置于否定动词前，或置于其后，视不同组合而定。条文第二行的否定词组"不有"属第一短句，为："官民宅宇上花□不有"，意思是："官民宅宇上不准有□花纹装饰"；第二短句为："大朱大青大绿等画涂允无"，意思是："不允许用大朱、大青、大绿等色涂画"；第三短句为："旧附亦当毁坏"，意思是："以前所粘附的装饰亦当毁坏"；第四短句为："若律违新画涂旧附不毁坏时"，意思是："如果违反法律，新涂画，或没有毁坏以前所粘附的装饰时"。合起来看，所表达的意思是，普通官民房舍上既不允许用□花纹作装饰，亦不得涂画大朱、大青、大绿等色，表达的意思与克译本基本同。

西夏语中偏正式复合词中心词经常前置，条文"花"字后一字（T7081）难以读识，应是表示花的种类名称的，按汉语词序当放在"花"字之前。条文中允许装饰这种花纹的建筑，除了内宫以外，其他皆与宗教祭祀场所有关，如佛殿、星宫、神庙。而佛教堪称西夏国教，莲花则是与佛教联系最为密切的花卉，故此处花卉名称，极有可能就是莲花。黑水城文献，均藏俄国，克氏翻译，有地利之便，相信其译文中将此花卉译为莲花，应有所本，有可能是还未刊布的某些文献所提供的线索。

莲花别名甚多，除荷花、藕花、芙蕖、芙蓉、水芙蓉和静客等外，西夏语中还有汉语不曾有的莲花别名，曰"净花"，体现其洁净之意，来源可能和佛教有关。西夏是否还有别的莲花别名，目前尚不可知，《律令》条文中这一不可识别之字，也有可能是某一莲花别名的西夏文写法。

另外，并不是所有汉字都有与之相对应的西夏文字。当西夏文中需要使用某汉字所表达的读音或意思，而西夏字中又没有时，往往用一个读音相近的西夏字来代替，类似通假字。如汉字"河"、"和"、"火"、"黄"、"贺"等字，西夏字皆可以一"䝹"字代替 [36]。笔者注意到西夏文中借自"林"字读音并表

T7084　素烧瓷质兽面纹瓦当（残）

T7085　素烧兽面纹瓦当残块

T7086　模印莲花纹滴水

达相近意思的西夏字"薤"（T7082），其形极似条文中不可识之字（T7081）。西夏文中本有表示"花"意的文字，但此处的"花"字，则采用了借用汉字"花"之音、意的"薤"字。故会不会是《律令》刻版者以"林"代"莲"，以"林花（花林）"表"莲花"呢？这只是笔者的一个粗浅的推测，必须承认，"薤"与T7081两字笔画还有一些不同之处，故此推测成立的前提还必须是，原文中字为西夏"薤"（林）字的异体字或误写。当然，这还有待更多的证实。

克氏译本中"琉璃瓦作房盖"，西夏原文未见，当依社译本。整体看，社译本的字句凝练，语言风格更接近于原文。结合两种翻译，加上笔者的推断，《律令》中此条文可译为（为使畅达，笔者添加括号内文字，并去掉文首"一"字）：佛殿、星宫、神庙、内宫等除外，（普通）官民屋舍上不得有莲花（装饰），不允许涂画大朱、大青、大绿（等颜色）。旧粘附（的装饰）亦当毁坏掉。若违律，新装饰，（或）不毁坏旧粘附（的装饰）时，当罚五缗钱，给举告者，（并）将所饰做毁掉"。

也就是说，西夏法律禁止普通官民屋舍上采用莲花纹装饰，是可以采信的。

灵武磁窑堡窑出土有莲花纹滴水多件，如T7086，"沟滴两周边为花瓣形，内印有莲花、莲叶、茨菇、小花等水生植物"[37]，民间也有类似藏品（TB2118）。这类建筑构件，和灵武窑出土的兽面纹瓦当（T7084、T7085）、素烧涂红彩无角套兽（TB2117）一样，皆纹饰考究，胎质淘洗较细，虽不上釉，但烧结温度高，瓷化程度稍低于碗、罐等产品，但高于常见的红陶、灰陶同类产品，属高质量的建筑构件。结合法典条文来看，这类带有莲花纹的滴水，定非普通官民屋舍可使用的。灵武窑烧造贡瓷，这类滴水及同等质量的瓦当、套兽，也当属贡瓷之列。

笔者没有钻研过西夏文字，对法律也没有研究，上述对《律令》条文内容的论断，纯粹是在研究陶瓷的过程中碰到了相关问题不得已而为之，属"抱佛脚"之举。所有论述的依据，均借助了前人的研究成果，除两种《律令》译本外，对西夏文字的翻译，也借助于李范文先生编著的《夏汉字典》。笔者目前对西夏文字的译读，几乎仅局限于对单字的查阅（短短几十字已备感吃力，可以想见诸前辈学者们在翻译《法典》全文时的工作之繁巨），方法笨拙并且难免漏洞百出，故本文结论，希望读者谨慎采用。

六　西夏剔划花瓷器的存世数量

西夏享国近两百年，时间不可谓不长；地跨甘、蒙、宁、青、陕诸省区，地域不可谓不广；瓷窑窑口当在五处以上，不可谓不多。按理说，西夏最具代表性的瓷器产品剔划花瓷，其存世数量应该不少。那么，实际情况是怎样的呢？带着这个疑问，笔者对西北诸省区及国内、国外诸博物馆、文管所的西夏剔划花瓷数量作了一番统计，并对民间西夏瓷藏品作了比较深入的探究，小有心得，草成此文。

首先，西夏享国虽久，但社会安定的时间大概只占一半，唯崇宗（1086～1139年）、仁宗（1139～1193年）两朝而已。西夏瓷窑从创烧到元代的延烧，虽跨度近两百年，但是，如果不把蒙元时期之后的产品包括在内，并去掉其初创期的话，其烧造的鼎盛期当在仁宗朝，唯半个世纪而已。

在已经发现的西夏窑场当中，武威塔儿湾窑和贺兰山插旗沟窑的规模都很小，各种迹象表明，其烧造期也非常短，故其产品数量有限，能完整保留到今天的更是稀少。

毫无疑问，灵武窑（包括磁窑堡窑和回民巷窑）是西夏的中心窑场，其产品是西夏瓷产品中胎、釉、造型等各方面水平最高者，也是当时西夏境内烧造规模最大、延续时间最长的窑场，因而产量也是最多的，相应存世量也应该是最多的。但是，事与愿违，今天我们能见到的博物馆藏西夏剔划花瓷完整器中，可确定为灵武窑所产的，唯中国国家博物馆所藏扁壶、宁夏盐池所藏梅瓶、甘肃省博物馆所藏白釉剔划花瓮、美国波士顿博物馆所藏酱釉剔划花钵、日本国立博物馆藏剔划花钵等几件而已，民间所藏，总数也不过四五件。

那么，为什么当时产量不小的灵武窑，其存世的剔划花瓷完整器却如此之少呢？这可能主要有两方面的原因。其一，灵武窑位于西夏版图的中心区，距离首都中兴府不过百里，距离西平府（灵武）的距离更近，其东南就是西夏重镇盐州。关于蒙古对西夏的屠戮，本书前面已有述及，值得一提的是，被今天的学者们广为引用的、吴广成在《西夏书事》中描述蒙古灭夏惨烈景象的那段话："民至穿凿土石避之，免者百无一二，白骨蔽野，数千里几成赤地"[38]，恰恰就是描述盐州川地区的情况的，处于灵、盐两州之间的灵武窑所在地区，是久驻盐州川的蒙古军驱兵围困中兴府的必经之地，想必无法避免被屠戮与焚掠，因而瓷窑产品及附近的销售区域，完整瓷器能保留的可能性非常小。灵武窑完整器存世极少的原因之二，可能是因为灵武窑产品中薄胎产品占有相当大的比重，这是瓷窑深受定窑、耀州窑影响的必然结果。参考本书标本TB4001及其他一些瓷片标本可知，相当多的产品，即使器形较大，器壁仍然制作得较薄，因而保存极为不易。

事实上，我们今天能见到的西夏剔划花瓷完整器，主要发现于内蒙古鄂尔多斯东部地区，其产品呈现与灵武窑产品不同的特征，因而可以推知为当地窑口所产，即本书所说的伊克昭盟窑。内蒙古博物馆、鄂尔多斯博物馆所藏西夏剔划花瓷，均发现于当地西夏窖藏，无一例外应为伊克昭盟西夏瓷窑所产。内蒙古鄂尔多斯东部地区，亦即西夏疆域的最东边缘，虽也曾遭受蒙古军攻掠，但受创不深，因为地域偏远，此地夏人听到大兵来袭的风声，也有足够的时间窖藏贵重物品。同样地域偏远的青海海东地区情况相同，并且和内蒙古一样，其西夏瓷器几乎也都出土于窖藏。

北京故宫博物院、上海博物馆、首都师范大学博物馆、美国纽约大都会博物馆、哈佛大学——赛克勒博物馆、印第安那波利斯博物馆、日本根津美术馆等处所藏十数件西夏剔划花瓷，基本可以确定为内蒙古伊克昭盟地区西夏瓷窑所产。

如果把民间藏品包括在内，即使是存世量最多的伊克昭盟窑所产西夏剔划花瓷产品，其总数也没有超过四十件。

如果不以窑口为依据，而以收藏地为依据来统计一下存世的完整和比较完整的西夏剔划花瓷器，包括有磕碰缺损、炸裂粘接、缺口修补的在内，基本情况是这样的：

宁夏境内博物馆、文管所：已知约3件；

宁夏民间：已知约12件；

甘肃境内博物馆、文管所：已知约5件；

甘肃民间：无收藏信息；

内蒙古境内博物馆、文管所：已知约9件；

内蒙古民间：已知约6件；

青海境内博物馆、文管所：已知约7件；

青海民间：无收藏信息；

国博、故宫、上博、首师大：已知共5件；

大陆东部地区民间：已知约12件；

港澳台地区博物馆：无收藏；

港澳台地区民间：已知约3件；

美国各博物馆及私人收藏：已知约9件；

日本各博物馆及私人收藏：已知约5件；

欧洲各博物馆及私人收藏：已知约2件。

汇总之后，我们可以得出这样的结论，即国内外公私收藏的西夏剔划花瓷器（完整和比较完整的，包括有磕碰缺损、炸裂粘接、缺口修补的在内），其总数，即西夏剔划花瓷器的存世总量，已知的约78件。当然，肯定还有一些藏品从来没有被公布，因而笔者尚没有统计在内，但估计量不会多。所以，假使我们再留出20件的余地，那么，其总存世量也仍然在百件以内。需要说明的是，以上统计，是笔者多年来翻查各种资料，包括远到20世纪30年代国外出版的资料，近到2009年各地所公布的资料、国内外各文博机构的图册、各地收藏家的信息资料，等等，都尽可能的收集、汇总之后所得出的结论，相信是有一定参考价值的。

（01）周兴华、周晓宇著：《从宁夏寻找长城源流》第57页，宁夏人民出版社，2008年12月。

（02）载《宁夏灵武窑发掘报告》第107页图一〇八，1、图版一〇四，3。

（03）王靖宪著：《古砚拾零》第38页，湖北美术出版社，2002年7月第1版。

（04）参见李范文主编，白滨、陈炳应、景永时（执行）副主编：《西夏通史》第九章"西夏的政治制度"，人民出版社、宁夏人民出版社，2005年8月。

（05）（元）脱脱等撰：《辽史·萧排押传》第1342页，中华书局，1974年10月。

（06）（元）脱脱等撰：《宋史·列传第三 宗室一·魏王廷美》第8674页，中华书局，1974年10月第1版。

(07) 李范文主编，白滨、陈炳应、景永时（执行）副主编：《西夏通史》第九章"西夏的政治制度"，人民出版社、宁夏人民出版社，2005年8月。

(08) 本书柒之五：《〈天盛改旧新定律令〉中关于莲花纹的敕禁条文浅析》。

(09) 李范文主编，白滨、陈炳应、景永时（执行）副主编：《西夏通史》第九章"西夏的政治制度"，人民出版社、宁夏人民出版社，2005年8月。

(10) 李辉柄主编：《故宫博物院藏文物珍品全集·两宋瓷器（上）》第21页，商务印书馆（香港）有限公司，1996年11月第1版，2001年12月第2次印刷。

(11) 西夏所推行发式应称为"髡发"，但《续资治通鉴长编》等古籍在述及此时，皆用"秃发"而非"髡发"。本文凡引文，皆按照原文，余则用"髡发"。

(12) （宋）李焘撰，上海师范大学古籍整理研究所、华东师范大学古籍整理研究所点校：《续资治通鉴长编》第2704页卷一百一十五，中华书局，2004年9月第2版。

(13) 宁夏回族自治区展览馆：《宁夏石嘴山市西夏城址试掘》，《考古》1981年第1期第91页。

(14) 见《宁夏灵武窑发掘报告》第77页、78页。

(15) 国立历史博物馆编译小组编辑：《丝路上消失的王国——西夏黑水城的佛教艺术》第198页图46，国立历史博物馆（台北），1996年6月中文第一版。

(16) 敦煌研究院编：《中国石窟·安西榆林窟》图118，文物出版社，1997年5月第1版第1次印刷。

(17) 中国国家博物馆、宁夏回族自治区文化厅编：《大夏寻踪——西夏文物辑萃》第155页，中国社会科学出版社，2004年12月第1版。

(18) 此处引文，及下文"发式五"、"发式六"、"发式七"中引文均引自《宁夏灵武窑发掘报告》第77页。

(19) 国立历史博物馆编译小组编辑：《丝路上消失的王国——西夏黑水城的佛教艺术》第142页图20，国立历史博物馆（台北），1996年6月中文第一版。

(20) 望野：《河南中部迤北发现的早期釉上多色彩绘陶瓷》，《文物》2006年第2期第60页，第63页图二八。

(21) 王建群、陈相伟：《库伦辽代壁画墓》第28页，文物出版社，1989年6月。

(22) 河北省文物研究所：《宣化辽墓壁画——1974～1993年考古发掘报告》，文物出版社，2001年12月。

(23) 内蒙古自治区文物考古研究所、哲里木盟博物馆：《辽陈国公主墓》，文物出版社，1993年4月。

(24) 马未都：《马未都说收藏·陶瓷篇（上）》第134页"黑釉剔花花卉罐"和"黑釉剔花牡丹纹梅瓶"、第97页图"磁州窑诗文梅瓶"，第139页图"观复博物馆陶瓷馆"，中华书局，2008年4月第1版。观复古典艺术博物馆编：《观复·2006·秋》，2006年。

(25) 参见李宗扬、邱冬联编：《中国宋元瓷器目录》第12页，南方出版社，2000年4月第1版。

(26) 王青路著：《古窑瓷荟》第182页，人民美术出版社，2006年6月第1版。

(27) 赵旻：《天津海关移交8691件查扣文物》，《文物天地》2004年第3期第9页，图见第15页。

(28) 南京市文物保管委员会：《南京中华门外明墓清理简报》，《考古》1962年第9期第473页，第471页图四。

(29) 张柏主编：《中国出土瓷器全集·16·甘肃、青海、宁夏、新疆、云南、贵州、西藏》卷概述第I页，科学出版社，2008年。

(30) 王青路著：《古窑瓷荟》第183页，人民美术出版社，2006年6月第1版。

(31) （清）吴广成纂：《西夏书事》卷四十二第十二页："十二月，蒙古主既破诸城邑，兴大兵久驻盐州川，四面搜杀遗民。民至穿凿土石避之，免者百无一二，白骨蔽野，数千里几成赤地。"

(32) （苏）Е·И·克恰诺夫俄译，李仲三汉译，罗矛昆校订：《西夏法典——天盛年改旧定新律令（第1～7章）》第203页，宁夏人民出版社，1988年12月第1版第1次印刷。

(33) 史金波、聂鸿音、白滨译注：《中华传世法典——天盛改旧新定律令》第283页，法律出版社，2000年1月第1次印刷。

(34) 俄罗斯科学院东方研究所圣彼得堡分所、中国社会科学院民族研究所、上海古籍出版社编：《俄藏黑水城文献·8》第162页，上海古籍出版社，1998年12月第1版；西夏字翻译据李范文编著、贾常业增订：《夏汉字典》，中国社会科学出版社，1997年7月第1版，2008年6月第2次印刷。

(35) （西夏）骨勒茂才著，黄振华、聂鸿音、史金波整理：《番汉合时掌中珠》，宁夏人民出版社，1989年12月第1版。

(36) 李范文编著、贾常业增订：《夏汉字典》第5595号字，中国社会科学出版社，1997年7月第1版，2008年6月第2次印刷。

(37) 引自《宁夏灵武窑发掘报告》第84页

(38) 同（31）。

柒

T7001　西夏炭窑烽澄泥砚
　　　　西夏/长13厘米，宽9厘米，厚3厘米/灵武窑产品/北京王若林收藏

T7002　戳印"赵家罗"文残砚
　　　　西夏/长10.8厘米，宽5.8厘米，厚2.5厘米/1986年灵武磁窑堡窑址出土

T7003　西夏炭窑烽澄泥砚局部

T7004　澄泥砚
　　　　北宋/戳印"西京仁和坊李让笋土沉泥砚瓦记"文/王靖宪先生收藏

T7005　上例背面图

T7006　戳印"赵家罗"文残砚印文推定图
　　　　灰色线条为本书作者推定补绘

T7007　"隋代大运河和黄河长江中下游地区"图局部
　　　　图中蓝色长城为当时建造，棕色长城为现存遗迹。图自郭沫若主编：《中国史稿地图集（下册）》，中国地图出版社，1990年。

T7008　划"东平王衙下"铭黑褐釉瓷瓷片
　　　　西夏/高25厘米，宽约27厘米/灵武窑产品/民间收藏

T7009　划"东平王衙下"铭黑褐釉瓷瓷片局部

T7010　划"三司"铭茶叶末釉瓷瓷片
　　　　西夏/高21厘米，宽约31厘米/灵武窑产品/民间收藏

T7011　划"三司"铭茶叶末釉瓷瓷片局部

T7012　黑釉唾盂
　　　　西夏/高7.2厘米，外口径17厘米/灵武回民巷窑产品/民间收藏

T7013　黑釉唾盂底部图

T7014　银酱釉剔划牡丹纹梅瓶瓷片

西夏/高21厘米/灵武回民巷窑产品/民间收藏

T7015　黑褐釉剔划牡丹纹罐

西夏/高46.3厘米/推测为伊克昭盟窑产品/日本私人收藏

T7016　模印莲花纹滴水

西夏/面宽21.5厘米/灵武窑产品/民间收藏

T7017　黑釉瓮

西夏/高47厘米/灵武窑出土/西夏博物馆（银川）藏

T7018　黑褐釉剔划串枝莲花、海棠花纹梅瓶

西夏/高36.5厘米/推测为伊克昭盟窑产品/内蒙古民间收藏

T7019　黑褐釉划波浪莲花并头鱼纹梅瓶

西夏/推测为伊克昭盟窑产品/内蒙古民间收藏

T7020　西夏髡发样式图之一

本书作者绘制

T7021　西夏髡发样式图之二

本书作者绘制

T7022　酱釉髡发人塑像残首

西夏/高3厘米/灵武窑产品/民间收藏

T7023　浅青釉、酱釉髡发人塑像残首

西夏/高5.3厘米/灵武窑产品/民间收藏

T7024　西夏髡发样式图之三

本书作者绘制

T7025　浅青釉、酱釉髡发人塑像残首

西夏/高5厘米/灵武窑产品/民间收藏

T7026　浅青釉髡发人塑像残首

西夏/高4.9厘米/灵武窑产品/民间收藏

T7027　素烧髡发人塑像残首

西夏/高5.3厘米/灵武窑产品/民间收藏

T7028　彩绘泥塑力士面像

西夏/高13厘米/1990年宁夏贺兰县宏佛塔出土/宁夏回族自治区博物馆藏

T7029　西夏髡发样式图之四

本书作者绘制

T7030　浅青釉、酱釉髡发人塑像残首

西夏/高2.7厘米/灵武窑产品/民间收藏

T7031　浅青釉、酱釉髡发人塑像残首

西夏/高2.8厘米/灵武窑产品/民间收藏

T7032　浅青釉、褐釉髡发供养人塑像

西夏/高6.4厘米/1986年灵武磁窑堡窑址出土

T7033　西夏髡发样式图之五

本书作者绘制

T7034　西夏髡发样式图之六

本书作者绘制

T7035　浅青釉、褐釉髡发人塑像残首

西夏/高2.7厘米/1986年灵武磁窑堡窑址出土

T7036　浅青釉、褐釉髡发人塑像残首

西夏/高3.9厘米/1986年灵武磁窑堡窑址出土

T7037　浅青釉、褐釉髡发人塑像残首

西夏/高4.5厘米/1986年灵武磁窑堡窑址出土

T7038　西夏髡发样式图之七

本书作者绘制

T7039　西夏髡发样式图之八

本书作者绘制

T7040　浅青釉、褐釉髡发人塑像残首

西夏/高3.7厘米/1986年灵武磁窑堡窑址出土

T7041　浅青釉、酱釉髡发人塑像残首

西夏/高3.5厘米/灵武窑产品/民间收藏

T7042　西夏髡发样式图之九

本书作者绘制

T7043　西夏髡发样式图之十

本书作者绘制

T7044　施褐釉陶质髡发人塑像残首

西夏/高3.7厘米/灵武窑产品/民间收藏

T7045　浅青釉、酱釉执莲花供养人瓷塑（残）

西夏/高7.9厘米/灵武窑产品/宁夏武裕民收藏

T7046 西夏髡发样式图之十一

本书作者绘制

T7047 浅青釉、酱釉髡发人塑像残首

西夏/高3.5厘米/灵武窑产品/民间收藏

T7048 浅青釉、褐釉髡发人塑像残首

西夏/高3.2厘米/灵武窑产品/民间收藏

T7049 西夏髡发样式图之十二

本书作者绘制

T7050 西夏髡发样式图之十三

本书作者绘制

T7051 浅青釉、酱釉髡发人塑像残首

西夏/高3.6厘米/灵武窑产品/民间收藏

T7052 浅青釉、酱釉髡发人塑像残首

西夏/高4.3厘米/灵武窑产品/民间收藏

T7053 浅青釉、酱釉梳高髻女子塑像残首

西夏/高4厘米/灵武窑产品/民间收藏

T7054 水月观音图（局部）

西夏/内蒙古额济纳旗黑水城遗址出
土/俄罗斯圣彼得堡冬宫博物馆藏

T7055 安西榆林窟壁画中的髡发人物（局部）

西夏/甘肃安西榆林窟第29窟南壁东侧壁
画

T7056 武威西夏木板画中的髡发人物

西夏/1989年甘肃武威西郊西夏双人合葬
墓出土/武威市考古研究所藏

T7057 佛顶尊胜曼荼罗图（局部）

西夏/内蒙古额济纳旗黑水城遗址出
土/俄罗斯圣彼得堡冬宫博物馆藏

T7058 釉上多色彩绘童子头像

金/河南安阳市东大街工地采集

T7059 库仑辽代壁画墓壁画中的驭者（局部）

辽/1972年内蒙古哲里木盟库伦旗发掘

T7060 辽陈国公主墓壁画中的牵马人物（局
部）

辽/1986年内蒙古哲里木盟奈曼旗发掘

T7061 黑釉剔划折枝牡丹纹广口梅瓶

西夏/高30.3厘米/灵武窑产品/北京民间
收藏

T7062 黑釉剔划缠枝牡丹纹梅瓶

西夏/高31厘米/推测为伊克昭盟窑产
品/哈佛大学艺术博物馆-赛克勒博物
馆收藏，1977年约瑟夫·求特夫人捐
赠 （Arthur M. Sackler Museum, Harvard
University Art Museums, Gift of Mrs. Joseph
Choate, 1977.22）

T7063 黑褐釉剔划四方出叶纹、牡丹纹梅瓶

西夏/推测为伊克昭盟窑产品/法国集美
博物馆藏（Musée Guimet, Paris, France）

T7064 白地褐花玉壶春瓶

金~元/北京宣武区建筑工地采集

T7065 白底黑彩绘"清"字碗残件

金/高11厘米/河南扒村窑址采集

T7066 白釉镶嵌珍珠地瓷片

北宋/河南中、北部瓷窑产品/民间收藏

T7067 黑釉双系小罐

西夏/灵武回民巷窑址采集

T7068 褐釉剔划花卉纹玉壶春瓶

元/高20厘米/内蒙古私人藏

T7069 黑釉双系罐

明/天津海关查扣

T7070 黑釉剔划卷叶纹梅瓶

金/高29.7厘米/1955年山西天镇县夏家沟
村出土/山西博物院藏

T7071 黑褐釉双系罐

明/高84厘米/1960年南京中华门外1421年
明墓出土/南京市文物保管委员会藏

T7072 褐釉划鸟纹双系瓶

元~明/高29厘米/北京私人藏

T7073 黑釉划鸟纹双系瓶

元/高26厘米/鹤煤博物馆藏

T7074 白底黑彩绘猴鹿纹梅瓶

金/高42.5厘米/北京故宫博物院藏

T7075 黑釉、褐釉划水波纹双系罐

明/高12.5厘米/私人收藏

T7076 褐釉模印花双系扁壶

明~清/征集品/西夏博物馆（银川）藏

T7077　褐釉双鱼寿字纹四系扁壶

　　　　明/高18.9厘米/甘肃省平凉市崆峒区出

　　　　土/平凉市博物馆收藏

T7078　黑褐釉模印花四系扁壶

　　　　明～清/征集品/西夏博物馆（银川）藏

T7079　黑褐釉模印花四系扁壶

　　　　民国/"民国二十三年"铭/北京民间收藏

T7080　上例局部

T7081　西夏字，不可识

　　　　取自《天盛改旧新定律令》第七卷敕禁

　　　　门第七条第19字

T7082　西夏字，读音为"林"

　　　　本书作者据《夏汉字典》所载字样书写

T7083　《天盛改旧新定律令》第七卷敕禁门第

　　　　七条原文照片

T7084　素烧瓷质兽面纹瓦当（残）

　　　　西夏/灵武窑产品/民间收藏

T7085　素烧兽面纹瓦当残块

　　　　西夏/灵武窑产品/民间收藏

T7086　模印莲花纹滴水

　　　　西夏/高10.5厘米，宽22.5厘米/1986年灵

　　　　武磁窑堡窑址出土

附 录

APPENDIX

一 西夏国及灵武窑烧造时段在中国历史所处位置示意图

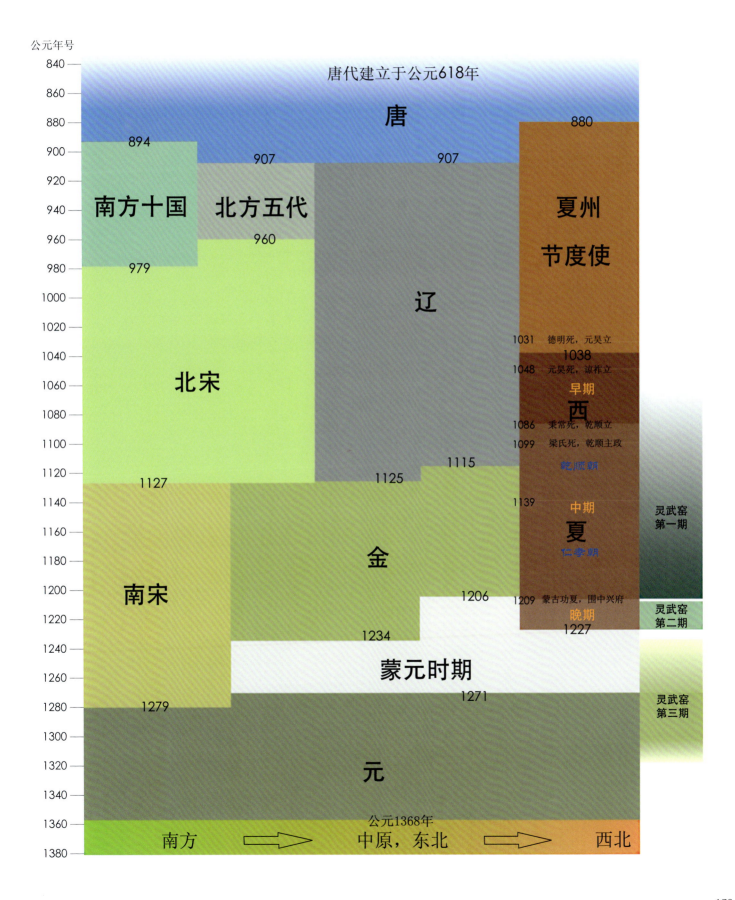

公元年号

840	
860	唐代建立于公元618年
880	唐 880
894	
900	907 907
920	南方十国 北方五代 夏州
940	
960	节度使
979	960
1000	辽
1020	
1031 德明死，元昊立
1038
1040	1048 元昊死，谅祚立
1060	北宋 早期
1080	西
1086 秉常死，乾顺立
1099 梁氏死，乾顺主政
1100	乾顺朝
1115
1120	1127 1125
1139 中期
1140	
1160	夏 灵武窑 第一期
金 仁孝期
1180	
1200	南宋 1206
1209 蒙古功夏，围中兴府
晚期 灵武窑 第二期
1220	1227
1234
1240	蒙元时期 灵武窑 第三期
1260	
1271
1280	1279
1300	
1320	元
1340	
1360	公元1368年
南方 ⇒ 中原，东北 ⇒ 西北
1380	

二　西夏拓跋氏世系表

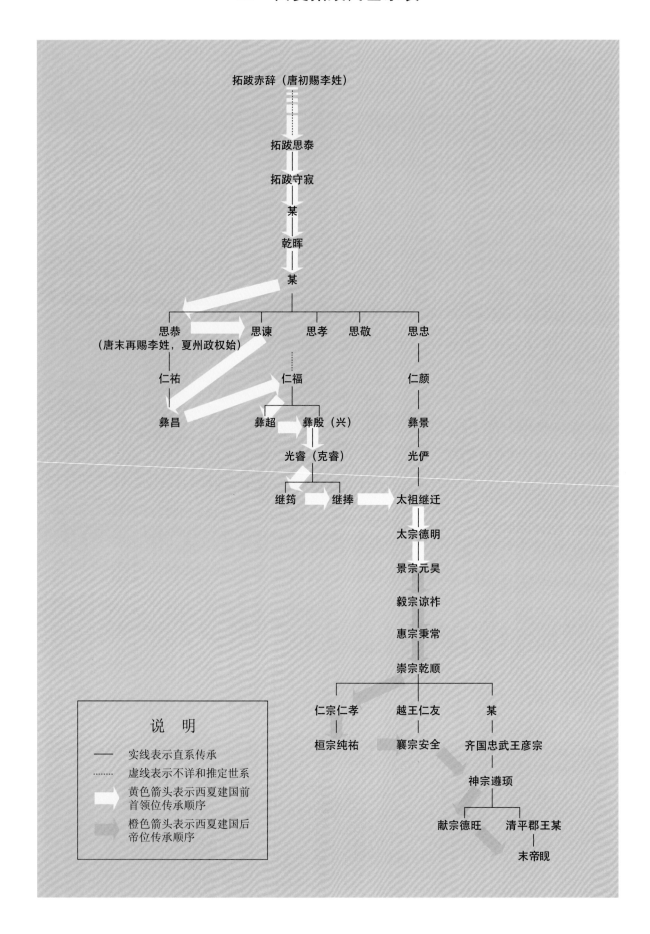

拓跋赤辞（唐初赐李姓）

拓跋思泰

拓跋守寂

某

乾晖

某

思恭（唐末再赐李姓，夏州政权始）　思谏　思孝　思敬　思忠

仁祐　　仁福　　　　　　　　　　仁颜

彝昌　　彝超　彝殷（兴）　　　　彝景

光睿（克睿）　　　　　　　　　　光俨

继筠　继捧　太祖继迁

太宗德明

景宗元昊

毅宗谅祚

惠宗秉常

崇宗乾顺

仁宗仁孝　越王仁友　某

桓宗纯祐　襄宗安全　齐国忠武王彦宗

神宗遵顼

献宗德旺　清平郡王某

末帝睍

说　明

—— 实线表示直系传承
⋯⋯ 虚线表示不详和推定世系
➡ 黄色箭头表示西夏建国前
　 首领位传承顺序
➡ 橙色箭头表示西夏建国后
　 帝位传承顺序

三　西夏瓷工艺渊源示意图

四　西夏与北宋、辽年号对照表

西夏帝号	西夏年号	北宋年号	辽年号
景宗元昊 （1032～1048）	显道（1032～1034）	明道（1032～1033）	景福（1031～1032）
	开运（1034）	景祐（1034～1038）	重熙（1032～1055）
	广运（1034～1036）		
	大庆 （1036～1038）		
	天授礼法延祚 （1038～1048）	宝元（1038～1040）	
		康定（1040～1041）	
		庆历（1041～1048）	
毅宗谅祚 （1048～1067）	延嗣宁国（1049）	皇祐（1049～1054）	
	天祐垂圣（1050～1052）		
	福圣承道（1053～1056）	至和（1054～1056）	
	奲都（1057～1062）	嘉祐（1056～1063）	清宁（1055～1064）
	拱化（1063～1067）	治平（1064～1067）	
惠宗秉常 （1067～1086）	乾道（1068～1069）	熙宁（1068～1077）	咸雍（1065～1074）
	天赐礼盛国庆（1069～1073）		
	大安（1074～1084）	元丰（1078～1085）	太康（1075～1084）
	天安礼定（1085～1086）		
崇宗乾顺 （1086～1139）	天仪治平（1087～1090）	元祐（1086～1094）	大安（1085～1094）
	天祐民安（1090～1097）	绍圣（1094～1098）	
	永安（1098～1100）	元符（1098～1100）	寿昌（1095～1101）
	贞观（1101～1113）	建中靖国（1101）	
		崇宁（1102～1106）	乾统（1101～1110）
		大观（1107～1110）	
	雍宁（1114～1118）	政和（1111～1118）	天庆（1111～1120）
		重和（1118～1119）	
	元德（1119～1126）	宣和（1119～1125）	
		靖康（1126～1127）	保大（1121～1125）

说明：附录四、附录五表中西夏年号依李范文主编，白滨、陈炳应、景永时（执行）副主编：《西夏通史》附录2"西夏纪年表"，人民出版社、宁夏人民出版社，2005年8月。

五　西夏与金、南宋年号对照表

西夏帝号	西夏年号	金年号	南宋年号
崇宗乾顺（1086~1139）	雍宁（1114~1118）		
		收国（1115~1116）	
		天辅（1117~1123）	
	元德（1119~1126）	天会（1123~1137）	建炎（1127~1130）
	正德（1127~1134）		
	大德（1135~1139）	天眷（1138~1140）	
仁宗仁孝（1139~1193）	大庆（1140~1143）	皇统（1141~1149）	绍兴（1131~1162）
	人庆（1144~1148）		
	天盛（1149~1169）	天德（1149~1153）	
		贞元（1153~1156）	
		正隆（1156~1161）	
		大定（1161~1189）	隆兴（1163~1164）
	乾祐（1170~1193）		乾道（1165~1173）
			淳熙（1174~1189）
		明昌（1190~1196）	绍熙（1190~1194）
桓宗纯祐（1193~1206）	天庆（1194~1206）	承安（1196~1200）	庆元（1195~1200）
		泰和（1201~1208）	嘉泰（1201~1204）
			开禧（1205~1207）
襄宗安全（1206~1211）	应天（1206~1209）	大安（1209~1211）	
	皇建（1210~1211）		嘉定（1208~1224）
神宗遵顼（1211~1223）	光定（1211~1223）	崇庆（1212~1213）	
		至宁（1213）	
		贞祐（1213~1217）	
		兴定（1217~1222）	
		元光（1222~1223）	
献宗德旺（1223~1226）	乾定（1223~1226）	正大（1224~1231）	
末主睍（1226~1227）	宝义（1226~1227）		宝庆（1225~1227）

21		武威西郊	1981	墓葬	白釉高足杯1、白釉碗1、黑釉瓶1[注3]	《考古与文物》1984.4
22		武威西郊	1989	墓葬	白釉高足碟2	《陇右文博》1996.1
23	甘肃	武威市区	1989	墓葬	黑釉瓶1	
24		武威县城和武威上泉乡牌楼村			白釉碗、高足碗、褐釉扁壶	《西夏文物研究》1985
25		武威古城乡塔儿湾	1992	窑址	碗、盘、钵、壶、瓶、罐和瓮等瓷器和窑具140余件	《文物天地》1993.1
26		伊金霍洛旗敏盖村	1956		黑釉剔划花经瓶2	《内蒙古文物资料选辑》1964
27		准格尔旗黑岱沟大沙塔	1978	墓葬	陶器顶3、陶漏孔器1、黑釉盘口瓶1[注4]	《内蒙古文物考古》1981.1
28		准格尔旗准格尔召乡	1982	窑藏	瓮1、剔划花花口瓶1、白釉盆2、钵1、碟10、碗4、瓶1，共20件	《文物》1987.8
29	内蒙古	伊金霍洛旗白圪针、瓦尔吐沟、根皮	1985～1986	窑藏	酱釉剔划花瓶1、剔花罐2、壶1、瓶1、罐1、盆3、白釉碗2、褐釉碗1	《考古》1987.12
30		伊金霍洛旗苏布尔嘎苏木阿日雅布鲁	1988	窑藏	酱釉小口壶、黑釉罐、盆、碗	《中国文物地图集·内蒙古自治区分册》2003
31		杭锦旗广丰	1988年征集	窑藏	褐釉敛口盆2、黄白釉敞口碗8	
32		准格尔旗周家壕	1990	遗址	碗、碟、香炉、钵、缸	《内蒙古文物考古文集》1994
33		东胜市塔拉壕乡旧庙沟东		遗址	黑釉瓷缸、黑釉四系罐、黑釉碗、缸	《中国文物地图集·内蒙古自治区分册》2003

34	内蒙古	伊金霍洛旗喇嘛敖包、霍洛湾、阿拉善湾、忽蝉塔、武家坡、西沙梁等		遗址	黑釉碗、罐；白釉碗、盆；黑釉罐、卷沿盆、四系罐；灰陶罐、小口壶；黑釉剔划花罐、小口壶；黑釉剔划花罐、瓮；[注5]	《中国文物地图集·内蒙古自治区分册》2003
35		伊金霍洛旗公尼召乡查干呼都嘎音希里		墓葬	酱釉瓷碗1	
36		乌审旗河南乡沙日特拉界	征集		褐釉剔划花瓶	
37		鄂托克旗阿尔巴斯苏木陶斯图		遗址	灰陶瓮、鼓腹罐	
38		鄂托克前旗城川古城、马鞍桥、大沟湾等		遗址	兽面纹瓦当、滴水、筒瓦、板瓦、灰陶罐、瓮、褐釉剔划花瓶；灰陶罐、卷沿盆、白釉碗；灰陶罐、盆、瓮、褐釉罐、褐釉剔划花瓶、瓶	
39		乌拉特后旗乌兰呼舒、哈日乌苏等		遗址	白瓷碗、盘；白瓷碗、罐	
40	青海	互助县	1979年征集	窖藏	白釉高圈足碗1、黑釉剔划花坛（钵）2、白釉盘2、白釉碗1	《文物资料丛刊》1983.8
41		湟中县维新乡	1983	窖藏	白釉高圈足碗2、黑釉大口坛（钵）1、白釉盘3、白釉曲腹碗21、多耳瓶7、罐1	《青海考古学会会刊》1985.7
42		大通县新城乡			白釉碗5、酱釉双耳罐1、酱釉敛口剔划花罐1、酱釉扁壶1	《青海文物》1990.4
43	陕西	榆林市安崖乡刘兴庄	70年代	墓葬	黑釉瓷碗1	《中国文物地图集·陕西分册》1998
44		定边县新安边乡新安边村		墓葬	黑釉瓷碗2	

说明：

一　本表参考了《宁夏灵武窑发掘报告》中"附表四 各地出土的西夏瓷器"和《西夏美术史》中"各地出土西夏瓷器简表"。

二　某些古遗址、墓葬仅有少量瓷器残片出土，本表未予收录。

三　原始资料中"剔花"、"刻花"、"剔刻花"等用语，本表统一更改为"剔划花"。

四　某些原始资料出版较早，考古工作者依据当时经验判定为西夏瓷器的，亦有其他朝代瓷器的可能，笔者无法核实，为使资料完整，本表暂收入，参见下列注2、3、4、5。

注：

［1］　1984～1986年宁夏灵武磁窑堡窑考古发掘，共出土瓷器、工具、窑具等3000余件及大量瓷片，但其中属西夏时期器物为2300余件。

［2］　此褐釉四系瓷扁壶口、系皆残失，正、背面皆有圈足，但圈足直径大，足墙厚，虽背面圈足两侧刻划文字极似西夏文，但从造型上看亦有元代产品的可能。

［3］　此"黑釉瓶"显现元代之后产品特征，因此墓葬非正式发掘，故此瓶亦极有可能系因墓葬扰动而混入的后世产品。

［4］　墓葬位于西夏—辽边界，器物亦呈现某些辽代特征，故不排除属辽代的可能。

［5］　所出土器物，尤其剔划花瓷器照片未见公布，笔者无法判断是否确属西夏，不排除元代器物的可能。序号36、38所列器物情况同。

七　参考书目

拜寺沟西夏方塔　宁夏文物考古研究所编著，文物出版社，2005年
　　牛达生：《西夏文佛经〈本续〉是现存世界最早的木活字版印本》

尘封的文明——西夏瓷器　李进兴著，宁夏人民出版社，2003年12月第1版

陈炉耀州瓷精粹　耀州窑博物馆编，薛东星、禚振西主编，文物出版社，2007年9月

磁州窑古瓷　邯郸市博物馆、磁县博物馆合编，陕西人民美术出版社，2004年5月第1版

从宁夏寻找长城源流　周兴华、周晓宇著，宁夏人民出版社，2008年12月

大金国志校正　（宋）宇文懋昭撰，崔文印校正，中华书局，1986年7月

大夏寻踪——西夏文物辑萃　中国国家博物馆、宁夏回族自治区文化厅编辑，中国社会科学出版社，2004年12月第1版

东都事略　（宋）王偁撰，清初平菴抄本

东坡志林　（宋）苏轼撰，中华书局丛书集成初编本，1985年北京新一版

多桑蒙古史　（瑞典）多桑著，冯承钧译，上海书店出版社，2006年3月第1版

俄藏黑水城文献　俄罗斯科学院东方研究所圣彼得堡分所、中国社会科学院民族研究所编，上海古籍出版社，1996～1998年

番汉合时掌中珠　（西夏）骨勒茂才著，黄振华、聂鸿音、史金波整理，宁夏人民出版社，1989年12月第1版

故宫博物院藏文物珍品全集·两宋瓷器（上）　李辉柄主编，商务印书馆（香港）有限公司，1996年11月第1版

古砚拾零　王靖宪著，湖北美术出版社，2002年7月第1版

古窑瓷荟　王青路著，人民美术出版社，2006年6月第1版

甘南藏区考古集萃　李振翼著，民族出版社，2001年

甘肃安西东千佛洞石窟壁画　胡之主编，张宝玺摄影，重庆出版社，2000年7月第一版

甘肃省地图册　张建华主编，中国地图出版社编著出版发行，2008年

甘肃武威西夏二号墓　杨福主编，杨福、静安摄影，重庆出版社，2000年

观复·2006·秋　观复古典艺术博物馆，2006年

海录碎事　（宋）叶廷珪撰，李之亮校点，中华书局，2002年5月第1版

鹤煤博物馆瓷器精品选·一　鹤煤博物馆编，当代中国出版社，2007年

嘉德拍卖公司图录　嘉德拍卖公司编，2006年

鉴宝·陶瓷卷　李彦君主编，北京出版社，2007年1月第1版

金明集瓷选录　耿宝昌主编，金捷编辑，国际文化出版公司，1994年1月第1版

旧唐书　（后晋）刘昫 等撰，中华书局，1975年5月第1版

考古　《考古》杂志编辑部编，科学出版社
　　南京市文物保管委员会：《南京中华门外明墓清理简报》，1962年第9期
　　宁夏回族自治区展览馆：《宁夏石嘴山市西夏城址试掘》，1981年第1期
　　高毅、王志平：《内蒙古伊金霍洛旗发现西夏窖藏文物》，1987年第12期
　　中国社会科学院考古研究所内蒙队：《宁夏灵武县回民巷瓷窑址调查》，1991年第3期
　　宁夏回族自治区文物考古研究所、贺兰县文化局：《宁夏贺兰县拜寺口北寺塔群遗址的清理》，2002年第8期
　　宁夏回族自治区文物考古研究所、灵武市文物管理所：《宁夏灵武市回民巷西夏窑址的发掘》，2002年第8期

考古与文物　《考古与文物》杂志编辑部编，陕西省考

古研究所

宁笃学、钟长发：《甘肃武威西郊林场西夏墓清理简报》，1980年第3期

宁笃学：《武威西郊发现西夏墓》，1984年第4期

考古学报　中国社会科学院考古研究所，《考古》杂志社

史金波、白滨：《莫高窟、榆林窟西夏文题记研究》，1982年第3期

库仑辽代壁画墓　王建群、陈相伟著，文物出版社，1989年6月

辽陈国公主墓　内蒙古文物考古研究所、哲里木盟博物馆编，文物出版社，1993年4月

辽史　（元）脱脱 等撰，中华书局，2003年

陇右文博　甘肃省博物馆主办

马未都说收藏·陶瓷篇（上）　中华书局，2008年4月第1版

闽宁村西夏墓地　宁夏文物考古研究所编著，科学出版社，2004年6月第一版

明代磁州窑瓷器　郭学雷著，文物出版社，2005年6月

内蒙古文物考古　内蒙古自治区考古学会、内蒙古自治区文物工作队主办，内蒙古文物考古编辑部编辑出版

郑隆：《准格尔旗大沙塔壁画墓及附近的古城》，1981年第1期

内蒙古文物考古文集　内蒙古文物考古研究所编，李逸友、魏坚主编，中国大百科全书出版社，1994年

内蒙古文物考古文集·第二辑　内蒙古文物考古研究所编，魏坚主编，中国大百科全书出版社，1997年

内蒙古文物资料选辑　内蒙古文物工作队，内蒙古人民出版社，1964年

内蒙古信诚拍卖公司拍卖图录　内蒙古信诚拍卖公司编，2006年

宁夏回族自治区地图册　张红主编，中国地图出版社编制出版发行，2005年

宁夏考古记事——宁夏文史资料第二十四辑　宁夏回族自治区文化厅、宁夏政协文史和学习委员会编，宁夏人民出版社，2001年

马文宽：《回忆磁窑堡窑址的调查与发掘》

宁夏考古文集　许成主编，宁夏人民出版社，1994年

杜玉冰、麦玉华：《香山四眼井遗址调查简报》

宁夏灵武窑　马文宽著，紫禁城出版社，1988年

宁夏灵武窑发掘报告　中国社会科学院考古研究所编著，中国大百科全书出版社，1995年7月

宁夏文物普查资料汇编　宁夏回族自治区文物普查领导小组办公室编，1986年

青海考古学会会刊　青海省文化厅文物处、青海省考古学会、青海省文物考古研究所编印

贾洪键：《青海省湟中县下马申出土的一批文物》，1985年12月号，总第7辑

青海文物　青海省文物处、青海省考古研究所，文物出版社，1994年4月第一版

青海文物　青海省文化厅《青海文物》编辑部编辑出版

陈荣：《大通新城乡出土的宋代瓷器》，1990年第4期

丝路上消失的王国——西夏黑水城的佛教艺术　国立历史博物馆编译小组编辑，国立历史博物馆（台北），1996年6月中文第一版

宋辽金史论丛·第二辑　中国社会科学院历史研究所宋辽金元史研究室编，中华书局，1991年12月第1版

宋史　（元）脱脱等撰，中华书局，1977年11月

宋元陶瓷大全　艺术家工具书编委会主编，艺术家出版社（台湾），1991年

首都师范大学历史博物馆藏品图录　首都师范大学历史系编，科学出版社，2004年9月第一版

隋唐宋元陶瓷通论　叶喆民著，紫禁城出版社，2003年

文博　陕西省文物信息咨询中心《文博》编辑部编

杜文，禚振西：《新发现的陕西澄城窑及其烧瓷产品》，2006年第2期

金申：《银川市出土的铜佛像年代及伪造的西夏佛像》，2006年第4期

文物　《文物》编辑委员会编，文物出版社

定县博物馆：《河北定县发现两座宋代塔基》，1972年第8期

宁夏回族自治区博物馆：《银川缸瓷井西夏窑址》、《西夏八号陵发掘简报》，1978年第8期

钟长发：《武威出土一批西夏瓷器》，1981年第9期

钟侃：《宁夏灵武县出土的西夏瓷器》，1986年第1期

张秀生：《宁夏同心县征集一方西夏官印》，1986年第11期

伊克昭盟文物工作站：《准格尔旗发现西夏窖藏》，1987年第8期

宁夏文物考古研究所：《西夏陵园北端建筑遗址发掘简报》，1988年第9期

南阳地区文物队、南阳市博物馆、方城县博物馆：《河南方城金汤寨北宋范致祥墓》，1988年第11期

望野：《河南中部遍北发现的早期釉上多色彩绘瓷》，2006年第2期

文物世界 山西省文物局主办

李树云：《大同博物馆馆藏辽代三彩器》，2007年第3期

文物天地 《文物天地》杂志社编辑出版

马文宽：《从居延到灵武》1995年第5期

赵旻：《天津海关移交8691件查扣文物》，2004年第3期

文物资料丛刊 文物编辑委员会编，文物出版社

许新国：《青海互助土族自治县发现宋代窖藏》，1983年第8辑

文献通考 （元）马端临撰，中华书局，2006年

武威文物考述 党寿山著，2001年

武威西夏木版画 张宝玺编著，甘肃人民美术出版社，2001年7月

西夏地理研究 杨蕤著，人民出版社，2008年7月第1版

西夏法典——天盛年改旧定新律令（第1～7章） （俄）克恰诺夫俄译，李仲三汉译，罗矛昆校订，宁夏人民出版社，1988年12月第1版

西夏纪 （民国）戴锡章编撰，罗矛昆校点，宁夏人民出版社，1988年

西夏简史（修订本） 钟侃、吴峰云、李范文著，宁夏人民出版社，2005年10月

西夏美术史 韩小芒、孙昌盛、陈悦新著，文物出版社，2001年12月第一版

西夏三号陵——地面遗迹发掘报告 宁夏文物考古研究所、银川西夏陵区管理处编著，科学出版社，2007年6月第一版

西夏通史 李范文主编，白滨、陈炳应、景永时（执行）副主编，人民出版社、宁夏人民出版社，2005年8月

西夏文物研究 陈炳应著，宁夏人民出版社，1985年8月第1版

西夏史稿 吴天墀著，广西师范大学出版社，2006年12月

西夏书事 （清）吴广成撰，上海古籍出版社，2006年

西夏遗迹 牛达生著，文物出版社，2007年1月第1版

西夏艺术 西夏博物馆编，宁夏人民出版社，2003年8月

夏汉字典 李范文编著，贾常业增订，中国社会科学出版社，1997年7月第1版

续资治通鉴 （清）毕沅著，岳麓出版社，1992年

续资治通鉴长编 （宋）李焘著，上海师范大学古籍整理研究所、华东师范大学古籍整理研究所点校，中华书局，2004年9月第2版

宣化辽墓壁画——1974～1993年考古发掘报告 河北省文物研究所编，文物出版社，2001年12月

杨永德伉俪珍藏黑釉瓷 广州市文化局、西汉南越王墓博物馆编，广州市文化局出版，1997年9月第一版

元史 （明）宋濂著，中华书局，1976年4月

掌上珍·中国古瓷器 薛翔编，湖北美术出版社，2003年

中国出土瓷器全集·5·山西 张柏主编，科学出版社，2008年3月第一版

中国出土瓷器全集·15·陕西 张柏主编，科学出版社，2008年3月第一版

中国出土瓷器全集·16·甘肃、青海、宁夏、新疆、云南、贵州、西藏 张柏主编，科学出版社，2008年3月第一版

中国地图（装饰版） 中国地图出版社，2006年12月第4版

中国地域文化大系·草原文化——游牧民族的广阔舞台 陈万雄、赵芳志主编，上海远东出版社、商务印书馆（香港）有限公司，1996年

中国地域文化大系·河陇文化——连接古代中国与世界的走廊 陈万雄、李永良主编，上海远东出版社、商务印书馆（香港）有限公司，1998年

中国古代窑址调查发掘报告集 文物编辑委员会编，文物出版社，1984年10月第1版

中国古陶瓷研究 中国古陶瓷学会编，紫禁城出版社

朱跃岭：《甘肃武威出土西夏白釉黑花、白釉褐花碗》，2003年第九辑

中国国家图书馆藏西夏文献（1） 宁夏社会科学院编，上海古籍出版社，2005年

中国考古学论丛 中国社会科学院考古研究所编著，科学出版社

马文宽、曹国鉴：《灵武窑西夏瓷的装饰艺术》，1993年第一版

中国历史文物 中国国家博物馆编
史金波：《西夏文物的民族和宗教特点》，2005年第2期

中国少数民族文化史图典·西北卷（下） 王永强、史为民著，广西教育出版社，1999年

中国史稿地图集 郭沫若主编，中国地图出版社，1990年

中国石窟·安西榆林窟 敦煌研究院编，文物出版社，1997年5月第1版

中国宋元瓷器鉴赏图录 师茨平编著，中国民族摄影艺术出版社，2002年

中国宋元瓷器目录 李宗扬、邱冬联编，南方出版社，2000年4月第1版

中国陶瓷全集·9·辽、西夏、金 中国陶瓷全集编辑委员会，本卷主编冯永谦，上海人民出版社，2000年5月

中国陶瓷史 谭旦冏著，光复书局（台湾），1985年2月初版

中国陶瓷投资与鉴藏·2 李知宴主编，大象出版社，2005年

中国文物 杨飞编，中国文史出版社，2004年

中国文物地图集·内蒙古自治区分册 国家文物局主编，内蒙古自治区文化厅编制，内蒙古自治区地图制印院编绘，西安地图出版社，2003年

中国文物地图集·宁夏回族自治区分册 宁夏文物管理委员会、宁夏回族自治区文化厅编制，1990年

中国文物地图集·青海分册 国家文物局主编，中国地图出版社，1996年

中国文物地图集·陕西分册 国家文物局主编，西安地图出版社，1998年12月

中国文物精华大辞典·陶瓷卷 国家文物局主编，上海辞书出版社、商务印书馆（香港）有限公司，1995年8月第1版

中华传世法典——天盛改旧新定律令 史金波、聂鸿音、白滨译注，法律出版社，2000年1月

Boulay, Anthony Du. *Christie's Pictorial History of Chinese Ceramics*. Prentice - Hall, Inc., 1984.

Cox, Warren. *The Book of Pottery and Porcelain, Volume 1*. Crown Publishers, 1945.

Gray, Basil. *Early Chinese Pottery and Porcelain*. Faber and Faber, London, 1952.

Hayashiya, Seizo & Hasebe, Gakuji. *Chinese Ceramics*. Charles E. Tuttle, Tokyo, 1966.

He, Li. *Chinese Ceramics: A New Comprehensive Survey From the Asian Art Museum of San Francisco*. Rizzoli, 1996.

Hobson, R. L. & Hetherington, A. L. *The Art of the Chinese Potter*. Ernest Benn, Limited, London, 1923.

Hochstadter, Walter. *Early Chinese Ceramics in the Buffalo Museum of Science*. Buffalo, New York, 1946.

Honey, William Bowyer. *The Ceramic Art of China and other Countries of the Far East*. Faber and Faber Limited, 1944.

Kerr, Rose. *Song Dynasty Ceramics*. Victoria & Albert Museum, 2004.

Lee, Sherman E. and Ho, Wai - Kam. *Chinese Art Under the Mongols: The Yüan Dynasty (1279～1368)*. The Cleveland Museum of Art, 1968.

Mino, Yutaka. *Freedom of Clay and Brush through Seven Centuries in Northern China: Tz'u - chou Type Wares, 960～1600 A.D.* Indiana University Press, 1981.

Mowry, Robert D. *Hare's Fur, Tortoiseshell, and Partridge Feathers:Chinese Brown and Black - Glazed Ceramics, 400～1400*. Harvard University Art Museums, Massachusetts, 1996.

The Museum of East Asian Art. *Inaugural Exhibition Volume 1 - Chinese Ceramics*. The Museum of East Asian Art, Bath England, 1993.

Prodan, Mario. *An Introduction to Chinese Art*. Spring Books, 1958. *The Art of The T'ang Potter*. The Viking Press, 1960.

Rawson, Jessica.ed. *The British Museum Book of Chinese Art*. Thames and Hudson Inc., 1992.

Rotondo - McCord, Lisa. *Five Thousand Years of Chinese*

Ceramics From the Robin and R. Randolph Richmond, Jr. Collection. New Orleans Museum of Art, 2005.

Samosyuk, K. F. *Buddhist Painting From Khara - Khoto. XII~XIVth Centuries Between China and Tibet*. The State Hermitage Publishers, St. Petersburg, 2006.

von Le Coq. A. *Chotscho: Facsimile - Wiedergaben der wichtigeren Funde der ersten königlich preussischen Expedition nach Turfan in Ost - turkistan*. Berlin, 1913.

支那工藝圖鑑第贰輯 青木利三郎，昭和七年（1932 年）

「敦煌・西夏王国展」図録 企画・制作：映画「敦煌」委員会，構成・編集：（株）東宝映像美術（株）東宝企画，1988

中国の陶磁・第七巻・磁州窯 長谷部楽爾編著，株式会社平凡社，1996年7月初版

白と黒の競演—中国磁州窑系陶器の世界 大阪市立美術館，2002年10月1日

壹

博物馆藏品

TB1001　黑釉剔划开光牡丹纹扁壶

西夏/腹径33.3厘米/灵武窑产品/宁夏海原县征集/中国国家博物馆藏

　　这件扁壶翻口沿，直颈，扁圆腹，腹部正背面皆有圈足，肩部对称双系，腹脊一周捏塑裙褶纹；腹部正面两处开光，内剔划折枝牡丹纹，花头一上一下，构图饱满，线条有力；釉色乌黑光亮，胎质灰白坚硬，呈现典型的灵武窑产品特征。

　　剔划花扁壶是西夏瓷器中最富盛名的器物，但其实物今人很难看到，较完整的器物的存世量当以个位数计，而其中中国国家博物馆收藏的这件扁壶，又是其中最完整、最美观的一件，堪称西夏扁壶的经典之作。

TB1002

黑釉剔划开光石榴纹梅瓶

西夏/高38厘米/推测为伊克昭
盟窑产品/北京故宫博物院藏

TB1003

TB1004

TB1003　黑釉剔划折枝牡丹纹梅瓶

　　西夏/高33厘米/1986年灵武磁窑堡窑址出土/宁夏回族自治区博物馆藏

　　此器胎质洁白细腻，釉色莹润光亮，黑色纯净泛银质光泽，剔划工艺娴熟，纹饰布局大方，体现出西夏瓷极高的制作水平。

TB1004　褐釉划牡丹纹梅瓶

　　西夏/高30.8厘米/推测为伊克昭盟窑产品/首都师范大学历史博物馆藏

TB1005　黑釉剔划折枝牡丹纹扁壶

西夏/高29厘米/1986年灵武磁窑堡窑址出土/宁夏回族自治
区博物馆藏

TB1006

TB1007

TB1006　白釉剔划开光折枝牡丹纹梅瓶

西夏/高25.5厘米/1986年灵武磁窑堡窑址出土/宁
夏回族自治区博物馆藏

TB1007　黑釉剔划开光折枝菊花纹梅瓶

西夏/高25.2厘米/1986年灵武磁窑堡窑址出土/宁
夏回族自治区博物馆藏

TB1008

TB1008　黑釉剔划缠枝牡丹纹钵

西夏/高13.4厘米/1986年灵武磁窑堡窑址出
土/宁夏回族自治区博物馆藏

TB1009　白釉剔划开光牡丹纹钵

西夏/高11.4厘米/1986年灵武磁窑堡窑址出
土/宁夏回族自治区博物馆藏

TB1009

TB1010

TB1010　酱釉剔划开光折枝牡丹纹扁壶

西夏/长30.4厘米/1986年灵武磁窑堡窑址出
土/西夏博物馆（银川）藏

TB1011　黑釉双系扁壶

西夏/长20.8厘米/1986年灵武磁窑堡窑址出
土/宁夏回族自治区博物馆藏

TB1011

TB1012

TB1013

TB1012　黑褐釉剔划开光折枝菊花纹梅瓶

西夏/高29.1厘米/1986年灵武磁窑堡窑址出土/西夏博
物馆（银川）藏

TB1013　黑釉剔划开光折枝牡丹纹梅瓶

西夏/高28.5厘米/1986年灵武磁窑堡窑址出土/西夏博
物馆（银川）藏

TB1014

TB1014　白釉剔划串枝牡丹纹罐

西夏/高30.7厘米/1986年灵武磁窑堡窑址出
土/宁夏回族自治区博物馆藏

TB1015　浅青釉水波游鱼纹盆

西夏/直径59厘米/银川西郊西夏陵区遗址出
土/灵武窑产品/西夏博物馆（银川）藏

TB1015

TB1016

TB1016　褐釉剔划折枝牡丹纹梅瓶

西夏/高33.1厘米/灵武窑产品/宁夏盐池县博物馆藏

TB1017　黑酱釉剔划串枝牡丹纹四系扁壶

西夏/腹径29.5厘米/灵武窑产品/宁夏海原县征集/宁夏海原县文管所藏

TB1017

TB1018

TB1018 黑釉瓜棱罐

西夏/高6.1厘米/1986年灵武磁窑堡窑址出
土/宁夏回族自治区博物馆藏

TB1019 黑褐釉双系扁壶

西夏/高29.5厘米/灵武窑产品/征集/宁夏固
原市博物馆藏

TB1019

TB1037

TB1037　白釉罐

西夏/高18.5厘米/1986年银川西郊西夏陵区遗址出土

TB1038　黑褐釉碗

西夏/高5.8厘米/1964年宁夏石嘴山省崴城西夏城址出土

TB1039　黑褐釉双系瓶

西夏/高20.3厘米/1964年宁夏石嘴山省崴城西夏城址出土

TB1040　黑褐釉双系罐

西夏/高8厘米/1964年宁夏石嘴山省崴城西夏城址出土

TB1038

TB1039

TB1040

TB1041　黑釉剔划开光折枝牡丹纹六系瓮

西夏/高58.5厘米/灵武窑产品/甘肃省博物馆藏

TB1042 白釉剔划串枝牡丹纹瓷

西夏/高40.9厘米/征集/甘肃省博物
馆藏

TB1043　黑釉剔划缠枝牡丹纹钵

西夏/高26.5厘米/征集/甘肃省博物馆藏

TB1044　黑釉剔划牡丹纹四系瓮

西夏/高46厘米/1991年8月武威塔儿湾窑址出土/西夏博
物馆（武威）藏

TB1045　白底黑褐彩绘天鹅卷云纹六系瓮

西夏/高58厘米/1992年武威塔儿湾窑址出土/西夏博
物馆（武威）藏

TB1046　白底黑褐彩绘天鹅卷云纹六系瓷（局部）

TB1047　黑褐釉剔划牡丹纹四系瓷

西夏／高57厘米／1992年武威塔儿湾窑址出土／西夏博物
馆（武威）藏

TB1048　黑褐釉剔划花瓮

西夏/高47.5厘米/1992年武威塔儿湾窑址出土/西夏博物
馆（武威）藏

TB1049　白底黑褐彩绘缠枝莲纹瓮

西夏/高46厘米/武威塔儿湾窑产品/征集/西夏博物馆（武威）藏

　　此罐腹部以褐彩绘有缠枝莲花四朵，肩部绘一周卷云纹，画风稚拙粗犷；
"腹下露胎处用墨书西夏文草字'𗱀𗣼'，汉译为'芦五'二字，当为工匠或器
物主姓名。"（引文摘自党寿山著《武威文物考述》）

TB1050　白底黑褐彩绘牡丹纹四系瓮

西夏/高61厘米/1992年武威塔儿湾窑址出土/西夏博
物馆（武威）藏

TB1051

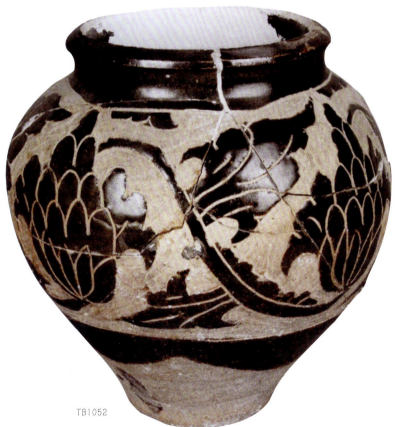

TB1052

TB1051　白底黑彩绘花卉纹四系瓮

西夏/高45.2厘米/武威塔儿湾窑址出土/甘肃省
文物考古研究所藏

TB1052　黑褐釉剔划缠枝花纹罐

西夏/高18厘米/武威塔儿湾窑址出土/甘肃省
文物考古研究所藏

TB1053

TB1054

TB1053　白釉折沿碗

西夏/甘肃武威吴家井出土/武威塔儿湾窑
产品/武威市博物馆藏

TB1054　褐釉双系扁壶

西夏/高28.5厘米/甘肃武威针织厂出土/武
威塔儿湾窑产品/武威市博物馆藏

TB1055　黑釉玉壶春瓶

西夏/武威塔儿湾窑址出土/西夏博物馆
（武威）藏

TB1055

TB1056

TB1057

TB1056　姜黄釉执壶

　　西夏／高13.6厘米／1991年武威塔儿湾窑址出土／西夏博物馆（武威）藏

TB1057　姜黄釉双系罐

　　西夏／高24厘米／1991年武威塔儿湾窑址出土／西夏博物馆（武威）藏

TB1058　白釉点菱形梅花点纹碗

　　西夏／高8.6厘米／1978年甘肃武威南营公社青嘴喇嘛湾出土／武威塔儿湾
窑产品／武威市博物馆藏

TB1059　黑褐釉小口双系瓶

　　西夏／高26厘米／1992年武威塔儿湾窑址出土／甘肃省文物考古研究所藏

TB1059

TB1058

TB1060

TB1061

TB1062

TB1063

TB1060　黑褐釉花口瓶

　　西夏/高18.6厘米/1993年武威塔儿湾窑址出土/甘肃省文物考古研究所藏

TB1061　白釉点菱形梅花点纹碗

　　西夏/高7.4厘米/1978年甘肃武威南营公社青嘴喇嘛湾出土/武威塔儿湾窑产品

TB1062　黑褐釉折沿碗

　　西夏/高12.2厘米/1992年武威塔儿湾窑址出土/甘肃省文物考古研究所藏

TB1063　褐釉四系瓮

　　西夏/肩部墨书"郭卢"/高51.6厘米/武威塔儿湾窑址出土/甘肃省文物考古研究所藏

TB1064

TB1065

TB1064　白釉点褐彩人物瓷塑

西夏/高6.5厘米/甘肃省武威市凉州区祁连乡祁连村下河组出土/武威塔儿湾窑产品/武威市博物馆藏

TB1065　白釉点褐彩人物瓷塑

西夏/高6.2厘米/武威塔儿湾窑址出土/甘肃省文物考古研究所藏

　　TB1064、TB1065两件瓷塑像，皆出土于甘肃武威市，人物是西夏人形象，为武威塔儿湾窑西夏时期产品。类似瓷塑像，灵武窑多有生产，但多施浅青釉和酱釉色，白釉点褐彩人物瓷塑极少见。

　　宋、金时期江西景德镇窑有白釉褐彩人物塑像产品，体积较大，工艺较精，工艺方法和艺术风格与TB1065戴帽人塑像极似，故推测两者有一定的渊源关系。

TB1066

TB1068

TB1067

TB1066　黑釉剔划开光牡丹纹梅瓶

西夏/高37厘米/1956年内蒙古自治区伊克昭盟
伊金霍洛旗出土/推测为伊克昭盟窑产品/内蒙
古自治区博物馆藏

TB1067　黑釉剔划海棠花纹钵

西夏/高14厘米/内蒙古自治区伊克昭盟出土/推
测为伊克昭盟窑产品/内蒙古自治区博物馆藏

TB1068　黑褐釉剔划开光海棠花纹梅瓶

西夏/高33.8厘米/1956年内蒙古自治区伊克昭
盟伊金霍洛旗出土/推测为伊克昭盟窑产品/内
蒙古自治区博物馆藏

TB1069

TB1069　黑褐釉剔划折枝海棠花纹、鹿纹梅瓶

西夏/高39.5厘米/1986年内蒙古自治区伊克昭盟伊金霍洛旗红庆河乡白圪针出土/推测为伊克昭盟窑产品/鄂尔多斯博物馆藏

TB1070　黑褐釉剔划串枝海棠花纹花口瓶

西夏/高21.4厘米/1982年内蒙古自治区伊克昭盟准格尔旗准格尔召乡出土/推测为伊克昭盟窑产品/鄂尔多斯博物馆藏

TB1070

TB1071

TB1072

TB1071　白釉长颈花口瓶

西夏/高18.7厘米/推测为伊克昭盟窑产品/内蒙古自治区博物馆藏

TB1072　黑釉剔划折枝海棠花纹罐

西夏/高21.5厘米/内蒙古自治区伊克昭盟伊金霍洛旗出土/推测为伊克昭盟窑产品/内蒙古自治区博物馆藏

TB1073

TB1074

TB1073　黑釉划开光折枝牡丹花纹罐

西夏/高29厘米/内蒙古自治区伊克昭盟伊金霍
洛旗出土/推测为伊克昭盟窑产品/内蒙古自治
区博物馆藏

TB1074　黑釉剔划缠枝牡丹花纹罐

西夏/高38.5厘米/1986年内蒙古自治区伊克昭
盟伊金霍洛旗红庆河乡白圪针出土/推测为伊
克昭盟窑产品/鄂尔多斯博物馆藏

TB1078　白釉剔划牡丹纹瓮

西夏/高42厘米/青海省乐都县瞿昙寺斜沟村出土/乐都县博物馆藏

TB1078

TB1079　黑釉剔划卷叶纹钵

西夏/高21.5厘米/1989年青海省大通县桥头镇出土/大通县文管所藏

TB1079

TB1080

TB1081

TB1080　黑釉剔划串枝莲花纹钵

西夏/高22.6厘米/青海省大通县新城乡窑庄出
土/青海省文物考古研究所藏

TB1081　褐釉小口瓶

西夏/高31.5厘米/青海省大通县出土/大通县文
管所藏

TB1082　黑褐釉划游鱼纹梅瓶

西夏/青海省湟中县拦隆口乡上营村出土/湟中县博物馆藏

TB1083　红陶长颈瓜棱腹花口瓶

西夏/青海省大通县桥头镇出土/大通县文管所藏

TB1084　酱釉双系罐

西夏/青海省大通县逊让乡出土/大通县文管所藏

TB1085　黑釉喙流执壶

西夏/高22厘米/青海省大通县出土

TB1084

TB1083

TB1085

TB1086　褐釉四系瓮

西夏／高67.5厘米／青海省湟中县维新乡下马申出土／青
海省文物考古研究所藏

TB1087

TB1088

TB1087　灰陶四系瓮

唐～西夏/青海省大通县鸢沟乡出土/大通县文管所藏

TB1088　褐釉四系瓮

西夏/青海省大通县桥头镇出土/大通县文管所藏

TB1089　黑釉剔划串枝海棠花纹罐

蒙元时期～元代早期/高21厘米/宁夏固原市什字大庄村出
土/灵武窑第三期产品/固原市文管所藏

TB1090

TB1091

TB1090　黑褐釉剔划花梅瓶

蒙元时期～元代早期/高30.4厘米/1986年灵武
磁窑堡窑址出土

TB1091　黑褐釉剔划花双系罐

蒙元时期～元代早期/高31.6厘米/1986年灵武
磁窑堡窑址出土

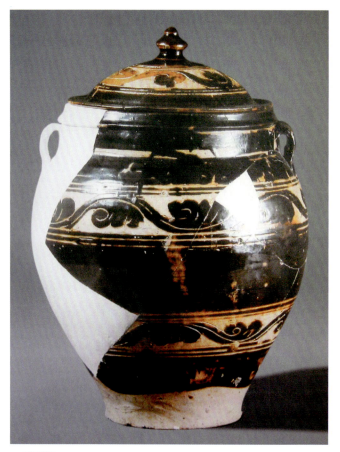

TB1092

TB1093

TB1094

TB1092　酱釉剔划花双系盖罐

蒙元时期～元代早期/高29.6厘米，盖高8.6厘米/1986年灵武磁窑堡窑址出土

TB1093　黑褐釉剔划花双系罐

蒙元时期～元代早期/高8.4厘米/1986年灵武磁窑堡窑址出土

TB1094　黑釉剔划花玉壶春瓶

蒙元时期～元代早期/高31.7厘米/1986年灵武磁窑堡窑址出土

贰

民间藏品

TB2002 黑褐釉剔划缠枝牡丹纹梅瓶（背面局部）

TB2003 黑釉剔划折枝牡丹
纹广口梅瓶

西夏/高30.3厘米/灵武窑产品/民
间收藏

TB2004　黑釉剔划折枝牡丹纹广口梅瓶（背面局部）

　　此瓶广口，粗颈，折肩，直腹，造型准确端庄；腹部开光内剔划折枝牡丹
纹，下腹部饰绞线纹一周，造型和纹饰都是典型的西夏风格。尤其难得的是，此
瓶胎质坚致白皙，釉质润泽，呈现典型的灵武窑高品质产品特征。

　　目前所知西夏梅瓶，凡完整件基本都呈现内蒙古伊克昭盟地区西夏瓷窑产品
特征，而此器从胎、釉、造型、纹饰诸方面看，都可以肯定是灵武窑产品，故堪
称大珍。

TB2005 黑褐釉剔划缠枝花卉纹梅瓶

蒙元时期～元代早期/高32厘米/灵武窑第三期产品/北京紫烟堂收藏

　　此瓶圆溜肩，鼓腹，腹下内收，足微外撇，梅瓶样式呈现由西夏向元代过渡的特点，为典型的灵武窑第三期产品。瓶身纹饰极为精彩：肩部带状空间内饰变形忍冬纹，缠绕一周；两道弦纹之下为腹部主体纹饰缠枝花卉纹，花头多种，俯仰生姿，花叶错落有致，繁而不乱，整体画面生机勃勃，其饱满的画面布局和酣畅淋漓的剔划花工艺，都体现了极高的装饰艺术水平。

　　尽管灵武窑第三期产品生产于西夏灭亡之后，年代晚于第一期产品，但今天能见到的这一期的剔划花产品仍然非常少，而如本例这种品相上佳、胎质细白、纹饰精美的梅瓶，实为笔者目前所仅见。

TB2007　黑褐釉划波浪莲花并头鱼纹梅瓶（正面和背面图）

西夏/推测为伊克昭盟窑产品/内蒙古民间收藏

　　此瓶瓶身饰两朵莲花、几支莲叶及三并头鱼，其他空间则以波浪纹填满，构图大胆，尤其两朵莲花，从下部向上直出，造型奇崛，给人很强的视觉冲击力。

TB2008

TB2009

TB2008　黑釉剔划海棠花纹梅瓶

西夏／高38厘米／推测为伊克昭盟窑产品／内蒙古民间收藏

TB2009　黑褐釉剔划串枝莲花、海棠花纹梅瓶

西夏／高36.5厘米／推测为伊克昭盟窑产品／内蒙古民间收藏

此瓶瓶身开双层带状空间，分别饰以串枝莲花纹和串枝海棠花纹，一左向一右向延展一周，构图精彩，十分少见。

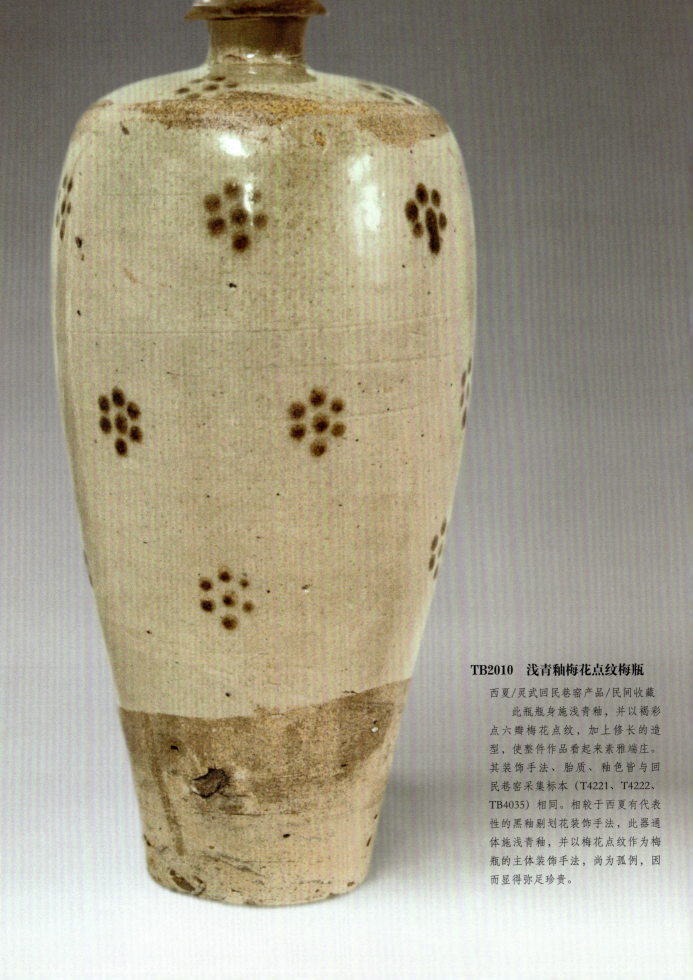

TB2010　浅青釉梅花点纹梅瓶

西夏/灵武回民巷窑产品/民间收藏

　　此瓶瓶身施浅青釉，并以褐彩点六瓣梅花点纹，加上修长的造型，使整件作品看起来素雅端庄。其装饰手法、胎质、釉色皆与回民巷窑采集标本（T4221、T4222、TB4035）相同。相较于西夏有代表性的黑釉剔划花装饰手法，此器通体施浅青釉，并以梅花点纹作为梅瓶的主体装饰手法，尚为孤例，因而显得弥足珍贵。

TB2011

TB2012

TB2013

TB2011　黑釉粉点梅花纹梅瓶

西夏/推测为伊克昭盟窑产品/内蒙古民间收藏

TB2012　黑釉剔划开光折枝牡丹纹梅瓶

西夏/高37厘米/推测为伊克昭盟窑产品/民间
收藏

TB2013　黑釉剔划开光菊花纹广口梅瓶

西夏/高35厘米/推测为伊克昭盟窑产品/金明
收藏

TB2014　酱釉划波浪牡丹纹玉壶春瓶

西夏/高25.5厘米/灵武窑产品/台湾中兴阁藏

　　此器侈口，薄唇，颈内收，垂腹，圈足直径较小；颈以下至下腹部以三组弦纹划分出两层带状空间，上层饰弧线波浪纹（水波涡纹），间以草叶纹；下层饰折枝牡丹花纹，均采用划花手法，工艺娴熟，线条流畅。

　　此器釉面呈现银质光泽，胎薄工精，当为灵武窑产品。

　　西夏瓷中玉壶春瓶存世极少，其中又主要是素色无纹饰的。采用剔划花工艺装饰的玉壶春瓶，仅见1986年考古发掘出土的灵武窑第三期产品残件，而本例作为采用划花工艺的西夏玉壶春瓶完整器，实为目前所仅见。

TB2015　酱釉剔划草叶纹敛口钵

西夏/高24厘米，腹径27厘米/北京民间收藏

　　此器口部为三出棱内敛斜唇口，腹部剔划类似芭蕉叶的草叶纹四簇，风格大刀阔斧，酣畅淋漓，与著名国画家齐白石的大写意颇有相似的豪迈风骨，具有一种质朴粗犷的审美趣味。加之本器体积硕大，釉色光亮，实为一件难得的藏品。

TB2016　褐釉剔划花草纹敛口钵

西夏/高22厘米/北京民间收藏

TB2017　黑酱釉剔划花草纹四系瓮

西夏/高49厘米/灵武窑产品/北京民间收藏

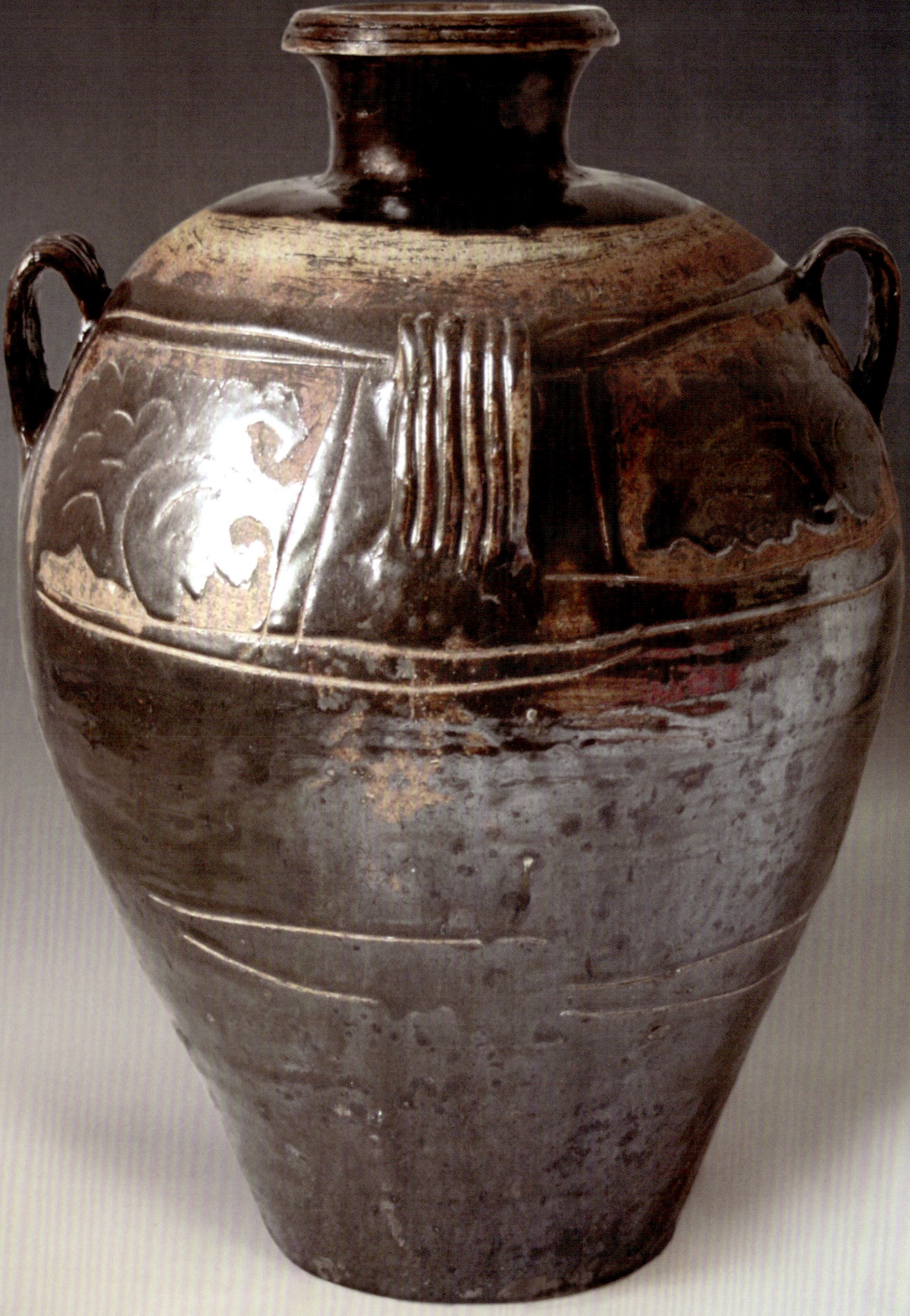

TB2018　黑褐釉剔划牡丹纹四系瓮

西夏/高55厘米，腹径40厘米/灵武窑产品/香港杨永德伉俪藏

　　此器口部疑残缺，颈部捏塑裙褶纹，肩、腹部两层开光共八处，饰以折枝牡丹纹；肩部四系，近底处一孔可插管作流，故此器应为酿酒器。此器纹饰精美，釉色光亮，胎质细密，实为难得佳器，与甘肃博物馆藏黑釉剔划开光折枝牡丹纹六系瓮（TB1041）有诸多相似处。

　　甘肃武威出土有几件相对完整的同类器形的大瓮（TB1045、TB1047等），并且证实为当地塔儿湾窑产品。但据纹饰风格、剔划工艺、胎釉等处来分析，TB2017、TB2018与甘肃省博物馆所藏（TB1041）皆应为宁夏灵武磁窑堡窑产品。磁窑堡窑有相似器物残片（TB4020），工艺无二致。

TB2019

TB2020

TB2019　黑釉剔划串枝牡丹纹罐

西夏/高35.5厘米/灵武窑产品/民间收藏

TB2020　褐釉剔划开光牡丹纹六系瓮

西夏/高65厘米，口径18厘米/宁夏民间收藏

TB2021

TB2022

TB2021　黑釉剔划开光牡丹纹瓮

西夏/高46厘米，口径14厘米/宁夏民间收藏

TB2022　褐釉剔划牡丹纹六系瓮

西夏/高63厘米，口径15厘米/宁夏民间收藏

TB2023

258

TB2024 TB2025 TB2026

TB2023　瓷塑韦驮天像（残）

西夏/高14.5厘米/灵武回民巷窑产品/民间收藏

TB2024　《金刚般若波罗蜜经》卷首版画（局部）

西夏/"大夏乾祐二十年"款/1909年额济纳旗黑水城遗址出
土/俄罗斯科学院东方研究所圣彼得堡分所藏

TB2025　《金刚般若波罗蜜经》卷首版画（局部）

TB2026　《金刚般若波罗蜜经》卷尾年款

TB2027　瓷塑韦驮天像侧视图

　　此瓷塑韦驮天像，素烧无釉，胎坚致，呈浅灰白色；像高14.5
厘米，头颈部、小臂、足残失；塑像呈站立状，腴胸凸腹，身躯
后倾；肩搭帔帛，身穿铠甲，有凛然之气。

　　韦驮天，即韦驮，本是婆罗门的天神，南方增长天王的八大
神将之一，随着佛教的汉化其形象也逐渐汉化，至唐代已有关于
韦将军，即汉化的韦驮的传说，至宋、辽时，其形象当逐渐确定
并比较流行，惜绘画、雕塑等实物少见。

　　黑水城出土西夏文献中，有佛教典籍《金刚般若波罗蜜经》
卷，在其卷首版画中有一神将形象（TB2024），身穿宋式铠甲，
丝绦飘摆，威风凛然，右手持杵（剑），左手扶刃，从其衣着样
式、面貌站姿和持杵方式，可推测为韦驮天像。佛经卷尾有题
记曰："大夏乾祐二十年岁次己酉三月十五日 正宫 皇后罗氏谨
施"（TB2026），表明经卷为公元1189年（西夏仁宗朝末期）颁
印（俄罗斯科学院东方研究所圣彼得堡分所、中国社会科学院民
族研究所编：《俄藏黑水城文献（1）》第348页，上海古籍出版
社，1996年）。此韦驮天像，当为有明确纪年的较早图像。

　　然韦驮天形象的最终定式，当在元、明时期，其较固定的细
节特征，往往是双手合十，肘间搭金刚杵，铠甲甲片也更加繁
密，为元、明时期铠甲样式。这一时期的实物较多，比如刊刻
于元大德十一年（1307年）的西夏文佛经《阿毗达摩顺正理论》
卷首版画（宁夏社会科学院编：《中国国家图书馆藏西夏文献
（1）》彩色图版四，上海古籍出版社，2005年）、北京西郊法
海寺绘制于明正统年间的壁画等，学者金申对此已有比较深入的
研究与归纳（金申：《银川市出土的铜佛像年代及伪造的西夏佛
像》，《文博》2006年第4期第4～9页）。

　　反观黑水城出土的《金刚般若波罗蜜经》卷版画中的韦驮天
形象，与灵武回民巷窑所产韦驮天残像，在站姿、服饰诸方面都
极为相似，某些细节，比如铠甲的甲片较大，都呈方形，腰部以
下几层铠甲的组合方式，更是惊人的一致；塑像小臂虽残损，但
从断面仍能推知其小臂本为平抬的动作，因大臂靠后，稍外展，
故不应是双手合十的动作，亦即与版画一样，应是右手持杵、左
手抚刃。

　　总之，我们可以推断，此塑像与黑水城佛经中的神将形象，
是韦驮天形象在元、明时期最终定式以前的一种比较经典的、相
对固定的形象模式，至少可以说在西夏境内是这样。另外，仁宗
朝是西夏社会最稳定、文化最发达的时期，也是西夏瓷窑烧造的
黄金时期，故此灵武窑瓷塑韦驮天像极有可能与前述《金刚般若
波罗蜜经》卷一样，也是西夏仁宗朝的制品。

TB2027

TB2034　浅青釉镶嵌花草纹扁壶（残）

西夏/瓷片直径24.5厘米/灵武回民巷窑产品/民间收藏

　　此器出现以前，所见西夏扁壶均为黑釉或白釉制品，或素面无纹饰，或剔划花装饰，而此例为浅青釉，并采用镶嵌装饰手法，为难得孤品。

　　此器腹部中间无圈足，圆圈内装饰八方出叶纹，外围两层环形空间，分别装饰两种不同的草叶纹，或曰变形忍冬纹，纹饰风格与中原地区北宋早期、中期生产的白釉镶嵌珍地鹦鹉纹枕（T2016）上的纹饰非常相似，显然，这是西夏瓷窑早期风格的延续。此例完整器最大直径（含壶嘴）当在30厘米以上，而胎骨极薄，镶嵌工艺精湛，虽残尤珍。

TB2035　浅青釉镶嵌花草纹钵（残，内部及外部图）

西夏/高9.8厘米/灵武回民巷窑产品/民间收藏

　　此钵内壁为向四方伸展的莲瓣形开光，开光内外皆装饰曲绕的卷叶纹，外壁在浅青釉未干时，以褐彩绘制莲花纹，工艺手法在灵武窑制品中极为罕见。此器造型也十分独特。钵足切削整洁，高度在普通圈足与高足之间，钵壁斜出内弧，至一定高度而向上延伸为直壁至口沿，薄壁薄唇，造型有9世纪伊斯兰金银器的韵味。

　　佛教在西夏人的精神世界中有至高无上的地位，此器当为寺院定烧，亦属贡瓷之列（参见本书柒散论），是研究西夏社会文化的难得标本。

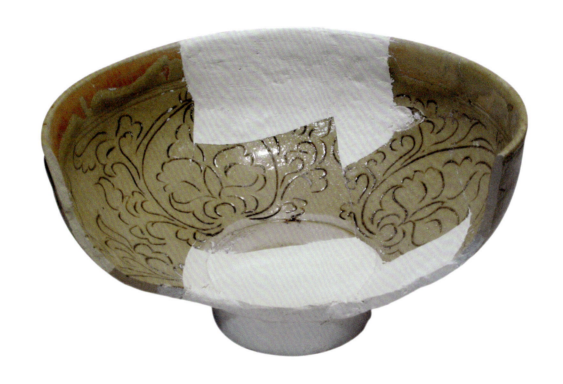

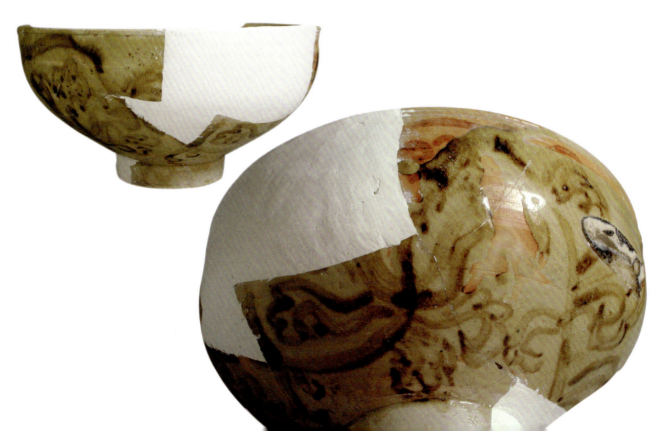

TB2036

TB2036 青釉点酱彩执莲花供养人塑像（残）

西夏／高6.5厘米／灵武窑产品／民间收藏

TB2037 上例侧视图

TB2038 浅青釉、酱釉执莲花供养人瓷塑（残）

西夏／高7.9厘米／灵武窑产品／宁夏武裕民收藏

TB2039 浅青釉执莲花供养人塑像

西夏／高5.4厘米／灵武窑产品／民间收藏

　　TB2036，青釉点酱彩执莲花供养人塑像，身着紧袖衫，右手执莲花斜搭于右肩之上，双目直视，面庞丰腴，神态安详。此器釉色光亮，莲花、莲叶刻画清晰，为西夏瓷塑供养人中的难得之物。

　　国家博物馆组织的"大夏寻踪"巡展上有一件类似作品（TB2038），动作、面貌、细部造型几乎完全一样，应该与本器是同一模所出，因右手所持之物残损，被推测为是"右手持一布袋搭于肩上"，故此被命名为"布袋和尚"（中国国家博物馆、宁夏回族自治区文化厅编辑：《大夏寻踪——西夏文物辑萃》第96页，中国社会科学出版社，2004年12月第1版），实误。

　　TB2039，也是一件执莲花供养人塑像残件，右手平执莲花于胸前，莲花造型与TB2036同，看来这种莲叶中心穿出莲花苞的造型是西夏雕塑中的一种固定模式，应该有比较强的佛教上的某种含义。

TB2037

TB2038

TB2039

TB2040 浅青釉、酱釉髡发人塑像残首

西夏/高5.3厘米/灵武窑产品/民间收藏

此髡发人塑像残首高达5.3厘米，是目前所见灵武窑所产同类制品中体积最大的一个，并且人物头部髡发样式刻画清晰，十分难得。

TB2041　各式髡发人塑像残首（五件）

西夏/高2.6～4.5厘米不等/灵武窑产品/民间收藏

TB2042　浅青釉、酱釉髡发人塑像残首

西夏/高2.8厘米/灵武窑产品/民间收藏

TB2043　浅青釉、酱釉髡发人塑像残首

西夏/高3.6厘米/灵武窑产品/民间收藏

TB2044　浅青釉、酱釉髡发人塑像残首

西夏/高5厘米/灵武窑产品/民间收藏

TB2045　浅青釉髡发人塑像残首

西夏/高4.9厘米/灵武窑产品/民间收藏

TB2041

TB2042

TB2043

TB2044

TB2045

TB2046

TB2047

TB2048

TB2046　浅青釉、酱釉髡发人塑像残首

西夏/高4.3厘米/灵武窑产品/民间收藏

TB2047　酱釉髡发人塑像残首

西夏/高3厘米/灵武窑产品/民间收藏

TB2048　施褐釉陶质髡发人塑像残首

西夏/高3.7厘米/灵武窑产品/民间收藏

TB2049　酱釉戴帽人塑像残首

西夏/高4厘米/灵武窑产品/民间收藏

**TB2050　浅青釉、酱釉梳高髻女子塑
　　　　　像残首（正面和侧面图）**

西夏/高4厘米/灵武窑产品/民间收藏

**TB2051　浅青釉、酱釉梳侧髻女子塑
　　　　　像残首**

西夏/高4.1厘米/灵武窑产品/民间收藏

TB2049

TB2050

TB2051

TB2052

TB2053

TB2052 浅青釉人塑像（残）

西夏／高9.2厘米／灵武窑产品／民间收藏

TB2053 浅青釉持禽供养人塑像（残）

西夏／高7.2厘米／灵武窑产品／民间收藏

TB2054　持瓜果供养人塑像（残）

西夏/高7.8厘米/灵武窑产品/民间收藏

TB2055　持瓜果家禽等供养人塑像（六件，皆残）

西夏／高5.4～7.8厘米不等／灵武窑产品／民间收藏

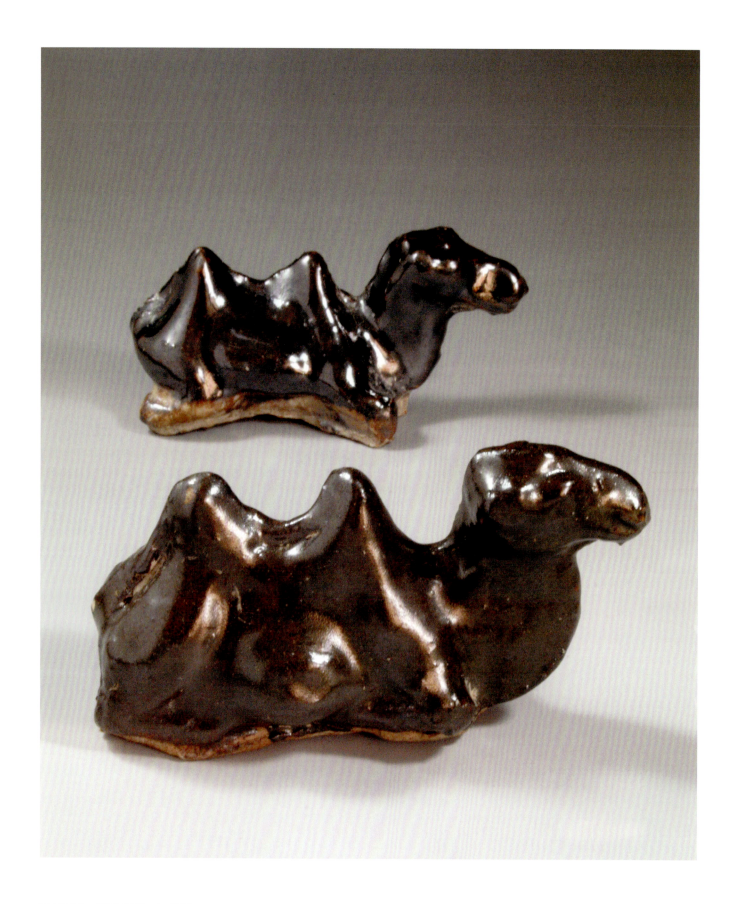

TB2057 酱釉骆驼（两件）

西夏／分别长9.6厘米和10厘米／灵武窑产品／民间收藏

TB2058　浅青釉点褐彩狗、梅花鹿和素烧瓷鸭

西夏/长度分别为5.9厘米、6.3厘米和6.2厘米/灵武回民巷窑产品/民间收藏

TB2059　点酱彩瓷动物

西夏/长6.5厘米/灵武窑产品/民间收藏

此器通体不施釉，仅头部点酱彩两笔，造型奇特，似鸟似蛇，身上弧形纹饰似用指甲一个个抠压而出，似蛇鳞，又似鸟羽；腹下中部突起可能是鸟足，亦可能是为防蛇身倾倒而加的底座。

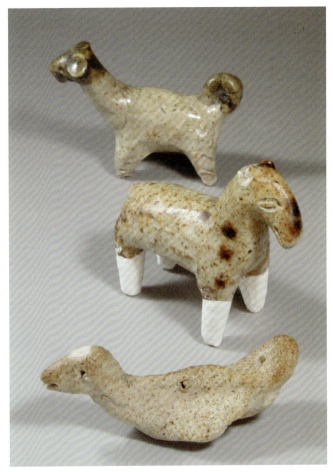

TB2058

TB2059

TB2060

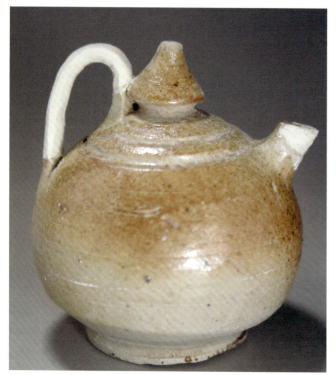

TB2061

TB2062

TB2060　黑釉凤鸟形倒流壶式砚滴

西夏/灵武回民巷窑产品/民间收藏

TB2061　球形倒流壶式砚滴

西夏/高6厘米/灵武回民巷窑产品/民间收藏

TB2062　上例底部图

TB2063　黑釉弦纹双系瓶

西夏/高23.5厘米/灵武回民
巷窑产品/民间收藏

TB2064

TB2065

TB2066

TB2067

TB2064　姜黄釉双系瓶

西夏/高13厘米/民间收藏

TB2065　褐釉弦纹双系瓶

西夏/高17厘米/民间收藏

TB2066　茶叶末釉双系瓶

西夏/高17厘米/灵武窑产品/民间收藏

TB2067　褐釉双系瓶

西夏/高13.5厘米/民间收藏

TB2069 黑釉斜棱双系罐

西夏／高25厘米／灵武回民巷窑产品／民间收藏

　　回民巷窑生产的此类产品，体大胎薄，不易保存，目前未见有
完整器存世，本例相对完整，其瓜棱纹约呈80度倾斜，非常少见。

TB2070

TB2071

TB2072

TB2073

TB2070　茶叶末釉划斜线瓜棱双系罐

西夏/高23厘米/灵武窑产品/北京龙湾居士藏

TB2071　酱釉双系罐

西夏/高13.5厘米/灵武窑产品/民间收藏

TB2072　酱釉双系罐

西夏/推测为伊克昭盟窑产品/内蒙古民间收藏

TB2073　浅青釉直颈双系罐

西夏/高7.8厘米/灵武窑产品/民间收藏

上列双系罐形制各不相同。其中，TB2072
以敦厚见长，TB2073以小巧取胜，而TB2070，
造型准确端正，腹壁划竖线瓜棱纹，另辅以呈
60度的斜线纹，装饰手法十分少见。

TB2079　黑釉喙口执壶

西夏/高14.5厘米/北京牟南收藏

　　西夏瓷器继承了唐代器物的一些造型特点，这一点在青海地区发现的西夏瓷上体现得尤为明显。这件执壶，其颈部比多数西夏执壶细长，口沿近豁口处，先上行再下转呈S形，可见，其造型与唐代受中亚金银器影响的喙口壶的造型有着一定的渊源关系。

TB2080

TB2082

TB2081

TB2080　茶叶末釉执壶

　　西夏/灵武窑产品/民间收藏

TB2081　褐釉无流执壶

　　西夏/高13厘米/灵武窑产品/民间收藏

TB2082　黑釉无流豁口执壶

　　西夏/高13.5厘米/武威塔儿湾窑产品/民间收藏

TB2083　黑釉唾盂

西夏/高7.2厘米，外口径17厘米/灵
武回民巷窑产品/民间收藏

TB2084

TB2085

TB2086

TB2084　白釉高足行炉

西夏／高9.6厘米／灵武窑产品／民间收藏

TB2085　黑褐釉高足盏

蒙元时期～元代早期／高6厘米／灵武窑第三期产品／民间收藏

TB2086　白釉高足盏

西夏／高6厘米／灵武窑产品／民间收藏

TB2087　外银酱釉、内青釉翻沿花口高足钵

西夏/高21.5厘米，口径28厘米/灵武回民巷窑产品/民间收藏

此钵口沿外翻并捏塑花边，深腹渐内收，高圈足渐外撇，足下端塑凸棱两层，器内壁施浅青釉，外施酱釉。

此器造型端庄，体积硕大，但器壁很薄，又釉色光亮闪银质光泽，实为难得佳品。

TB2088

TB2089

TB2088 黑釉折沿钵

　　西夏/高13.5厘米/灵武回民巷窑产品/民间收藏

TB2089 褐釉浅腹钵

　　西夏/高15.5厘米/灵武回民巷窑产品/民间收藏

TB2090

TB2091

TB2090　白釉折腹斜壁碗

西夏 / 高8厘米,口径19.5厘米 / 灵武回民巷窑产品 / 民间收藏

TB2091　黑釉芒口斜壁碗

西夏 / 高8厘米,口径19.5厘米 / 灵武回民巷窑产品 / 民间收藏

TB2092　白釉褐彩点梅花点纹碗

西夏/高15.5厘米/武威塔儿湾窑产品/民间收藏

TB2093

TB2094

TB2095

TB2093　白釉葵口碗

西夏/高5.6厘米/灵武窑产品/民间收藏

TB2094　浅青釉葵口浅腹碗

西夏/高5.5厘米/灵武窑产品/民间收藏

TB2095　白釉曲腹撇沿碗

西夏/灵武窑产品/民间收藏

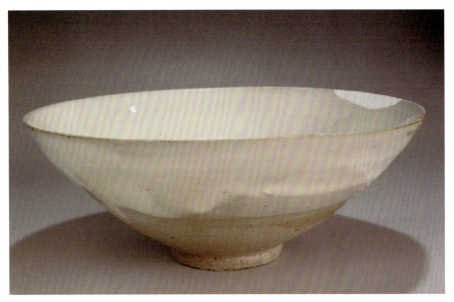

TB2096

TB2097

TB2098

TB2096　白釉微曲腹碗

西夏/高7.4厘米,口径19厘米/灵武回
民巷窑产品/民间收藏

TB2097　黑釉内六分筋碗

西夏/高5.7厘米/灵武回民巷窑产品/
民间收藏

TB2098　茶叶末釉斜壁碗

西夏/高9.3厘米，口径19厘米/灵武
窑产品/民间收藏

TB2099

TB2100

TB2101

TB2102

TB2099　青釉盘

西夏/口径16厘米/灵武回民巷窑产品/民间收藏

TB2100　白釉高足碗

西夏/灵武窑产品/民间收藏

TB2101　酱釉小盏（两件）

西夏/口径为7.7厘米（左）和8.4厘米（右）/灵武窑产品/民间收藏

TB2102　黑釉釜

西夏/灵武窑产品/民间收藏

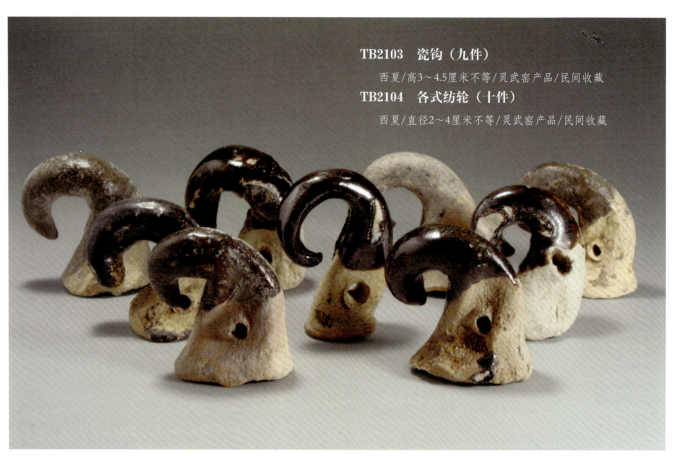

TB2103 瓷钩（九件）

西夏／高3～4.5厘米不等／灵武窑产品／民间收藏

TB2104 各式纺轮（十件）

西夏／直径2～4厘米不等／灵武窑产品／民间收藏

TB2103

TB2104

TB2105

TB2106

TB2107

TB2108

TB2105　酱釉盖状器与划花念珠（两件）

西夏/高度分别为3厘米和4.5厘米/灵武窑产品/民间收藏

TB2106　瓷质念珠和单孔器（三件）

西夏/高度分别为4.5厘米、1.5厘米和2.5厘米/灵武窑产品/民间收藏

TB2107　有槽双孔器

西夏/长9.3厘米/灵武回民巷窑产品/民间收藏

TB2108　素烧葵花型四穿扣

西夏/直径2.5厘米/灵武窑产品/民间收藏

TB2109

TB2110

TB2111

TB2112

TB2114

TB2113

TB2109　瓷眼珠与弹丸（六件）

西夏／直径2～2.8厘米不等／灵武窑产
品／民间收藏

TB2110　骰子（四件）

西夏／直径1～1.8厘米不等／灵武窑产
品／民间收藏

TB2111　圆形小瓷饼（四件）

西夏／直径2.5厘米／灵武窑产品／民间收藏

TB2112　划"王"字火山锥形器

西夏／直径3.6厘米／灵武回民巷窑产品／民
间收藏

TB2113　多孔瓷饼

西夏／长8.5厘米／灵武窑产品／民间收藏

TB2114　田字格方形器

西夏／直径3.8厘米／灵武窑产品／民间收藏

TB2115　白釉瓷板瓦

西夏／长11.4厘米／灵武窑产品／民间收藏

TB2116　酱釉瓷板瓦

西夏／长7.9厘米／灵武窑产品／民间收藏

TB2116

TB2117　素烧涂红彩无角套兽

西夏/通长38厘米/灵武窑产品/北京牟南收藏

　　本器素烧，胎质浅米黄色，唇部、耳部涂有红彩；套兽两眼怒睁，上颚前缘上翘，中部獠牙前伸，下颚闭合不可见，雕塑传神，造型威猛。其顶部有一大一小两个孔洞，是为穿榫固定预留的。此类建筑构件，西夏王陵也有出土，但后者多绿釉红陶胎。

　　本器与TB2118莲花纹滴水皆纹饰考究，制作规范，是质量上乘的建筑构件，在当时皆为官府或寺院烧造，属贡瓷之列。关于此可参见本书柒散论。

TB2118 模印莲花纹滴水

西夏/面宽21.5厘米/灵武窑产品/民间收藏

此滴水素烧，胎体米黄色。中部模印莲花，花头向下，两侧为
斜向伸出的两支莲叶，莲叶中部各有一小莲花苞穿心而过，这种纹
饰与某些供养人手持莲花、莲叶形式相同（TB2036、TB2038），是
西夏的典型纹样之一，并有极强的佛教色彩。

TB2119　模印护法金刚纹滴水

西夏/宽23厘米，高17厘米/民间收藏

　　此滴水发现于青海，素烧，陶质，胎体灰黑。整体形制与
TB2118莲花纹滴水，及《宁夏灵武窑发掘报告》中刊载西夏滴水
相同。所模印人物为藏传密宗佛教中护法金刚形象，圆眼阔口，大
耳，裸身，左手臂抬至胸前，右臂上举，手持法器，足踏莲蓬状台
座，背后忍冬纹状的祥云飘绕。此器雕塑精湛，呈现出热烈、怖人
的藏密宗教风格。

TB2120　琉璃釉陶塑力士灯座

13～15世纪/高11.5厘米/民间收藏

　　此雕塑似为西域人物形象，翻唇卷发，壮硕雄浑。与1990年贺兰县宏佛塔出土彩绘泥塑力士面像（T7028）相比，有异曲同工之妙。此器是否属西夏尚难确定，也有人认为是金、元时期制品，附于此，供参考。

TB3001 黑釉剔划缠枝牡丹纹梅瓶

西夏/高31厘米/推测为伊克昭盟窑产品/哈佛大学艺术博物馆—赛克勒博物馆收藏，1977年约瑟夫·求特夫人捐赠

Flat-Shouldered Meiping Bottle with Carinated Mouth And Scrolling Peony Decor

Xixia/ 12 3/16×6 1/8 inches/ Probably from kilns in Ikh Juu League, Inner Mongolia/ Harvard Art Museum, Arthur M. Sackler Museum, Gift of Mrs. Joseph Choate, 1977.22

TB3002

TB3003

TB3002　黑釉剔划缠枝海棠花纹梅瓶

西夏/高25.8厘米/推测为伊克昭盟窑产品/哈佛大学艺术博物馆——赛克勒博物馆收藏，1942年厄奈斯特·B·与海伦·普莱提·德恩捐赠

Flat-Shouldered Bottle with Carinated Mouth And Scrolling Floral Decor

Xixia/ 10 3/16×5 11/16 inches/ Probably from kilns in Ikh Juu League, Inner Mongolia/ Harvard Art Museum, Arthur M. Sackler Museum, Gift of Earnest B. and Helen Pratt Dane, 1942. 185. 391

TB3003　酱釉剔划开光海棠花纹钵

西夏/高18.7厘米/灵武窑产品/美国波士顿艺术博物馆藏，1950年查尔斯·本·哈特捐赠

Bowl with Floral Design

Xixia/ 7 3/8×13 1/4 inchs/ Lingwu Kiln/ Museum Of Fine Arts, Boston, Bequest of Charles Bain Hoyt, Accession No. 50. 1171

　　此酱釉剔划开光海棠花纹钵，造型庄重，胎薄质坚，钵壁内外皆剔划枝叶小巧的海棠花纹，其风格与本书中灵武窑标本TB4015～TB4019极似，显然为同一时期灵武窑产品，类似的灵武窑产品，未见有其他完整器存世。

TB3004　黑釉剔划开光菊花纹梅瓶

西夏/高33.4厘米/推测为伊克昭盟窑产品/美国波士顿艺术博物馆藏，1950年查尔斯·本·哈特捐赠

Meiping-shaped Vase with Ogival Windows over Wave Ground

Xixia/ 13 1/8×6 3/8 inches/ Probably from kilns in Ikh Juu League, Inner Mongolia/ Museum of Fine Arts, Boston, Bequest of Charles Bain Hoyt, Accession No. 50. 1172

TB3005 黑褐釉剔划开
光折枝牡丹纹梅瓶

西夏/高38厘米/推测为
伊克昭盟窑产品/美国印
第安纳波利斯艺术博物
馆，珍·王尔登·迈耶
斯艺术基金会收藏

**Flat-Shouldered Meiping
Bottle with Floral Design**

Xixia/ 15×7×7 inches/
Probably from kilns in Ikh
Juu League, Inner Mongolia/
Indianapolis Museums of
Art, Jane Weldon Myers Art
Fund, Accession No. 2001.
221

TB3011

TB3011　黑褐釉剔划牡丹纹罐

西夏/高46.3厘米/推测为伊克昭盟窑产品/日本私人收藏

黑釉搔落牡丹文壺

西夏时代/高46.3厘米/伊克昭盟窑の作品だと推測されます

TB3012　黑褐釉剔划花梅瓶

西夏/高38.5厘米/推测为伊克昭盟窑产品/1980年克里斯蒂拍卖
行（东京）拍品

**A Slender Meiping Carved through a Chocolate-brown Slip to
the White Under-slip with Panels of Flowers**

Xixia/ H. 38.5cm/ Probably from kilns in Ikh Juu League, Inner
Mongolia/ Auctioned at Christie's, Tokyo, 27. 2. 80

　　TB3012黑褐釉剔划花梅瓶造型与纹饰都呈典型的西夏瓷
风格，但剔釉后地子似乎添有化妆土，划线稍显纤细，均与一
般西夏瓷不同，录于此，供参考。

TB3012

肆

瓷片与窑具

TB4001 银酱釉剔划牡丹纹梅瓶瓷片

西夏/高21厘米/灵武窑产品/民间收藏

TB4013

TB4014

TB4013　酱釉剔划花卉纹、金钱纹梅瓶瓷片

西夏/高10厘米/灵武窑产品/北京墨梅轩藏

　　将四方出叶纹的两方叶片与下一组四方出叶纹相组合，便可看成"金钱纹"了。本例主体纹饰为开光剔划花纹，而开光之外的空间中饰以如此密集、整齐的金钱纹，实属少见。

TB4014　黑釉划卷云纹、变形忍冬纹梅瓶瓷片

西夏/高9厘米/灵武窑产品/北京龙湾居士藏

TB4015　银酱釉剔划花罐瓷片

西夏/宽20厘米/灵武窑产品/民间收藏

TB4016　银酱釉剔划花罐残件

西夏/灵武窑产品/民间收藏

　　TB4015～TB4019诸例都是极为稀少的灵武窑银酱釉制品瓷片。此类产品，釉色闪亮夺目，有银质光泽；胎质坚硬，瓷化程度较高，其工艺质量高于其他存世西夏瓷器，与定窑酱釉产品质量接近。另外，其主体纹饰往往是花头较小的类似海棠花的纹饰，开光外水波涡纹较密集；TB4001亦为此类产品，虽以牡丹花为主体纹饰，但牡丹造型也稍别于其他西夏瓷器上的牡丹纹。

　　目前发现的此类残片极为稀少，《宁夏灵武窑发掘报告》未见有载，存世完整器中，也仅有美国波士顿艺术博物馆藏剔划开光海棠花纹钵（TB3003），据其纹饰及造型特征来看，有可能是这类产品。国内外其他公私收藏未见。从其工艺的独特性和存世的稀少性来看，此类产品应是灵武窑某窑炉短期烧造的精品。

TB4015

TB4016

TB4017

TB4017　银酱釉剔划花罐瓷片

西夏/宽19厘米/灵武窑产品/民间收藏

TB4018　银酱釉剔划花罐瓷片

西夏/高16厘米/灵武窑产品/民间收藏

TB4019　银酱釉剔划花罐瓷片

西夏/宽23.5厘米/灵武窑产品/民间收藏

TB4018

TB4019

TB4020

TB4020　黑釉剔划花四系瓷瓷片

西夏/宽29厘米/灵武磁窑堡窑产品/民
间收藏

TB4021　黑釉剔划花罐瓷片

西夏/底径18厘米/灵武窑产品/民间
收藏

**TB4022　黑釉剔划变形忍冬纹罐
瓷片**

西夏/高13.5厘米，宽16厘米/灵武磁
窑堡窑产品/民间收藏

TB4023　黑褐釉剔划花扁壶瓷片

西夏/高9厘米/灵武磁窑堡窑产品/民
间收藏

TB4021

TB4022

TB4023

TB4024

TB4025

TB4026

TB4027

TB4024　白釉剔划牡丹纹玉壶春瓶瓷片

西夏／最大直径12.5厘米／灵武窑产品／民间收藏

TB4025　白釉剔划花塑裙褶棱瓮瓷片

蒙元时期～元代早期／宽22.3厘米／灵武窑第三期产品／民间收藏

TB4026　白釉凸弦纹筒残件

西夏／灵武窑产品／民间收藏

TB4027　白釉剔划牡丹纹罐瓷片

西夏／高16.5厘米／灵武窑产品／民间收藏

TB4028　白瓷瓶瓷片

西夏/最大直径7.5厘米/贺兰山插旗沟窑产品/民
间收藏

TB4029　白瓷碗与白瓷瓶瓷片

西夏/碗片最大直径11.2厘米，瓶片高10厘米/贺
兰山插旗沟窑产品/民间收藏

TB4028

TB4029

TB4030

TB4031

TB4032

TB4030　浅青釉折沿钵瓷片

西夏/宽14.5厘米/灵武回民巷窑产品/民间收藏

TB4031　钵内壁图

西夏瓷窑采用透雕加层工艺制作的器物，未见有完整件存世，瓷片标本也仅发现此例。显然，采用这种工艺制作的器物，重量增加，也容易损坏，故不会是一般民用的碗盘之类。耀州窑有采用透雕加层工艺的炉存世，而此器应该是受耀州窑工艺影响，并极有可能是贡瓷，或为寺院、祠堂烧造的供奉之器。

TB4032　浅青釉镶嵌卷叶纹、波浪纹和花草纹折沿盆瓷片

西夏/灵武回民巷窑产品/民间收藏

TB4033　褐釉划水波纹、花草纹盆瓷片

西夏/灵武窑产品/民间收藏

TB4034　白釉划水波游鱼纹盆瓷片

西夏/宽31厘米/灵武窑产品/民间收藏

TB4033

TB4034

TB4035

TB4036

TB4035 浅青釉褐彩点梅花点纹盆瓷片

西夏/宽约58厘米/灵武回民巷窑产品/民间收藏

TB4036 浅青釉水波游鱼纹盆瓷片

西夏/宽56.5厘米，推测盆径约60厘米/灵武回民巷
窑产品/民间收藏

TB4037 上例局部

TB4037

TB4038

TB4038 白釉划柳荫人物纹盆瓷片

西夏/高13.7厘米，宽9.2厘米/灵武窑
产品/民间收藏

TB4039 上例局部

TB4039

TB4040　浅青釉刻划鸟衔香囊纹盆
　　瓷片（局部）

西夏／高25.5厘米，宽25.8厘米／灵武窑
产品／民间收藏

TB4041　上例全图

TB4042　黑釉划文字、符号碗瓷片

蒙元时期～元代早期／灵武窑第三期产品／民间收藏

TB4040

TB4041

TB4042

TB4043　黑釉瓷腰鼓残件（两件）

西夏／左件外口径16.8厘米，高19厘米；右件高26.5厘米／灵武
回民巷窑产品／民间收藏

TB4044

TB4045

TB4046

TB4047

TB4048

TB4044～TB4048　各种形式双系瓶口部瓷片

西夏/灵武窑产品/民间收藏

TB4049

TB4050

TB4051

TB4052

TB4049　黑褐釉喇叭口双系瓮残件

西夏/灵武窑产品/民间收藏

TB4050　黑褐釉瓜棱双系罐残件

西夏/灵武回民巷窑址采集

TB4051　黑釉瓶口部瓷片

西夏/灵武回民巷窑产品/民间收藏

TB4052　灰釉双系瓶瓷片

西夏/灵武回民巷窑址采集

TB4053　银酱釉碗残件

西夏 / 直径16厘米，高5厘米 / 灵武窑产品 / 民间收藏

TB4054　黑釉油沥盏瓷片

西夏 / 高6厘米 / 灵武窑产品 / 民间收藏

TB4053

TB4054

TB4055

TB4056

TB4057

TB4058

TB4055　黑釉茶盏瓷片

西夏/灵武窑产品/民间收藏

TB4056　黑釉碗瓷片

西夏/灵武窑产品/民间收藏

TB4057　姜黄釉模印婴戏纹碗瓷片

西夏/高6厘米，宽5.7厘米/灵武回民巷窑产品/民间收藏

TB4058　姜黄釉模印牡丹纹碗瓷片

西夏/灵武回民巷窑产品/民间收藏

TB4059

TB4060

TB4061

TB4059～TB4061　偏酱釉色、偏黑釉色的模印花碗瓷片

西夏/灵武回民巷窑产品/民间收藏

　　回民巷窑受北宋时期陕西耀州窑影响，生产了一些姜黄釉色的模印花产品，多为碗、盘类，胎质白而细腻，胎骨极薄，釉色鲜亮但呈色不太稳定，显现各种偏色。

　　TB4057所印孩童嘴角上翘，呈欢笑神情，右手持物盘腿而坐，衣饰刻画清晰。

　　西夏模印花产品胎骨薄，生产期短，故目前未见有任何完整品存世，瓷片也多为牡丹花纹，而例TB4057为模印婴戏纹，实为难得的标本。

TB4062　姜黄窑变釉模印花盘瓷片（正面及背面图）

西夏/高4.3厘米/灵武回民巷窑产品/民间收藏

TB4063　姜黄釉内六分筋碗瓷片

西夏/灵武回民巷窑产品/民间收藏

TB4064～TB4067　各种呈色的姜黄釉、浅青釉模印花碗瓷片

西夏/灵武回民巷窑产品/民间收藏

TB4064

TB4062

TB4065

TB4066

TB4063

TB4067

TB4068

TB4069

TB4070

TB4071

TB4072

TB4068　折沿器盖（三件）

　　西夏/直径分别为7.4厘米、6.2厘米和5.9厘米/灵武窑产品/民间
收藏

TB4069　荷叶形器盖（三件）

　　西夏/直径分别为15厘米、7.7厘米和4.5厘米/灵武窑产品/民间
收藏

TB4070　平沿器盖（三件）

　　西夏/直径分别为18厘米、10厘米和10.3厘米/灵武窑产品/民间
收藏

TB4071　小型宝塔状器盖（六件）

　　西夏/高2.4～5厘米不等/灵武窑产品/民间收藏

TB4072　黑釉平沿器盖

　　西夏/直径18厘米/灵武回民巷窑产品/民间收藏

TB4073

TB4073　浅青釉马头瓷塑（残）

西夏～元/高8.6厘米/灵武窑产品/民
间收藏

TB4074　素烧马头挂件

西夏/高5厘米/灵武回民巷窑产品/民
间收藏

　　此素烧马头挂件，马脑后鬃毛处
一孔，可穿绳系挂；后颈下部原来似
有翅状物，残存部分尚可见划出的羽
毛状条痕，故有可能是一个带有翅膀
的天马挂件。西夏喜用飞马（天马）
作装饰，安西榆林窟第十窟绘有长有
彩翅的天马图（见敦煌研究院编：
《中国石窟·安西榆林窟》图113，
文物出版社，1997年5月第1版第1次
印刷），笔者也曾见过以波涛飞马为
主体纹饰的西夏铜质带扣。

TB4074

TB4075

TB4076

TB4077

TB4078

TB4079

TB4075　供养人塑像后模

西夏／高10.1厘米／灵武窑产品／民间收藏

TB4076　戴狮子盔武士首模（左）、白石膏翻模制作的戴狮子盔武士首（右）

西夏／模最大直径7厘米／灵武窑产品／民间收藏／石膏塑件高5.8厘米

依据翻模制作的武士头部（涂黑部分依据对称原理补塑）可以看出，武士头戴狮子盔，面貌威严，五官比例适当，塑造准确，其原作当与TB2030素烧天王头像挂件近似。

TB4077　供养人塑像前模

西夏／高11厘米／灵武窑产品／民间收藏

此模与TB4075非匹配扣合模具

TB4078　凤首模（左）和凤翅模（右）

西夏／凤首模高4厘米，凤翅模长9.2厘米／灵武窑产品／民间收藏

TB4079　凤翅与凤首残片

西夏／凤翅高7厘米，凤首高约4厘米／灵武窑产品／民间收藏

TB4080　佩铃铛狗模

西夏/长11.5厘米/灵武窑产品/民间收藏

TB4081　骆驼模

西夏/左模长13厘米，右模高10.5厘米/灵武窑产品/民间收藏

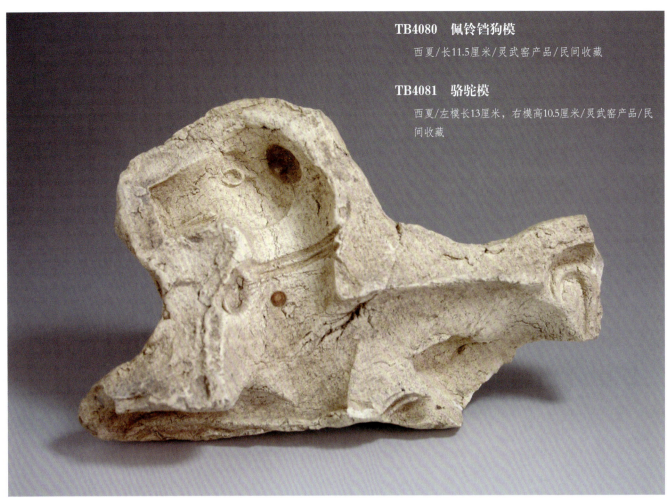

TB4080

TB4081

TB4082

TB4082　配鞍马模

西夏／长11厘米／灵武窑产品／民间收藏

TB4083　刻划花纹盘状器模

西夏／最大直径11.2厘米／灵武窑产品／民间收藏

TB4084　纺轮瓷模

西夏／外径4.5厘米／灵武窑产品／民间收藏

TB4085　果仁形模印花器瓷模

西夏／高9厘米／灵武窑产品／民间收藏

TB4083

TB4084

TB4085

TB4086

TB4087

TB4088

TB4086　花卉纹碗模残块

　　西夏/宽15厘米/灵武窑产品/民间收藏

TB4087　花卉纹碗模残块

　　西夏/灵武回民巷窑产品/民间收藏

　　TB4087碗模所划刻纹饰与TB2035浅青釉镶嵌花草纹钵内

壁纹饰极似，并有少量黑彩存于凹处，这更使笔者相信，西夏
镶嵌类制品使用的黑彩入窑前应该是粉状物，才会出现如本例
这种少量残存于凹处边缘的状态。

TB4088　刻划婴戏纹碗模残块

　　西夏/灵武窑产品/民间收藏

TB4089　刻划西夏文字、棋盘纹刮板

西夏/长10厘米/灵武窑产品/民间收藏

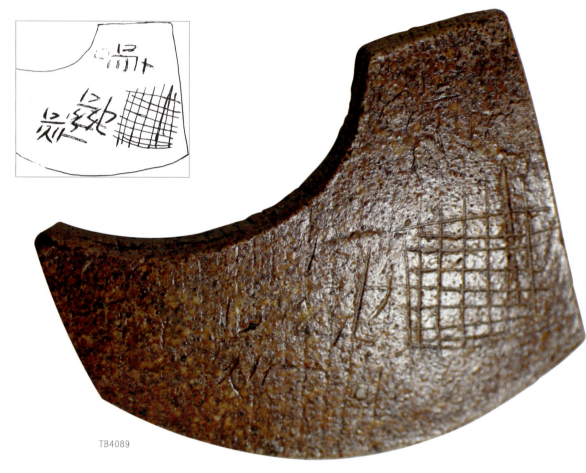

TB4089

TB4090　刻划文字酱釉瓮瓷片

西夏/高11厘米/灵武窑产品/民间收藏

下为TB4090刮板上西夏文字描摹稿

TB4090

TB4091　刻划文字、符号刮板

西夏/高9.6厘米/灵武窑制品

TB4092

TB4093

TB4094

TB4092　刻划符号刮板

　　西夏/左件残，最大直径11.5厘米，中件高11厘米，右件高9.7厘米/灵武窑制品

TB4093　刻划图案、符号刮板

　　西夏/皆残，左件高5.7厘米，右件长9厘米/灵武窑制品

TB4094　刻划文字、符号刮板

　　西夏/高9厘米/灵武窑制品

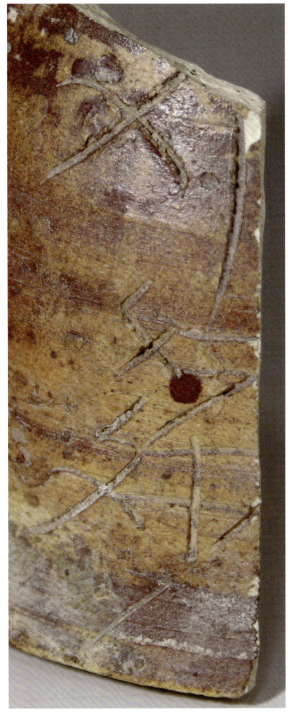

TB4095　刻划西夏文字顶钵残块及局部图

西夏/高11.2厘米，宽11.5厘米/灵武窑制品

　　此例顶钵残片的外壁残存有三个西夏文字，笔画都很清晰，因残损太甚，故极难辨认，但第三个字的结构、笔画特点仍能清晰地显示出西夏文字的特点，并极似西夏文"甒"（意为"百"）字的左部和中部。

　　下左为描摹稿，附于此。

TB4096　刻划西夏文字顶钵

西夏/灵武窑制品

TB4097　上例局部

　　此例顶钵残片的外壁残存有一个西夏文字，疑与例TB4099文字同，上为描摹稿，附于此。

TB4096

TB4097

TB4098

TB4099

TB4100

TB4098　刻划西夏文字顶钵

西夏/灵武窑制品

TB4099　刻划西夏文字顶钵

西夏/灵武窑制品

　　有些顶钵中腹部外壁往往刻划有一个西夏文字，但划写者可能采用笔画删减的简写法，故较难辨认。

　　下左为TB4098所刻划文字描摹稿，下右为TB4099所刻划文字描摹稿，皆附于此。

TB4100　刻划"官"字窑具残片

西夏/长7.5厘米/灵武窑制品

TB4101

TB4101　划"ㄖ记"二字的顶钵窑具

西夏/高12厘米/灵武窑制品

TB4102　上例局部

"ㄖ记"，第一字可能为某汉字姓氏的草写。

TB4102

TB4103

TB4103　划"税僧"二字的顶钵窑具

西夏/灵武窑制品

TB4104　上例局部

本例较清晰地刻划有"税僧"二字如下图，似乎表示此顶钵上所垫烧的器物是专门为寺院烧造的。

TB4104

TB4105

TB4106

TB4107

TB4108

TB4109

TB4110

TB4111

TB41005　划"币"字的顶钵窑具及文字描摹稿

西夏/灵武窑制品

TB4106　划"郭"字的顶钵窑具

西夏/高8厘米/灵武窑制品

TB4107　划"郢"字的顶钵窑具

西夏/高8.6厘米/灵武窑制品

TB4108～TB4111　印、划各式文字、符号匣钵与顶钵

残片

西夏/灵武窑制品

TB4112　顶碗、顶盘和顶钵

西夏/最高高度9.5厘米，最大直径11厘米/灵武窑制品

TB4113　火山锥形窑具

西夏/最高高度5.5厘米，最大直径5.8厘米/灵武窑制品

TB4114　工字形窑具

西夏/高2.5厘米～7厘米不等/灵武窑制品

TB4112

TB4113

TB4114

TB4115

TB4116

TB4117

TB4118

**TB4115　小槽心瓦（左）与模印文字大槽心
　　　　瓦（右，残）**

西夏/灵武窑产品/民间收藏

TB4116　模印文字大槽心瓦（局部）

TB4117　垫条、垫圈和垫饼

西夏/垫条最长长度13.5厘米，垫圈直径7.5厘米/灵武窑制品

TB4118　划文字、模印符号工字形窑具

西夏/灵武窑制品

TB4120

TB4120　划"勘"字等汉文字铭酱釉瓶瓷片

西夏/高7.2厘米，宽7.7厘米/灵武窑产品/民间收藏

TB4121　划"东平王徛下"铭黑褐釉瓮瓷片

西夏/高25厘米，宽约27厘米/灵武窑产品/民间收藏

TB4121

TB4122　划"三司"铭茶叶末釉瓮瓷片

西夏/高21厘米，宽约31厘米/灵武窑产品/民间收藏

后　记

　　人生难以预测，纵然做好规划，其走向，也难免被"偶然"打破。对我来说，兴趣与梦想，本来已经够多了，谁能想到，2005年底的几个"偶然"下来，偶然认识了几个人，偶然发生了一些事，又使我一步步扎进古瓷堆里不能自拔，使得接下来的几年，我又成了一个古陶瓷研究者，并在经历了一系列的痴迷、兴奋、受挫、痛苦和思索之后，最终在"西夏瓷器"上定格。

　　本不相信宿命，但却感到似乎有什么东西早已注定了我和西夏瓷的姻缘。否则，缘何主流都在为各种富丽堂皇的官窑瓷器追捧有加的时候，而我却偏偏选择了最为落寞的、最不被人了解的西夏瓷器呢？否则，缘何在人们以妍丽、甚至繁琐为美的时候，我却被西夏瓷那简单、古朴的美感持续的震撼着呢？

　　黑白的强烈对比，即兴意味浓厚的构图，快速而古拙的线条，道道刀痕的地子……在我看来，西夏瓷之美，是大巧若拙、大智若愚的美的最高境界，宛若水墨中的八大、书法中的杨疯子，比之于油画，就是具象却又埋藏着怪诞、扭曲和痛楚的梵高的画作。我也一直相信，在西夏瓷成型之初，在对晚唐、五代、宋、辽各种重要风格的整合时期，西夏瓷窑中一定有一个视觉大师的存在。

　　闲暇时，我经常把残瓷破片散落一地，或捡起一块，呵一口气，再美美的吸入它散发的土腥味，脑海也随着它的魔法，浮现出八九百年前的一幕幕景象：贺兰高雪，林茂水急，禅钟缈缈，佛诵幽幽；髡发男子扬鞭催马，高髻女子面若桃花；或大漠孤烟，长河落日，祁连山下狗吠，黑水城外驼鸣……瓷器是扇天窗，引诱着你去推开它，去探寻更广阔的神秘的西夏文化。

　　抑制不住的冲动，促使我于2007年1月开始动笔写作《西夏瓷器》，明知道又是一个耗费钱物、截取生命的工程，倒也一步步执拗的走过来了。我希望在涉足的每个领域，都能画上一个漂亮的句号，对于《西夏瓷器》的写作也是一样。截止2009年夏，书稿不知道已经被大大小小地修改过几次；每次出行归来，斩获新的标本，偶有新的感悟，便迫不及待地加入排好的书稿，再推翻，再理顺，再排序。完美难求，但不管《西夏瓷器》是我古瓷研究领域的句号还是顿号，我都希望画得足够漂亮。

在本书写作过程中，得到了很多帮助。首先感谢我的母亲，在我踏入又一个无法预测结果的新领域的时候，她给我的是信任，而不是怀疑和催促；我的妻子冯丽达，也是一贯的忍耐和支持，并为本书部分内容作了英文翻译；我的兄、弟，忠生、忠举、爱军和他们的家人，替我承担了照顾父母的责任，使我长期在外得以实现，多次远行得以成行；弟忠举，为本书部分内容作了日文翻译。

特别感谢王若林先生所给予的长期的、不计回报的支持和帮助。

感谢梁春苗、王旷、高维鹏、黄英哲、楼刚、杜文、马平、冯学峰等在本书写作过程中给予的多方面帮助。

感谢北京青年陶瓷研究社、中国文物保护基金会、中国社会科学院文学研究所刘平先生、宁夏回族自治区博物馆哈艳女士、海原县文管所庞绍兰女士、美国南卡罗来纳大学Thomas Cooper图书馆、南卡华人协会、南卡孔子学院及院长叶坦先生的帮助。

望野先生为本书提出了一些宝贵的修改意见，在此致以特别的谢意。

特别感谢中国社会科学院民族学与人类学研究所白滨先生。白滨先生是国际西夏学界著名的学者，在西夏学领域，是为数不多的取得丰硕成果的专家之一。2007年夏，白滨先生身体有恙，但仍为本书校改了第一章，并为本书题写了西夏文书名。需要说明的是，白滨先生所题西夏文对译汉文为"大夏器皿"四字，因西夏国人自称为"大夏"，又西夏字中尚未发现表"瓷"之字。

特别感谢中国社会科学院考古研究所马文宽先生。作为西夏瓷窑的发现者和相关研究的奠基人，马文宽先生主编的《宁夏灵武窑发掘报告》、《宁夏灵武窑》是本书得以写作的基础文献，是本书在器物分期、特征阐述等多方面资料的根本来源。马文宽先生治学严谨，为后辈楷模。20世纪90年代初在西夏瓷窑考古及相关资料的研究、整理、出版完成之后，马先生便把主要精力放在对古代伊斯兰世界与中国文化交流的研究上，故当我第一次拜访马先生并面呈书稿时，马先生一再询问，近二十年间在其疏于关注的西夏瓷领域，有没有新的观点、成果证明其早年研究有某些失误处，以便校正——马先生求实的精神，由此可见一斑。马文宽先生不仅为本书撰写了序言，为笔者提供参考资料，对书稿提出重要修改意见，而且不辞辛苦，为本书的出版事宜牵线搭桥，表现出对晚辈的极大关爱。

特别感谢本书责任编辑楼宇栋先生、谷艳雪女士和封面设计、版式设计周小玮女士。作为有着几十年经验的老编审，楼先生丰富的学识、独到的编辑方法、严谨的工作作风，在本书的编校过程中都展现无遗，促使本书能够合乎文物出版社严格的标准，并最终得以付梓。

　　谨将本书献给我的初生之子杭烈。Degan，杭烈，字德敢，愿你将来具有诚实、正直、善良、勇敢之品质，并快乐的享受人生。

2009年9月初稿于美国南卡罗来纳
2010年6月增补于北京

感谢下列单位和个人提供部分藏品图片:

中国社会科学院考古研究所
中国国家博物馆、北京故宫博物院、首都师范大学博物馆
宁夏回族自治区博物馆、西夏博物馆(银川)
固原市博物馆、固原市文管所、海原县文管所、盐池县博物馆
甘肃省博物馆、甘肃省文物考古研究所、武威市博物馆、西夏博物馆(武威)
内蒙古博物馆、鄂尔多斯博物馆(鄂尔多斯青铜器博物馆)
青海省文物考古研究所、湟中县博物馆、大通县文管所

王若林、梁春茁、金明、杨永德伉俪、施升佑、牟南、万文胜、王旷、张革、
米向军、武裕民、王桂华、嘉德拍卖公司

日本东京根津美术馆、细川护立氏(日)

Thanks to

Harvard Art Museum, Arthur M. Sackler Museum

Museum of Fine Arts, Boston; Indianapolis Museum of Art

Special thanks to Professor Robert D. Mowry and Karoline Mansur of Harvard Art Museums; Janet Baker, Ph.D. of Phoenix Art Museum; Ruth V. Roberts of Indianapolis Museum of Art; Mr. R. Hatfield Ellsworth, Mr. Franklin M. Preiser, M. D. and Christie's Ltd.

本书部分信息可查阅下列网站：

www. xixiaciqi. com
www. xixiaceramics. com
www. songceramics. net